环境学概论

管 华 主编

科 学 出 版 社
北 京

内 容 简 介

本书全面系统地介绍了环境学的基本知识、基本理论和基本研究方法。全书共分十二章，其中第一章绪论阐述了环境学的研究对象与研究内容、形成与发展、科学体系与主要分支学科、前沿问题；第二章论述了环境与可持续发展问题；第三章论述了污染源及其调查与评价的理论与方法；第四章至第八章分别论述了大气污染、水环境污染、土壤污染、固体废物污染、物理性污染及其控制等的基本理论与研究方法；第九章至第十二章分别论述了环境监测、环境评价、环境规划和环境管理的基本理论与方法。

本书可作为大专院校相关专业的教材或参考书，也可作为环境科学、环境工程、生态、地理、国土管理、城乡规划、资源开发与管理等相关专业的研究生、教师、科技人员、干部及广大实际工作者的参考用书。

图书在版编目（CIP）数据

环境学概论 / 管华主编. —北京：科学出版社，2018.6

ISBN 978-7-03-057903-4

I. ①环… II. ①管… III. ①环境科学-高等学校-教材 IV. ①X

中国版本图书馆 CIP 数据核字（2018）第 127300 号

责任编辑：文 杨 宁 倩 / 责任校对：何艳萍

责任印制：赵 博 / 封面设计：迷底书装

科学出版社出版

北京东黄城根北街 16 号

邮政编码：100717

http://www.sciencep.com

北京虎彩文化传播有限公司印刷

科学出版社发行 各地新华书店经销

*

2018 年 6 月第 一 版 开本：787×1092 1/16

2023 年 11 月第八次印刷 印张：18

字数：454 000

定价：56.00 元

（如有印装质量问题，我社负责调换）

《环境学概论》编委会名单

主　编　管　华

编著者　（以姓氏笔画为序）

王　净　王建平　田　娟　刘　冰

李　宝　张北赢　张忠启　陈沛云

赵庆良　赵君凯　宫少燕　黄丽卿

董贵明　管　华

前　言

环境是人类生存与发展不可或缺的重要物质基础。第二次产业革命以来，人类社会、经济和科学技术得到迅猛发展，环境问题也随之相伴而生且日益突出，严重影响并危及人类的生存与发展，成为20世纪50年代以来全球人类共同面临的重要问题之一，各国对其广泛关注并迅速付诸行动。然而时至今日，环境问题远未解决。保护环境任重道远，仍是当前全人类共同的迫切任务。在环境问题日益突出的今天，开展环境及其保护研究和教育，传播环境保护知识，掌握环境形成与发展规律，探索环境保护途径与措施，是环境专业工作者和教育者的重要职责。

环境学是大专院校众多本科专业的一门专业基础课程，着重阐述环境学的基本知识、基本理论和基本方法。为了满足我国大专院校相关专业环境学课程教学的需要，我国先后出版了多部环境学教材。这些教材各具特色，为我国大专院校相关专业的环境学教育事业做出了重要贡献。近年来，环境科学发展迅猛，产生了诸多新的理论、方法和技术。同时，大学环境科学专业教育和相关专业环境学课程教学也随着我国大学教育形势的发展而发生了重大变化。因此，编写一部紧扣环境科学发展、适应当前环境科学发展和大专院校相关专业环境教育新形势的环境学教材，实属必要。2015年年底，为适应我国大专院校相关专业环境教学的需要，科学出版社与我们商讨决定编写和出版《环境学概论》一书。在承担了《环境学概论》的编写任务之后，我们迅速成立了本书编委会，并通过通信会议的形式，于2016年3月召开了《环境学概论》编委会会议，讨论确定了本书编写的指导思想和内容提纲，进行了编写任务分工，商定了编写体例及本书编写和出版的其他有关事宜。之后，集中时间完成了书稿编写与统稿定稿工作，遂成本书。

本书包括四部分内容，其中第一部分为第一章和第二章，阐述了环境学和环境的基本理论问题，如环境学的研究对象与内容、形成与发展、分支学科、前沿问题、环境的概念与环境问题、可持续发展等；第二部分为第三章，阐述了污染源及其调查与评价的理论与方法；第三部分为第四章至第八章，阐述了大气、水、土壤、固体废物和环境物理因子等专项环境污染及其控制的理论与方法；第四部分为第九章至第十二章，阐述了环境监测、评价、规划和管理等环境分析与管理的基本理论与方法。在书稿编写过程中，我们竭力使本书体现资料的时代性、体系的完整性、内容的全面性和对象的普遍性等特色。

本书前言、第一章由管华编写，第二章由王建平、管华编写，第三章由赵庆良、张北赢编写，第四章由王净编写，第五章由李宝、宫少燕编写，第六章由张忠启编写，第七章由刘冰、管华编写，第八章由陈沛云、管华编写，第九章由田娟、董贵明编写，第十章由黄丽卿编写，第十一章由赵君凯编写，第十二章由张北赢、王建平编写。全书初稿完成后，由管华统稿定稿。

本书编写过程中，作者得到了多方面的关心和帮助，作者所在单位为本书的编写提供了良好的条件，科学出版社文杨编辑为本书的编辑出版做了大量的工作，本书编写过程中参阅了大量参考文献，在此编者一并表示谢忱。由于作者的学识有限，书中疏漏之处在所难免，恳请广大读者不吝赐教。

作　者

2017年8月

目　　录

第一章 绪　论

第一节 环境学的研究对象与研究内容

一、环境学的研究对象与学科性质

环境学知识的积累由来已久，上古人类就有对环境基本知识的认识和传承。但是作为一门学科，环境学的形成和发展仅有不足百年的历史。20 世纪中叶，发达国家严重的环境污染问题的出现，导致环境学的形成和迅速发展。因此，关于环境学的研究对象，目前人们的认识尚不统一，许多学者为环境学提出了涵义不同的定义。

美国国家科学基金会的国家科学局认为，环境科学是研究围绕着人的空气、陆地、水、能源和生命等所有系统的科学。斯特拉勒（A.N.Strahler）等认为，环境科学是研究地球的各种自然系统和各种过程及其对人类的意义和影响的科学。Bouwer 等认为，环境科学是研究人与环境关系，解决环境问题的跨领域科学。Nebel 等认为，环境科学是研究与人类环境关系最密切的问题的科学。Smeth 等认为，环境科学是研究人类对环境影响的科学。Boersema 等认为，环境科学是研究人为环境问题的科学。刘培桐等认为，环境科学以人类-环境系统为研究对象，是研究该系统发生和发展、调节和控制，以及改造和利用的科学。左玉辉等认为，环境科学是研究人与环境相互作用规律的科学。何强等认为，环境科学是研究人类活动与其环境质量关系的科学。莫祥银等认为，环境科学是研究人类在认识自然和改造自然中的人和环境之间相互关系的科学。窦贻俭等认为，环境科学是主要研究环境结构与状态的运行变化规律及其与人类社会活动之间关系，研究人类社会与环境之间协同演化、持续发展的规律和具体途径的科学。卢昌义等认为，环境科学是研究人类活动所引起的环境质量变化和保护与改善环境的科学。王越飞等认为，人类生态系统是环境科学的研究对象。上述国内外学者对环境科学研究对象的认识大致可归纳为三类：一是人与环境相互作用而形成的复杂系统，二是由人类活动引起的环境问题，三是人类生态系统。

虽然上述定义对环境学研究对象的表述不尽统一，但是有以下共同认识：第一，环境学研究的是人类生存环境；第二，环境学研究的主要目的是解决由人类活动而产生的环境问题；第三，解决环境问题的主要途径，是揭示环境发展演化的基本规律，加强环境的管理与保护，控制和规范人类活动，协调人类与环境的关系，改善环境质量，实现人类与环境的协调发展。

综上所述，环境学是一门研究人类生存环境及其保护的科学。它以人类环境为研究对象，以人类环境及人类与环境之间的关系为研究内容。其研究目的是揭示人类环境的形成、演化及分布规律，探讨环境调节、控制、管理、保护及开发利用的途径与措施，协调人类与环境之间的关系，以维护人类生存与发展所必需的环境质量，保证人类社会的可持续发展。

人类是地球上具有生物属性和社会属性这双重属性的特殊群体。人类的生物属性决定了人类是地球自然生态系统的组成要素之一，必然与地球自然生态系统其他组成要素有着密切的关系。人类的社会属性决定了人类必然区别于地球自然生态系统的其他组成要素，其行为和活动具有显著的社会特征。人类的行为受到人类这两个属性的共同影响和制约，这就使得人类与环境的关系十分复杂。此外，环境是一个多要素组成的开放系统，其内部各要素之间有着密切联系。因此，环境学的研究对象十分复杂而且组成要素多样。环境学要达到其研究目的，需要借助自然科学、社会科学等多学科领域的理论和方法，应用技术、经济、法律、管理等多种方法手段。由此可见，环境学是一门具有边缘性和综合性特征的学科。

二、环境学的研究任务与研究内容

环境学的研究任务，就是要揭示人类赖以生存的自然环境及其各组成部分的变化和运动规律，探求解决环境问题的基本方法，保护和改造环境，使环境向着有利于人类的方向发展。环境学的当前任务，是研究现代环境中各种因素对人类发展的影响，其迫切的研究课题是研究环境污染及其防治。环境污染实质上是由人类活动所引起的环境质量恶化，而环境保护和环境改造的一项根本内容就是污染防治和生态维护。

环境学以人类生存环境及人类与环境之间的关系为研究对象，其目的是研究人类社会发展对环境的影响和环境质量及其变化的基本规律，其基本任务是探索人类生存环境的发展规律和人类与环境协调发展的途径与手段。因此，20 世纪 70 年代以来，环境学一直以以下问题为其主要研究内容。

1. 自然环境形成、演化与分布规律

自然环境包括岩石圈、大气圈、水圈、土壤圈、生物圈等，它们总是处在相互作用、相互影响中，并随时随地不断发生着演化和变异。在人类利用和改造自然环境的过程中，为使环境向有利于人类的方向发展，必须深入了解环境的形成、分布和变化规律，掌握环境的基本特征、结构、组成和演化过程及其机理，以便按照自然环境的客观规律而付诸人类利用和改造环境的行动，避免造成环境的不利变化。

2. 人类与环境之间相互依存和作用关系

人类生存于地球环境之内，人类生存环境的状况与变化对人类的生存与发展有着重大影响。为使人类在地球上很好地生存与发展，必须深入认识人与环境的相互依存和作用关系，清楚环境的人类效应和人类活动对环境的影响。首先，了解环境的结构与功能，以使人类得到环境良好的保护，人类社会发展获得充足的和高品质的必需资源支撑。其次，了解人类经济活动和社会行为对环境影响的性质、程度和变化规律，以便规范和控制人类行为，使环境在人类影响下产生良性的发展变化，更有利于人类社会的健康发展。第三，了解人类活动所造成的环境不良变化的特征、规律与机理，掌握控制和转化环境不良变化的应对策略，以便为人类社会可持续发展营造良好的环境条件。

3. 人类与环境关系协调途径

在自然环境基本规律和人类与环境关系研究的基础上，需进一步探索人类活动与环境的关系协调途径，以构建二者的协调关系，促进人类-环境系统的健康发展。在人类社会实践活动中，人类-环境系统内部发生着复杂的物质和能量的迁移转化过程，这一过程遵循物质和能量守恒的基本规律，并通过系统的自我调节作用而最终达到物质和能量的输入和输出的平衡状态。人类的社会实践活动需要从自然环境中获取环境资源和向环境排放废物，不合理的开发活动将会导致自然资源的枯竭和环境的污染和破坏，破坏人类生存的物质基础，损害环境质量，最终危及人类的生活质量。因此，需要把社会发展和环境保护作为两个并重的目标，通过科学决策和合理行动来实现。为达到这一目的，需要研究人类与环境关系的协调途径，为指导和规范人类活动提供科学依据。环境与发展问题是当前世界各国普遍关注的重大问题，相应发展起来的协调发展、可持续发展等理论，也已成为协调人类与环境关系的重要理论基础，是当前环境学的重大研究课题之一。

4. 区域环境污染和破坏综合防治

目前由人类活动而导致的区域环境污染和破坏问题十分突出，已经严重影响到人类的生存安全，并成为区域发展的重要限制因子。区域环境污染和破坏问题是一项综合性问题，需要通过对区域环境污染和破坏的综合防治途径和措施开展研究和实施来加以解决。在此方面主要有三项研究内容。第一，环境保护的区域发展规划措施研究。区域发展规划是指导区域发展的纲领性法规文件，对区域发展方向有着规定性引领作用。区域发展规划的科学性，决定着区域发展的合理性。在环境问题日益突出的今天，环境保护已经成为区域发展规划研究的基本任务。这就要求区域发展规划始终贯穿可持续发展理念和环境保护思想，始终贯彻环境保护与社会发展并重的思想，充分体现环境与社会协调发展的特色。第二，环境保护的社会生产措施研究。通过综合分析人类社会各经济部门的基本特征和联系，探索人类社会生产过程中物质和能量的流动过程和迁移、转化基本规律，探索科学合理的产业结构和生产布局，研制清洁生产工艺，寻求对资源的最佳利用方案，实现物料的循环利用，通过生产过程的“节能减排”来达到环境保护的目的。第三，生态环境保育和改良措施研究。通过综合分析生态系统的状况、调节能力，探索生态系统改造途径，研制和实施生态系统保育和改良的政策、法律和技术调控措施，加强环境污染和破坏防治，提高生态系统的质量，提升生态系统的人类社会支撑能力。

第二节 环境学的形成与发展

人类社会发展不可避免地与环境发生着复杂而又深刻的相互作用和影响关系，环境科学即是在此过程中逐渐形成和发展的。环境学的知识积累历史悠久，但作为一门独立的学科，其形成和发展经历了漫长的历程，大致可分为四个时期。

一、知识积累时期

此时期自人类出现至18世纪后半叶。人类在地球上生活了200万～300万年。自人类出现开始，人类就与环境之间形成了相互作用和影响的关系。在与环境发生关系的过程中，人类逐渐积累了丰富的环境知识，例如，以土地、森林、水、矿产等为主的自然资源开发与利用知识，以洪涝、干旱等气象灾害为主的自然灾害防护知识，以地貌、气候、河流、植被为主的生态环境基本规律知识等。公元前3世纪，荀子在其著作《王制》中就提出了保护生物的思想。然而，这一时期人类的思维水平和行为能力较为低下，虽然对环境形成了朴素的认识和原始经验的积累，但是谈不上对环境客观规律和改造方略的总结与记载。

二、萌芽时期

此时期为18世纪后半叶至20世纪初。在这一时期，许多资本主义国家先后完成了工业革命，也导致了空气污染和水污染的发生。随着蒸汽机的出现，煤的使用量迅猛增长。1870年世界煤的年产量为2.5亿t，1913年迅猛增至13.4亿t。当时煤是工业和城市居民生活的主要能源，因而煤就成为城市空气的主要污染源。煤的燃烧排放出大量的二氧化硫、氮的氧化物和煤尘等有害物质，使大气受到严重污染。完成工业革命最早的英国的工业发展最早，煤烟污染的历史最长，污染程度最严重，1591年、1873年、1880年、1882年和1892年先后发生了严重的烟雾事件。此外，工业不断向城市集中和向农村迁移，使城市及其近郊的水体都受到了污染。由于水体受到污染，英国伦敦市先后发生了多次传染病流行事件。

工业生产和城市消费活动引起的环境问题日益明显，促使一些国家开始采取措施，来防治环境污染。英国于1863年制定了旨在防止制碱工业环境污染的《制碱法》，1876年制定了旨在保护河流环境的《河流防污法》。美国于1864年制定了以防止煤的燃烧引起的大气污染的《煤烟法》。同时，治理环境的各种技术也得到了发展。英国于1897年建立了以净化城市生活污水为目的的污水处理厂，1897年在流行病蔓延时期发明了用漂白粉消除自来水病原微生物污染的化学消毒法。这个时期，欧洲科学家对人类活动与环境的关系开展了探索。1833年，路克·霍华德（Luke Howard）发现了城市气温高于郊区气温的现象。1847年，C.N.费拉斯在《各个时代的气候和植物界》一书中，阐述了人类活动对植物界和气候变化的影响。1864年，G. P.马什在《人与自然》一书中，论述了人类社会对地理环境的影响。1896年弗里德里希·冯·恩格斯（Friedrich Von Engels）从理论上阐明了人与环境的辩证关系，为人与环境关系研究奠定了哲学基础。这一时期的研究成果虽然难以为环境保护提供必要的理论基础和完善的防治技术，但是对环境问题与人类活动关系的思考包含着环境学的思想萌芽。

三、专项研究发端时期

此时期为20世纪初至60年代。20世纪初，工业和科学技术得到了极大发展，电力、石油、化学工业、汽车、轮船和飞机制造等部门逐步建立，重工业开始在世界经济中占据主导地位。企业规模不断扩大，形成了许多大规模的工业区和工业城市，污染范围逐步扩大，导致一系列社会性公害事件发生，如1930年比利时马斯河谷烟雾事件，1948年美国多诺拉烟雾事件，1952年英国伦敦的烟雾事件，1953年日本水俣镇汞中毒事件，1955年日本富士神通川造成的镉中毒骨痛病事件等，都是震惊世界的环境公害事件。尤其是1952年的伦敦烟雾事件，在大雾持续的5天时间里丧生者多达5000余人，大雾过后的两个月内有8000多人相继死亡，成为20世纪十大环境公害事件之一。1876年内燃机的出现，带来了石油需求的剧增。1938年全世界石油年产量为2.5亿t，1956年快速增至6亿t。石油的大量使用，尤其是汽车尾气的大量排放，引发了1942年美国洛杉矶光化学烟雾事件。此外，石油的开采、运输、炼制和燃烧，还造成了大气、土壤、河流和海洋的污染。

环境公害事件的不断出现，促使许多国家建立起相应的研究机构，开展相关研究。为改进污水处理方法，英国于1939年成立了水污染研究试验室，之后，各种单项污染治理技术也得到发展。例如，发展了生物净化法，并应用于城市生活污水和工业废水处理；为防治煤炭燃烧造成的大气污染，发展了消烟除尘、烟道气脱硫和煤脱硫技术等；为治理有机废气造成的大气污染，发展了催化燃烧技术。

进入20世纪，环境污染问题研究得到了快速发展。1921年泰勒（Taylor）提了湍流扩散统计理论，应用于大气污染物的输送和扩散规律研究。20世纪40年代产生了模拟试验研究法，开始了光化学烟雾形成机制研究。20世纪50年代，开展了环境中重金属污染物的转化和积累规律研究。同时，环境学有关理论问题研究也得到发展，涌现出大量研究成果。1935年，坦斯利（Sir Arthur George Tansley）研究了生物、大气和土壤之间的相互联系和制约关系，提出了生态系统的概念。1954年，美国的一些科学家提出了人与环境是一个特殊矛盾的整体的概念，开启了环境问题综合研究的先河，并且首次提出了“环境科学”的概念，成立了“环境科学学会”，出版了《环境科学杂志》。这些研究从多个方面探讨了环境问题的客观规律，为环境学的形成积累了基础知识。然而总的来说，这一时期的环境问题研究以把自然事物与过程孤立对待为特征，相关学科仅局限于本领域内的环境问题研究，缺少把环境作为一个有机整体的综合分析。

四、形成与发展时期

此时期为20世纪60年代至今。20世纪下半叶，随着工业生产的迅猛发展，环境污染与生态破坏成为全球性问题，影响和阻碍了生产力的发展，强烈推动了环境学的建立。同时，现代科学仪器、分析方法和自然科学整体化研究发展趋势的出现，为环境学的建立提供了理论方法和技术手段方面的基础。60年代末至70年代初，环境研究逐步由多学科单项研究向跨学科综合研究过渡，最终使环境学作为一门具有特定研究对象的综合性学科而诞生，并得到迅速发展。

20世纪60年代以后，随着化学工业的大发展，人类合成了大量的人工合成化学物质，截至1972年，人工合成的化学物质已达400余万种，其中许多是自然环境所难以降解的物质，如DDT、聚氯联苯等。这些人工合成的化学物质流失于环境之中后，成为顽固的污染物质，导致环境的恶化，并给人类健康造成了明显的危害。工业和交通运输业的快速发展，形成了全世界每年约70亿t的巨大数量化石燃料消耗，排入大气的二氧化碳逐年增多，导致环境污染问题由区域性的城市问题演变为全球性问题。70年代初，仅美国排放的空气污染物每年就达2亿t。据美国海洋研究所估算，1958～1968年的10年间，大气二氧化碳含量增加了6ppm①。大气中二氧化碳含量的快速增加，使大气中二氧化碳的含量超过了环境的调节能力，形成了显著的温室效应，导致全球气温明显上升。这种上升趋势如果不能得到有效遏制，将会在不远的将来给人类造成灾难性的后果。环境污染的日益扩展及其给人类和生物带来的严重危害，迫使许多污染严重的国家不得不成立全国性的环境保护管理机构及科研机构，统一规划全国的环境保护工作，环境治理也从被动的单项治理走向区域的综合防治，从而使环境科学的发展也进入了一个新阶段。

20世纪末期，高精度和高灵敏度科学仪器及现代分析方法集中出现，如激光和高频等离子等新光源光谱仪、中子活化分析仪、色谱-质谱联用分析仪、液谱-质谱联用分析仪、红外光谱吸收分析仪、紫外吸收光谱分析仪及其分析技术等，对于弄清污染物在环境系统内的迁移、扩散和转化的运动规律，以及污染物与生物大分子的作用，提供了分析手段。

---

① $1ppm=1\times10^{-6}$。

同期发展起来的环境监测分析方法的标准化及标准参照物的使用，使不同环境监测机构所获得的数据具有了可比性，使区域性或全国性监测网的组成和数据统一的处理成为可能。环境监测技术的自动化、遥测和遥感技术在环境监测中的使用，以及自动化环境监测网络的建立，使连续获得大片区域内的大量数据得以实现，并能对区域性的污染源进行连续监控。环境系统工程、控制论、环境数学、电子计算技术的综合应用，使区域环境系统分析、寻求区域综合防治最优方案成为可能。人造卫星和红外摄影技术的发展，可以对大气、水体的污染状况进行广域的监测，从而为了解污染物在环境中迁移和扩散的规律提供重要的数据。这些新兴理论、方法和技术的环境分析应用，为环境学的建立打下了重要基础。

自然科学发展过程中，始终存在着分化与综合两种发展趋势，它们交替占据科学发展的主导地位，对自然科学自身的形成和发展产生重要的影响。20 世纪 50 年代以后，广泛领域内的综合成为科学发展的方向。现代自然科学的整体化发展，是环境学形成与发展的重要条件。综合发展趋势的加强，促使不同学科之间相互交叉协作和融合渗透，从而形成了许多边缘性的综合性学科。这些综合性学科的出现，是自然科学整体化发展的必然结果。环境科学正是科学整体化发展的产物。环境学的研究对象涉及地球岩石圈、大气圈、水圈、土壤圈和生物圈等的全部环境要素，必须运用地学所有分支学科，尤其是生态学、地球化学等综合性学科的理论和方法，对环境进行广域的宏观研究。20 世纪 60 年代以后出现的科学整体化发展趋势，为环境学研究在宏观与微观两个领域内同时开展提供了重要的条件。环境科学就是在科学整体化的进程中，以生态学和地球化学的理论为基础，充分运用化学、生物学、地理学、物理学、气象学、医学、工程学及社会学和经济学等多种学科的理论和方法，对人类活动所引起的环境质量变化及其对人类产生的影响进行系统的综合研究而形成起来的一门综合性学科。

第三节　环境学的科学体系与主要分支学科

一、环境学的科学体系

20 世纪 80 年代以来，很多学者对环境科学体系进行了探讨。不同学者对环境科学体系划分的原则和划分方案各不相同，目前尚未取得一致意见。刘培桐等根据环境科学研究对象的性质和内容不同，将环境科学体系划分为理论环境学、部分环境学和综合环境学 3 个一级分支科学，每个一级分支学科又划分为若干二级分支学科。何强等把环境科学看作是自然科学、社会科学和技术科学的边缘交叉科学，将环境科学体系划分为环境基础科学、环境社会科学和环境技术科学 3 个一级分支学科，每个一级分支学科又划分出若干的二级分支学科。王飞越等以环境问题的研究程序、空间组织水平、研究对象的特征和时间特征为依据，建立了多维环境科学体系。按照研究程序，将环境学划分为一般理论环境学和应用环境学；按照组织水平，划分为全球环境学、区域环境学和聚落环境学等；按照研究对象的特征，划分为自然环境学、技术环境学和社会环境学等；按照时间特征，划分为环境历史研究、环境现状分析和环境预测等。李春景等根据现代学科的聚散共生规律，将环境学划分为伦理环境学、基础环境学、部门环境学和工程环境学等。马建华等根据这种学科层次划分的思想，建立起环境科学体系，将环境学划分为环境哲学、环境学、环境技术学和环境工程 4 层次，每个层次又划分为若干级别分支学科。

按照研究内容的层次，一门学科自上而下可以划分为学科哲学、学科基础理论、学科应用理论和学科应用技术 4 个层次的学科分支。因此，环境科学的学科体系主要由环境哲学、环境学基本理论、环境自然科学、环境人文社会科学和环境技术科学 5 部分构成。

环境哲学是研究人类环境观的一类学科，其目的是探讨人类与环境的辩证关系。此类学科有环境辩证法、环境伦理学等。

环境学基本理论是研究环境学基本理论的一类学科，其目的是探讨环境学的研究对象与内容、学科特点、研究方法、学科体系、环境与环境学发展历史、人类与环境的关系等。此类学科有理论环境学、环境系统学、环境史学等。

环境自然科学是研究自然环境及其与人类和人类社会相互作用关系的一类学科，其目的是探讨自然环境基本规律、自然环境对人类和人类社会的作用与作用效应、人类对自然环境的影响与改造等。此类学科有环境地学、环境物理学、环境化学、环境生物学、人类环境学等。

环境人文社会科学是研究环境社会现象和环境保护社会途径的一类学科，其目的是探讨环境的人类社会效应和环境保护社会途径与措施。此类学科有环境心理学、环境史学、环境文化学、环境美学、环境考古学、环境法学、环境制度学、环境经济学、环境教育学等。

环境技术科学是研究环境研究与环境控制技术的一类学科，其目的是探讨环境研究和环境治理保护的方法与技术。此类学科有环境研究技术学、环境控制与保护技术学。其中前者如环境监测学、环境评价学、环境规划学等；后者即环境工程学，如大气环境控制工程学、水环境控制工程学、土壤环境控制工程学、生物环境控制工程学、物理环境控制工程学、化学环境控制工程学、环境保育与修复学、环境医学等。

二、环境学的重要分支学科

（一）环境监测学

环境监测指通过对影响环境质量因素的代表值的测定，以确定环境质量或污染程度及其变化趋势。环境监测通过对各种污染物质含量、排放量的检测，跟踪环境质量的变化，确定环境质量水平，是环境保护工作的基础性工作。环境监测是了解环境质量状况的主要途径，其目的是获得监测信息，为环境管理、环境决策和污染事故应急处理提供技术性科学依据。环境监测还是确定环境保护工作方向和布局的基础。

按照监测对象，环境监测分为环境质量监测和环境污染源监测两种。环境监测的过程一般为接受环境监测任务、开展现场调查和资料收集、制定环境监测计划与设计实施方案、采样布点、样品采集、样品运输和保存、样品预处理、分析测试、数据处理、综合评价等。环境监测的对象包括自然环境要素、人为环境要素和环境污染组分。环境监测的方法有化学监测、物理监测、生物监测和生态监测。环境监测的主要手段包括物理手段、化学手段和生物手段。

（二）环境标准学

环境标准是为了保护人群健康，防治环境污染，促使生态良性循环，合理利用资源，促进经济发展，依据环境保护法和有关政策，对有关环境的各项工作所做的法规性规定。

环境标准是环境保护工作的重要基础之一，是行使环境管理职能和环境执法、处理环境纠纷、进行环境质量评价的依据，可用以衡量环境保护技术工作水平，考核环境保护和污染防治效果，为环境规划、环境管理、城市建设提供环境质量方面的标准依据。

环境标准是在参考国家和地区一定时期自然环境特征、科学技术水平和社会经济发展状况的基础上，按照严格的科学方法和程序制订的。环境标准要符合地区环境状况的实际情况，宽严适度，既要对地区的环境行为有限制作用，又要切实可行，以利于环境质量的保护，避免环境问题造成人体危害和生态破坏。

（三）环境评价学

环境评价是从保护环境和建设环境的角度，对一切可能引起环境质量变异的人类社会行为产生的环境影响进行的定性和定量的评定。其目的主要是掌握和比较环境质量状况及其变化趋势，寻找污染治理重点，研究环境质量与人群健康关系，预测评价拟建的项目对周围环境可能产生的影响，为环境综合治理、城市规划及环境规划、环境执法等提供科学依据。

环境评价包括环境影响评价和环境质量评价两类，它从环境卫生学角度，按照一定的评价标准和方法，对一定区域范围内的环境质量进行客观的定性和定量调查分析、评价和预测。其实质上是对环境质量优与劣作出评定过程，其内容包括确定环境评价因子、实施环境监测、确定评价标准和评价方法、进行环境识别等。

（四）环境规划学

环境规划是人类为使环境与经济和社会协调发展而对自身活动和环境所做的空间和时间上的合理安排。环境规划是环境管理的重要内容和主要手段，其目的是指导人们进行各项环境保护活动，按既定的目标和措施合理分配排污削减量，约束排污者的行为，改善生态环境，防止资源破坏，保障环境保护活动纳入国民经济和社会发展计划，以最小的投资获取最佳的环境效益，促进环境、经济和社会的可持续发展。环境规划是国民经济和社会发展的有机组成部分，是环境决策在时间、空间上的具体安排，是一种带有指令性的环境保护方案，具有综合性、区域性、长期性、政策性等特点。

环境规划是21世纪以来国内外环境科学研究的重要课题之一，其实质是为克服人类社会经济活动和环境保护活动出现的盲目性和主观随意性而实施的科学决策活动，在社会经济发展和环境保护中，在协调经济社会发展与环境保护的关系、落实环境保护以“预防为主”原则、为各级政府开展环境保护工作提供科学依据、为制定国民经济和社会发展规划及其他专业规划提供科学依据等方面，起着十分重要的作用。

环境规划制定工作一般有确定环境规划目标和指标体系、进行环境评价和预测、环境功能区划、环境规划方案的生成和决策过程、环境规划的实施与管理等内容。

（五）环境工程学

环境工程学是研究运用工程技术和有关学科的原理和方法，保护和合理利用自然资源，防治环境污染，以改善环境质量的学科，包括大气污染防治工程、水污染防治工程、固体废物的处理和利用工程、噪声控制工程、环境污染综合防治、环境系统工程等分支学科。

环境工程学是一门建立在环境学与工程学之间的边缘学科，研究内容繁多，拥有庞大而复杂的技术体系。其研究内容主要包括环境污染和公害的防治措施、自然资源的保护和合理利用、废物资源化技术、改革生产工艺、少害或无害的闭路生产系统、区域环境运筹学管理等，这些都成为环境工程学的重要发展方向。

（六）环境经济学

环境经济学是一门研究环境资源经济价值和利用环境经济规律解决环境问题手段的学科。环境经济学是一门建立在环境学与经济学之间的边缘学科，旨在正确调节人与自然之间的关系。环境经济学应用经济学的基本原理，为制定环境保护政策和开展环境管理提供理论支持。环境经济学的研究内容繁多，主要包括社会制度、经济发展、科学技术进步与环境保护之间关系的理论和方法。具体而言，主要有 3 个方面的研究内容，即社会生产力的合理组织，环境保护的经济效果，环境管理的经济手段。

（七）环境管理学

环境管理学是一门研究环境管理理论、技术与方法的学科。环境管理学是建立在环境学与管理学之间的一门边缘学科，它以现代管理学基本原理为基础，探讨环境管理活动的基本规律，旨在为环境管理活动提供理论指导、管理技术和管理方法。环境管理学包括众多的研究领域，如区域环境管理、部门环境管理、资源环境管理、环境质量管理、环境技术管理、环境计划管理等。

（八）环境法学

环境法学是一门研究环境法律制度的形成和运作的学科。环境法学是环境学与法学之间的边缘学科，旨在为环境保护提供法学依据。依据研究对象和方法，环境法学可以划分为理论环境法学和应用环境法学两类。理论环境法学以环境法基本理论及其研究方法为研究对象，是探讨环境法学研究对象基本概念、基本原理、基本原则和基本规律的一类环境法学分支学科，其主要代表学科为环境法理学。以环境法律实践活动为研究对象应用环境法学，是直接服务于环境法律实践活动、解决环境法律实际问题的一类环境法学分支学科，其代表性学科是各种部门法学。依据研究内容，环境法学可以划分为综合环境法学和部门环境法学两类。综合环境法学是一个研究内容具有相当大跨度的综合性环境法学分支学科群，如环境法学总论、环境立法学、环境法社会学、环境法解释学、比较环境法学、国际环境法学等。部门法学是一个以某项专门环境法律问题为研究对象的环境法学分支学科群，如环境法律史学、国内环境法学、国际环境法学、环境立法学、环境法律解释学、环境法社会学、比较环境法学和外国环境法学等。

第四节 环境学的前沿问题

2016 年，中国科学院编著的《中国学科发展战略·环境科学》，提出了当前环境科学的主要前沿研究领域。

一、环境学科基础领域

环境化学方面，主要关注污染物多介质界面行为、区域环境过程与调控原理；纳米颗粒物的环境行为与生物效应；环境友好和功能材料在污染控制中的应用；化学污染物暴露与食品安全。

环境地球化学方面，热点问题包括：二元同位素体系发展；微小非质量依赖分馏的研究；重金属元素的非传统稳定同位素的运用；环境地球化学与微生物学的交叉与融合；重金属污染物的大尺度迁移与微观过程研究相结合。

区域环境污染研究方面，主要关注区域尺度的污染物排放、扩散、运移、暴露到危害效应定量过程中的薄弱或缺失环节，重点包括：多种污染物的国家和全球尺度高分辨（时、空、源）排放清单；不同空间分辨率（用于暴露研究的1～10km分辨率、用于跨境和全球传输的分辨率>100km）模型的传输模拟；区域尺度气地交换机理和定量模型研究；人群水平区域呼吸与暴露定量模拟；区域生态毒性与人群健康危害定量评估。

二、大气、水、土壤环境领域

（一）大气环境

在大气环境化学前沿和热点问题研究方面，我国已经有较好的起步，但缺乏深入认识。在我国污染普遍存在的情况下，对新粒子的形成机制尚未完全掌握，在二元（硫酸-水）成核、三元（氨-硫酸-水）成核、离子诱导成核、挥发有机物成核等的机制上，何为主导，尚不明确；痕量气体在成核与增长中的贡献作用观点不一；对新粒子对大气颗粒物特别是细颗粒物浓度增加是否具有影响等问题缺少科学认识。污染物在大气中行为复杂，颗粒物尺寸与化学组成之间的内在关系一直不明确。大气中前体物转化生成的二次颗粒物是$PM_{2.5}$的重要来源，其形成机制与雾、霾形成机理的内在联系还很不清楚。另外，在大气复合污染条件下污染物之间相互转化、大气氧化性变化的影响、气体向颗粒物转化等，均需要确证是否导致灰霾发生的诱因。

大气污染形势依然非常严峻，利用新的监测、分析及模拟技术和先进的在线或高时间分辨率仪器，针对大气污染新形势和特点，研究大气污染物微观机制、大气污染天气形成、大气污染防治、大气污染的人体健康影响等将成为未来科学热点。排放清单、新颗粒形成与增长、有机气溶胶、颗粒吸湿与混合、颗粒老化与大气化学、大气痕量物反应（OH等瞬态、中间反应物）、气溶胶对云和降水影响、脱汞、污染物对DNA及遗传影响等均是未来的主要研究方向。建立大气烟雾箱或大气化学反应模拟器，关注大气污染物老化过程及液相化学、评价颗粒物光学微观特性演变、分析暴露风险，以及大气污染物与心血管、呼吸道等疾病发病率的关系将是今后最为关注的内容。研究大气污染与城市边界层环境变化，关注边界层与大气污染物之间的反馈关系、大气污染物对天气/气候灾害发生发展的影响贡献，研发区域联防联控技术，建立极端大气灰霾天气的预报预警系统，以及发展脱硝、无人机等人工去除大气污染物技术等，将为大气污染防治形势的根本扭转提供科学依据。

针对学科发展动态及面临的重大科学问题，大气环境研究未来的重点方向应关注以下几个方面：①大气污染物排放与大气污染形成的关键过程；②气溶胶大气污染物跨境输送与不同混合态气溶胶的天气气候效应和生态效应；③大气污染物的环境影响；④大气污染物立体监测、动态污染源清单及关键区域污染源控制技术；⑤区域大气复合污染控制的决策技术；⑥大气环境保护标准及污染防治的关键技术。

（二）水环境

水环境科学的未来发展方向，将仍然是地学环境条件下叠加的人类活动驱动下的营养盐等污染物质负荷发生机制、输移过程对河流和湖泊生态系统的影响。生物参与的营养盐的生物地球化学过程与循环，这是未来水环境科学需要重点发展的领域。而这些领域发展的突破，将取决于研究手段和方法的进步，即监测技术的革新和创造。从学科发展来看，许多科学问题没有解决与传统的水环境科学研究方法的局限性有很大的关系。在氮磷污染物的输移过程及其影响因素方面，涉及地貌、水文、水环境、水生态等学科，这将成长为一个新兴的领域，即所谓的水文、地球化学、生态相结合的学科。此外，水体营养盐富集对水体生态系统的影响将仍然是未来一段时间的研究热点。营养盐富集后的浓度、形态、比例等对浮游植物的组成、演替、优势种、生物量等的影响，以及蓝藻水华暴发机制都仍然是湖沼学和水生态科学需要进一步研究的领域。营养盐富集与生态系统响应的关系问题又制约了蓝藻水华暴发的机制、蓝藻毒素的产生机制等相关问题。

综上所述，水环境科学未来研究方向重点在：①水体营养盐元素富集对水体生态系统的影响；②陆地环境对氮磷污染物的输移影响及进一步对生态系统的影响；③全球变化对水体生态系统的影响；④水环境科学监测技术的发展；⑤面源污染的多尺度特征研究；⑥水文模型与生物地球化学模型的耦合。

（三）土壤环境

当前，国内外土壤环境科技与管理研究进展体现在土壤污染的多尺度调查与长期定位观测，土壤污染物的界面过程与生物生态效应，土壤污染物迁移、转化过程及其模拟预测，土壤污染控制与修复的技术研发及工程示范等方面，涉及以下五大科学问题：①土壤复合污染的成因与作用机制；②土壤-植物-微生物系统中污染物的形态与微界面过程；③土壤污染物在地下食物网营养层间的物质传递与代谢过程；④土壤污染物低剂量长期暴露的风险评估；⑤土壤环境基准、标准与风险管理等。

未来研究方向包括：①土壤环境多尺度效应及其转化的新方法、新技术；②土壤关键带环境系统的界面过程耦合及动力学机制；③土壤污染的生态系统演变与健康指示；④土壤-植物-微生物体系自然修复和强化修复机制及其应用意义。

三、人体暴露、环境毒理学、生态风险等领域

在人体暴露、环境毒理学、生态风险等领域，未来研究的重点是环境效应。

（一）人体暴露

环境与健康是一门新型交叉学科，融合了环境科学、毒理学和基础医学。随着被发现的污染物种类增多，其影响人体健康的机制日趋复杂化，未来的发展需要在几个方向获得突破：①人体多种暴露途径的耦合问题，即在评价暴露对健康的影响时，应该考虑到多种因子的联合暴露和效应；②从暴露风险水平概率分布角度分析人群的整体暴露情况，同时结合大量流行病学信息数据库，全面评价区域环境质量对人群健康的影响；③复合环境污染物质的人体健康效应，即由于环境中多种污染物的共存导致其共同作用于人体，作用机理更加复杂，需要从全方位评价其效应。

（二）环境毒理学临界值（环境基准）

环境基准研究的滞后已成为制约我国环境标准科学性、环境有效管理及民生保障行动的瓶颈。特别是在毒理学临界值理论基础方面一些深层次的关键科学问题，还需要在今后的环境基准研究工作中重点开展，主要包括污染物的生物有效性、生物富集、污染物毒性效应机理、毒性预测模型等。这些前沿科学问题是未来环境基准定量化研究的重要科学依据，也是对环境基准研究的重要补充和完善。

（三）生态风险

以生态毒理学和系统生物学方法为核心的21世纪生态风险评估框架，将从关注化学污染物、单一胁迫因子的潜在风险，发展向综合评估生境条件改变、物种入侵（或灭绝）等非化学胁迫因子、混合污染物的联合毒作用及多种因子累积暴露的复合生态效应；从低水平、小尺度的个体/种群生态风险评估，发展向更高生态学尺度的群落/生态系统乃至区域景观水平；从评估比较生存、生长、繁殖、发育等毒性效应阈值大小，发展向生态系统服务框架的应用，系统评估生态系统要素或其本身的健康、生产力、遗传结构、经济价值和美学价值等受到潜在影响的可能性。在生态风险信息获取及预测评估方法工具的研究方面，进一步发展毒性作用的系统生物学机制研究及高通量生态毒理学筛选技术；研发生态学尺度的预测系统模型，探索低水平生态组织胁迫-反应对高水平生态组织的作用途径与影响机制，更好地解决风险评估中效应外推的不确定性关键问题；确定“生态暴露组”应对环境生态、应急预警、风险评估和风险管理的重要需求和手段，根据暴露途径和暴露因子的差异，开发用于提高新暴露数据采集与改进效应评估联系的暴露模型新工具，预测评估污染物在环境中的动态行为及这种行为给环境及生态系统造成的综合影响；进一步发展多层次生态风险评估方法体系，包括基于半定量风险分析的高通量筛查与优先排序，以及精确估计的概率风险评估及其不确定性分析，以适应不同目标层次的风险管理与风险决策需求。

四、相关学科领域的未来发展重点

（一）全球变化生态学与恢复生态学

全球变化生态学围绕的重大科学问题包括三个方面：①关键区域和敏感区域的生态系统，以及其结构和功能对气候变化的响应和对生态系统的脆弱性及生态系统健康的评估；②多要素、多尺度观测数据的集成和生态系统未来变化预测的准确性的提升；③生态系统过程与其他环境要素过程的耦合和生态系统适应气候变化的管理。

从研究热点来看，全球变化生态学主要注重以下几个方面的研究。①认识生态系统的稳定性和可持续的系统动力学机制，定量评价其对气候变化的敏感性、脆弱性及适应能力。②认识生态系统变化对其他系统的反馈，揭示生态系统与其他系统的协同性。③通过多数据、多方法的多尺度集成及时、有效地评估生态系统对全球变化的响应。④开展关键区域的系统研究，解释山地、极地及热带雨林分布区与全球变化的关系。生态系统的恢复和重建则是一项非常困难和复杂的任务，需要亟待回答和解决的重大科学问题包括：①不同生态系统退化原因和机理，以及恢复方法和适用技术的选择；②生态恢复实践评价方法和体系的建立；③生态系统退化的早期信号提取及其预警机制。

恢复生态学的研究热点则反映在以下诸多方面：①利用分子生态学技术分析生态恢复中生物种群动态变化和生物群落结构多样性、监测及预警生物修复成效；②3S技术、生物技术、工程技术及长期生态学监测等新技术在生态恢复中的应用；③生态恢复目标多元化，是生态恢复过程得以合理实施和延续的要点，也是未来生态恢复计划制订和实践的重点；④全球变化背景下生物入侵预警及其生物多样性保护策略、土壤生物及生态过程对全球气候和环境变化的响应与适应，以及不同气候变化背景下生态系统恢复和重建的数量与质量标准等诸多方面的研究也是恢复生态学研究的热点。

（二）水文水资源与地表灾害

从水资源系统视角出发，将环境变化、可持续发展、气候系统变化研究集成到水资源研究系统中，研发将自然和人文全要素过程耦合的水文与水资源变化机理、影响机制、适应途径、决策支持，核心目标是为区域可持续发展提供可操作的科学依据。从这样的视角把握科学问题，重点突出三个方面：①大数据背景下的水文信息立体监测与水数字科学；②实体与虚拟过程有机耦合的水循环理论与模拟；③以决策支持为出口的水文水资源集成研究平台。

根据上述重点问题，从中凝练水文水资源研究未来的主要方向：①水循环及水文信息的获取；②水文过程模拟与集成的水资源管理系统；③气候与环境变化对水文水资源的影响；④水资源安全。

1990年开展国际减灾十年计划以来，山地灾害理论研究和减灾实践得到长足发展。人们对灾害区域规律和活动特征有了较充分的认识，但由于灾害形成的复杂性，基于控制因素的潜在灾害判识仍是学科难点；在灾害形成机理和运动规律方面，模拟并预测灾害形成和运动中的物质迁移及能量转化过程，还需要解决细观尺度下复杂介质（水-土-气）间相互作用的多过程耦合问题；在理论研究基础上尚未考虑灾害与生态的互馈机制，有待探索植物工程-岩土工程相结合的减灾原理与技术。针对山地灾害学科有待发展的理论和技术，提出如下重大科学问题：①水土耦合动力过程与灾害形成机理；②规模放大效应与灾害链生机制；③基于形成机理的灾害预测预报模型；④气候变化对灾害的影响与巨灾预测；⑤基于动力过程的灾害风险分析；⑥灾害与生态的互馈机制及植物措施-岩土措施综合减灾原理。

根据上述科学问题，环境地表灾害未来发展方向重点为：①灾害机理预报理论与新技术的协同发展；②复杂介质物质运移规律与数值模拟；③潜在风险判识与风险管理。

（三）近代环境变化

冰芯中包含了多种反映环境变化的指标。如何从冰芯记录中获取时间尺度更长、绝对年代更可靠的环境变化信息，阐明在更长时间尺度及与人类活动相关的大空间尺度上环境变化的过程与机制，是基于冰芯的近代环境变化研究的重要科学问题。针对中低纬度冰芯研究，特别是青藏高原冰芯研究，需要解决的重大科学问题包括：①过去大气环流变化对气候环境记录的影响；②不同地区冰芯中不同污染物的来源识别；③多圈层污染物的交换与捕获过程。

复习思考题

1. 试述环境学的定义与研究对象。
2. 环境学的研究任务与研究内容是什么?
3. 试述环境学的发展阶段及各阶段的主要特征。
4. 环境学有哪些主要分支学科?
5. 试述环境学研究的主要前沿问题。

第二章　环境与可持续发展

第一节　环境的概念与分类

一、环境的概念

环境是一个古老而又内容宽泛的概念。一般而言，环境是指某中心事物周围的境况。各相关学科从不同的专业角度提出了不同的环境定义，它们的区别主要在于对中心事物和周边事物的界定上。

哲学认为，环境是指围绕于某个中心事物的外部空间、条件和状况。

从法学的角度，《中华人民共和国环境保护法》指出，环境是指影响人类社会生存和发展的各种天然的和经过人工改造的自然因素总体，包括大气、水、海洋、土地、矿藏、森林、草原、野生动物、自然古迹、人文遗迹、自然保护区、风景名胜区、城市和乡村等。该定义明确指出了环境的具体对象，通常被称为环境的工作定义。

地理学将环境定义为人类周围自然的和社会人文的生存要素的总和。该定义将中心事物界定为人类，将环境界定为人类生存环境中的自然要素和社会人文要素。《辞海》中对环境有两种解释，一是指环绕人的所在区域，二是指人周围的事物。这一概念在含义上更接近地理学的定义。

生态学将环境定义为围绕于地球生物周围的非生物的和生物的要素总和，该定义所指的中心事物为地球上的生物。

环境学中环境定义为以人类社会为主体的外部世界的总体。此处的外部世界，主要是指人类已经认识到的、直接或间接影响人类生存与社会发展的周围事物，既包括尚未被人类所改造的自然界的各种要素，又包括已经被人类所改造的自然界。

二、环境的分类

从不同的角度和按照不同的依据，可对环境做出不同的分类。

按照环境的主体，可以把环境划分为以人或人类为主体的人类环境和以生物为主体的生态环境。

按照环境组成要素的属性，可以将环境划分为自然环境和社会环境。其中前者是指未经人类改造和破坏的天然环境，如地质环境、地貌环境、大气环境、水环境、土壤环境、生物环境等；后者是指人类在长期的生产和生活活动中所创造和形成的环境，如经济环境、交通环境、聚落环境、政治环境、制度环境、文化环境、教育环境等。

按照环境的空间尺度，可将环境划分为宇宙环境、地球环境、区域环境等。

按照环境是否受过人类活动的影响，可将环境划分为原生环境和次生环境。其中前者是指天然形成的、未受或少受人为因素影响的环境；后者是指在人类活动影响下，其物质交换、迁移和转化及能量、信息传递等发生了重大变化的环境。

三、环境的特征与功能

（一）环境的特征

环境是以人类为主体的外部世界，即人类依赖于生存和发展的物质条件的整体，包括自然环境和社会环境。环境具有三个最基本的特性：整体性、区域性、变动性。

（1）整体性。指环境的各个组成部分和要素之间构成了一个有机的整体。

（2）区域性。存在于各个不同层次或不同空间的地域，其结构方式、组成程序、能量物质流动规模和途径、稳定程度等都具有相对的特殊性，从而显示出区域的特征。

（3）变动性。是指在自然和人类社会行为的共同作用下，环境的内部结构和外在状态始终处于不断变化的过程中。

（4）开放性。指环境是一个开放系统，有物质和能量的输入和输出。

（5）有限性。环境为人类发展提供的资源都不是用之不竭的；环境对污染的容纳量也不是无限的。

（6）综合性。自然环境已不是纯粹的天然环境，而是综合了一定的社会因素。

（7）可调节性。自然环境是高度复杂的系统，当人类作用引起的环境结构与状态改变不超过一定限度时，环境系统的调节功能可以使这些改变逐渐消失，使其结构和功能恢复原貌。

（二）环境的功能

在环境管理与环境规划中，环境功能通常是指某一个区域环境所发挥的有利作用或效能。区域环境功能依据区域的社会环境、社会功能、自然环境条件及环境自净能力等确定和划分。对于人类而言，环境功能是环境要素及由其构成的环境状态对人类生产和生活的功能和作用，其功能非常广泛，主要的功能包括资源功能、生态功能和纳污功能三项。

1. 资源功能

环境为人类提供生存的基本要素，人类、生物都是地球演化到一定阶段的产物，生命活动的基本特征是生命体与外界环境的物质交换和能量转换。空气、水和食物是人体获得物质和能量的主要来源。因此，洁净的空气、洁净的水、无污染的土壤和食物是人类健康和世代繁衍的基本环境要素。环境为人类提供从事生产的资源基础。自然资源可以分为可耗竭资源（不可再生资源）和可再生资源两大类。

可耗竭资源是指资源蕴藏量不再增加的资源。它的持续开采过程也就是资源的耗竭过程，当资源的蕴藏量为零时，就达到了耗竭状态。可再生资源是指能够通过自然力以某一增长率保持、恢复或增加蕴藏量的自然资源。在合理开发利用的情况下，资源可以恢复、更新、再生，甚至不断增长。而不合理的开发利用，会导致可再生过程受阻，使蕴藏量不断减少，甚至枯竭。

2. 生态功能

环境可以为人类提供舒适的生活环境，环境不仅能为人类的生产和生活提供物质资源，还能满足人们对舒适性的需求。优美的自然景观和文物古迹是宝贵的财富，可成为旅游资源。优美舒适的环境可使人心情愉快、精神愉悦、充满活力。随着物质和精神生活水平的提高，人类对环境舒适性的要求也会越来越高。环境也是生态系统能量流动、物质循环和信息传递等功能得以体现的必要条件。总而言之，环境是生态的前提。

3. 纳污功能

环境对废物具有消化和同化能力，即环境自净能力，人类在进行物质生产或消费的过程中，会产生一些废物并排放到环境中，环境通过各种各样的物理、化学、生物降解等途径来消化、转化这些废物。只要这些污染物在环境中的含量不超过环境的自净能力，环境质量就不会受到损害，如果环境不具备这种自净能力，地球上的废物就会很快积累到危害环境和人体健康的水平。环境自净能力（环境容量）与环境空间的大小、各环境要素的特性、污染物本身的物理和化学性质有关。环境空间越大，环境对污染物的自净能力就越大，环境容量也就越大。对某种污染物而言，它的物理和化学性质并不稳定，环境对它的自净能力也就越大。

四、环境承载力

环境承载力亦称环境承受力或环境忍耐力，是指在一定时期内，在维持相对稳定的前提下，环境所能容纳的人口规模和经济规模的大小。换言之，环境承载力是指在某一时期，某种环境状态下，某一区域环境对人类社会、经济活动的支持能力的限度。地球的面积、空间、物质和能量资源都是有限的，它们对人类及其活动的承载力也是有限的。因此，人类的活动必须保持在地球承载力的极限之内。当人类社会经济活动对环境的影响超过了环境所能支持的极限，即“外界的刺激”超过了环境系统维护其动态平衡与抗干扰的能力，就是人类社会行为对环境的作用力超过了环境承载力。因此，人类应用环境承载力作为标尺，衡量人类社会经济与环境协调程度。环境承载力决定着区域经济社会发展的规模和速度。如果在一定社会福利和经济技术水平条件下，流域（或区域）的人口和经济规模超出其生态环境所能承载的范围，将会导致生态环境的恶化和资源的匮竭，影响区域经济社会的可持续发展。

环境承载力与环境容量是两个既有联系又有区别的概念。二者的相同之处，表现为它们都是衡量环境最大限度的概念。环境容量是指某区域环境系统对该区域发展规模及各类活动要素的最大容纳阈值。这些活动要素包括自然环境的各种要素（如大气、水、土壤、生物等）和社会环境的各种要素（如人口、经济、建筑、交通等）。环境容量侧重反映环境系统的自然属性，即内在的禀赋和性质。环境承载力则侧重体现和反映环境系统的社会属性，即外在的社会禀赋和性质，环境系统的结构和功能是其承载力的根源。

作为判断人类社会经济活动与环境是否协调的依据，环境承载力具有以下主要特征。①客观性和主观性。客观性体现在一定时期、一定状态下的环境承载力是客观存在的，是可以衡量和评价的，它是该区域环境结构和功能的一种表征；主观性体现在人们用怎样的判断标准和量化方法去衡量它，也就是人们对环境承载力的评价分析具有主观性。②区域性和时间性。环境承载力的区域性和时间性是指不同时期、不同区域的环境承载力是不同的，相应的评价指标的选取和量化评价方法也应有所不同。③动态性和可调控性。环境承载力的动态性和可调控性是指其是随着时间、空间和生产力水平的变化而变化的。人类可以通过改变经济增长方式、提高技术水平等手段来提高区域环境承载力，使其向有利于人类的方向发展。

第二节 环 境 问 题

一、环境问题及其类型

（一）环境问题的基本概念

环境问题是指由自然界或人类活动作用于人们周围的环境而引起的环境质量下降或生态平衡失调，以及由这种变化而产生的对人类不利的影响。关于环境问题的概念，有广义和狭义两种理解。狭义的环境问题是指在人类社会经济活动作用下，人们周围环境结构与状态发生的不利于人类生存和发展的变化。广义的环境问题是指任何不利于人类生存和发展的环境结构与状态的变化。

环境问题的出现，根本上讲是人类不合理的社会经济活动而导致的。人类在利用自然环境、开发自然资源和创建社会环境的过程中，主观地或客观地做出了违背客观自然规律的行为，从而引起环境问题的产生。随着人类社会经济活动规模的不断扩大、深度和广度的不断拓展，环境问题日益严重。当前环境问题具有以下特点。第一，环境问题已经成为全人类所面临的共同性问题。第二，环境问题已从局部地区扩展至区域甚至全球，从地表延伸至高空及地下，呈现立体发展态势。第三，环境问题的表现形式更加多样化。第四，环境问题具有明显的地域性。第五，目前环境问题已严重损害人类的健康与福利，威胁人类生存和发展。

环境问题的产生，从根本上讲是经济、社会发展的伴生产物。具体而言，引起环境问题产生的人类活动主要有以下两个方面。第一，人口迅速增加对环境造成的巨大压力；第二，人类活动而产生的环境污染与破坏。在人类社会的史前文明时期和农业文明时期，由于人类对生物、土地、水等自然资源的不合理开发利用，已经形成了早期的环境破坏问题。在工业文明时期人口集中的城市，由于大量垃圾的产生，出现环境污染问题。产业革命以后，出现了大规模的环境污染和自然资源破坏，出现区域性的生态失衡现象。20 世纪 50 年代以来的当今世界，进一步发展的环境污染问题表现出范围扩大、难以防范、危害严重的特点，自然环境和自然资源难以承受高速工业化、人口剧增和城市化的巨大压力，世界性的环境与资源问题十分突出，成为人类社会可持续发展的重要制约因素。

（二）环境问题的类型

环境问题多种多样，按照其在地球上出现的先后顺序和发生机制，可以将其划分为两种类型。

第一类是原生环境问题，亦称第一环境问题，是指由自然环境的自身变化和自然灾害等引起的环境问题。此类问题的出现没有人为因素或很少有人为因素的参与，不完全属于环境科学研究的范畴。例如，由火山喷发、地震、崩塌、滑坡、泥石流、暴雨、洪涝、干旱、风暴潮、海啸、台风等引起的自然灾害，由自然环境中元素区域分布不均而引起的地方病，由自然环境中有害物质而引起的对人体的危害、放射性疾病等均属此类。

第二类是次生环境问题，亦称第二环境问题，是指人类活动作用于周围环境而引起的环境污染、生态破坏等环境问题。此类环境问题是环境科学研究的主要对象。人类活动所产生并排入环境的污染物或污染因素超过环境容量而导致的环境污染和破坏；人类对自然资源的不合理开发利用、超出自然资源承载能力的自然资源开发而导致的生态环境退化、环境质量恶化和自然资源枯竭，都属于次生环境问题。

虽然环境问题有上述两种类型，但通常环境问题多指第二环境问题，即人为因素所导致的次生环境问题。次生环境问题一般可划分为环境污染和生态破坏两大类，前者如由工业生产、农业生产、交通运输、城乡人群生活等引起的大气环境污染、水环境污染、土壤环境污染、生物环境污染等；后者如由乱砍滥伐引起的森林植被的破坏、过度放牧引起的草原退化、大面积开垦草原引起的沙漠化和土地沙化等。

二、当前的主要环境问题

（一）全球性的主要环境问题

当前人们面临的环境问题众多，其中已经严重威胁到人类生存并已被人类普遍所认识的，主要是以下十大环境问题。

1. 全球变暖

全球变暖是指全球趋势性的气温升高变化。近 100 多年来，全球平均气温经历了冷、暖交替变化的两次波动，总的看来呈现上升趋势。20 世纪 80 年代以来，全球气温明显上升。1981～1990 年全球平均气温比 100 年前上升了 0.48℃。导致全球变暖的主要原因，是人类近一个世纪以来大量使用煤、石油等矿物燃料，排放出大量的 CO_2 等多种温室气体。人口的增加和人类生产活动的规模越来越大，向大气释放的二氧化碳（CO_2）、甲烷（CH_4）、一氧化二氮（N_2O）、氯氟碳化合物（CFC）、四氯化碳（CCl_4）、一氧化碳（CO）等温室气体不断增加，导致大气的组成发生变化。这些温室气体对来自太阳的短波辐射具有高的透过性，而对地球反射出来的长波辐射具有高度的吸收性，产生了显著的“温室效应”，导致全球气候变暖。

全球变暖可导致全球气温升高，进而对全球生态环境和人类社会产生多方面的影响。全球变暖会使极地冰川融化、海平面上升等，使一些海岸地区被淹没。全球变暖可引起大气环流和大气降水的时空分布变化，使全球降水量重新分配，造成气候反常，导致旱涝灾害的强度增加和频繁发生。这些现象都可能进而导致生态系统发生变化，破坏自然生态系统的平衡，对人类和人类社会产生一系列重大影响，威胁人类的食物安全，恶化人类的生存环境。

2. 臭氧层破坏

地球表面之上 10～50km 的大气平流层中，集中了地球上 90%的臭氧气体，在离地面 25km 处臭氧浓度最大，形成了厚度约为 3mm 的臭氧集中层，称为臭氧层。臭氧层中的臭氧含量占这一高度空气总量的十万分之一。这一层次的臭氧含量虽然极微，却具有很强的吸收紫外线的功能。因此，臭氧层能够阻挡来自于太阳的紫外辐射，使地球生物免受紫外线辐射的伤害，保护地球上的一切生命，并能将能量储存在上层大气，起到调节气候的作用。

臭氧层是一个十分脆弱的大气层，极易与一些外来破坏性气体发生化学作用而遭到破坏。人类生产和生活所排放出的一些污染物，如冰箱空调等制冷设备的制冷剂氟氯烃类化合物及其他用途的氟溴烃类等化合物，受到紫外线的照射后可被激化形成活性很强的氧原子，与臭氧（O_3）发生作用使臭氧变成氧分子（O_2）。这种作用连锁性地发生，导致臭氧迅速耗减，使臭氧层遭到破坏。南极的臭氧层空洞，就是臭氧层被破坏的一个显著标志。南极上空的臭氧层是在20亿年的漫长时期里形成的，可是在一个世纪的时间里就被破坏了60%。到1994年，南极上空的臭氧层破坏面积已达2400万km^2。数十年里，北半球上空的臭氧层变得比以往任何时期都薄，欧洲和北美上空的臭氧层平均减少了10%～15%，西伯利亚上空甚至减少了35%。因此，科学家警告说，地球上空臭氧层破坏的程度远比一般人们所想象的要严重得多。

臭氧层遭到破坏，将使地面受到来自于太阳的紫外线的强烈辐射，给地球上的生命带来多方面的严重危害。研究表明，紫外线辐射能破坏生物蛋白质和基因物质脱氧核糖核酸，造成细胞死亡；使人类皮肤癌发病率升高；伤害眼睛，导致白内障甚至使眼睛失明；抑制植物如大豆、瓜类、蔬菜等的生长，并穿透10m深的水层，杀死浮游生物和微生物，从而危及水中生物的食物链和自由氧的来源，影响生态平衡和水体的自净能力。

3. 酸雨蔓延

酸雨是由空气中的二氧化硫（SO_2）和氮氧化物（NO_x）等酸性污染物引起的pH小于5.6的酸性降水。酸雨的发生是大气污染的一种表现形式，可对人类环境造成多方面的不良影响。酸雨可影响河流、湖泊中鱼、虾等水生生物的正常成长，造成鱼虾减少甚至绝迹；可导致土壤酸化，破坏土壤的营养，使土壤贫瘠化，危害植物的生长，造成作物减产，危害森林的生长；可腐蚀建筑材料和地面物体，损坏建筑物、文物古迹和现代塑像等。

酸雨最早出现于20世纪50～60年代的北欧及中欧，由欧洲中部地区的工业酸性废气所致。20世纪70年代以来，许多工业化国家采取各种措施防治城市和工业大气污染，其中一个重要的措施是增加烟囱的高度。这一措施虽然有效地改变了排放地区的大气环境质量，但大气污染物远距离迁移的问题却更加严重，污染物越过国界进入邻国，甚至飘浮很远的距离，形成了更广泛的跨国酸雨。

半个世纪以来，全世界矿物燃料的使用量有增无减，使得酸雨发生范围不断蔓延，受酸雨危害地区进一步扩大。目前世界上有北美酸雨区、西欧酸雨区、东亚酸雨区等三大酸雨区，其中东亚酸雨区即中国酸雨区。我国的酸雨20世纪80年代主要发生在西南地区，90年代中期已发展到长江以南、青藏高原以东及四川盆地的广大地区。我国的酸雨区可划分为四川盆地酸雨区、华东（杭州湾及长江三角洲）酸雨区和华南（湖南江西南部及珠江三角洲）酸雨区等三大酸雨区。

4. 淡水资源危机

淡水资源是人类生存和人类社会发展必不可少的基础性自然资源之一。随着地球上人口的激增和生产的迅速发展，人类对淡水资源的需求量急剧增加。同时，人类对淡水资源的严重污染和对水环境的严重破坏，使得淡水资源的供应量不断减少。这两个方面的共同作用，导致淡水资源的供需关系日益紧张。淡水资源的这种紧张局面，已经造成一些河流和湖泊的萎缩、地下水的枯尽和湿地的消失，严重威胁到人类的生存安全，并导致一些其他生物的灭绝和生态环境的恶化。

淡水资源在人类和人类社会发展中具有不可或缺的重要作用，然而地球表面的淡水资源十分贫乏，淡水资源量占地球上水的总量的比例不足3%，可利用水资源总量所占比例仅约1%。人类对淡水资源的大量滥用、浪费和污染，加之淡水资源时空分布的不均，致使世界上缺水现象十分普遍，全球淡水危机日趋严重。目前世界上的缺水国家和地区达100余个，其中 28 个被列为严重缺水国家和地区。据预测，20～30 年后，世界上严重缺水的国家和地区将达 46～52 个，缺水人口将达 28 亿～33 亿人。

我国广大的北方和沿海地区水资源严重不足。据统计，我国北方缺水区总面积达 58 万 km^2。全国 500 多座城市有 300 多座城市缺水，每年缺水量达 58 亿 m^3。这些缺水城市主要集中于华北地区、沿海地带和省会城市、工业型城市，它们都是我国重要的经济重心和人口重心，在我国的经济活动中占有重要地位，对我国的社会和经济发展影响巨大。

5. 资源和能源短缺

当前世界上资源和能源短缺问题已在大多数国家甚至全球范围内出现，其原因主要是人类无计划、不合理地大规模开采。根据香港大学出版社出版的《世界资料数据库》，1990 年世界能源消耗量约为 102 亿 t 标准煤，2000 年约为 144 亿 t 标准煤，11 年间增长了 41%。从石油、煤、水电和核能发展的情况来看，要满足这种快速增长的需求量是十分困难的。因此，在如太阳能、快中子反应堆电站、核聚变电站等新能源开发利用尚未取得较大突破之前，世界能源供应将日趋紧张。此外，其他不可再生性矿产资源的储量也在日益减少，这些资源终究会被消耗殆尽。

6. 森林锐减

森林是人类赖以生存的生态系统的一个重要组成部分。地球上曾经有 76 亿 hm^2 的森林，20 世纪初下降为 55 亿 hm^2，到 1976 年已经减少到 28 亿 hm^2。世界人口的增长，对耕地、牧场、木材的需求量日益增加，导致对森林的过度采伐和开垦，使森林受到前所未有的破坏。据统计，全世界每年约有 1200 万 hm^2 的森林消失，其中占绝大多数的是对全球生态平衡至关重要的热带雨林。对热带雨林的破坏主要发生在热带地区的发展中国家，尤以巴西的亚马孙情况最为严重。亚马孙森林居世界热带雨林之首，但是到 20 世纪 90 年代初期，这一地区的森林覆盖率比原来减少了 11%，约相当于 70 万 km^2。此外，亚太地区、非洲的热带雨林也在遭到破坏。

在今天的地球上，我们的绿色屏障森林正以平均每年 4000km^2 的速度消失。森林的减少使其涵养水源的功能受到破坏，造成了物种的减少和水土流失，对二氧化碳的吸收减少，进而加剧了温室效应。

7. 土地荒漠化

土地荒漠化亦即土地退化。1992 年联合国环境与发展会议对荒漠化的概念作了这样的定义：荒漠化是由气候变化和人类不合理的经济活动等因素而导致的干旱、半干旱地区和具有干旱灾害的半湿润地区的土地发生的退化。1996 年 6 月 17 日第二个世界防治荒漠化和干旱日，联合国防治荒漠化公约秘书处发表的公报指出：当前世界荒漠化现象仍在加剧，全球现有 12 亿多人受到荒漠化的直接威胁，其中有 1.35 亿人在短期内有失去土地的危险。荒漠化已经不再是一个单纯的生态环境问题，而是演变为经济问题和社会问题，它给人类带来贫困和社会不稳定。

在人类当今诸多的环境问题中，荒漠化是最为严重的灾难之一。截止到 1996 年，全球荒漠化的土地已达到 3600 万 km^2，占到全球陆地面积的 1/4。全世界受荒漠化影响的国家有 100 多个，尽管各国人民都在进行着同荒漠化的抗争，但荒漠化却以每年 5 万～7 万 km^2 的速度扩大。到 20 世纪末，全球已损失约 1/3 的耕地。在地球上，陆地面积约占全球总面积的 60%，其中沙漠和沙漠化面积占 29%。目前每年约有 600 万 hm^2 的土地变成沙漠。全球共有干旱、半干旱土地 50 亿 hm^2，其中 33 亿 hm^2 遭到荒漠化的威胁，致使每年有 600

万 hm^2 的农田、900 万 hm^2 的牧区失去生产力。人类文明的摇篮底格里斯河流域和幼发拉底河流域已由沃土变成荒漠，中国的黄河流域水土流失亦十分严重。

8. 物种加速灭绝和生物多样性下降

物种即生物种类，现今地球上生存着 500 万～1000 万种生物。一般来说，物种的灭绝速度与物种生成的速度应是平衡的。但是，人类活动破坏了这种平衡，导致物种灭绝速度加快。《世界自然资源保护大纲》的估计结果表明，目前世界上每年至少有 5 万种生物物种灭绝，平均每天灭绝的物种达 140 个，而且灭绝速度越来越快。物种灭绝将对整个地球的食物供给带来威胁，对人类社会发展带来的损失和影响是难以预料和挽回的。在中国，由于人口增长和经济发展的压力，以及对生物资源的不合理利用和破坏，生物多样性遭受到了非常严重的损失，目前已有约 200 个物种灭绝，估计近年内约有 20%、总数 5000 种的高等植物和约有 7.7%、总数 398 种的脊椎动物已经处于濒危状态。

生物多样性是指所有来源的生物及其群体和由生物与环境所构成的综合体的种类的多样化程度，包括物种多样性、群落多样性和生态系统多样性。生物多样性是在不断变化的，在漫长的生物进化过程中，地球上会产生一些新的物种，同时随着生态环境条件的变化也会使一些物种消失。近百年来，由于人口的急剧增加和人类对资源的不合理开发，加之环境污染等原因，地球上的各种生物及其生态系统受到了极大的冲击，生物多样性也受到了很大的损害。因此，保护和拯救生物多样性及这些生物赖以生存的生态环境，是摆在我们面前的重要环境任务。

9. 垃圾成灾

全球每年产生垃圾近 100 亿 t，而处理垃圾的能力远远赶不上垃圾增加的速度。目前，我国的垃圾产生量相当可观，在许多城市周围堆满了各种垃圾，形成一座座垃圾山。垃圾量的剧增，除了占用大量土地外，还污染环境。危险垃圾，特别是有毒、有害垃圾，因其造成的危害更为严重、产生的危害更为深远，而垃圾处理问题已经成为当今世界各国面临的一个十分棘手的环境问题。

10. 有毒化学品污染

在科学技术高度发展的今天，化学品的使用十分广泛，导致全球大气、水体、土壤乃至生物都受到了不同程度的污染和毒害。目前市场上有 7 万～8 万种化学品，对人体健康和生态环境有危害的约有 3.5 万种，其中有致癌、致畸、致突变作用的约 500 余种。20 世纪 50 年代以来，涉及有毒有害化学品的污染事件日益增多。随着工农业生产的发展，每年有 1000～2000 种新的化学品投入市场，有毒化学品污染将会进一步加剧。如果不采取有效措施加以防范，有毒化学品将对人类和其他生物造成更为严重的危害。

（二）我国的主要环境问题

当前我国的环境问题很多，其中突出的严重环境问题主要有以下几个。

1. 大气污染问题

近年来，我国北方地区沙尘暴、雾霾现象频发，大气污染已经成为我国目前最突出的环境问题。目前我国的大气污染相当于发达国家 20 世纪 50～60 年代污染最严重时期的水平，全国 600 多个城市中，大气环境质量符合国家一级标准的城市不到 1%。大气污染以煤烟性污染为主，主要污染物为烟尘和二氧化硫，其中工业二氧化硫排放量约占 70%，多数大、中城市的总悬浮微粒和降尘水平超过国家规定的标准。大城市汽车尾气污染趋势加重，氮氧化物已成为一些大城市空气中的首要污染物。

2. 水环境污染问题

我国的水环境污染问题十分严重，80%以上的城市工业废水和生活污水未经处理排入水体，70%的城市河段受污染，有机物和氯化物等超标现象普遍，36%的城市河段为劣 5 类水质，丧失了使用功能。78%的城市河段不适宜作饮用水源，50%的城市地下水受到污染，工业较发达城镇附近的水域污染突出。辽河、海河、淮河、黄河、松花江、珠江、长江七大水系的水质普遍受到污染，氨氮、高锰酸盐、挥发酚和悬浮物等主要污染参数超标，42%的水质超过 3 类标准，不能作饮用水源。我国五大淡水湖鄱阳湖、洞庭湖、太湖、洪泽湖、巢湖的湖面面积比中华人民共和国成立初期减少了近 50%，主要淡水湖泊和水库普遍受到氮、磷污染，75%以上的湖泊富营养化加剧。地下水超采现象严重，2005 年全国地下水降落漏斗数即达 188 个。河北省的 20 多个地下水漏斗区已基本连成一片，形成了世界上最大的地下水位降落漏斗区，面积达 4 万多 km^2。地下水下降漏斗的持续存在和扩展导致了水井报废、地面沉降与塌陷、天然泉水干涸枯竭、水质恶化、海水倒灌等一系列不良后果的发生。我国四大海域（东海、渤海、黄海和南海）的近岸海域污染加重，无机氮、无机磷和石油类污染普遍超标。

3. 垃圾处理问题

我国废弃物排放量巨大，工业废渣和城市垃圾大量堆积于城市郊区和河流荒滩上，垃圾综合利用和处置率低，累计堆存量达 65 亿 t，占地 5 万余 hm^2，已经成为严重的污染源。

目前我国工业固体废物年产生量达 8.2 亿 t，综合利用率仅约 46%。随着化学工业的发展，有毒有害废弃物量有所增长，大多未经严格无害化和科学的安全处置，成为我国亟待解决并具有严重潜在性危害的环境问题。城市生活垃圾年产生量约为 1.4 亿 t，无害化处理率仅为 1.2%，有 1/4 城市垃圾粪便不能日产日清，全国有 2/3 的城市陷于垃圾包围之中，露天简单堆放的垃圾不仅影响城市景观，同时污染了大气、水和土壤，成为城市发展中棘手的环境问题之一。

4. 土地荒漠化与土壤污染问题

目前，我国荒漠化土地已占国土陆地总面积的 27.3%，而且荒漠化面积还以每年 2460km^2 的速度增长。我国每年遭受的强沙尘暴天气由 20 世纪 50 年代的 5 次增加到了 90 年代的 23 次。土地沙化造成了内蒙古一些地区的居民被迫迁移他乡。我国遭受工业“三废”污染的农田达 1 亿余亩①。被重金属镉污染的耕地有 20 余万亩，涉及 11 个省份 25 个地区；被汞污染的耕地有 48 万亩，涉及 15 个省份 21 个地区。大量使用农药使土壤有毒物质含量加大，同时也杀死了大量害虫天敌和有益动物。由于农用薄膜的大量使用，且用后不加以回收，废膜已成为我国新的土壤污染物。

5. 水土流失问题

我国的水土流失问题十分突出，表现为面积大、强度大两大特点。目前全国现有土壤侵蚀面积达 357 万 km^2，占国土面积的 37.2%。水土流失不仅广泛发生在农村，而且发生在城镇和工矿区，几乎每个流域、每个省份都有。东部地区水土流失面积 9.1 万 km^2，占全国的 2.6%；中部地区 51.15 万 km^2，占全国的 14.3%；西部地区 296.65 万 km^2，占全国的 83.1%。我国的年均土壤侵蚀总量 45.2 亿 t，约占全球土壤侵蚀总量的 1/5。主要流域年均

① 1 亩≈666.7m^2。

土壤侵蚀量为每平方千米3400余t，黄土高原部分地区甚至超过3万t，相当于每年2.3cm厚的表层土壤流失。全国侵蚀量大于每年每平方千米5000t的面积达112万km^2。据水土流失面积占国土面积比例和流失强度综合判定，我国有严重水土流失县646个。其中长江流域265个，黄河流域225个，海河流域71个，松辽流域44个。水土流失严重县最多的几个省份中，四川省有97个，山西省84个，陕西省63个，内蒙古自治区52个，甘肃省50个。我国每年流失的土壤总量达50多亿t，每年流失的土壤养分为4000万t标准化肥。自1949年以来，我国水土流失毁掉的耕地总量达4000万亩，这对我国的农业来说是极大损失。

6. 生物多样性破坏问题

人口的急剧增长、不合理的资源开发活动及环境污染和自然生态破坏，使我国的生物多样性损失严重。我国是生物多样性破坏较严重的国家之一，在联合国《国际濒危物种贸易公约》列出的640种世界濒危物种中，中国有156种，约占总数的1/4。数十年来，中国约有200种植物已经灭绝，高等植物中濒危或接近濒危的物种达4000～5000种，占我国拥有的物种总数的15%～20%，高于世界10%～15%的平均水平。《中国珍稀濒危保护植物名录》确定的354种珍稀濒危植物中，一级保护植物8种，二级保护植物143种，三级保护植物203种。滥捕乱杀野生动物和大量捕食野生动物的现象仍然十分严重，屡禁不止。近百年来，约有高鼻羚羊、麋鹿、野马、犀牛、新疆虎等10余种动物绝迹，目前大熊猫、金丝猴、东北虎、雪豹、白鳍豚等20余种珍稀动物也面临绝灭的危险。《国家重点保护野生动物名录》确定的275种国家重点保护动物中，一级保护动物96种，二级保护动物161种。

7. 持久性有机物污染问题

随着我国经济的发展，难降解的持久性有机物污染开始显现。国际上签署的《关于持久性有机污染物的斯德哥尔摩公约》，我国是该公约的签字国。其中确定的首批禁止使用的12种持久性有机污染物，在我国的环境介质中多有检出。这类有机污染物具有转移到下一代体内，并在多年后显现其危害的特点，也被称为“环境激素”或“环境荷尔蒙”，危害严重。目前这类有机污染物广泛存在于工农业和城市建设等过程使用的化学品之中。

三、解决环境问题的主要对策

（一）全球性环境问题的对策

1. 解决全球性环境问题的基本原则

1）正确处理环境保护与发展的关系

环境保护和经济发展是一个有机联系的整体，既不能离开发展片面地强调保护和改善环境，也不能不顾生态环境的承载能力而盲目地追求发展。尤其对广大发展中国家来讲，只能在适度经济增长的前提下，寻求适合本国国情的解决环境问题的途径和方法。

2）明确国际环境问题主要责任

目前存在的全球性环境问题，主要是发达国家在过去一两个世纪中追求工业化造成的后果。他们对全球环境问题负有义不容辞的主要责任，也理应承担更多的义务。

3）维护各国资源主权和遵循不干涉他国内政的原则

1972年联合国第一次环境与发展会议通过的《斯德哥尔摩宣言》第21条明确规定，

各国对其自然资源的保护、开发、利用是各国的内部事务。

4）发展中国家的广泛参与

在目前的国际环境事务中，存在着忽视发展中国家具体困难的倾向，他们的呼声得不到充分反映，因此，有必要采取措施，确保发展中国家能够充分参与国际环境领域中的活动与合作。

5）充分考虑发展中国家的特殊情况和需要

发展中国家还面临一些更为迫切的局部环境问题，既有因资金短缺、技术落后和人口增长所造成的诸如土地退化、沙漠化、森林锐减、水土流失等自然生态恶化问题，也有因工业发展引起的环境污染、酸沉降、水资源短缺等问题。

2. 解决全球性环境问题的对策

当代环境问题的全球化、综合化和社会化决定了环境问题的最终解决必须依赖于全人类的共同努力，环境与经济协调发展的艰巨性给人类留下了许多艰巨的任务。目前全球经济和人类物质财富正以前所未有的速度腾飞和发展，随之而来的是全球的环境问题也正以前所未有的复杂性和严重性困扰着人类。发达国家的深刻教训无时无刻不在告诫人类，为了避免重走“先污染、后治理”的老路，今后人类必须走经济发展与环境相协调的可持续发展道路。

1）制定和遵守国际性环保公约

国际环境法的根本任务和最终目的是保护人类的生存环境，实现人类社会的可持续发展。国际环境法的实施主要靠各缔约国的自觉履行，但对那些针对全球主要环境问题所制定的环保公约，所有缔约国都必须不折不扣地履行条约的义务。目前关于全球环境问题的国际性公约主要有《关于特别是作为水禽栖地的国际重要湿地公约》、《联合国海洋法公约》、《保护臭氧层维也纳公约》、《联合国气候变化框架公约》、《生物多样性公约》和《联合国防治荒漠化公约》。这些国际公约为保护全球生态环境做出了巨大贡献。各参与国应遵守已有国际公约，国际社会应制定更多与环境破坏有关的国际公约，以更有效地保护全球环境，使人类能更好地生存下去。

2）开发环保技术和促进环境保护产业

环保技术的进步有利于提高处理废水、废气、废渣等的能力。为改善全球环境，需要加大下列环保技术的研究。①空气净化、污水处理、固体废物处理、资源的综合利用、环卫机械设备、噪声与振动控制、各种环境保护设备、环境标志产品、绿色产品、城市卫生垃圾处理技术与设备、土壤净化、土壤污染治理及生态修复技术、农业环保技术等。②给排水技术与设备、水处理技术与设备、饮水、瓶装水、净水器材、水泵阀门、管道技术设备、膜分离技术与装备等。环境保护产业是为保护自然资源所进行的技术开发、产品生产、商业流通、资源利用、信息服务等活动的总称，主要包括环境保护机械设备制造、环境工程建设、自然保护开发经营和环境保护服务等方面。

3）发展清洁生产

清洁生产是一种创造性的思想，它将整体预防的环境战略持续应用于生产过程、产品和服务中，以期增加生态效率并减少对人类和环境的危害。对于生产过程，要求节约原材料和能源，淘汰有毒原材料，减少有害废弃物的数量和毒性。对于产品，要求减少从原材料的提炼到产品的最终处置的全生命周期的不利影响。对于服务，要求将环境因素纳入设计和可提供的服务中。

4）加强环境保护宣传教育

从整体和局部来看，国民素质的高低直接关系到生态环境的好坏。大量资料表明，受教育程度越低的国家或地区，通常生态环境被破坏频率越高，生态环境问题也越多。面对生态环境的持续发展这一社会性极强的问题，在生态环境脆弱区除发展经济外，更应加强民众教育，广泛、通俗、持之以恒地开展与环境相关的文化教育、法律宣传，在观念、心理上超前打造深深的生态文明价值烙印，培育本地化的亲生态人口，从而使民众自觉参与生态环境的保护。

（二）我国环境保护的战略

1. 我国环境保护的思路与目标

我国环境保护的思路是，通过目标导向（确定中长期目标）或问题导向（围绕解决关系民生的环境污染重大问题），以最小的社会经济成本保护生态环境和污染治理，既不能追求经济高速增长而付出过大的污染环境代价，也不能强调环境优先限制发展，延缓我国现代化进程。应处理好尽力而为和量力而行的关系，使目标导向与问题导向相协调；处理好近期利益和长远利益、局部利益和全局利益的关系，把环境作为经济结构调整和增长方式转变的重要措施，以法律、标准、执法监督、经济的和必要的行政措施作为抓手，加大检查、信息披露和处罚力度，形成环境“倒逼”机制，以尽可能少的资源能源投入和废物排放发展经济，以尽可能少的经济投入保护环境，实现经济效益、社会效益和环境效益有机统一。

环境保护的目标，是“不欠新账，多还旧账”，遏制环境质量整体恶化趋势。污染物排放强度显著下降，污染物减排取得明显成效，影响居民生活的重大环境事件大幅减少；环境质量明显改善，天变蓝、水变清、地变绿；监测、信息披露和执法能力增强，环境保护公共治理格局和治理能力现代化初步出现，节约资源、保护环境的产业结构、生产方式和消费模式逐步成形。在这个总目标下，应制定一系列的统计、评价和考核指标体系。继续抓好工业污染防治，严格执行环境法规和标准，狠抓各项环保措施落实，建设“零排放社区”、“生态工业园”，走上生产发展、生活富裕、生态良好的文明发展道路。

2. 我国污染治理的重点任务

我国污染治理的重点任务是，优先解决带全局性、方向性和基础性的环境问题。从“十面霾伏”、水污染严重和生态系统退化的现实出发，应将解决事关民生的重大污染问题放在优先位置，特别重视环境与健康问题。如果不将人体健康和生态安全作为主要目标，环境保护就失去了本来的意义。城市环境污染将是在未来较长一段时间内必须解决的问题，重点要预防和治理大气和河道污染，降低雾霾污染导致的呼吸道疾病发病率，提高居民健康水平。应帮助中小企业提高清洁生产和污染治理水平，而不仅仅是关闭企业增加就业压力。应提高技术创新能力，鼓励以企业为主体、科研院所参与的联合攻关，切实提高环境保护科技含量。重视城乡一体化建设中的环境保护。考虑城乡之间、工农业之间的差异，尤其应重视京津冀、长江三角洲、珠江三角洲等区域的生态文明建设。农村应推广使用无公害农药，减少农药在粮食上的残留；提高化肥使用效率，防止水体富营养化。不同区域的重点任务应有所侧重。我国幅员辽阔，发展水平、环境容量、人对环境质量的可接受程度等存在较大差异，这就要求我们避免“一刀切”。应根据主体功能区类型，明确优化开发、重点开发、限制开发和禁止开发等开发许可，规范开发重点和秩序。西部地区应加大生态恢复力度，加强水土保持，将扶贫脱困和生态建设有机地结合起来，提高植被覆盖率；农村地区推进以煤代柴工作，煤化工发展地区必须评价水资源和环境约束，以免经济发展成就被自然界的“报复”所抵消。

3. 我国环境保护的策略

1）完善环境保护制度

我国生态环境保护制度不少，但不系统、不完整。我国虽然有源头预防、过程控制、末端治理的清洁生产和全生命周期的环境管理理念，但排污许可、企事业单位污染物排放总量控制制度等还不健全，更没有建立起严厉的责任追究和赔偿制度；一些很好的制度也没有得到认真执行。因此，应完善发展成果统计、评价考核体系，加大资源消耗、环境损害、生态效益、产能过剩、科技创新、安全生产等项指标在政绩考核指标中的权重，健全污染物排放的严格监管制度。新修订《环境保护法》的实施为这一转变开创了法律环境。

2）划定生态“红线”

一方面要量化“红线”的具体内容、数量和指标，另一方面更要使各级领导心中有“红线”，办事不越“红线”。我国已建立了严格的耕地用途管制，但对水域、林地、海域、滩涂等生态空间还没有完全建立用途管制制度，致使一些地方在用光了占地指标后，转向开发山地、林地、湿地、湖泊等资源。其结果是：砍了林、毁了山、荒芜了土地、淤积了河湖，水资源变成了洪水，山也变成了秃山，生态系统功能完全丧失。

生态修复必须遵循自然规律、经济规律，统筹兼顾、因地制宜。人体健康与生态环境密切相关。一些疾病的发生与蔓延源于环境质量的恶化；居民生活水平和生活质量的提高有赖于生态环境质量的改善。在生态功能区，保护和发展生产力的成果是生态产品，消费生态产品理应付费。应完善生态补偿政策，通过财政转移支付对重点生态功能区加以补偿。对生态产品受益十分明确的应按照谁受益、谁补偿原则，推动地区间的生态补偿；还应当开展不同行业、河流上下游、流域间的生态补偿试点。只有这样，才能使保护生态环境、提供生态产品的地区不吃亏、有收益、愿意干。有人愿意从事生态产品生产，我国的生态环境才能得到保护，生态环境质量也才能得到改善。

3）实行企事业单位污染物排放总量控制制度

实行企事业单位污染物排放总量控制是依法对排污单位分配具体排污额度并以书面形式确定下来，作为排污单位守法、执法单位执法、社会监督护法依据的一种环境管理制度。现行的总量层层分解还没有成为制度，特定区域和特定污染物的总量控制覆盖面较窄，总量目标按地区设定、按企业分配，出现主体“错位”情况。因此，应将现行的以行政区为单元、层层分解后再落实到企业及仅适用于特定区域和特定污染物的总量控制，改变为以企事业单位为单元、覆盖主要污染物的更加规范、更加公平的总量控制制度。只有这样才能使责任主体更加明确，排污者付费和责任终身追求制才能落地。

4）实行损害赔偿制度，实行责任终身追究

由于我国法律规定的对生态环境造成损害的处罚额度偏低，无法弥补生态环境损害和治理成本，出现了“老板发财、政府埋单、群众受害”的极不合理现象。一些政策存在“逆导向”问题，如一个企业偷排污染物最高将罚款 30 万，而要达标排放可能需要几百万元，企业作为“经济人”会选择被罚款而不是治理。新修订的《环境保护法》加大了惩罚力度，实行按日计罚，让违法排污者对“污染损失”进行补偿；对造成严重后果的责任人，还要依法追究刑事责任，可以使企业树立污染治理的主人翁意识，增强污染治理的责任感。应独立进行环境监管和行政执法，采用年度公报形式及时公布环境信息，加强社会监督，以保证我国生态文明建设达到预期效果。对那些不顾生态环境盲目决策、造成严重后果的干部，实行终身追究责任，从而解决“形象工程”、“政绩工程”及不作为、乱作为等问题。

5）推动形成资源节约和环境保护的长效机制

优化产业结构和能源结构。污染物减排的途径主要有结构减排、技术减排、管理减排和工程减排。应推动产业结构优化升级，加快发展先进制造业、高新技术产业和服务业，发展节能低碳产业，推进节能、节水、节地、节材和资源综合利用；推进清洁生产，严格执行产业政策与环保法规和标准，淘汰高消耗、高排放、低效益的生产能力，严禁新上浪费资源、污染环境的建设项目；优化能源结构，控制煤炭消费总量，大力发展新能源和可再生能源，降低能源生产和消费对环境的不利影响。

发挥市场机制的作用。利用市场机制治理环境污染，本质是调整各方利益关系，防止企业通过转嫁治理成本获取额外利润。由于种种原因，我国“谁污染谁治理”政策实施没有收到预期效果，一些地方还出现了“光污染不治理”情形。将之修订为“污染者付费”，不仅符合国际惯例，还可以收到专业化和规模化治理污染的效果。不计代价治理污染的办法并不可取。我国电厂脱硫采用了一条“昂贵”的技术路线，一些有脱硫设施的电厂因成本原因运行不起就是例证。应更多地利用低硫煤发电或通过“洗煤”去掉其中的硫铁矿等前端措施，节省社会总支出。一些设施经不起运转的考验，则是“最低价中标”政策导向和企业“竞相压价”的综合结果。发展环境服务业，开展环境污染第三方治理，形成有利于资源节约和环境保护的产业结构、生产方式和消费模式。

利用市场，募集更多的环境保护资金。应完善污染物排放许可制，推行碳排放权、排污权、水权交易制度，开展市场交易，募集更多的资金，并引导社会资本投入生态建设和环境保护领域。应促进环保产业与循环经济的有机衔接。传统的污染治理是将污染物由一种形态转变为另一种形态，而目前的环保产业与循环经济衔接不够。例如，脱硫是环保产业，而脱硫石膏利用是循环经济；水处理是环保产业，而污水处理厂的淤泥利用是循环经济。因此，污染物治理和资源综合利用的有机统一，可以更好地改善环境质量。

实行排污许可制度，有利于将环境保护法律法规、总量减排责任、环保技术规范等落到实处，有利于环保部门依法监管。应建立全国范围统一公平、覆盖主要污染物的污染物排放许可制度，为排污权交易市场的建立和发展奠定基础、创造条件。

行动靠大家，关键在领导。在决策层真正形成“将生态文明建设放在重要位置”的认识尤为重要。改变那种“重经济轻环境、重速度轻效益、重局部轻整体、重当前轻长远、重利益轻民生”的观念；我国没有理由也不能重走发达国家“先污染、后治理”老路。应清醒地认识到，如果现在增加的国内生产总值（gross domestic product，GDP），是靠过度消耗资源能源、排放污染物取得的，将不仅影响我们这一代人的生存和发展环境，还将挤压我们子孙后代的资源和生存空间。应采用现代媒体加大节约资源、保护环境、可持续发展的宣传力度，将之作为全民教育、全程教育和终生教育的内容，使大家都能够认识到更做得到，并从小事做起，摒弃过度消费和用后即扔等不良习惯，形成节约光荣、浪费可耻的社会文明风尚。只有形成长效机制，充满活力的生态文明新时代才会早日到来。

第三节　可持续发展

一、可持续发展的概念与特征

（一）可持续发展的概念

可持续发展概念有不同的流派，它们或对相关问题有所侧重，或强调可持续发展中的不同属性。比较有影响的可持续发展概念有以下几类。

1. 着重于从自然属性定义可持续发展

1991 年 11 月，国际生态学协会（international association of ecology，INTECOL）和国际生物科学联合会（international union of biological science，IUBS）联合举行了关于可持续发展问题的专题研讨会。该研讨会从生物圈概念出发，将可持续发展定义为保护和加强环境系统的生产和更新能力。该定义从自然属性的角度，认为可持续发展是寻求一种最佳的生态系统以支持生态的完整性和人类愿望的实现，使人类的生存环境得以持续。

2. 着重于从社会属性定义可持续发展

1991 年，世界自然保护联盟、联合国环境规划署（UNEP）和世界自然基金会（WWF）共同发表了《保护地球——可持续生存战略》（简称《生存战略》），将可持续发展定义为在生存于不超出维持生态系统涵容能力的情况下提高人类的生活质量。《生存战略》提出了可持续生存的九条基本原则，既强调了人类的生产方式与生活方式要与地球承载能力保持平衡，保护地球的生命力和生物多样性，又提出了人类可持续发展的价值观和 130 个行动方案，着重论述了可持续发展的最终落脚点是人类社会，即改善人类的生活质量，创造美好的生活环境。《生存战略》认为，各国可以根据自己的国情制定各不相同的发展目标。但是，只有在发展的内涵中包括提高人类健康水平、改善人类生活质量和获得必需资源的途径，并创造一个保持人们平等、自由、人权的环境，只有使人们的生活在所有这些方面都得到改善的发展，才是真正的发展。

3. 着重于从经济属性定义可持续发展

此类定义有诸多表达方式，都认为可持续发展的核心是经济发展。E.B.Barbier 在其《经济、自然资源、不足和发展》一书中，把可持续发展定义为在保持自然资源的质量和其所提供服务的前提下，使经济发展的净利益增加到最大限度。亦有学者认为，可持续发展是今天的资源使用不应减少未来的实际收入。此类可持续发展定义中的经济发展已不是传统的以牺牲资源和环境为代价的经济发展，而是不降低环境质量和不破坏世界自然资源基础的经济发展。

4. 着重于从科技属性定义可持续发展

有的学者从技术选择的角度，扩展了可持续发展的定义，认为可持续发展是转向更清洁、更有效的技术，是尽可能接近零排放和减少能源及其他自然资源消耗的工艺方法。亦有学者提出，可持续发展就是建立极少产生废料和污染物的工艺或技术系统。他们认为，污染并不是工业活动不可避免的结果，而是技术差、效益低的表现。

5. 着重于代际关系定义的可持续发展

1987 年世界环境与发展委员会（WCED）上，布伦特兰夫人从代际关系的角度，提出了可持续发展定义，即可持续发展是指既满足当代人的需要，又不损害后代人满足需要的能力的发展。换言之，可持续发展是指经济、社会、资源和环境保护协调发展。可持续发展既要达到发展经济的目的，又要保护好人类赖以生存的自然资源和环境，不影响子孙后代发展的资源和环境基础。

（二）可持续发展的内涵

由可持续发展的概念可以看出，可持续发展有以下几个方面的内涵。

1. 共同发展

地球是一个复杂的巨系统，每个国家或地区都是这个巨系统不可分割的子系统。系统的最基本特征是其整体性，每个子系统都和其他子系统相互联系并发生作用，只要一个系统发生问题，就会直接或间接导致其他系统的紊乱，甚至会诱发系统的整体突变，这在地球生态系统中表现最为突出。因此，可持续发展追求的是整体发展和协调发展，即共同发展。

2. 协调发展

协调发展包括经济、社会、环境三大系统的整体协调，也包括世界、国家和地区三个空间层面的协调，还包括一个国家或地区经济与人口、资源、环境、社会，以及内部各个阶层的协调，持续发展源于协调发展。

3. 公平发展

世界经济的发展呈现出因水平差异而表现出来的层次性，这是发展过程中始终存在的问题。但是这种发展水平的层次性若因不公平、不平等而引发或加剧，就会因为局部而上升到整体，并最终影响到整个世界的可持续发展。可持续发展思想的公平发展包含两个纬度：一是时间纬度上的公平，当代人的发展不能以损害后代人的发展能力为代价；二是空间纬度上的公平，一个国家或地区的发展不能以损害其他国家或地区的发展能力为代价。

4. 高效发展

公平和效率是可持续发展的两个轮子。可持续发展的效率不同于经济学的效率，可持续发展的效率既包括经济意义上的效率，也包含着自然资源和环境的损益的成分。因此，可持续发展思想的高效发展是指经济、社会、资源、环境、人口等协调下的高效率发展。

5. 多维发展

人类社会的发展表现出全球化的趋势，但是不同国家与地区的发展水平是不同的，而且不同国家与地区又有着异质性的文化、体制、地理环境、国际环境等发展背景。此外，因为可持续发展又是一个综合性、全球性的概念，要考虑到不同地域实体的可接受性，因此，可持续发展本身包含了多样性、多模式的多维度选择的内涵。因此，在可持续发展这个全球性目标的约束和指导下，各国与各地区在实施可持续发展战略时，应该从国情或区情出发，走符合本国或本区实际的、多样性、多模式的可持续发展道路。

（三）可持续发展的基本特征

可持续发展理论的基本特征可以归纳为经济可持续发展、生态环境可持续发展和社会可持续发展，它们分别是可持续发展的基础、条件和目的。

1. 可持续发展鼓励经济增长

可持续发展强调经济增长的必要性，要求可持续发展必须通过经济增长提高当代人福利水平，增强国家实力和社会财富。可持续发展不仅要重视经济增长的数量，更要追求经济增长的质量。经济数量的增长是有限的，依靠科学技术进步提高经济活动的质量，采取科学的经济增长方式才是可持续的。经济发展是人类生存和进步所必需的，也是社会发展和保持、改善环境的物质保障。这对发展中国家而言尤为重要。发展中国家正经受贫困和生态恶化的双重压力，贫困是导致环境恶化的根源，生态恶化更加剧了贫困。因此，发展中国家必须正确选择使用能源和原料的方式，力求减少损失、杜绝浪费，减少经济活动造成的环境压力，从而达到具有可持续意义的经济增长。通常认为，贯彻可持续发展要治理污染、保护环境、限制乱采滥伐和浪费资源，对经济发展是一种制约、一种限制。而实际上可持续发展是培育新的经济增长点的有利因素。可持续发展所限制的是那些质量差、效益低的产业。在对这些产业作某些限制的同时，恰恰为那些质优、高效，具有合理、持续、健康发展条件的绿色产业、环保产业、保健产业、节能产业等提供了发展的良机，培育了大批新的经济增长点。

2. 可持续发展的标志是自然资源的永续利用和良好的生态环境

可持续发展认为，经济和社会发展不能超越资源和环境的承载能力。可持续发展要以自然资源为基础，与生态环境相协调。要实现可持续发展，必须使可再生资源的消耗速率低于资源的再生速率，使不可再生资源的利用能够得到替代资源的补充。同时，可持续发展追求人与自然的和谐。可持续发展可以通过适当的经济手段、技术措施和政府干预得以实现，目的是限制自然资源的消耗速度，使之低于自然资源的再生速度。经济活动总会产生一定的污染和废物，但是单位经济活动所产生的废物数量是可以减少的。例如，形成有效的利益驱动机制，引导企业采用清洁工艺和生产非污染物品，引导消费者采用可持续消费方式，推动生产方式的改革，以减少生产过程中的废物产生量。如果经济决策中能够将环境影响全面、系统地考虑进去，可持续发展是可以实现的。保证自然资源的永续利用和良好的生态环境，是可持续发展区别于传统发展模式的重要标志。

3. 可持续发展的目标是谋求生活质量的提高和社会的全面进步

可持续发展观念认为，世界各国的发展阶段和发展目标可以不同，但发展的本质应当包括改善人类生活质量，提高人类健康水平，创造一个保障人们平等、自由、教育公平和免受暴力的社会环境。在人类可持续发展系统中，经济发展是基础，自然生态环境保护是条件，社会进步是目的。只要社会在每一个发展阶段都能保持经济、资源和环境的协调，这个社会就是符合可持续发展要求的可持续发展社会，可实现自然-经济-社会复合系统的持续、稳定、健康发展。

4. 可持续发展承认自然环境的价值

自然环境的价值不仅体现在环境对经济系统的支撑和服务上，也体现在环境对生命系统的支持上。在核算生产成本时，应当通过绿色 GDP 的核算方式，逐步修改和完善国民经济核算体系，把生产中环境资源的投入计入生产成本和产品价格之中。为了全面反映自然资源的价值，产品价格应当完整地反映三部分成本，即自然资源开采或获取成本、与之相关的环境成本（如环境净化成本和环境损害成本）和由于当代人使用了某项资源而不可能为后代人使用产生的效益损失的用户成本。产品销售价格应是这些成本与税收及流通费用的总和，由生产者和消费者承担，最终由消费者承担。

二、可持续发展思想的形成与发展

随着人类社会的发展，当今世界环境问题和人类对环境问题的认识在不断变化。可持续发展的思想源远流长，不论是在中国还是在其他国家，各个历史时期都保持有传统的“永续利用”思想。我国早在战国时期，子思和孟子就提出了“天人合一”的观点，强调人与自然的和谐共处。古代先哲的这些思想在维护人类自身生存和发展方面具有宝贵的基本观念价值和行为规范作用，体现了人类在环境保护和资源利用方面朴素的、自觉的理性，代表了人类可持续发展思想的起源。1949 年，福格特（W.Vogt）出版了《生存之路》，标志着人们开始对资源问题的关注。

20 世纪 50～60 年代是可持续发展思想的萌芽时期。现代可持续发展思想的产生源于人们对环境问题的逐步认识、深切反思和热切关注。18 世纪初工业革命以前，环境问题处于肇始阶段，由工业引起的环境污染问题尚不突出。工业革命之后，尤其是 20 世纪 50 年代，随着全球人口的迅猛膨胀和工业的快速发展，全球性环境问题日益突出，成为危及人类生存与社会发展的严重问题，迫使人类开展对经济发展模式的反思和新的发展模式的探索。20 世纪 50～60 年代是可持续发展思想的萌芽时期。20 世纪 50 年代以后，基于对环境与人类关系的敏感认识，人们开始了对发展观念的探索，其中代表性的观点是联合国《第一个发展十年》中提出的结论：单纯的经济增长不等于发展，发展既要追求“量”的增长，更要追求“质”的提高和改善。1962 年，莱切尔·卡尔逊出版的《寂静的春天》，标志着人类对环境问题的觉醒。她对人类的不良环境行为提出了告诫，引发了全球的环境运动，世界各国开始了走出发展困境和新的发展道路探索。1966 年，鲍尔丁（K.E.Boulding）发表论文《即将到来的宇宙飞船世界的经济学》，标志着人们开始从经济学视角研究资源与环境问题。

20 世纪 70～80 年代是可持续发展思想形成与成熟的时期。1970 年 4 月 22 日，由美国哈佛大学丹尼斯·海斯发起并组织了第一个“地球日”活动，呼吁政府采取措施，保护环境和地球。现代可持续发展思想形成于 20 世纪 80 年代。1972 年，梅多斯（D.L.Merdous）出版了《增长的极限》，引发了全球性的关于世界未来的大讨论，有力地促进了人类关于环境与发展的研究。1972 年 6 月，联合国在瑞典斯德哥尔摩召开第一次“人类与环境会议”，发表《人类环境宣言》，第一次把环境与发展问题提上了世界议程，标志着环境问题的存在已经成为人类的共识。1980 年，国际自然及自然资源保护联盟（IUCN）（1990 年更名为“世界自然保护联盟”）、联合国环境规划署和世界自然基金会联合发表了《世界自然资源保护大纲》，第一次明确提出可持续发展的概念。1983 年 11 月，联合国成立了以布伦特兰夫人为主席的“世界环境与发展委员会”，并于 1987 年 4 月向联合国递交了《我们共同的未来》（又称《布伦特兰报告》）的报告，明确了可持续发展的概念，指出可持续发展是既满足当代人的需求，又不损害满足下一代人需求能力的一种发展，标志着可持续发展理论的成熟。1992 年 6 月 3～14 日在里约热内卢召开了“联合国环境与发展会议”（NUCED），通过了《里约热内卢宣言》（又称《地球宪章》）和《21 世纪行动议程》，两个纲领性文件，正式确认了可持续发展战略，为世界可持续发展指明了大方向，标志着可持续发展观念走向实践。1994 年 3 月，我国颁布了《中国 21 世纪议程》，随后世界各国先后颁布了各自国家的 21 世纪议程，标志着可持续发展国家行动的开始。

三、可持续发展与环境的关系

可持续发展与环境保护既有联系，又不等同。可持续发展的核心是发展，但要求在严格控制人口、提高人口素质和保护环境、资源永续利用的前提下谋求经济和社会的发展。环境保护是可持续发展的重要内容，可持续发展是环境保护的最终目的。因此，环境与可持续发展是相互联系和相互作用的关系。具体而言，环境与经济有以下几个方面的联系。

（一）自然资源是人类社会存在与发展的物质基础

经济活动是人类开发利用自然资源以满足物质和文化需要的社会活动，它以自然资源为物质基础和劳动对象以及能源、土地、水、森林、矿产等经济发展所必需的物质来源。所以，自然资源是人类生存与发展之根本。随着人口的快速增加和经济的不断增长，人类的物质需求不断提高，对资源的消耗量迅猛上升，自然资源供给与需求的矛盾日益突出。欲满足人类对自然资源的持续需求，人类必须改变原有的资源高消耗发展模式。否则资源的有限性将必然导致资源的持续供给能力下降，严重危及人类的生存和经济社会的持续性发展。

（二）环境是人类社会经济活动发展的空间条件

环境是自然资源存在的载体，为人类社会存在与发展提供了空间条件。环境的污染和破坏，直接影响自然资源的数量和质量，危及人类生存的空间条件和物质基础。因此，保护和改善环境，为当代和后代人类的发展营造良好的生存空间条件，是实现经济长久增长和可持续发展的前提。受到当今人类短视的影响，目前人类的生存环境存在诸多问题，环境污染和破坏现象普遍存在且十分严重，很大程度上削减了自然资源的人口承载能力，动摇了社会发展和经济增长的物质基础，降低了人类社会可持续发展的资源保障程度。因此，人类必须以实现可持续发展为目标，为保护环境付出长久不懈的努力。

（三）经济发展是人口、资源、环境和经济协调发展的根本保证

第二次工业革命以来的经济发展和环境质量变化趋势表明，经济发展水平和环境质量之间有着高度的相关性。关于二者之间的关系，库兹涅茨曲线可以做出很好的表达。库兹涅茨曲线是库兹涅茨（Kuznets curve）于1955年提出的关于收入分配与经济发展关系的变化曲线，又称作“倒 U 曲线”。库兹涅兹曲线具有环境意义，当被用于衡量经济与环境的关系时，它表明随着经济的发展，环境质量呈现先恶化而后逐步改善的趋势。这是因为在经济发展的初期，由于人类对资源的索取和对环境的排放，必然导致环境质量的恶化。然而随着经济发展水平的不断提高，人类环境治理与保护的资金支持能力也会不断提高。当经济发展达到一定水平，投入到资源开发和环境治理与保护的资金就会增加并形成一定规模，推动资源节约型经济和环境治理与保护事业的发展，促进环境质量的改善。由此可见，人口、资源、环境和经济处于相互依存和相互影响的统一整体之中，经济发展为人口、资源、环境和经济协调发展提供了根本保证，是实现经济社会可持续发展的重要基础。

四、可持续发展的途径与实践

（一）实现可持续发展的途径

人口、资源、环境和经济发展（PRED）的协调是可持续发展战略的目标，这一目标的实现，需要以健全的管理、法制、科技、教育等方面的支撑体系为保证。可持续发展的概念虽然缘起环境保护问题，但作为指导人类科学发展的理论，其内容已经超越了单纯的环境保护问题。它将环境问题与发展问题有机地结合起来，构成了社会发展的全面性战略思想。数十年来的可持续发展问题研究与实践表明，可持续发展目标需要从经济、生态和社会等方面通过多途径的努力来实现。

1. 经济可持续发展的途径

可持续发展的首要目标是发展，即经济发展。所以，可持续发展鼓励经济增长，而不是以环境保护为名取消经济增长。但是，可持续发展所追求的不仅是数量上的经济增长，更追求高质量的经济发展。可持续发展要求改变传统的以“高投入、高消耗、高污染”为特征的生产模式和消费模式，倡导集约型的经济增长方式，实施清洁生产和文明消费，节约资源，减少废物，提高经济活动的效益。

2. 生态可持续发展的途径

可持续发展强调发展的同时必须保护和改善地球生态环境，保证以可持续的方式使用自然资源和环境成本，要求经济建设和社会发展要与自然承载能力相协调，使发展控制在地球承载能力之内。因此，可持续发展强调发展是有限度的，没有节制的发展是不可持续的。生态可持续发展所强调的环境保护与以往将环境保护与社会发展对立的做法不同，它要求通过转变发展模式，从发展的源头这一根本上解决环境问题。

3. 社会可持续发展的途径

可持续发展强调社会公平，把社会公平作为环境保护得以实现的机制和目标。目前世界各国所处的发展阶段不同，可持续发展的具体目标亦应有所区别。可持续发展的本质应包括改善人类生活质量，提高人类健康水平，创造各地区人民的平等、自由，享受教育和人权及免受暴力、有保障的社会环境。因此，在人类可持续发展系统中，经济可持续是基础，生态可持续是条件，社会可持续是目的。人类所共同追求的未来目标应该是以人为本的自然-经济-社会复合系统的持续、稳定和健康发展。

（二）可持续发展的实践

1. 可持续发展指标体系

世界上不同国际组织和学者提出了很多可持续发展的指标体系及其定量评价模型，但迄今还没有一套公认的标准体系及评价方法。概括而言，国际上建立的可持续发展评价指标体系已经形成四大学科主流方向，即生态学方向、经济学方向、社会政治学方向和系统学方向，它们分别从各自的角度提出了判定可持续发展程度的指标体系。

1）生态学方向的指标体系

生态学认为，可持续发展就是人类在维护自然界生态平衡的动态过程中的发展。因此，在考查和评价可持续发展时，应更多地关注人类发展活动对自然界的自我平衡能力、生态服务能力和自我修复能力的影响等。代表性的生态学方向指标体系有生态足迹（ecological footprint）、生态服务指标、生态系统健康指数框架、美国国家尺度生态指标、中国生态环境能力评价指标等。此处仅介绍目前在国际上运用较多的生态足迹指标。

生态足迹由威廉等于 1992 年提出，由瓦克纳戈尔于 1996 年加以完善，是一种基于土地面积的可持续发展程度的度量指标。瓦克纳戈尔将生态足迹形象地比喻为一只承载着人类与人类所创造的城市、工厂等的“巨足”踏在地球上留下的脚印，其概念既反映了人类对地球环境的影响，也包含了可持续性的机制。当地球所能提供的土地面积再也容纳不下这只“巨足”时，其上的城市、工厂等就会失去平衡；如果“巨足”始终得不到一块允许其发展的立足之地，那么它所承载的人类文明终将坠落与崩溃。生态足迹越大，环境破坏就越严重。

生态足迹通过建立数学模型，来计算在一定的人口与经济规模条件下，维持资源消费和废物消纳所必需的生物生产面积，包括陆地和水域，计算的尺度可以是某个人、某个城市或某个国家。生态足迹突出了与可持续发展紧密相关的主题：人类消费的增加及其后果；可持续发展所依赖的关键资源——陆地和海洋；可获得资源的分布状况；贸易对可持续发展的影响和在环境压力下区域资源的重新分配问题。生态足迹通过测算人类生存所需的生物生产面积，并将其与国家或区域范围内所能提供的生物生产面积相比较，来判断一个国家或区域的生产消费活动是否处于当地的生态系统承载力范围之内。根据所需生物生产面积与所能提供生物生产面积的比例关系，就可判断当地可持续发展的水平。如果超出了当地最大的生态系统承载力，就会出现生态赤字，则这种发展是不可持续的，需要通过增加土地的产出率、提高资源的利用效益、改变人们的生活消费方式等 3 条途径来减少所需生物生产面积。

生态足迹方法提出以后，在世界范围引起了强烈反响和迅速广泛推广，并在实践中得到不断完善。具有极大影响的生态足迹应用研究为美国可持续发展指标研究计划小组每年发布的全球生态足迹评价成果。该小组对世界上高收入国家和低收入国家按照土地类型分类的生态足迹构成的计算结果表明，高收入国家比低收入国家消耗了多得多的化石燃料。世界自然基金会和联合国环境规划署共同发布的《2004 年地球生态报告》，应用生态足迹方法衡量了世界上 148 个国家的环境状况。研究结果表明，阿拉伯联合酋长国以其高水平的物质生活和近乎疯狂的石油开采而使人均生态足迹高达 9.9hm^2，是全球平均水平 2.2hm^2 的 4.5 倍，位居世界各国首位；美国、科威特的人均生态足迹高达 9.5hm^2，并列第二；阿富汗的人均生态足迹低至 0.3hm^2，为世界各国最低。中国的人均生态足迹为 1.5hm^2，低于全球平均水平和日本、韩国，居于世界各国第 75 位。报告显示，从人均生态足迹值看，北美人对地球造成的“冲击”是欧洲人的两倍，是亚洲人、非洲人的 7 倍；美国、日本、德国、英国、意大利、法国、韩国、西班牙和印度等国家的生态赤字均很大；中国的人均生态赤字已高达 0.8hm^2，高于全球平均水平的 0.4hm^2。

2）经济学方向的指标体系

经济学认为，可持续发展的经济是社会实现可持续发展的基础。在经济学方向上最具有代表性的指标是绿色 GDP 和真实储蓄率，它们为评价一个国家或地区的可持续发展能力的动态变化提供了经济学判据。

绿色 GDP 即经济学所称谓的环境近似调整后的国内生产净值 AEANDP，是指对 GDP 扣除资源消耗和环境污染损失以后的修正核算。GDP 是衡量经济发展状况的传统重要指标，代表着目前世界通行的国民经济核算体系。GDP 主要有收入法和支出法两种统计方法，收入和支出两个数字是相等的。GDP 能较准确地说明一个国家的经济产出总量，较准确地表达一个国家国民收入的水平。GDP 增长象征着一个健康的市场，意味着一个有活力的经济体系；GDP 下跌则意味着工作岗位的减少、经济衰退及政府已经不适于管理国家。但是，这种以 GDP 为代表的传统国民经济核算账户有很大的缺陷，其中之一就是没有把资源损耗环境破坏计算在内。从 GDP 中，只能看出经济产出总量或经济收入的情况，却看不出这背后的环境污染和生态破坏。但是，可测量的国民收入却不会因这些自然资产的消失而受到影响。环境和生态是一个国家综合经济的一部分，由于没有将环境和生态因素纳入其中，GDP 核算法就不能全面反映国家的真实经济情况，核算出来的一些数据有时会不切实际，因为环境污染和生态破坏也能增加 GDP。例如，发生了洪灾，就要修造堤坝，这就造成了投资和堤坝修建人员的增加，GDP 数据也随之增加；环境污染使患者增多，这是痛苦和损失，但同时医疗产业的发展也使得 GDP 跟着发展。这样，就存在着一种不合理性：一个国家或地区 GDP 的增长以其资源的不合理开采为代价，从而导致该国家或地区丧失未来进行生产的潜力，即不可持续。因此，在计算国民收入时要考虑资源和环境损失，并对原收入额进行修正，以测量一个国家或地区经济的可持续性。因此，采用扣除资源消耗和环境污染损失以后的绿色 GDP 的核算方法十分必要。虽然目前推行绿色 GDP 的环境核算较困难，但在发达国家已经取得了很好的成绩，有些国家已经开始试行绿色 GDP。

目前尚无一套公认的绿色 GDP 核算模式，亦无一国以政府名义发布绿色 GDP 结果。实施绿色 GDP 核算的国家很多，主要是欧美发达国家和地区，如法国、美国等。1978 年挪威开始了资源环境的核算，建立起了包括能源核算、鱼类存量核算、森林存量核算及空气排放、以人口和农业排泄物为主的废水、废旧物品再生利用、环境费用支出等项目的详尽统计制度，为绿色 GDP 核算体系的建立奠定了重要基础。芬兰也建立起了自然资源核算框架体系，资源环境核算的内容有森林资源核算、环境保护支出费用统计和空气排放调查三项，其中森林资源和空气排放核算采用实物量核算法，环境保护支出费用核算采用价值量核算法。作为发展中国家的墨西哥，在联合国支持下于 1990 年率先实行了绿色 GDP 核算。墨西哥将石油、各种用地、水、空气、土壤和森林列入环境经济核算范围，将这些自然资产及其变化编制成实物指标数据，通过估价将各种自然资产的实物量数据转化为货币数据，在传统国内生产净产出（NDP）基础上，得出了石油、木材、地下水的耗减成本和土地转移引起的损失成本，然后进一步得出了环境退化成本，同时在资本形成概念基础上还产生了两个净积累概念：经济资产净积累和环境资产净积累。这些经验对我国建立自己的绿色 GDP 核算体系有着极大的参考价值。我国国家统计局 2004 年宣布，中国政府将在未来对外发布新的绿色 GDP 核算结果，并在重庆市和海南省等省市开展了试点。随着这项工作的推进，我国绿色 GDP 核算将会得到不断地完善和实施，以便更加客观地反映我国国民经济增长的可持续发展状况。

从亚当·斯密时代开始，对国民财富的性质和成因的探讨就成为经济学研究的重要任务之一。储蓄是宏观经济分析中常用来衡量一个国家国民财富和经济发展状况、潜力的指标。真实储蓄直接来源于这一概念，但是加入了可持续发展的观念。从现代经济学分析的角度看，实现“可持续发展”本质上就是一个保持并创造财富的过程。在保证下一代拥有的财富至少与当代一样多的同时保持经济的持续增长是可持续发展关注的首要问题。1995 年，世界银行在其研究报告《环境进展的监测》中提出了真实储蓄率（GSR）的概念，即在考虑一个国家自然资源损耗和环境污染损害之后所得的储蓄率。1997 世界银行在其研究报告《扩展衡量国家财富的手段——环境可持续发展指标》中，进一步完善了真实储蓄率作为环境可持续发展指标的衡量方法。

世界银行提出的真实储蓄的基本思路，是在一个统计期内，以传统的宏观经济指标GDP为出发点，从GDP中减去社会消费、私人消费和国外借款，得到总储蓄；从总储蓄中扣除产品资本的折旧，可以得到净储蓄；然而，净储蓄所关注的问题局限于产品资本，不能真正代表发展的可持续性；因此，以净储蓄为基础，从中扣除自然资源开发所产生的折旧，以及污染对国民经济所造成的损害，再减去一些长期环境影响造成的损失，从而得到了一国的真实储蓄。真实储蓄代表了一个国家真正有能力对外借出和对生产性资产进行投资的产品的总量，真实储蓄除以GDP，就得到了真实储蓄率。真实储蓄率试图较为真实和全面地反映一个国家或地区的发展质量，对国家财富和可持续发展能力的内涵表达更加丰富和合理，能更加准确地评估一个国家真实财富的存量和可持续发展能力现状。例如，1997年发展中国家的国内总储蓄率为25%，但国内真实储蓄率仅为14%，体现了在减去自然资源的消耗和污染损失后，发展中国家积累的真实财富远远低于GDP显示的价值。

3）社会政治学方向的指标体系

社会学认为，建立可持续发展社会是人类社会发展的终极目标。它以社会可持续发展为研究对象，以人口增长与控制、消除贫困、社会发展、分配公正、利益均衡等可持续发展的社会问题作为基本研究内容，其焦点是力图把经济效率与社会公正取得合理的平衡作为可持续发展的重要判据和基本手段，这也是可持续发展所追求的社会目标和伦理规则。在社会学研究方向中，具有代表性的指标体系是联合国开发计划署（UNDP）于1990年开发的人文发展指数（HDI）和可持续经济福利指数（ISEW）。

联合国开发计划署于1990年5月在《人类发展报告》中首次公布了HDI，将反映人类生活质量的收入、寿命、教育这三大要素指标合成为一个复合指数，以此衡量一国的进步程度。其中，收入是指实际人均GDP水平，反映人们的生活水平；寿命是指出生时的预期寿命，反映人们的营养和环境质量状况；教育是指公众受教育的程度，反映可持续发展的潜力。收入以实际人均国内生产总值的购买力来测算，寿命以人口平均预期寿命来测算，教育以成人识字率（权重2/3）和大学、中学、小学综合入学率（权重1/3）的加权平均数来衡量。虽然“人类发展”并不等同于“可持续发展”，但该指数的提出仍有许多有益的启示。它强调国家发展应从传统的“以物为中心”转向“以人为中心”，强调了追求合理的生活水平而非对物质的无限占有，向传统的消费观念提出了挑战。HDI将收入与发展指标相结合，人类在健康、教育等方面的社会发展是对以收入衡量发展水平的重要补充，倡导关注人们生活质量的改善，这与可持续发展的原则是相一致的。

《2005年人文发展报告》依据人文发展指数值，将纳入统计的177个国家和地区人文发展水平分为三类，即HDI值0.800及以上的高人文发展水平国家和地区、HDI值0.500～0.799的中等人文发展水平国家和地区、HDI值0.500及以下的低人文发展水平国家和地区。其中，高人文发展水平国家和地区有57个，平均HDI值为0.895；中等人文发展水平有88个，平均HDI值为0.718；低人文发展水平有32个，平均HDI值为0.486。多年来，挪威的HDI一直高居榜首，其他排名靠前的国家有冰岛、澳大利亚、卢森堡、加拿大、瑞典、瑞士、爱尔兰、比利时和美国等。1980年以来，我国的HDI逐年大幅度提高，由1980年的0.407增至2012年的0.699，提升幅度在所有国家中排名靠前，然而排名位次不高，波动于80～110名之间（表2.1）。我国HDI的提高主要由经济高速发展拉动，与经济高速发展相比，健康、教育等社会方面的进步明显滞后，国民健康水平和教育水平进步幅度不大，表明经济成果没能有效地传递到社会进步中去。

表 2.1　1980～2012 年中国 HDI 分项指标

指标＼年份	1980	1985	1990	1995	2000	2005	2010	2011	2012
HDI	0.407	0.452	0.495	0.548	0.590	0.637	0.689	0.695	0.699
预期寿命/岁	67.0	68.3	69.4	70.4	71.2	72.1	73.2	73.5	73.7
预期受教育年限/年	8.4	8.0	8.9	9.2	9.5	10.5	11.7	11.7	11.7
平均受教育年限/年	3.7	4.3	4.9	5.7	6.6	7.1	7.5	7.5	7.5

真实发展指数（GPI）由美国“发展重定义组织”（Redefining Progress）于 1995 年建立，融入 GDP 所忽略的家庭和社会劳动、犯罪、其他的防御性支出、收入分配、资源耗竭和生态退化、休闲损失等一些重要经济社会指标，用以克服 GDP 的缺陷，是一个衡量国家经济福利的指标。它从社会政治学的角度，分析 GDP 作为衡量经济发展和社会福利的指标所存在的缺陷，显示经济的全面健康程度和国家的发展状况随时间的变化，把家庭和社区领域及自然环境的经济贡献以及传统上所衡量的经济生产的贡献都考虑在内，扩展了传统的国民经济核算框架。GPI 从个人消费数据入手，对传统的国民经济核算账户做了重大调整。GDP 和 GPI 都是通过货币形式来衡量经济发展水平的，所以它们可以在同一尺度上进行比较。调整后的 GPI 是一个综合的指标体系，包含社会、经济和环境 3 个账户的核算，分析各自的效益和成本，从而衡量区域的可持续发展状况。

GPI 提出之后，发展重定义组织于 1995 年首先在美国开展了案例研究。研究结果表明，从 1950 年至 1995 年，美国人平均 GDP 大约增加 1 倍，而 GPI 却自 1970 年以后大约降低了 40%，而且是加速下降。许多美国人表示，美国 GPI 的变化更为接近美国人民的真实情况。该研究还表明，如果公众的情绪从根本上说是一种晴雨表，则似乎 GPI 比 GDP 更接近于美国人民在日常生活中实际所感受到的经济状况，从而解释了为什么尽管政府宣布经济在发展和增长，而人民却感到日益沮丧的现象。

4）系统学方向的指标体系

可持续发展的系统学研究方向认为，可持续发展研究的对象是“自然-经济-社会”这个复杂巨系统，只有应用系统学理论和方法，才能更好地表达可持续发展理论博大精深的内涵。该方向的突出特色是以综合协同的观点，体现可持续发展本质特征的“发展度”“协调度”“持续度”三者的协调关系。在此方面，具有代表性的研究成果是联合国可持续发展委员会提出的国家尺度主题指标体系和中国科学院可持续发展研究组提出的“可持续能力”（SC）指标体系。

联合国可持续发展委员会于 1995 年启动了可持续发展指标项目，其目的是将可持续发展的理念概念化，以支持政策制定者在国家层面上做出明智决策。起初使用的是压力-状态-响应（PSR）框架体系，但因测试国家很少使用而放弃，取而代之的是建立基于环境或可持续发展主题本身的可持续发展指标体系，并于 2001 年发布了研究成果（表 2.2）。

表 2.2 联合国可持续发展委员会关于创新项目的主要领域、主题和次主题指标体系

主要领域	主题	次主题
社会	平等	贫困、性别平等
	健康	营养状况、死亡率、卫生设施、饮用水、健康分娩
	教育	教育水平、识字水平
	居住	居住条件
	安全	犯罪率
	人口	人口变化
环境	大气	气候变化、臭氧层枯竭、空气质量
	土地	农业、林业、荒漠化、城市化
	海洋和海岸带	海岸带、渔业
	淡水	水量、水质
	生物多样性	生态系统、物种
经济	经济结构	经济运行、贸易、财政状况
	消费与生产模式	材料消耗、能源利用、废弃物产生与管理、交通运输
制度	制度框架	可持续发展战略的实现、国际合作
	制度效能	信息准入、交流的基础设施、科学与技术、灾害应对

1999年中国科学院可持续发展战略研究组按照可持续发展的系统学研究原理，提出“可持续能力”指标体系。该指标体系是一套“五级叠加，逐层收敛，规范权重，统一排序”的可持续发展指标体系，分为总体层、系统层、状态层、变量层和要素层五个等级，其中系统层将可持续发展总系统解析为五大子系统：生存、发展、环境、社会和智力。其中，生存支持系统是实施可持续发展的临界基础，发展支持系统是实施可持续发展的动力牵引，环境支持系统是实施可持续发展的约束限制，社会支持系统是实施可持续发展的组织保证，智力支持系统是实施可持续发展的科教支撑。五大子系统中的任何一个子系统出现失误与崩溃，都会最终毁坏可持续发展总体能力。变量层采用45个指数，要素层采用了219个指标，全面系统地对45个指数进行了定量描述。对一个国家或区域可持续发展的评估，其数量评判用总体能力代表，其质量评判用比较优势能力代表，两者共同构筑了可持续发展水平的总体评价。

2. 绿色化学技术

绿色化学亦称可持续发展化学、环境无害化学、环境友好化学、清洁化学等，是减少或消除危险物质使用和产生的化学品研发和生产过程设计的学科。绿色化学涉及有机合成、催化、生物化学、分析化学等学科，倡导用化学的技术和方法减少或停止那些对人类健康、社区安全、生态环境有害的原料、催化剂、溶剂和试剂、产物、副产物等的使用与产生，其目的在于减少或消除化学反应对环境的污染和生态的破坏，研究新的化学反应体系，包括新的合成方法和路线，探索新的反应条件，寻求新的包括生物资源在内的化学原料，开发能够代替挥发性有机溶剂的溶剂、无毒无害的高效催化剂、减少副产物产生的合成方法，设计和研究新的绿色化学品等。

绿色化学最初发端于美国。美国环境保护局（EPA）于 1984 年提出了废物最小化的概念，初步体现了绿色化学的思想。1989 年提出污染预防的概念，初步形成了绿色化学思想。1990 年颁布了《污染防治法案》，将污染的防治确立为国策，第一次明确提出了“绿色化学”一词，并将其定义为采用最小的资源和能源消耗并产生最小排放的工艺过程。1991 年将绿色化学确定为中心口号，确立了绿色化学的重要地位。1999 年以来，澳大利亚、日本、英国等许多国家开展了绿色化学方面的行动，旨在推动绿色化学的发展。20 世纪 90 年代以来，我国在绿色化学方向的活动也逐渐活跃，有关部门组织开展了设立专门研究课题、举办学术研讨会、出版研究成果、成立专门学术组织等活动，有力推动了我国绿色化学的发展。

绿色化学主要从原料的安全性、工艺过程的节能性、反应原子的经济性和产物环境友好性等方面进行评价。原子经济性和“5R”原则是绿色化学的核心内容。原子经济性是指充分利用反应物中的各个原子，从而既能充分利用资源又能防止污染。实验过程中应遵循绿色化学实验的“5R”原则：减量（reduction）原则，减少原料使用量和实验废弃物产生与排放量；再利用（reuse）原则，循环使用、重复使用实验材料；回收（recycling）原则，实现资源的回收利用；再生（regeneration）原则，实现废物的资源化和再利用；拒绝（rejection）原则，拒绝使用有毒有害品，无法替代又无法回收、再生和重复使用的原材料，有毒副作用及会造成污染的原材料。美国化学会提出了绿色化学的 12 项准则，即预防环境污染，提高原子经济性，提倡无害的化学合成方法，设计更安全的化学品，使用更安全溶剂和助剂，提高能量的使用效率，使用可再生的原料，减少衍生物的生成，开发新型催化剂，设计可降解材料，加强预防污染中的实时分析，防止意外事故的安全工艺。这 12 项准则包括了绿色化学各个方面的内容，被公认为是关于绿色化学最权威的解释和说明。绿色化学的概念提出之后，多国将其付诸实践，在实现污染物“零排放”、使用更安全的溶剂和助剂等方面，出现了许多成功的案例。

3. 清洁生产

1）清洁生产的概念与原则

关于清洁生产的定义有多种表达，《中国 21 世纪议程》提出，清洁生产是指既可满足人们的需要又可合理使用自然资源和能源并保护环境的实用生产方法和措施，其实质是一种物料和能耗最少的人类生产活动的规划和管理，将废物减量化、资源化和无害化，或消灭于生产过程之中。清洁生产的定义包含了两个全过程控制，即生产全过程和产品整个生命周期全过程。对生产过程而言，清洁生产包括节约原材料与能源，尽可能不用有毒原材料并在生产过程中就减少它们的数量和毒性。对产品而言，则是从原材料获取到产品最终处置过程中，尽可能将对环境的影响降到最低。

清洁生产起源于 1960 年美国化学行业的污染预防审计，清洁生产的概念，最早出现于 1976 年欧洲共同体（以下简称欧共体）在巴黎举行的“无废工艺和无废生产国际研讨会”。1979 年 4 月欧共体理事会宣布推行清洁生产政策。之后，欧共体环境事务委员会分别于 1984 年、1985 年、1987 年三次拨款支持建立清洁生产示范工程。自 1989 年开始，联合国开始在全球范围内推行清洁生产，先后有 8 个国家建立了清洁生产中心，推动了后来各国清洁生产不断在深度和广度上拓展。

清洁生产是指将综合预防的环境保护策略持续应用于生产过程和产品中，以期减少对人类的危害和环境风险的生产模式，其基本内涵是通过对产品和产品的生产过程、产品及服务采取预防污染的策略来减少污染物的产生，其本质是对生产过程与产品采取整体预防的环境策略，减少或者消除它们对人类及环境的可能危害，同时充分满足人类需要，使社会经济效益最大化。清洁生产的观念主要强调三个重点：第一，清洁能源。包括开发节能技术，尽可能开发利用再生能源及合理利用常规能源。第二，清洁生产过程。包括尽可能不用或少用有毒有害原料和中间产品。对原材料和中间产品进行回收，改善管理、提高效率。第三，清洁产品。包括以不危害人体健康和生态环境为主导因素来考虑产品的制造过程甚至使用之后的回收利用，减少原材料和能源使用。

推广和实行清洁生产，应遵循以下几个原则。第一，预防性原则。该原则要求生产活动应预防污染的产生，保护工厂免受破坏和操作员工免受不可逆转性的不良健康危害。应寻求改变生产和消费系统的上游部分，即对现行的依赖于过量物质消耗的生产和消费系统进行重新设计。第二，集成性原则。该原则要求采用全局的观点和生命周期分析的方法来考虑整个产品生产周期对环境造成的影响，从更大的时间和空间跨度上寻求环境问题的解决方案。第三，广泛性原则。该原则要求生产活动涉及的所有职工、消费者和社区民众的普遍参与，包括工业企业主动提供信息和职工、公众参与重要的决策。第四，持续性原则。该原则要求人们认识到清洁生产是一个没有终极目标的活动，需要企业、政府、公众三方共同坚持长期不懈的努力。

2）清洁生产的途径与措施

清洁生产的途径应包括企业的经营管理、政府的政策法规、技术创新、教育培训及公众参与与监督。其中企业的经营管理是清洁生产的体现主体，政府的政策法规是清洁生产的调控手段，技术创新是清洁生产的强大推动力，教育培训和公众参与与监督是清洁生产的保障。实现清洁生产的途径有清洁生产审计、生态设计、生命周期评价、生态效率分析、公众环境报告、环境标签、环境税等，其中最常用的是清洁生产审计和生命周期评价。清洁生产审计作为清洁生产最直接和最普遍的实践形式，是企业实施清洁生产的重要方法和工具，是指通过对一家企业的具体生产工艺和操作过程进行细致的调查和分析，掌握该公司产生的废物种类和数量，提出如何减少有毒和有害物料的使用及废物产生的备选清洁生产方案，在对备选方案进行技术、经济和环境的可行性分析后，选定并实施一些可行的清洁生产方案，进而使生产过程产生的废物量达到最小或者完全消除的过程。生命周期评价是对产品从最初的原材料采掘、原材料生产到产品制造、产品使用以及产品用后处理的全过程进行跟踪和定量分析与定性评价。

实现清洁生产的主要措施有以下三点。

第一，实施产品绿色设计。企业实行清洁生产，在产品设计过程中，一要考虑环境保护，减少资源消耗，实现可持续发展战略；二要考虑商业利益，降低成本，减少潜在的责任风险，提高竞争力。

第二，实施生产全过程控制。清洁的生产过程要求企业采用少废、无废的生产工艺技术和高效生产设备，尽量少用、不用有毒有害的原料，减少生产过程中的各种危险因素和有毒有害的中间产品，使用简便、可靠的操作和控制，建立完善的卫生规范、卫生标准操作程序和危害分析与关键控制点，组织物料的再循环，建立全面质量管理系统（TQMS），优化生产组织，进行必要的污染治理，实现清洁、高效的材料利用和生产。

第三，实施材料优化管理。选择材料，评估化学使用，估计生命周期是实现材料优化管理的重要方面。企业实施清洁生产，在选择材料时要关注材料的再使用与可循环性，实行合理的材料闭环流动，主要包括原材料和产品的回收处理过程的材料流动、产品使用过程的材料流动和产品制造过程的材料流动。

4. 循环经济

1）循环经济的概念

循环经济即物质循环流动型经济，是指在人、自然资源和科学技术的大系统内，在资源投入、企业生产、产品消费及其废弃的全过程中，把传统的依赖资源消耗的线形增长的经济，转变为依靠生态型资源循环来发展的经济。循环经济是相对于传统经济而言的，其实质是以物质闭环流动为特征的生态经济。从物质流动的方向看，传统工业社会的经济是一种单向流动的线性掠夺经济，即“资源—产品—废物”。而循环经济是物质闭环流动型经济，要求运用生态学规律把经济系统组成一个“资源—产品—再生资源”的反馈式流程，使物质和能量在整个经济活动中得到合理和持久的利用，最大限度地提高资源环境的配置效率，实现社会经济的生态化转向。

循环经济起源于20世纪60年代鲍尔丁提出的“宇宙飞船理论”。在环境运动兴起的初期，鲍尔丁认识到必须进入经济过程思考环境问题产生的根源。他认为“污染”是未得到充分利用的“资源剩余”，即只有放错地方的资源，没有绝对无用的垃圾，提出了以新的“循环式经济”代替旧的“单程式经济”，最终解决资源枯竭和环境污染问题的设想。20世纪70年代，当环境保护运动在国际社会有组织地开展之初，循环经济的思想更多地还是先行者的一种超前性理念，没有引起人们更多的关注和探索。20世纪80年代，人们注意到要采取资源化的方式处理废弃物，但对于污染物的产生是否合理这个根本性问题，是否应该从生产和消费源头上防止污染产生，多数国家仍然缺少思想上的洞见和政策上的举措。20世纪90年代，随着可持续发展战略思想成为全球的共识，源头预防和全过程治理替代末端治理成为各国环境与发展政策的主流，从而形成了一套系统的思想和发展战略，即循环经济。

2）循环经济的行为准则

循环经济系统的建立和实施依赖于“减量化（reduce）、再利用（reuse）、再循环（recycle）”的“3R”行为原则，以实现对产品和服务的前端、过程和末端的资源消费的控制和优化。减量化原则属于输入端方法，旨在减少进入生产和消费流程的物质量；再利用原则属于过程性方法，目的是延长产品和服务的时间强度；再循环原则是输出端方法，通过将废物资源化使之回到经济循环中，以减少资源输入量和最终处理量。

循环经济的根本目标是要求在经济流程中系统地避免和减少废物产生，而废物再生利用只是减少废物最终处置量的方式之一。因此，循环经济的“3R”的重要性是不同的，在具体操作上有先后顺序，即避免产生→循环利用→最终处置。减量化优先是循环经济实践的最基本原则和要求。经济活动中，首先要从经济源头减少废物产生量，对于源头不能消减的和消费后的可利用废物，如包装、过时产品、旧货等，要加以回收利用，使之回到经济循环中去。只有当避免产生和回收利用都不能实现时，才允许将最终废物进行环境无害化的处置。再循环本质上仍然是一种“末端”措施，虽然可以减少废弃物最终的处理量，但不一定能够减小经济过程中的物质流动速度及物质使用规模。此外，以目前方式进行的再生利用本身往往是一种非环境友好的处理活动，因为这个过程需要耗费矿物能源，还有可能产生二次污染。通过再利用的物质中资源含量太低，再生成本就会很高，只有高含量的再生利用才产生经济效益。

循环经济“3R”原则的排列顺序，实际上反映了20世纪下半叶以来人们在环境与发展问题上思想进步走过的三个历程：首先，以环境破坏为代价追求经济增长的理念终于被抛弃，人们的思想发生了从排放废弃物到要求净化废物的变化；随后，由于环境污染的实质是资源浪费，因此产生了从要求净化废物到利用废物的升华；今后，随着人们对利用废物仍然只是一种辅助性手段，环境与发展协调的最高目标应该减少废物产生的认识的提高，人们的思想也必然会发生从利用废物到减少废物的质的飞跃。

3）循环经济的主要实践

发达国家在逐步解决了工业污染和部分生活型污染问题后，由后工业化或消费型社会结构引起的大量废弃物逐渐成为其环境保护和可持续发展的重要问题。在此背景下，发达国家的循环经济首先是从解决消费领域的废弃物问题入手，通过制定法律、实施计划等途径，取得了明显的效果。例如，德国于1996年颁布了《循环经济与废弃物管理法》；日本于1996年颁布了《家电回收利用法》，于1997年颁布了《容器包装再利用法》，2000年颁布了《推进形成循环型社会基本法》等。其次是向生产领域延伸，最终旨在改变“大量生产、大量消费、大量废弃”的社会经济发展模式。发展清洁生产和建设生态工业园是发达国家促进工业可持续发展的重要做法。

我国借鉴国际经验，发展了自己的循环经济理念与实践。从目前的实践看，中国特色循环经济的内涵可以概括为对生产和消费活动中物质能量流动方式的管理经济。具体而言，通过实施减量化、再利用和再循环等“3R”原则，依靠技术和政策手段调控生产和消费过程中的资源能源流程，将传统经济发展中的“资源—产品—废物排放”这一线性物流模式改造为“资源—产品—再生资源”的物质循环模式，提高资源能源效率，拉长资源能源利用链条，减少废物排放，同时获得经济、环境和社会三方面的综合效益，实现可持续的协调发展。在运行模式上，我国通过借鉴国外废物循环利用、建设生态工业园和循环型社会等做法，从解决工业、农业污染问题和区域环境问题入手，将其归纳成“3+1”模式，即在小循环、中循环、大循环及废物处置和再生产业四个层面，全面推进循环经济。“3+1”模式是中国特色的循环经济模式，已在各地推广应用，并得到了学术界的普遍认可。其具体做法如下。①小循环：在企业层面，推行清洁生产，减少产品和服务中物料和能源的使用量，实现污染物产生的最小化。②中循环：在区域层面，通过在企业群、工业园区和经济开发区中发展生态工业，建设生态工业园区，把上游生产过程的副产品或废物用作下游生产过程的原料，形成企业间工业代谢和共生关系的生态产业链。③大循环：在社会层面，推进绿色消费，建立废物分类回收体系，注重一、二、三产业间物质的循环和能量的梯级利用，最终建立循环型社会。④废物处置和再生产业：建立废物和废旧资源的回收、处理、处置和再生产业，从根本上解决废物和废旧资源在全社会的循环利用问题。

复习思考题

1. 如何理解环境的概念？
2. 环境的特征与功能是什么？
3. 试述环境问题的概念与类型。
4. 试述环境承载力的概念与特征。
5. 当今世界存在的全球性环境问题有哪些？

6. 当前我国的主要环境问题是什么？
7. 试述解决全球性环境问题的基本原则和对策。
8. 我国环境保护的策略是什么？
9. 试述可持续发展的概念与特征。
10. 试述可持续发展思想的形成与发展过程。
11. 试述可持续发展与环境的关系。
12. 试述可持续发展指标体系的主要内容。
13. 试述绿色化学技术的概念与准则。
14. 试述清洁生产的原则、途径和措施。
15. 试述循环经济的行为准则。

第三章　污染源调查与评价

第一节　污染源的分类与特征

污染源是指环境污染物的发生源。换言之，通常把能产生并向环境排放物理的、化学的、生物的有害物质或能量的设备、装置、场所统称为环境污染源。污染源有天然污染源和人为污染源两大类，其中前者指可自行向环境排放污染物或对人类形成有害影响的自然场所；后者指可形成并向环境排放污染物的人类社会活动。目前人们重点关注的是人为污染源的有关问题。

一、污染源的分类

污染源的种类繁多，可按照不同的依据进行不同的类型划分。

按照人类社会活动的类型，即污染物的来源，可将污染源划分为工业污染源、农业污染源、生活污染源、交通运输污染源等类型。工业污染源是指可产生并向环境排放污染物的工业企业及工业生产活动，如采矿、金属冶炼、发电、炼油、石油化工、电镀、食品生产、纺织、印染等企业及生产工艺。农业污染源是指可产生并向环境排放污染物的农业活动，如化肥、农药的农业使用等。生活污染源是指可产生并向环境排放污染物或对环境产生不良影响的人类生活活动及其场所、设施、装置等，如燃煤锅炉、餐厨废物、化学洗涤剂等。交通运输污染源是指可产生并向环境排放污染物的交通运输工具和设备，如飞机、火车、汽车、船舶等。

按照污染物排放口的空间形状，污染源可以划分为点污染源、线污染源、面污染源等类型。点污染源亦简称为点源，是指污染物自一个点或可视作一个点的集中式排放口排放的污染源，主要指城市污染源和工业污染源。点污染源污染物的排放相对集中，污染性大，破坏性强，但相对容易控制。线污染源是指污染物大体沿线状排放口而排放的污染源，如运行中的交通运输工具、已污染河流、电力及通信信号输送线路等。面污染源称非点污染源，是指在一定区域内以较大面积范围的形式排放污染物的污染源，如农田化肥和农药的施用、已污染的池塘和湖泊、酸雨的降落等。面污染源污染面积大，涉及面比较广，影响时间较长，其后期破坏比较严重，并且相对难以控制。根据面污染源发生区域和过程的特点，一般将其分为城市面污染源和农业（或农村）面污染源两种类型。

按照污染源空间位置的变化性，可将其划分为固定污染源和移动污染源。固定污染源是指一定时期内空间位置固定于一地而不会发生变化的污染源，如建设、设置于固定地点的产污企业、产污生产设备、产污基础设施等。移动污染源亦称流动污染源，是指空间位置随时会发生变化的污染源。移动污染源主要是指交通运输污染源，如汽车、火车、飞机、船舶等。

按照污染物排放的频率或时间变化特点，可将污染源划分为连续污染源、间断污染源、瞬时污染源等类型。连续污染源亦称经常性污染源，是指在一定时段内污染物排放具有连续性的污染源，如连续生产的工厂、连续供热的燃煤锅炉等。间断污染源是指在一定时段内污染物排放具有间断性的污染源，如断续生产的工厂、昼烧夜停的采暖锅炉等。瞬时污染源亦称偶发性污染源，是指污染物的排放具有短暂时间的随机偶然性的污染源。瞬时污染源主要是指突发性环境事故而形成的污染源，如工厂、化学品运输车辆的突发性火灾、爆炸、泄漏等事故，均可导致环境污染物产生和排放而成为瞬时污染源。

此外，还有一些依据其他标准的分类。例如，按照被污染的主要环境要素对象，可将污染源划分为大气污染源、水体污染源、土壤污染源、生物污染源等。按照是否需要进行特别管制，可将污染源划分为一般（普通）污染源和主要（特殊）污染源。按照所排放污染物的种类和性质，可将污染源划分为有机污染源、无机污染源、热污染源、噪声污染源、放射性污染源、电磁污染源、光污染源、病原体污染源、混合污染源等类型。

污染源的种类十分复杂，上述分类仍然不能包括所有的污染源。某些污染源可归属于上述分类中的不同类型，而且诸多类型的污染源还可进行次一级的类型划分。

实际中存在的污染源大多属于混合污染源。例如，燃煤火力发电厂就是一个典型的混合污染源。它既向大气环境排放废气而属于大气污染源，又向土壤环境排放废渣而属于土壤污染源，还向水体排放废水而属于水体污染源；所排放的污染物既有二氧化硫等无机污染物而属于无机污染源，又有有机污染物而属于有机污染源，还有废热而属于热污染源；所排放的污染物既有具有毒性的而属于有毒污染源，又有不具有毒性的而属于无毒污染源。然而，在针对某一特定环境问题而进行污染源研究时，往往把某些混合污染源作为只排放某一类污染物的污染源来看待。

二、污染源的特征

（一）工业污染源的特征

各类工矿企业在生产过程中和燃料燃烧过程中，均会排放大量的烟尘、废水、废渣、噪声等，造成对环境的污染，从而构成工业污染源。工业污染源具有三个方面的突出特征。

1. 污染物排放量大、浓度高，污染严重

工业企业原料和燃料的消耗量大，所产生的废气、废水和废渣的数量相应也大，从而形成了所排放污染物数量大、浓度高的特点。例如，就化学需氧量而言，不同类型工业废水的水质差异很大，较低的也在250～3500mg/L之间，高的常达每升数万毫克，甚至几十万毫克。

2. 污染物种类多，毒性强，处理难度大

工业企业的种类繁多，工业污染源所排放的污染物因工业企业产品和工艺的不同而不同，不同企业所排放的污染物的种类差别很大。一般而言，工业污染源所排放的污染物大多具有较大的毒性，并且处理技术复杂，为污染物的处理带来很大的难度。例如，炼焦厂向大气排放的污染物主要是H_2S、酚、苯、烃类等，化纤厂向大气排放的污染物主要是H_2S、NH_3、CO_2、甲醇、丙酮及各类矿物和金属粉尘等。这些种类繁多的污染物大多属于有毒、有害物质，有些具有很强的刺激性、腐蚀性，或易产生异味或恶臭，对环境的危害巨大。

3. 污染物排放集中，容易形成周边环境的污染，便于控制

工业企业布局相对集中，污染物一般通过数量相对有限的排污口向环境排放，污染源一般比较集中，而且污染物浓度较高，对局部地区的环境影响很大，在投入运行的很短时间内，就会形成对周边环境的污染。然而，由于工业企业的排污口集中，对污染物的收集相对容易，易于实现对污染物的控制。

（二）农业污染源的特征

农业生产过程中大量使用农药、化肥、除草剂、作物增长剂、饲料添加剂、塑料薄膜等化学品以及进行污水灌溉和牲畜饲养废水、废渣的排放，常会造成土壤、地表水体和地下水体的污染，从而构成农业污染源。农业污染源具有三个方面的突出特征。

1. 污染源分布分散，污染范围广，收集和控制困难

农业污染源属于面污染源，污染物主要来源于农田农药、化肥、除草剂等化学品的大量使用和污水灌溉及牲畜饲养场废水、废渣的无组织排放，污染源的空间分布十分广泛和分散，范围极广，而且污染物排放行为常处于无组织状态，这就给污染物的收集和控制带来了极大的难度。

2. 污染物排放量大，浓度低

在各种产业类型中，农业生产的空间规模最大，灌溉用水、化肥、农药、除草剂、作物增长剂和饲料添加剂等农业生产资料的使用量巨大，这势必导致污染物的排放量也是巨大的。然而，农业生产的分布面积广，这就使得农业生产所排放的废水、废物中的污染物浓度并不高。污染物浓度的偏低，使得农业污染不像工业污染那样给人们在感官上形成较为强烈的冲击，从而在一定程度上导致人们对农业污染的轻视。

3. 污染物质种类少，处理难度大

虽然农业污染源的污染物排放量巨大，然而污染物的种类相对较少，复杂程度相对较低。但是，农业污染物大多是大分子有机化学物质，在环境中的降解十分缓慢，并有一定比例的残留，处理技术难度极大，为农业污染治理带来了难度。目前蔬菜种植中大量使用的农药主要为杀虫剂类农药，其中又以有机磷类杀虫剂为主，即三个 70%：施用农药的 70%为杀虫剂，施用杀虫剂的 70%为有机磷类杀虫剂，施用有机磷类杀虫剂的 70%为高毒或剧毒、高残留农药。蔬菜生产中有机农药的大量施用，已经造成了严重的农药污染问题，严重威胁着人体健康。以聚氯乙烯、聚乙烯、聚丙烯、聚苯乙烯等为原料的塑料薄膜在我国农业生产中使用广泛，形成了 10%～20%的地膜残留，在我国农村形成了普遍性的“白色污染”。第一次全国污染源普查结果表明，全国种植业中地膜残留量达 12 万 t。这些高分子化合物的降解期很长，一般需要数年甚至更长时间。

（三）生活污染源的特征

居民生活过程中使用大量的原料和燃料，排放大量的废气、废水和废渣，造成城市大气污染、水体污染和固体废弃物污染，从而构成生活污染源。生活污染源主要具有以下五个方面的特征。

1. 分布广泛

生活污染源包括城镇居民生活源、住宿餐饮业、居民服务和其他服务业、医院、机动车等五种类型，它们在空间上的分布十分广泛。城市和人口密集居住区是人类消费活动的集中地，是生活废水、废气和废渣的集中产地，从而构成主要的生活污染源。

2. 污染物排放量大

生活污染源所排放的污染物数量十分巨大，许多污染物的排放量超过其他污染源。据统计，我国生活污染源所排放的化学需氧量（COD）、氨氮排放量分别占 COD、氨氮排放总量的 37.5%、56.7%，分别是工业排放量的 2.6 倍和 5.2 倍。

3. 污染物种类多

生活污染源的构成十分复杂，所排放的污染物种类繁多。生活污染源所产生的污染物主要有燃料燃烧废气、生活污水、城市垃圾、粪便、污泥、餐厨废物等，其中每一种污染物又有多种构成类型。

4. 污染物以恶臭物质和病毒、细菌高含量物质为主

生活污染源所排放的污染物以生活污水、城市垃圾、粪便、污泥、餐厨废物等为主，氮、磷、硫等营养物质的含量高，在厌氧微生物作用下，易产生硫化氢、硫醇、粪臭素等恶臭气味物质，并且多含有病原菌、细菌等，易导致多种流行病的发生。

5. 排放高度低

生活污染源大多是低源排放，易造成近地面环境的污染，对人类的影响严重。

（四）交通污染源的特征

汽车、火车、飞机、轮船等现代交通运输工具以煤和石油为主要能源，在其运行的过程中，产生大量废气和噪声，从而构成了交通污染源。交通污染源主要具有以下两个方面的特征。

1. 移动性大

各种机动车辆、飞机、轮船等交通污染源一般都是可移动的，从而给交通污染源的控制带来难度。

2. 所排放污染物以大气污染物为主

现代交通工具以燃油为主要能源，所排放的污染物主要为碳氢化合物、一氧化碳、氮氧化物和含铅污染物。尤其是汽车，其所排放的尾气含有较高浓度的一氧化碳和铅。据统计，汽车所排放的铅占大气中铅含量的 97%。机动车尾气是光化学烟雾形成的主要元凶。在人为排放的 CO、NO_x 和 H_xC_x 等光化学氧化剂物质中，汽车源所占比例最高。据估算，美国交通污染源排放的CO、NO_x和H_xC_x已分别占其全国总排放量的62.6%、38.2%和34.3%，我国的情况也基本类似。因此，世界卫生组织（WHO）和我国均已把光化学氧化剂浓度作为大气环境质量的衡量标准之一。

第二节　污染源的调查

一、污染源调查的基本概念

污染源调查是指根据控制污染、改善环境质量的要求，对某一区域造成污染的原因所进行的调查。在调查过程中，要建立各类污染源档案，在综合分析的基础上，选定评价标准，估量并比较各污染源对环境的危害程度及其潜在危险，筛选调查区域的主要污染源和主要污染物，确定重点控制对象和控制方法。

污染源调查的目的，是弄清污染物的种类、数量、排放方式、途径及污染源的类型和位置，并以此为基础，确定主要污染物和主要污染源，为环境评价和环境管理提供依据。

污染源调查的任务因调查目的不同而有所区别。为编制区域污染综合防治规划、区域环境质量管理规划而进行的污染源调查，其任务是全面了解区域污染源情况，以便确定主要污染源和主要污染物。为治理区域内某类污染源而进行的污染源调查，其任务是弄清区域内该类污染源的分布情况、相应行业的运行状况、排污及其环境影响情况。为污染源日常管理提供基础资料而进行的污染源调查，其任务是查明各类污染源的情况及其环境影响等。实际工作中，可以将上述各类污染源调查结合进行，以便实现资源共享，节约调查成本。

二、污染源调查的原则与程序

（一）污染源调查的原则

1. 目的明确性

污染源调查和评价的目的和要求不同，采用的方法和步骤亦不同。例如，为区域性环境质量评价和为环境影响评价而做的污染源调查，其要求是不同的，污染源调查的方法和步骤亦应有所区别。区域环境质量评价需要对区域所有的污染源进行调查，而环境影响评价项目只对与本项目有关的污染源进行调查。因此，在开展污染源调查之前，首先应明确污染源调查的目的，以确定适宜的污染源调查方法和步骤。

2. 系统完整性

在开展污染源调查时，要始终树立整体性的观念，把污染源、环境、生态和人体健康作为一个完整的系统来考虑。在污染源调查的内容方面，不仅要注意污染物的排放量，还要重视污染物的物理、化学和生物特性，进入环境的途径、迁移转化规律及对人体健康的影响等，全面掌握污染源的特征。

3. 环境联系性

污染物是环境要素的组成部分，污染物与环境之间存在着密切的关联关系，环境状况对污染物的行为有着重要的影响。因此，在进行污染源调查时，应关注污染物和污染源与周围环境的联系，重视污染源所处的位置及其周围的环境状况，以便全面、准确地把握污染源的特征。

4. 持续统一性

人类生存的环境系统具有多尺度镶嵌结构的特征，根据空间尺度的不同，可以把环境系统划分为不同层次的环境子系统。不同层次的环境系统，其特征和问题有着很大的差异，环境问题的解决途径和措施亦有区别。在进行污染源调查时，必须首先确定研究对象的空间尺度，确定与之相适应的调查方案。对于尺度已定的污染源进行调查，必须采用同一基础、标准和方法，以便进行各个污染源特征的比较。

（二）污染源调查的工作程序

污染源调查工作开展之前，需要根据具体情况，制定合理的调查工作程序或步骤。调查工作条件和基础不同，污染源调查的程序或步骤亦有不同。一般而言，污染源调查工作可以分为如下三个阶段。

1. 准备阶段

准备阶段是搞好污染源调查工作的必备前提阶段，其工作主要包括以下内容。①明确调查目的。②制订调查计划。包括确定调查范围、调查内容、调查精度、调查方法和调查结果等。③做好调查前的准备。这些准备包括组织准备、资料准备、人才培训、分析测试准备等。④搞好调查的试点工作。这种试点工作包括普查试点工作和详查试点工作。

2. 调查阶段

调查阶段是污染源调查工作的核心阶段，其工作主要包括以下内容。①生产和管理调查。②污染物治理调查。③污染物排放情况调查，包括种类、排放量、排放方式、排放规律。④污染危害调查。⑤生产发展调查。

3. 总结阶段

总结阶段的工作主要是进行调查数据的处理和资料的整理，建立污染源档案，进行污染源评价，绘制污染源分布图和编写污染源调查报告等。

三、污染源调查的方法

（一）社会调查法

通常把深入工厂、企业、机关、学校进行访问，召开各种类型的座谈会的调查方法称为社会调查法。社会调查是污染源调查的基本方法，也是必备方法。它可以使调查者获得关于污染源的重要资料，这对于人们认识和分析污染源的特点、动态和评价污染源都具有重要作用。在污染源调查工作中，要注意“了解一般，抓住重点”工作要点，既要了解全貌，又要重点突出。

根据调查工作的范围大小和详细程度，污染源调查可分为普查和详查两种类型。

1. 污染源普查

污染源普查是对区域内的污染源进行的全面系统而又概略的调查，目的是确定区域内的重要污染物和重要污染源。污染源普查的任务，是掌握各类污染源的数量、行业和地区分布情况；了解主要污染物的产生、排放和处理情况；建立健全重点污染源档案、污染源信息数据库和环境统计平台，为制定经济社会和环境保护政策、规划提供依据。

污染源普查工作应有统一的领导，统一的时间、项目和标准，并做好普查人员的培训，以统一的调查方法、步骤和进度开展调查工作。普查工作一般多由主管部门发放调查表，以被调查对象填表的方式进行。

污染源普查主要包括三个方面的工作内容：①从有关领导部门查清调查范围内的工矿企事业单位名单；②设计和发放“三废”调查表；③筛选重点污染源，以便进一步详查。

为了实现《国民经济和社会发展第十一个五年规划纲要》确定的主要污染物排放总量减少10%的目标，国务院于2008年年初安排开展了第一次全国污染源普查。2016年10月26日国务院印发了《关于开展第二次全国污染源普查的通知》，安排于2017年开始开展第二次全国污染源普查工作。

2. 污染源详查

污染源详查即重点污染源的调查，是在污染源普查的基础上，对区域内的重要污染物和重要污染源进行的现场观测和取样分析，目的是确定区域内的主要污染物和主要污染源。重点污染源是在对区域环境整体分析的基础上选择的有代表性的污染源。各类污染源都应有其重点污染源。同类污染源中，应选择污染物排放量大、影响范围广泛、危害程度大的污染源作为重点污染源进行详查。重点污染源的调查，应从基础状况调查做起直到最后建立一整套污染源档案。污染源详查工作无论从调查内容、调查广度和深度上，都应超过普查工作。一般来说，重点污染源的主要污染物排放量应占调查区域内总排放量的60%以上。

（二）理论计算法

污染源调查的理论计算法是指根据已有可表达污染源基本规律的数学公式进行污染物排放量计算来确定主要污染源的方法。应用理论计算法可以得到污染源所排放污染物的准确量值，使得主要污染源的确定更加准确。污染源调查的理论计算法主要有物料衡算法、经验估算法和实地监测法三种。

1. 物料衡算法

物料衡算法亦称物料平衡法，是一种应用广泛的污染物排放量估算方法。该方法依据质量守恒定律，对生产过程中使用的物料变化情况进行定量分析，从而确定污染物的排放量。其基本思路是投入物料量总和等于产生物料量总和，产出物料量总和等于主副产品和回收及综合利用的物质量总和加上排出系统外的废物质量，其中排出系统外的废物质量包括可控制与不可控制生产性废物量及工艺过程的泄漏等物料流失量。假如生产某种产品投入物料 i 的总量为 M_i，经过工艺过程进入产品的量为 P_i，回收的量为 R_i，转化为副产品的量为 B_i，进入废水、废气、废渣而成为污染物的量为 W_i，则该产品生产过程中物料 i 的质量平衡方程为

$$M_i=P_i+R_i+B_i+W_i$$

根据此方程即可估算污染物的排放量。

应用物料衡算法核算污染物排放量应建立在对企业进行充分了解的基础上，从物料平衡分析着手，对企业的原材料、辅料、能源、水的消耗量、生产工艺过程进行综合分析，使测算出的污染物排放量能够比较真实地反映企业在生产过程中的实际情况。建立投入产出的全平衡分析表对于正确估计污染物的发生量和削减量，进而促进工厂进行清洁生产具有重要的意义。

2. 经验估算法

经验估算法是一种根据生产过程中单位产品的经验排污系数和产品产量来计算污染物排放量的方法。因为在污染物排放量的计算中应用了排污系数，故亦被称为排污系数法。其计算公式为

$$Q=KW$$

式中，Q 为污染源的排污量；K 为经验排污系数；W 为产品产量。

各种污染物的排污系数都是在特定条件下产生的。由于各地区、各单位的生产技术条件不同，污染物排污系数和实际排污系数可能有很大差距。因此，在选择排污系数时，应选择具有权威性或具有代表性的排污系数，或根据实际情况加以修正。

3. 实地监测法

实地监测法是通过对某个污染源进行现场测定，得到污染物的排放浓度和介质流量，然后计算出污染物排放量的计算方法。其计算公式为

$$Q=cL$$

式中，Q 为排污量；c 为污染物平均排放浓度；L 为介质流量。

进行污染源调查时，应根据不同要求选用不同的方法，或者几种方法综合使用。物料衡算法是在无法应用实际检测法和排污系数法情况下最常用的方法。一般污染源调查主要应用排污系数法核算污染物的产生量和排放量。重点污染源常以实地监测法和排污系数法相结合核算污染物的产生量和排放量。

四、污染源调查的内容

（一）工业污染源调查内容

工业污染源调查的内容可概括为如下四个方面。

1. 工业企业的生产和管理

（1）企业概况：企业名称、企业的地理位置、所属功能区的环境现状、企业所有制性质、厂区占地面积、职工总数及构成、固定资产、投产年代、产品、产量、产值、利润、生产水平、企业环境保护机构名称、辅助设施、配套工程、运输和储存方式等。

（2）生产工艺：工艺原理、主要反应方程式、工艺流程、技术指标、设备条件、生产中污染产生的环节、环境保护设施等。

（3）能源与原材料：种类、产地、成分、单耗、总耗、资源利用率等。

（4）用水情况：供水类型、水源、水质、水量、耗水指标、重复利用率等。

（5）生产布局：原料堆场、水源位置、车间办公室位置，厂区、居住区位置，污水排放系统、堆渣区、绿化带等的位置，并需要绘制布局图。

（6）生产管理：管理体制、编制、规章制度、管理水平及经济指标、环境保护管理机构编制、环境管理水平等。

2. 污染物排放及治理

1）污染物产生与排放情况

污染物种类、数量、成分、浓度、性质、排放规律、污染历史、事故记录、排放口位置及其类型与数量等；对于工业噪声还需调查声源数量、分布位置、声源规律、声源等级及其与居民的关系等。

2）污染物治理情况

生产工艺改革、综合利用、管理措施、污染物治理方法、治理工艺投资成本、效果、运行费用、管理体制、副产品的成本及销路、存在问题、改进措施、今后治理规划或设想等。

3. 污染危害及事故处理

危害对象、程度、原因、历史、损失、赔偿、职工及居民职业病和常见病、癌症死亡率、病物相关分析、代谢产物有毒成分分析，重大事故发生时间、原因、危害程度与处理情况。

4. 发展规划

生产发展方向、规模、指标、“三同时”措施、预期效果及存在问题等。

（二）农业污染源调查内容

农业污染源调查内容可概括为如下五个方面。

1. 土壤污染

土壤的理化性质，如 pH、电导率、重金属元素含量及水土流失情况等。

2. 农药使用情况

有机氯类杀虫剂、有机磷类杀虫剂、氨基甲酸盐剂、Hg 制剂、As 制剂、合成除虫菊精类、昆虫生长调节剂等农药的使用数量、使用方法，有效成分含量，使用时间、年限，使用农药的农作物品种等。

3. 化学肥料使用情况

硫酸铵、过磷酸钙、尿素、氯化钾、硝酸铵钙及复合化学肥料的用量、施用方式、施用时间等。

4. 农业废弃物

牲畜粪便、农作物秸秆、农用机油渣等的处理情况。

5. 农业机械使用情况

汽车数量、拖拉机台数、耗油量、行驶范围和路线，其他机械的使用情况等。

（三）生活污染源调查

生活污染源调查内容可概括为如下五个方面。

1. 城市人口

城市居民人口总数、总户数、人口分布、人口密度、居住环境等。

2. 城市居民用水与排水情况

用水与排水设备状况、居民生活人均用水量、办公机关、旅馆、餐馆、医院、学校等单位的用水排水量、排水中污染物的种类和含量等。

3. 城市垃圾

种类、数量、垃圾分布点、占地面积、垃圾运输方式、处置方式、处理站自然环境、处理效果、投资和运行费用、管理人员、管理水平等。

4. 民用燃料

供热方式及居民燃料种类构成、年使用量、使用方式等。

5. 城市污水处理情况

城市污水总量、污水处理率、污水处理厂数量、位置、工艺流程、采用的技术、投资和运行费、处理效果等。

（四）交通运输污染源调查

交通污染源调查内容主要有两个方面。

1. 尾气

机动车种类、数量、耗油量、单耗指标、燃油构成及成分、排气量、排放浓度及污染物 NO_x、CO_x、C_xH_x、Pb、S、苯并芘等的排放量。

2. 交通噪声

车辆种类、数量、车流量、车速，路面等级、绿化状况，交通噪声的类别、数量、声源规律、等级、与居民的关系等。

（五）集中式污染治理设施调查

集中式污染治理设施调查的对象主要有污水处理厂、垃圾处理厂（场）、危险废物处理厂、医疗废物处理厂等，调查的内容因调查对象的不同而有区别。

1. 污水处理厂

（1）污水处理厂污水年实际处理量。其中包括城镇污水处理厂处理量、工业废水集中处理厂（设施）处理量（不包括工业企业内处理本企业工业废水的处理设施处理量）及其他污水处理厂（设施）处理量等。

（2）污水处理厂主要污染物削减量。其中包括化学需氧量、总氮、总磷、氨氮、石油类、挥发酚及工业废水集中处理设施重金属削减量等。

2. 垃圾处理厂（场）调查

（1）垃圾处理厂（场）渗滤液中主要污染物排放量，其中包括COD、氨氮、总磷、石油类等。

（2）垃圾处理厂（场）垃圾填埋量，包括无害化填埋量和简易填埋量。

（3）垃圾处理厂（场）垃圾焚烧处理量。

3. 危险废物处理厂

危险废物处理厂设计处置能力；危险废物实际年处置量，其中包括焚烧处置量和填埋处置量等。

第三节　污染源评价

一、污染源评价的概念

污染源评价是指对污染源潜在污染能力的鉴别和比较。潜在污染能力是指污染源可能对环境产生的最大污染效应，它和污染源对环境产生的实际污染效应是不同的。污染源对环境产生的实际污染效应，不仅取决于污染源本身的特性（排放污染物的种类、性质、排放量、排放方式等），还取决于环境的性质（背景值、自净能力、扩散条件等）、接受者的性质及各种污染物之间的作用和协同效应等。潜在污染能力取决于污染源本身的性质。因此，用潜在污染能力评价污染源是适宜的。

污染源评价是在污染源和污染物调查的基础上进行的，其目的是确定主要污染物和主要污染源，为环境影响评价提供基础数据，为污染源治理和区域环境治理规划提供科学依据。污染源评价是环境影响评价的重要环节，是污染综合防治的重要基础工作。

二、污染源评价的方法

污染源潜在污染能力主要取决于排放污染物的种类、性质、排放方式等。不同种类的污染物具有不同的量纲，因此很难进行比较。污染源评价的关键在于，把具有不同量纲的污染物的量进行标准化处理，使其具有可比性，然后进行分析比较。进行标准化处理的方法不同，就形成了不同类型的评价方法。根据污染源调查的结果进行污染源评价的方法有两类，即类别评价和综合评价。

（一）类别评价

类别评价是根据各类污染源中某种污染物的排放浓度、排放总量（体积或质量），以及一些统计指标（检出率、超标率、超标倍数、标准差等）来评价污染物和污染源的污染程度的方法。污染源定量评价常用的指标有以下几种。

1. 浓度指标

污染物浓度是指单位体积排放物质中污染物的含量，其表达式为

$$Q_i = \frac{W_i}{W} \times 100\%$$

式中，Q_i 为 i 污染物的浓度；W_i 为排放物质中 i 污染物的含量；W 为物质排放量。

污染源排放某种污染物的浓度可以表达污染源的污染能力，在一定程度上反映污染程度的大小。但是以污染物浓度值表示污染源的污染程度也存在一定的不合理现象。例如，它可能会忽略那些污染物排放绝对量大而排放浓度偏低的污染源对环境的影响。

2. 排放强度指标

排放强度指标的表达式为

$$W_i = c_i Q_i$$

式中，W_i 为 i 污染物的排放强度；c_i 为 i 污染物的平均排放浓度；Q_i 为 i 污染物载体排放量。

排放强度指标考虑了单位时间内污染源排放某种污染物的绝对数量，所以比浓度指标更能反映污染源对环境的污染程度。

3. 统计指标

1）检出率

检出率是指某一污染源的某种污染物的检出样品数占样品总数的百分比，其表达式为

$$B_i = \frac{n_i}{A_i} \times 100\%$$

式中，B_i 为某污染物的检出率；n_i 为某污染物检出样品个数；A_i 为某污染物样品总数。

2）超标率

超标率是指某污染源的某种污染物超过排放标准的样品数占该污染物检出样品数的百分比，其表达式为

$$D_i = \frac{f_i}{n_i} \times 100\%$$

式中，D_i 为某种污染物的超标率；f_i 为某种污染物超过排放标准的样品数；n_i 为某种污染物检出样品总数。

3）标准差

某种污染物的标准差的表达式为

$$\delta_i = \sqrt{\frac{\sum (c_i - c_{oi})^2}{n-1}}$$

式中，δ_i 为实测值离排放标准的标准差，其值越大，排放污染越严重；c_i 为污染物排放实测浓度；c_{oi} 为污染物排放浓度标准；n 为监测次数。

上述这些评价方法简单易行，是经常应用的评价方法。但这些评价方法只适用于同种

污染物的比较分析，而不能综合反映一个污染源的潜在污染能力，不适宜污染源之间和区域之间的相互比较。

（二）综合评价

污染源综合评价方法不仅要考虑污染物的种类、浓度、排放量、排放方式等污染源性质，还要考虑排放场所的环境功能。因此，综合评价是较全面、系统地衡量污染源污染能力的评价方法。

各种污染物具有不同的特性和不同的环境效应，为了使不同的污染物和污染源能够在同一个尺度上加以比较，需要采用特征值来表示评价的结果。换而言之，需要对污染物和污染源进行标准化比较。污染源评价要确定的三个特征值是等标污染指数、等标污染负荷和等标污染负荷比。在特征值计算的基础上，可进一步确定主要污染源和主要污染物。

1. 参评污染物的选择

对排放污染物种类较多的污染源进行评价时，首先需要进行参评污染物的筛选。参评污染物选择的程序为：①研究工艺流程，找出工艺内可能存在的排放源；②对进料和伴随介质作全面的元素分析，结合理论计算，对所有可能的排放源作出估计，确定可能出现的排放物及其数量；③根据各种排放物对人体健康和环境的影响，列出可能有的污染物；④将所有可能排出的污染物与有关排放标准相比较，按超标情况由大到小进行排序，确定需要重点考虑的污染物。需要指出的是，排放标准的选择是衡量污染源评价结果是否合理和科学的关键问题之一。在选择排放标准时，首先要考虑环境的功能要求，选择与环境功能相对应的排放标准。在国家标准与地方标准并存的地区，首先要选用地方标准。

2. 污染源特征值

1）等标污染指数、等标污染负荷和等标污染负荷比

（1）等标污染指数。

等标污染指数是指某种排出污染物的浓度超过排放标准浓度的倍数，简称超标倍数。等标污染指数反映了排出污染物浓度与排放标准浓度之间的关系，应用等标污染指数进行污染源评价，可确定一个污染源的主要污染物。其表达式为

$$N_{ij} = \frac{c_{ij}}{c_{oi}}$$

式中，N_{ij} 为第 j 个污染源中第 i 种污染物的等标污染指数；c_{ij} 为第 j 个污染源中第 i 种污染物的实测排放浓度；c_{oi} 为第 j 个污染源中第 i 种污染物的排放标准浓度。等标污染指数的数值越大，表明该污染物越重要。

（2）等标污染负荷。

污染物对环境的影响是由浓度和总量两者共同决定的。等标污染指数仅考虑了污染物浓度的影响，而没有考虑排放量的大小。为了描述排放量的影响，引入等标污染负荷的概念。

等标污染负荷是指某种污染物的绝对排放量与浓度排放标准的比值，其表达式为

$$P_{ij} = \frac{c_{ij}}{c_{oi}} \times Q_{ij}$$

式中，P_{ij} 为第 j 个污染源中的第 i 种污染物的等标污染负荷；c_{ij} 为第 j 个污染源中的第 i 种污染物的实测排放浓度；c_{oi} 为第 j 个污染源中的第 i 种污染物的排放标准浓度，评价时只

以之作为无量纲的标化系数；Q_{ij} 为第 j 个污染源中的第 i 种污染物的介质排放量。

若第 j 个污染源中有 n 种污染物参与评价，则该污染源的总等标污染负荷的表达式为

$$P_j = \sum_{i=1}^{n} P_{ij} = \sum_{i=1}^{n} \frac{c_{ij}}{c_{oi}} Q_{ij}$$

若某区域有 m 个污染源含有多种污染物，则第 i 种污染物在该区域的总等标污染负荷的表达式为

$$P_i = \sum_{j=1}^{m} P_{ij} = \sum_{j=1}^{m} \frac{c_{ij}}{c_{oi}} Q_{ij}$$

若该地区域有 n 种参评污染物，则全部参评污染物的总等标污染负荷的表达式为

$$P = \sum_{i=1}^{n} P_i = \sum_{j=1}^{m} P_j$$

（3）等标污染负荷比。

某种污染物的等标污染负荷 P_{ij} 占某污染源等标污染负荷 P_j 的比值，称为该污染物的等标污染负荷比 K_{ij}，其表达式为

$$K_{ij} = \frac{P_{ij}}{P_j} \times 100\%$$

等标污染负荷比值最大者，为污染源中最主要的污染物。

区域内第 i 种污染物的等标污染负荷 P_j 与区域总等标污染负荷 P 的比值，为第 i 种污染物的等标污染负荷比 K_i，其表达式为

$$K_i = \frac{P_i}{P} \times 100\%$$

等标污染负荷比值最大者，为区域内的最主要污染物。

某污染源的等标污染负荷 P_j 与区域总等标污染负荷 P 的比值为该污染源的等标污染负荷比 K_j，其表达式为

$$K_j = \frac{P_j}{P}$$

等标污染负荷比值最大者，为区域内最主要的污染源。

在编制区域环境规划时，确定区域内主要污染源和主要污染物是一件十分重要的工作。因为只有明确区域内的主要污染源和主要污染物，才能提出有针对性的区域环境质量状况改善对策和措施。应用等标污染指数、等标污染负荷和等标污染负荷比这三个污染源特征值确定主要污染源和主要污染物的程序如下。①确定评价范围。在评价工作的空间范围内，根据污染源调查的结果，确定参加评价的所有污染源及每个污染源排放污染物的种类。②计算等标污染负荷。对参加评价的所有污染源排放的所有污染物，逐个计算其等标污染负荷。③以污染源为单位计算等标污染负荷比。以污染源为单位，计算每个污染源各种污染物的等标污染负荷之和，这个和就是每个污染源的总等标污染负荷。然后再计算每个污染源的等标污染负荷占区域等标污染负荷的比值，这个比值为每个污染源的等标污染负荷比 K_j。按照调查区域内污染源的等标污染负荷比 K_j 排序，由大到小累计比值，将累计比值大于 80%的污染源列为该区域的主要污染源。④以污染物为单位计算等标污染负荷比。打破污染源界限，在区域范围内以每种污染物为单位，计算每种污染物的等标污染负荷的和，

这个和为区域范围内这种污染物的总等标污染负荷。然后计算每种污染物的等标污染负荷与区域总等标污染负荷的比值，即每种污染物的等标污染负荷比 K_i。按照调查区域内污染物的等标污染负荷比 K_i 排序，由大到小计算累计比值，将累计比值大于 80%的污染物列为该区域的主要污染物。

2）排毒系数

采用等标污染负荷法进行污染源评价时，可能会使一些毒性大、流量小、在环境中易于积累的污染物被忽略掉，排放这类污染物的污染源也可能会因为未被排入主要污染源而被忽略掉，这是等标污染负荷法的不足之处。然而实际上对这类污染物和污染源的控制又是必要的。所以还应作全面的考虑与分析，最后确定出主要污染物和主要污染源。排毒系数法就在一定程度上弥补了等标污染负荷法的不足。

排毒系数是表示污染源排放的各种污染物对人群潜在危害程度的一种相对指标。排毒系数的含义是：假设不考虑污染物进入环境后的稀释、扩散、迁移、转化等过程，并假设长期内每日排放的污染物数量全部被人们吸入或摄入时，可引起呈现慣性中毒效应的人数。污染物排毒系数的表达式为

$$F_i = \frac{m_i}{d_i}$$

式中，F_i 为排毒系数；m_i 为污染源第 i 种污染物排放量；d_i 为能导致一个人出现毒作用反应的该种污染物最小摄入量。

排毒系数 F_i 是一个能够反映污染排放水平的系数，其数值大小不受任何外部环境的影响，可以作为污染源评价的一个客观指标。

3）经济技术评价指数

影响污染源排放污染物多少的因素主要是资源利用率、企业管理水平、技术和设备条件先进程度等。在评价污染源时，如果采用一些可以反映上述因素的经济技术评价方法，将会有利于提高人们对污染源的认识水平。污染物排放量的大小取决于物料的单位产品消耗量，利用与之相关的经济技术指标，可以从物料利用率的角度反映污染源的潜在污染能力。污染源评价中常用的经济技术指标是消耗指数和流失量指数。

（1）消耗指数。

消耗指数是指生产单位产品所耗用的水量、能量、原材料量与定额消耗量的比，其表达式为

$$E_i = \frac{a_i}{a_{oi}}$$

式中，E_i 为某种产品的消耗指数；a_i 为某种产品的水量（或能量、原料）的单耗；a_{oi} 为某种产品的水量（或能量、原料）的定额消耗量。

（2）流失量指数。

流失量指数是指某一污染源的水量、能量和原材料的流失量与定额流失量之比，它反映的是生产技术、生产工艺和生产管理的总水平，其表达式为

$$L_i = \frac{q_i}{q_{oi}}$$

式中，L_i 为流失量指数；q_i 为水量（或能量、原材料）的日平均流失量；q_{oi} 为水量（或能量、原材料）的定额日平均流失量。

第四节　污染源的控制

污染源控制是指对污染物排放源或排放单位进行的污染物排放浓度和排放总量的控制。从城市或区域的角度而言，污染源控制的目的是在污染源调查、评价和污染控制综合防治规划的基础上，制定排放浓度和总量的标准，并运用技术、经济、法律及其他管理手段，对污染源进行监督和污染物排放量的管理。从污染源内部的角度而言，污染源控制的目的是根据污染物排放标准，采取改革工艺、闭路循环、加强管理、源内治理等措施，减少污染物排放总量。

污染物浓度控制是根据污染物排放的最高容许浓度标准值，来控制污染源排放污染物的管理方法。该方法实施简单，管理方便。浓度排放标准可以采用《污水综合排放标准》或有关行业的污染物排放标准，也可以采用由地方政府制订的地方排放标准中所规定的污染物最高容许排放浓度值。在污染物浓度控制实践中，由于没有体现环境受纳体质量要求，在单独使用时，无法排除污染源以稀释手段降低污染物排放浓度等严重缺陷。当污染源分布密集、污染物排放总量较大时，浓度控制不能有效控制污染。也就是说，该方法在技术经济上不能做到科学合理。然而在技术、人力条件限制下，它仍是一种常用的水质管理方法。

污染物总量控制是指在给定时期内，综合经济、技术、社会等条件，采取通过向排污源规定分配污染物允许排放量形式，将一定空间范围内排污源产生的污染物量控制在环境质量容许限度内而实行的一种污染源控制方式。它是针对污染物浓度控制中存在的缺陷，在污染源密集状况下无法保证环境质量的控制和改善而提出的。污染物总量控制是以环境治理标准为基础，考虑给定地区的自然特性，弄清污染物在环境中的扩散、迁移和转化规律与对环境污染物的净化规律，计算出区域范围内污染物容许排放总量，即环境容量。并综合分析该区域内的污染源，通过建立一定的数学模式，确定各个污染源分摊率，从而确定它们的容许排放量。由于总量控制方式是基于环境质量目标的，因而更符合自然生态系统内部运动变化的规律性，对污染的综合防治、协调经济与环境的可持续发展起着积极有效的作用。在具体管理工作中，总量控制与浓度控制往往配合使用。

污染源类型复杂多样，对不同类型的污染源就有不同的控制目标、控制指标和管理措施。此处主要讨论点污染源控制和面污染源控制的有关问题。

一、污染源控制的主要措施

（一）制定污染物排放标准

污染物排放标准是为实现环境质量标准或环境目标，对人为污染源排入环境的污染物的浓度或数量所作出的限量规定。标准经有关部门审批通过并颁布，即具有法律约束力。制定这种标准的目的是控制污染源的排放量。国家污染物排放标准适用于全国范围。如果执行国家标准不能实现地方环境目标时，或国家标准缺少某些特殊监测项目时，地方政府可制定地方污染物排放标准。凡有地方标准的地区，执行地方标准；地方标准未作规定的，仍执行国家标准。按污染物形态，排放标准可分为气态污染物排放标准、液态污染物排放标准、固态污染物排放标准、物理性污染物排放标准等；按标准适用范围，又可分为通用排放标准和行业排放标准等。

根据环境标准的要求，考虑到技术上可行和经济上合理，结合地区的环境特征，制定各种排放标准和指标，如污染物排放标准（或容许排放量）、单个设备排污控制指标、单位产量（或产值）排污控制指标、单位产量（或产值）用水量指标、燃料消耗指标、原材料消耗指标等。这些标准和指标一经国家有关部门批准公布，即成为污染源控制的法律依据。

（二）控制污染物排放量

按照有关标准控制污染源的排污量是改善环境质量的重要措施。20 世纪 60 年代中期前，美国、日本、德国等国家的做法是：通过调查确定污染源后加以监督，发现排放污染物超过标准的污染源，即对责任者实行经济制裁或法律制裁，以促使排污责任者削减排污量。中国在 20 世纪 70 年代也采取过类似措施，推动有关方面改革生产工艺，改造设备，改变原料，改变燃料构成，综合利用资源，减少或消除污染物。这种措施在一定阶段内可以起到控制污染、保护环境的作用。

采用这种单项污染源的控制措施，管理费用较大，控制标准也并不尽合理。近十几年来，一些国家逐步应用系统分析方法来解决环境问题。这样既能合理利用环境容量，又能用较少的资金和在较短的时间内定出各污染源的容许排污量。如中国在制定松花江水系水质标准过程中，就在建立第一松花江水质模型的基础上，应用计算机模拟和最优化方法定出了较合理的水质标准和各主要城市可生化降解的有机污染物的容许排放量，为松花江水系水质管理规划提供了科学依据。

二、点污染源的控制

（一）大气点污染源控制

大气点污染源控制是指为减少大气污染物的排放量，在污染源调查的基础上，运用技术的、经济的、法律的及其他管理手段和措施，对大气污染源进行的控制。主要措施包括改革工艺；合理利用能源，实施清洁能源战略；安装净化装置和加强管理等方面的措施。

1. 改革工艺

优先采用无污染或少污染工艺。无污染工艺是指在工业生产中，采用无毒或低毒原材料以取代有毒原材料，或采取新的生产技术和设备以消除或控制污染物的产生和排放的工艺。正在研究和采用的有下列几种：

（1）改革旧工艺，消除污染环节；

（2）资源能源的综合利用，建立“闭合循环”工艺；

（3）更新产品性质，消除污染源。

2. 合理利用能源，实施清洁能源战略

能源作为人类社会和经济发展的基本条件之一，历来为世界所瞩目。中国是世界上能源消耗最多的国家之一，也是世界上最大的燃煤消费国和二氧化碳排放大国之一。能源生产和消费是我国大气污染的主要来源。随着人们对环境与资源保护意识的提高，能源结构将会发生较大的改变。优质、高效、洁净的能源（如天然气、水能、风能、太阳能等）在 21 世纪将会有长足的发展。

合理利用能源，实施清洁能源战略，是大气污染源控制的一项重要举措。清洁能源战略包括常规能源的清洁利用、可再生能源与新能源的开发利用、各种节能技术的利用等。

1）常规能源的清洁利用

常规能源是指已经大规模生产和广泛利用的煤炭、石油、天然气、水能和电力等能源。目前我国各种常规能源在一次能源生产总量和能源消费总量中所占比重为：煤炭 75%，石油 17%，天然气 2%，一次电力（水、核电）6%。随着社会的进步，经济的发展，人们对环保问题日益重视，近年来能源的清洁利用技术不断得到发展和提高。中国能源以煤为主，传统的煤原料开发利用方式导致严重的煤烟型污染已成为中国大气污染的主要类型。因此，如何清洁利用煤炭是我国能源领域急需解决的问题之一。清洁利用煤炭的关键是大力采用洁净煤技术。洁净煤技术是指从煤炭开发利用的全过程中减少污染物排放与提高利用效率的加工、燃烧、转化及污染控制等新技术。主要包括煤炭洗选、加工（型煤、水煤浆）、转化（煤炭气化、液化）、先进发电技术（常压循环流化床、加压流化床、整体煤气联合循环）、烟气净化（除尘、脱硫、脱氮）等方面的内容。

2）可再生能源与新能源的开发利用

可再生能源与新能源包括太阳能、水能、风能、海洋能、生物质能、地热能、核能、氢能等，它们都属于低碳或非碳能源，对环境不产生或很少产生污染，是未来能源系统的重要组成部分。

3）节能技术的利用

节能是指采取技术上可行、经济上合理及环境和社会可接受的一切措施，高效地利用能源资源。节能并不等于降低生活水平，而是在引进更有效地生产和利用能源的新技术，以及在改善能源管理上，通过提高能源利用效率，降低需求而不对个人生活方面或国家的经济增长产生消极的影响。在许多情况下提高能源利用效率和节能是减少污染物排放的最有效方法。在多种污染防治技术中，节能是最经济的方法。

3. 安装净化装置

控制减少汽车尾气中污染物量和将汽车尾气中的有害成分转化为无害物质的净化措施包括机内净化和机外净化两个方面。机内净化如电子燃油喷射、废气再循环和曲轴箱强制通风等；机外净化主要是采用催化净化法，在汽车底盘上安装催化净化器。净化器与内燃机的排气系统连在一起，从内燃机排出的一氧化碳、碳氧化合物和氮氧化物等废气通过催化净化器的催化床，可转化为二氧化碳、氮和水。此外，改进发动机结构和使用无污染燃料也是控制汽车尾气污染的重要手段。

无污染燃料又称“清洁燃料”，是指燃烧时能产生高热值而不污染环境的燃料。天然燃料中只有少数地区的天然气属于这种燃料。对现有天然燃料进行无害化处理可以得到无污染燃料。如以煤为原料制成的脱硫煤气、水煤气、半水煤气等，以石油为原料制成的液化石油气、脱硫重油等，都是少灰、低硫的清洁燃料。

4. 加强管理方面的措施

包括加强大气污染监督，制定地方排放标准、合理的能源价格和分配政策等。

（二）水体点污染源控制

水体点污染源控制是指防止水体遭受污染，搞好水体污染管理的系列措施。例如，减少污染源排入水体的废水、废气和废渣，并降低其浓度；做好污染源的规划和布局；妥善处理城市生活污水和工业废水，杜绝任意排放；做好对水体及其污染源的检测、指导和管理等工作。将防、治、管三者有机结合起来，是进行水体污染源控制的科学途径。

水体点污染源控制主要包括减少废水及其污染物的产生量和排放量两个方面。

1. 减少废水及其污染物的产生量

1）改革生产工艺

改革生产工艺不仅是大气污染源控制的重要措施，也是水体污染源控制的主要途径之一。在工艺生产中要尽可能采用无污染工艺，以减少废水及其污染物的产生量。正在研究或已经采用的无污染工艺有下列几种。

（1）改革旧工艺，消除污染环节。

如采用电渗析法制碱、无氰电镀、干法印花布、酶法脱毛制革等新工艺，均能有效地消除污染环节，从而减少废水及其污染物的产生量。

（2）资源能源的综合利用。

在工业生产中，采用闭合循环工艺是综合利用资源的典型做法。闭合循环工艺是把两个或多个流程合并，组成一个闭合体系，使前面流程中产生的废水或副产品成为后面流程的原料，从而减少了废水及其污染物的产生量。

（3）更新产品性质，消除污染源。

采用先进的科学技术生产无污染的新型产品，例如，设计合成仿生农药以减少有毒农药污染；合成能为生物降解的新型塑料以解决日益增多的塑料垃圾污染问题；合成新型的容易生物降解的洗涤剂替代难以生物降解的烷基苯磺酸盐型洗涤剂等。更新产品性质以杜绝污染源的形成，将是未来的无污染工业设计的主要方向。

2）改进生产装置或设备

在工业生产过程中，要努力改进生产装置或设备，尽一切可能利用少污染或无污染的装置。无污染装置是指在生产过程中不排放或少排放污染物的装置或设备。主要分为两类：①不排放废水的装置。如用气冷装置替代水冷装置及使用无污染能源装置等。②在设计新装置时考虑防治污染的技术措施，把防治污染的附属装置作为新装置的组成部分。如在高温窑炉上安装热交换器，既可消除热污染，又可利用废热；又如，在钢铁酸洗装置中增添废盐酸再生装置可降低新盐酸的消耗、回收铁和消除酸性废水的污染；也可以用改变原装置的材质和结构等方法减少或消除污染，如设计制造无汞压力计和温度计等以消除旧式仪器所带来的汞污染。

2. 减少废水及其污染物的排放量

1）提高水的重复利用率

水的重复利用率是指重复利用的水量与同一时期总用水量的比值。显然，重复利用水量（包括间接冷却水循环量、工艺水回用量、锅炉回用水量和厂内生活用水的重复用水量等）是总用水量的一部分。重复利用率越高，说明水的利用效率越高，越能节约更多的总用水量。提高水的重复利用率，能明显减少废水的排放量，同时也减少了污染物的排放量。

2）回收废水中的有用物质

工业废水包括工艺过程排水、机械设备冷却水、设备和场地洗涤水等。工艺废水与原材料接触，常会含有原材料中的某些有用物质或具有危害性的物质。如能提取回收利用这些物质，则可变废为宝，减少废水污染物的排放量。例如，原来危害严重的电镀工业，经过技术革新，采用无氰电镀和镀液废水循环回收利用技术后，可以不排放含有害物质的废水。

3）加强城市污水的综合治理

建立污水处理厂，利用各种处理单元组合成的污水处理系统，对城市污水进行净化处理，能有效地减少污染物的排放量。

三、面污染源控制

面污染源又称非点污染源，污染物排放一般分散在一个较大的区域范围，通常表现为无组织性。面污染源主要指雨水的地表径流、含有农药化肥的农田排水、畜禽养殖废水及水土流失等。农村中分散排放的生活污水及乡镇企业废水，由于其进入水体的方式往往是无组织的，通常也列入面污染源。

此外，大气中含有的污染物随降雨进入地表水体，也可以归入面污染源。例如，酸雨降低了水体中的 pH，影响幼鱼和其他水生动物种群的生存，并可使幸存的成年鱼类丧失生殖能力。

由于面污染源量大、面广、情况复杂，故对其控制要比点污染源困难得多。由于点污染源得到有效的控制，面污染源在水环境污染中所占的比重在不断增加。据调查，损害美国地表水的污染源中，面源所做的贡献已分别达到 65%（河流）和 75%（湖泊）。

（一）农村面污染源控制

农业生产活动中的农药、化肥、农膜等生产资料的投入和禽畜产生的粪便及其他排泄物等均能造成严重的环境污染。目前，我国的农村污染防治体系尚不健全，相关法律法规、管理标准体系、监控体系、治理技术体系等仍需完善。农村面源污染分布广泛，对污染源、污染物排放量不能准确测量，追究污染责任也就难以确认。因此，有必要借鉴发达国家防治农村面源污染的宝贵经验，为农村面污染源控制提供有效的途径。

1. 建立健全农村面污染源控制的法律法规

对于农村面污染源来说，最好的控制是污染的预防，建立健全预防污染、控制污染的法律法规显得尤为重要。遵循“谁污染，谁治理”“责任终身制”的原则，基于污染贡献来源（农药、化肥、生活污水及小而分散的乡镇企业的排污等）、污染现状调查、环境风险评估等方法确立相关法律法规。同时对于造成面源污染的化肥、农药、农膜、畜禽粪便、秸秆等污染物制定相关的法规，应规定使用量和排放量，减弱污染的强度，使农村面污染源得到有效的控制。

环境是非常重要的公共资源，如何利用环境对当代人和子孙后代的福利都有很大的影响。因此，公众有权参与对环境管理和环境状况产生影响的决策，并有权为公共利益提起法律诉讼。

2. 农村面污染源控制技术

1）农药减量化与残留控制技术

目前，中国农药减量化与残留控制技术难点在于技术度低、集成不高、配套性低和展示度差等。当前在发达国家，化学农药防治逐渐转向非化学防治技术或低污染的化学防治技术发展。可选用高效、低毒的丙溴磷、三唑磷、井冈霉素、噻嗪酮等药剂替代效率低、毒性高的农药。

在农药残留生物降解方面，各种可降解农药的微生物菌株得到相当发展，加上分子生物学及基因工程的发展，将会有效地解决农药残留生物降解的问题。

2）化肥减量化技术

据有关资料，我国化肥的利用率平均仅有30%左右，营养元素大部分流失于环境中，不仅浪费资源也污染了环境。因此，根据因地制宜原则采用减量施肥技术具有重要意义。化肥减量技术主要有种植制度优化技术、缓控释等新型肥料技术、施加土壤改良剂控制氮磷流失、氮肥运筹优化技术等。实践证明，通过合理调整化肥用量、比例等，可有效地协调农业效益和环境效益。

3）畜禽粪便资源化

农业面源污染的重要来源之一是畜禽粪便，在经济发达地区和水环境敏感地区畜禽粪便污染问题尤为突出。畜禽粪便是传统的农家肥，固体部分经发酵后成为优质有机肥，再进行还田以实现循环利用；液体部分目前主要处理方式是厌氧发酵、直接净化、与秸秆或生活垃圾等进行联合发酵，实现禽畜粪便的沼气化利用。另一个资源化利用方式是在畜禽粪便中养殖腐生动物（如蚯蚓），使其把有机物转化为无机物。通过发酵、养殖腐生动物处理过的粪便能够被再次利用，从而提高了资源的利用效率。

4）生活垃圾处理技术

垃圾分类是生活垃圾的科学处理方式，通过分类处置实现了垃圾的减量化、资源化和无害化。美国、日本等许多发达国家在生活垃圾科学处理方面积累了丰富的经验，这些经验值得我们借鉴。

5）农作物秸秆处理技术

秸秆还田是农作物秸秆处理的主要方式。此外，秸秆初步处理后用作生物质发电、建材等也是重要的利用途径。

6）乡镇企业废水及村镇生活污水治理技术

对农村生活污水的处理，国内外已有不少研究成果。如人工湿地污水处理系统、蚯蚓生态滤池处理系统、稳定塘处理系统、生物膜处理技术等近年来在国外发展迅速，我国可以参考国外经验并结合国内实际情况，运用合理的治理技术。

7）污染物质的生态拦截技术

通过建立生物（生态）拦截系统，在面源污染物质随降雨径流进入水体前，阻断径流水中的氮、磷等进入水环境。如加拿大广泛应用的草地树木过滤带系统、国内学者提出的生态拦截型沟渠系统等，都是对农田中的污染物进行立体式吸收和拦截，从而实现了对污染源的控制。

8）减少土壤侵蚀

富含有机质的土壤持水性能好，不易发生水土流失，因此减少土壤侵蚀的关键是改善土壤肥力。具体措施包括调整化肥品种结构，科学合理施肥，增加堆肥、粪便等有机肥的施用，实行作物轮作，减少土壤肥力的消耗等。此外，研究表明，中等坡度土地的等高耕作（沿自然等高线耕作）较之直行耕作可减少50%以上土壤流失，所以应重视施行土地的等高耕作制度。为了解决重度土壤侵蚀区（如大于25°的坡地）水土流失的问题，根本的办法是将土地从农业耕作中解放出来，实行退耕还林、退耕还草、退耕还湿（湿地）等。

此外，大力发展节水农业也是农村面污染源控制的重要途径。农业是全球最大的用水部门，农业节水不仅可以减少对水资源的占用，而且“节水即节污”，从而减少农田排水，也就减少了对水环境的污染。

（二）城市面污染源控制

近年来，随着我国城市化进程的不断加快，城市面源污染问题已经成为人们广泛关注的环境问题。长期以来，点源污染被认为是造成水污染的主要原因，我国耗费了大量资金，采用各种技术以减少污水排放，取得了一定效益。然而，单纯控制点污染源，仍然不能保障水环境质量的根本改善，大量的面源污染物分散地进入水体。城市面源污染是指在降水条件下，雨水和径流冲刷城市地面，使溶解的或固体污染物从非特定的地点汇入受纳水体而引起的水体污染。城市暴雨径流中包含有大量的污染物，使得其初期径流产生的污染负荷远高于城市生活污水，由面源引起的水环境污染已成为当前城市水环境综合治理中亟待解决的主要问题之一。

城市面源污染控制措施中以美国的暴雨最佳管理措施（BMP）最为系统和全面，应用也最为广泛，许多国家都对其进行了借鉴和改进。BMP 是一种技术、方法和工程性的控制措施，主要用于暴雨径流的水质和水量管理。

1999 年美国环保局对 BMP 给出了如下定义："为预防和减少全国水体污染而采取的行动计划、预防措施、维护手段及其他的管理措施"。BMP 包括非工程措施和工程措施两类，其中非工程措施包括制度、教育和污染物预防措施，不包含固定的和永久性的设施。在许多案例中，非工程措施经常从源头上就减少了污染物的使用、产生和积累，因而也被称为源控制措施，具体方法有法律制度、环保教育、无害化农药、路面清扫、不透水面分割等。工程性措施是通过工程设施或工程手段来控制和减少暴雨径流的排放量，以及减少污染物在径流中的浓度和总量，它主要是在径流的流动过程中采取某种措施，故也被称为径流控制措施。

1. 非工程控制措施

1）加强城市环境管理

城市环境的管理包括城市建设项目施工过程的环境管理、城市垃圾的处理、城市运输车辆的管理等。加强城市环境的管理可从根本上降低地表径流中污染物的含量，尤其是要加强城市垃圾的处理。城市是人口的集中居住地，人口密度非常高，会产生大量的生活垃圾。科学合理地处理城市垃圾对于减少和控制城市非点源污染物是十分重要的。

2）清扫地面道路

长期以来，路面清扫一直被认为是控制径流污染的有效方法。传统机械街道清扫器的效率约为 50%左右。随着城市的发展，路面灰尘的平均粒径逐渐减小，传统清扫器械的效率也在急速下降，最多仅能去除 30%的污染物。这是因为路面清扫仅对于颗粒较大的颗粒物有较好的去除效果，而对于较小的颗粒物则难于去除。要努力改进清扫机械，使用更科学的清扫方式，最大可能地减少路面污染物质。

3）抑制除冰剂、杀虫剂等的使用

在冬季为了创造良好的交通条件，常常使用除冰剂加速路面冰雪的融化。常用的除冰剂有 NaCl 等盐类和沙砾等研磨物，盐类除冰剂使用效果优于研磨粉。盐类除冰剂的大量使用，又产生了严重的地表水环境问题。除冰盐加剧了路面和轮胎的磨损，形成了更多的颗粒物质，使径流水中铝离子含量大大增加。

2. 工程措施

目前在城市面源污染控制中应用较广泛的工程措施有植被过滤带、滞留/持留系统、人工湿地、渗透系统、过滤系统等，这些工程技术在应用中都取得了良好的除污效果。

1）建立植被过滤带

植被过滤带主要控制以薄层水流形式存在的地表径流，它既可输送径流，也可对径流中的污染物进行处理。从不透水面（如屋顶、停车场、加油站、道路等）产生的小流量径流流经植被过滤带时，经植被过滤、颗粒物沉积、可溶物入渗及土壤颗粒吸附后，不仅流量得到大幅削减，而且径流中的污染物也得到部分去除。

植被过滤带是非常简单、有效的暴雨径流治理措施，但其对污染物的去除机理却很复杂。对颗粒物及吸附于其表面的污染物（重金属、磷等）的去除，主要是通过渗透、过滤和沉积等物理过程实现的；反硝化、生物累积和土壤交换则是去除氮的主要途径。污染物在过滤带中的去除过程涉及水力学、物理、化学、生物等作用，并与场地条件（如土壤、填料、入渗率等）密切相关。目前国内外已经建立了一些植被过滤带模型，为植被过滤带的使用效率预测和功能评价提供了良好的科学依据。

在植被过滤带中草是最常用的植物，与灌木、树等其他植物相比，草具有较高的除污效率。草的种类、密度及叶片的尺寸、形状、柔韧性、结构等都会影响污染物的去除效果。

植被控制不仅可以降低径流速度，过滤沉积物，还可以提高土壤的抗蚀能力，削弱径流对土壤的侵蚀作用。

2）建设滞留/持留系统

滞留和持留系统包括蓄水池塘、地下水池、涵管、储水罐及人工湿地等。滞留系统只用于径流流量的控制，而持留系统则对流量和水质都能加以控制。

滞留系统在暴雨间歇期进行排空操作，以利于下次暴雨时最大限度地存储雨水径流；暴雨结束后，再将存储的雨水排入下游水体或雨水处理设施。滞流系统对雨水径流中的颗粒物具有一定的去除效果，但大部分沉积的颗粒物会在下次暴雨中发生再次悬浮，所以该系统更适于对径流流量的调控。它可以降低河道下游流量峰值，起到保护河道的作用。

持留系统储存的雨水径流在暴雨间歇期不进行排空，其永久水面的存在提高了水生植物和微生物的除污效率，避免了沉积颗粒物的再次悬浮。另外，持留系统中的植物对重金属和营养物的吸收、有机物挥发、基质入渗等作用都强化了系统对污染物的去除效果。

滞留/持留系统在城市面源污染控制中应用最广泛的是地下储水设施和蓄水池塘，前者一般用在土地紧张或含重污染径流的区域（如繁华商业区、加油站、停车场等），该设施一般修建费用较高，清理维护相对困难；而蓄水池塘不仅具有控制径流的作用，还有娱乐、景观、教育、动物栖息地等多重价值，因而在土地资源充足的区域得到较广泛的应用。

蓄水池塘主要是通过沉积作用去除径流中的颗粒物。观测表明，蓄水池塘对颗粒物有很高的去除效率。S.R.Greb 等监测了某蓄水池塘的进、出水水质，结果表明蓄水池塘可去除城市地表径流污染物中约 87%的总悬浮颗粒物（TSP）。人们对另一个蓄水池塘沉积物的研究发现，其沉积速率高达 0.02m/a，沉积物中含有大量 Cr、Cu 和 Pb 等重金属。这是由于大量的重金属被吸附在颗粒物上，并随颗粒物的沉积而被去除，大大降低了重金属对环境的危害。

人工湿地是一种高效的控制城市径流污染的措施。它能有效地减少径流，有良好的去除污染物的能力。人工湿地去除污染物的机理有沉淀、截留、生物吸附等，不仅可以去除颗粒悬浮物，还可以去除可溶性污染物。研究证明，城市径流在湿地中停留 24h，湿地对悬浮物及其上面的污染物的去除效率可以达到 90%；如果停留 72h，去除效率可以达到 95%。

在美国的佛罗里达州，已经建立了许多处理城市径流污染的人工湿地。一般情况下，人工湿地对于城市径流产生的生化需氧量（BOD）、总悬浮固体物及总氮的去除效果明显，去除效率可达 60%～85%。人工湿地是一项复杂的系统工程，不同的地理位置、气候、水流等因素均会影响污染物的去除效率，在建设人工湿地过程中应当充分考虑这些因素的影响。

3）建设渗透系统和过滤系统

（1）渗透系统。

渗透系统在暴雨期间可存储部分流量的径流，并在暴雨期间和暴雨过后使其逐渐渗入地下，系统在径流就地处理方面具有突出的优势。渗透系统可对径流进行水质和水量的控制，既削弱了下游洪峰流量，又降低了下游径流中的污染物含量。另外渗透系统还能对地下水进行补给，维持附近河流的基流流量。

渗透系统通常包括渗坑、渗渠、多孔路面等。

渗坑在高速公路、道路和停车场等地表径流污染严重的地区使用较多。也可将渗坑设计成公园或运动场地，成为居民的休闲娱乐场所，提高该技术的社会效益和居民的接纳程度。

渗渠是人工挖掘的狭长沟渠，用滤料做衬底，再填入碎石以存储径流和促进入渗，进入渗渠的径流通过渠道的底部和侧面缓慢入渗到亚层土壤中。渗渠通常埋于地下，地表可以植草加以美化。由于渗渠的容积有限，故主要处理高频率小流量的暴雨径流及不透水地表的初期径流。渗渠对径流的水量削减较少，在实际应用中可以将渗坑和渗渠组合使用，以达到水量和水质的双重控制目的。德国的研究表明，将渗坑和渗渠组合使用后，最后的出水水质能达到饮用水标准，取得了极佳的处理效果。

多孔路面是为了减少城市路面径流水量、提高径流水质而特别设计的路面，它的透水能力比渗坑和渗渠小，使用范围也有限。有关研究人员在人行道、街道、停车场的 4 条透水路面进行了长达 6 年的检测，结果表明透水路面持久耐用，对重金属、有机物具有十分显著的去除效果；使用 6 年后 4 条道路都没有明显的磨损，所有的降水都入渗到路面下，地表几乎没有径流出现，且路面下渗滤水中的铜、锌含量比沥青路面径流低得多。在沥青路面 89%的雨水径流样品中检测到了机油，而在透水路面的渗滤水中却未检测到机油的存在，同时也未检测到铅和柴油。最近的研究表明，多孔路面不仅对重金属和有毒有机物具有很高的去除效率，而且对氮、磷等湖泊富营养化物质也有很好的处理效果。有研究表明，多孔路面最高可以去除 92%的碳氢化合物和 85%的悬浮物。

（2）过滤系统。

过滤系统一般以砂粒、碎石、卵石或它们的混合物为过滤介质，还可以根据场地条件、材料价格、出水要求等灵活选用其他材料如木屑、堆肥后的碎叶、矿渣等作为过滤介质。过滤系统主要进行径流水质的控制，去除径流中的大颗粒物，因而与其他水量控制措施组合使用会有更好的效果。在使用中，可以在系统前加滞留塘或对径流进行预处理，以减少大颗粒物对过滤介质的堵塞。

过滤系统通常包含表层砂滤器和地下砂滤器两种类型。过滤系统也可以是多室的，前面的室主要用于沉降大颗粒物和短时间滞留径流，后面的室则主要处理细小的颗粒物和其他污染物。Isensee 等在实验室用填充了土壤介质的过滤系统处理不同模拟强度的降雨，结果表明该系统对有机物和病菌都有很好的去除效果。

中国的城市面污染源研究开始于 20 世纪 80 年代，从北京开始，然后在上海、苏州、杭州、深圳、武汉等城市相继进行。这些研究主要是调查城区面污染源的宏观性质和基于国外模型的污染负荷研究，研究成果为制定城市面污染源控制措施提供了科学依据。

2012 年 4 月，在“2012 低碳城市与区域发展科技论坛”中，研究人员首次提出了“海绵城市”的概念。海绵城市是一个新一代城市雨洪管理概念，是指城市在适应环境变化和应对雨水带来的自然灾害等方面具有很好的“弹性”，也可称为“水弹性城市”。国际通用术语为“低影响开发雨水系统构建”。下雨时吸水、蓄水、渗水、净水，需要时将蓄存的水“释放”并加以利用。海绵城市的建设理念、配套设施等均适应于城市面污染源控制。

复习思考题

1. 举例说明什么是天然污染源，什么是人为污染源。
2. 按人类社会活动的不同，污染源可分为哪几种类型？
3. 按污染的主要对象和对环境要素的影响，污染源可分为哪几种类型？
4. 试举例比较点污染源与面污染源的特征差异。
5. 简述污染源调查的目的和任务。
6. 工业污染调查工作包括哪些内容？
7. 什么是污染源评价？污染源评价的目的是什么？
8. 试述用等标污染负荷法进行污染源评价的方法步骤。
9. 什么是排毒系数？为什么要用排毒系数进行污染源评价？
10. 什么是污染物浓度控制？什么是污染物总量控制？
11. 综述大气点污染源控制措施。
12. 综述城市面污染源控制措施。

第四章　大气污染及其控制

第一节　大气污染的概念与危害

一、大气污染的概念与特征

（一）大气污染的概念与类型

大气污染是指大气环境中人类活动和自然过程引起某些物质进入大气中的浓度达到危害人体舒适、健康和福利或危害环境的现象。换言之，大气污染即大气中污染物质的浓度达到有害程度，以致破坏生态系统和人类正常生存和发展条件，对人和物形成危害的现象。形成大气污染的原因主要有自然因素和人为因素两大类，其中前者主要有火山爆发、森林火灾、土壤和岩石风化、海啸等自然现象，后者主要是指人类的各项生产活动和生活活动。大气污染形成的必要条件是大气中污染物达到足够的浓度，并在此浓度下对受体影响足够长的时间。由自然过程所形成的大气污染多为暂时的和局部的，一般依靠大气的自净能力经过一段时间后可自动消除；由人为因素所造成的大气污染则是持久连续的，是形成大气环境影响的主要根源。

按照不同的依据，可将大气污染划分为不同的类型。按照大气污染的范围，通常将大气污染划分为三种类型。①局地性大气污染，指较小空间范围的大气污染，如一个厂区或一个城市范围内的大气污染，可以通过污染范围内的控制措施加以解决。②区域性大气污染，指跨越城市乃至国家行政边界的大气污染。此类大气污染所形成的通常是范围较大的大气环境问题，需要通过波及的数个行政单元间相互协作才能解决，如酸雨、沙尘暴、雾霾、大气棕色云等。③全球性大气污染，指跨国界乃至波及整个地球大气层的大气环境问题，如温室效应、臭氧空洞、全球变暖等，需要世界各国的通力合作才能够得到解决。

（二）大气污染的特征

1. 污染影响范围广

由于大气属流体，并不受地域的限制，可以在有利的条件下，形成自发的运动，使污染物扩散。虽然可以适当降低污染物的持续浓度，但是在污染物浓度过大、污染源排量持续时，也同样使污染物影响的范围加大，而且影响持续。空气的扩散广泛，导致大气污染对整个城市或区域的居民生活都造成了不利影响，近期我国大多数城市的雾霾天气就是工业发展和城市化推进的一个附属产品。污染扩散范围广，也加剧了大气污染治理的难度。

2. 污染物种类多

随着社会经济的发展，城市化进程的逐渐加快，大气污染源逐渐增加，不仅工业生产、居民生活等产生大量污染物，而且多种交通工具的混合使用一定程度加剧了大气污染。污染物种类多，涉及气态、固态等多种形态及无机物或有机物多种化学成分；甚至有些污染物排放至大气中，在大气环境中相互作用或多次作用，反应生成成分更复杂、毒性更强的新生成物。

3. 污染治理困难

大气污染治理工作十分复杂，不仅需要相应专业的治理措施，还需要相对完善的预防措施。当前我国多数城市都存在大气污染的环境问题，随着科学发展观的实践和经济发展方式的转变，建设环境友好型社会是工作的重点。但国家经济发展的转型是个漫长过程，一些工业城市兴起和发展都需要大量的工业生产作为经济支撑，这些工业型城市的大气污染治理尤为困难；加之如果人们的环保意识较差，生活中缺乏环保意识和行为，在一定程度上也会增加大气污染的治理和管理难度。

二、大气污染的影响和危害

大气污染源和污染因子的存在，导致不同尺度和范围上的大气污染现象存在，可对自然环境和地球上的生命体产生多方面的影响和危害。

（一）对人体的影响和危害

大气污染物侵入人体后，会对人体健康产生直接的或间接的影响，如引起人的感官和生理机能的不适，导致亚临床和病理的改变，出现临床体征或存在潜在遗传效应，发生急性、慢性中毒或死亡等。

大气污染物可通过呼吸道、口腔和体表皮肤侵入人体，其中呼吸道接触是大气污染物侵入人体最主要的途径。大气污染对人体健康的影响取决于吸入气体中所含有毒、有害物质的种类、性质、浓度、持续时间和人体对污染物的敏感性。例如，飘尘对人体的危害作用，取决于飘尘的粒径、硬度、溶解度、化学成分，以及吸附在尘粒表面上的各种有害气体和微生物等的种类和性质。有害气体在化学性质、毒性和水溶性等方面的差异，也会造成危害程度的差异。另外，呼吸道各部分的结构不同，对毒物的阻留和吸收也不尽相同。一般说来，大气污染物进入呼吸道内部越深、面积越大、停留时间就越长，人体吸收的污染物量也就越大。成年人肺泡总面积为 55～70m^2，其上布满毛细血管，侵入人体的毒物能很快被肺泡吸收并由血液送至全身，不经过肝脏的转化就发生毒性作用，所以毒物由呼吸道进入人的机体的危害最大。

人的呼吸道如果接触到 SO_2、硫酸雾、Cl_2、O_3、烟尘等刺激性大气污染物，它们可直接刺激呼吸道，引起支气管的反射性收缩、痉挛、咳嗽、喷嚏和气道阻力增加等病理现象，诱发慢性呼吸道疾病，严重时可引起肺水肿和肺心性疾病。某些城市及工厂附近的大气中，含有具有累积性的重金属、类金属和无机物，如镉（Cd）、铍（Be）、锑（Sb）、铅（Pb）、镍（Ni）、锰（Mn）、汞（Hg）、砷（As）、氟化物、石棉、有机氯杀虫剂等，是一类具有潜在危害的大气污染物。虽然它们在大气中的浓度很低，人的机体与之接触后不一定会立刻引起病症，但长期接触此类化学物质，就可在人的机体内逐渐蓄积，当累积到一定数量后，就会引起病变。放射性物质是对人体健康危害较大的大气污染物之一，主要来自核爆炸和核泄漏形成的微小放射性灰尘，能在大气中悬浮存在多年。放射性矿物的开采、加工、生产和应用，也可造成空气的放射性污染。放射性大气污染物主要是半衰期较长的放射性元素，如铀（U）的裂变产物，其中重要的是锶-90（^{90}Sr）和铯-137（^{137}Cs）。放射性元素可在体外对机体形成外辐射作用，亦可通过呼吸道进入机体形成内辐射作用。长时间超过允许范围的小剂量外照射或内照射，可引起慢性放射病或皮肤慢性损伤，严重时可引起癌变、不育和遗传的变化或早死等。由空气传播的生物性大气污染物是一种空气变应原，主要有花粉、一些霉菌孢子和病原微生物。其中前两者可引起人体的过敏反应，诱发鼻炎、气喘、过敏性肺部病变；后者如结核杆菌、炭疽杆菌、化脓性球菌等，能附着于尘粒，随空气传播，诱发传染病的发生。

（二）对植物的影响和危害

植物易受大气污染影响和危害，是因为植物有庞大的叶面组织，与空气直接接触并一直进行活跃的气体交换；没有高等动物那样的循环系统来缓冲外界影响，为细胞提供较稳定的内环境，外部影响会直接快速到达内部；植物根系深扎于土壤之中，生长过程中一般不可移动，不能自主地避开污染物或污染源。因此，当大气污染物浓度超过植物的生理忍耐限度时，会使植物的细胞和组织器官受到伤害，生理功能和生长发育受阻，产量下降，品质变坏，群落组成发生改变，甚至造成植物个体死亡，直至种群消失。

大气污染对植物的危害有可见性伤害和不可见性伤害两类。可见性伤害是由于植物茎叶吸收较高浓度的污染物或长期暴露于被污染的大气环境中而出现的可以看到的受害现象，有急性型、慢性型和混合型 3 种类型。其中，急性伤害是指在污染物浓度很高的情况下短时间内造成的危害，如叶片出现伤斑、脱落甚至整株死亡；慢性伤害是指低浓度污染物长时间作用对植物造成的危害，如叶片褪绿、生长发育受影响等；混合型伤害是介于急性伤害和慢性伤害之间的受害症状，一般是叶片出现黄白化症状，污染消除后虽可恢复青绿，但会造成普遍减产。不可见伤害是由于植物吸收低浓度污染物而使生理、生化方面受到不良影响，虽然叶片表现不呈明显的受害症状，但会造成植物不同程度的减产，或影响产品的质量。

大气污染物中的 SO_2、氟化物、氧化剂和乙烯等对植物影响和危害尤为明显。硫是植物必需的元素，但若 SO_2 浓度超过伤害阈值，则会对植物造成伤害，植物叶片显现出不规则的点状、条状或块状坏死。氟化物在植物体内积累到一定量，会引起植物组织坏死，导致植物失绿和过早落叶现象，生长受抑，进而引起食用氟污染植物叶片的动物的生物中毒，如关节肿大、骨质变松、蹄甲变长、卧栏不起等，甚至死亡。氧化剂对植物形成伤害的典型症状是导致植物叶片出现密集细小的斑点、失绿斑点或褪色，甚至呈现褐色、黑色、红色或紫色状。乙烯污染会干扰植物正常调控机制，引起发育异常或异常反应，并对生态系统产生深远影响。

（三）对器物和材料的影响和损害

大气污染对金属、皮革、橡胶、油漆等制品和建筑物、雕塑、石刻等可形成严重的黏污性损害和化学性损害，其中黏污性损害主要由粉尘、烟等颗粒物造成，化学性损害主要是对各类器物或材料的腐蚀损坏。

在各种腐蚀性大气污染物中，SO_2 对金属的腐蚀危害最大，并随气温和湿度的增大而显著加重。含硫物质和 H_2SO_4 可对石灰石、大理石、花岗岩、水泥砂浆等多种建筑材料建造的建筑物、户外雕塑石刻和文物形成腐蚀损坏，SO_2 和 H_2SO_4 气溶胶均可加速尼龙织物管道的老化。光化学氧化剂中的臭氧可降低橡胶制品的绝缘性能，迅速脆裂老化，缩短其实用寿命；侵蚀纺织品的纤维素，使其强度减弱。所有氧化剂都可使纺织品发生不同程度的褪色。

（四）对天气和气候的影响

源于煤、石油等化石燃烧和动物呼吸的大气污染物 SO_x、NO_x、CO_2 和 C_xH_x，对天气和气候的影响巨大，其中全球变暖和臭氧空洞已经成为全球性的气候问题。人为过多的 CO_2 排放破坏了自然界 CO_2 的平衡关系，由其形成的“温室效应”导致了全球性的气候变化。大气颗粒污染物数量和种类的增加，直接导致大气透明度降低，同时增加了雾霾天气出现的频率，并且水汽凝聚核的增加导致部分地区降水量增多而加大了洪涝灾害的发生频率。此外，在大气颗粒物显著较多的城市地区，在不同的气候类型背景下，气候表现出显著的个性化，形成了多种表现形式的城市气候岛效应，如城市热岛效应、城市干岛效应、城市湿岛效应、城市雨岛效应和城市浑浊岛效应等。城市热岛效应改变了大气原有的温度结构，形成城市特有的局地环流状况和较乱的风向，进而导致城市干岛效应的形成。城市混浊岛效应的表现是城市空气环境质量恶化，霾、光化学现象多发等。

第二节　大气污染源与大气污染物

一、大气污染源

大气污染源是指可引起大气污染的污染物发生源。大气污染源的种类很多，按照不同的依据，可对其作不同的类型划分。

按照污染源的性质，可将大气污染源划分为天然源和人为源二类。天然源是指自然界自行向大气环境排放污染物的自然现象和自然场所，如火山喷发、滑坡、泥石流、土壤侵蚀、土壤裸露地表、放射性物质矿区等。人为源是指人类的生产和生活活动形成的污染源，如工矿企业生产、燃油交通工具使用、废物焚烧等。

按照污染物排放的高度，可将大气污染源划分为高架源和地面源二类。高架源是指在距离地面一定高度上排放污染物的大气污染源，如烟囱等。地面源是指在地面上排放污染物的大气污染源，大气污染源多属此类。

按照污染物发生的类型，可将大气污染可分为工业污染源、生活污染源、农业污染源和交通污染源四种类型。工业污染源是指由工业生产过程及其设施形成的大气污染源，如化工厂、热电厂、石油炼制厂、水泥厂、造纸厂等。由于生产工艺、流程、原材料及操作管理的不同，各种工业污染源排放的污染物的种类、浓度、危害程度等有很大差异。生活污染源是指由人类社会活动及所用设施形成的大气污染源，如烹饪、取暖过程及使用的灶具、锅炉等。农业污染源是指由农业生产过程及其相关行为和生产资料形成的大气污染源。农业机械运行产生的尾气排放、化肥和农药使用产生的散逸及此类物质在土壤中经分解形成的有毒、有害、恶臭气体的排放，均可构成大气污染源。此外，农业秸秆焚烧、畜禽养殖、稻田释放甲烷等也可形成大气污染。交通污染源是指由各种燃烧化石燃料的交通工具形成的大气污染。交通工具多以燃油为主，燃油的燃烧所排放的 C_xH_x、CO、NO_x、含铅污染物、苯并芘等均构成了大气污染物。

此外，按照污染源存在的形式，可将大气污染源划分为固定源和移动源两种类型。按照污染物排放的时间连续性特征，可将大气污染源划分为连续源、间断源和瞬时源三种类型。按照污染物排放的形式，可将大气污染原划分为点源、线源和面源三种类型。

二、大气污染物

由污染源排入大气中的污染物种类有很多，依据污染物的形成过程可将其划分为一次污染物和二次污染物，依据污染物存在的形态可将其划分为颗粒污染物和气态污染物，按照污染物与能源的关系可将其划分为煤炭型污染物、石油型污染物、混合型污染物和特殊型污染物，它们对人类和环境的危害亦有区别。

（一）颗粒污染物

空气中分散的固态物质或液态物质统称为微粒，粒径为 0.0002～500μm。颗粒污染物又称气溶胶状态污染物，进入大气的固体粒子和液体粒子均属于颗粒污染物。按照粒径的大小，可将颗粒污染物划分为粉尘、烟、飞灰、黑烟、雾等，其总量称为总悬浮颗粒物。颗粒污染物有天然来源和人为来源两种，其中前者主要有地面扬尘、火山爆发灰、地震灰、森林火灾灰、海浪浪沫、海盐粒、陨星尘、植物花粉、植物孢子等，后者主要有生产、建筑、运输、燃料燃烧等过程中产生的固态和液态颗粒物等。

粉尘是指分散悬浮于气体介质中的细小固体颗粒，粒径为 1～200μm，受重力作用可发生沉降，在一段时间内可保持悬浮状态。粉尘几乎到处可见，通常产生于固体物料的运输、破碎、筛分、碾磨、加料和装卸等机械处理过程，也可产生于有机物质的不完全燃烧和土壤、岩石的风化和侵蚀、植物花粉和孢子的飘散等自然过程。烟一般是指悬浮于大气中的固体颗粒气溶胶，是熔融物质挥发后形成的气态物质的冷凝物，粒径为 0.01～1μm。气溶胶又称气体分散体系，是固态和液态质点分散悬浮于气体介质中所形成的胶状分散微粒。烟的产生是一种普遍现象，冶金、燃料燃烧、金属焊接等过程均可形成。黑烟一般是指由燃料燃烧而产生的能见气溶胶，粒径小于 10μm。雾是气体中悬浮液滴的总称，气象学中所称谓的雾是指造成能见度小于 1lm 的小水滴悬浮体。

总悬浮颗粒物是上述颗粒物中粒径小于 100μm 的所有固态粒子的总称，是大气环境质量评价中常用的重要指标。其中，粒径大于 10μm 的粒子在重力作用下短时间内即可沉降至地面，故统称为降尘；粒径小于 10μm 的粒子能够较长时间漂浮于大气之中，故统称为飘尘，记为 PM_{10}。飘尘可通过呼吸过程进入人体呼吸道，故又称为可吸入颗粒物。飘尘之中，粒径小于 2.5μm 的粒子记为 $PM_{2.5}$，可以轻易进入人体的肺部，故又称为可入肺颗粒物。因此，粒径介于 2.5～10μm 的粒子又被称为粗颗粒物，粒径小于 2.5μm 的粒子又被称为细颗粒物。粒径越小越易进入深部呼吸系统，危害越大，长期累积会引起呼吸系统疾病，如气促、咳嗽、诱发哮喘、慢性支气管炎、慢性肺炎等。

（二）气态污染物

1. 一次污染物

一次污染物亦称原发性污染物，是指直接从污染源排放至大气环境后其物理和化学性质未发生变化的污染物质。一次污染物又可分为反应性污染物和非反应性污染物，其中前者性质不稳定，在大气中常与其他物质发生化学反应，或者作为催化剂促进其他污染物的反应；后者性质较为稳定，不参与化学反应或反应速度极为缓慢。以气体形态进入大气的气态污染物种类很多，其中对我国大气环境危害较大的有含硫化合物、含氮化合物、碳氧化合物、碳氢化合物和卤族化合物五种类型。

含硫化合物（SO_x）主要是 SO_2 和 SO_3 和 H_2S，其中 SO_2 的数量最多，对人类和环境的危害最大，是形成酸雨的主要污染气体和影响大气环境质量的最主要的气态污染物。大气中的 H_2S 是不稳定的硫氢化物，在大气中可迅速被氧化成 SO_3。硫氧化物的主要来源是含硫煤炭和石油等燃料的燃烧，其他来源有有色金属冶炼和硫酸生产及火山爆发。SO_2 和 SO_3 都是酸性气体，有刺激性气味和较强的腐蚀性，可引起人的呼吸系统疾病甚至肺癌，导致植物落叶。SO_2 在潮湿空气中极易被催化或光化学氧化成 SO_3，进而生成 H_2SO_4 或 MSO_4，形成硫雾、酸雨等酸性沉降物和酸性气溶胶，对环境造成较大危害。

含氮化合物（NO_x）的种类很多，其中引起大气污染的主要是 NO、NO_2 和 NH_3 等。大气中的 NO_x 约半数源于人类活动，如化石燃料燃烧、硝酸和氮肥生产与使用、钢铁及有色金属冶炼等。NO_x 的天然来源主要是土壤、海洋中有机物的分解。NO_x 是形成酸雨、光化学烟雾、臭氧层破坏的主要物质因素之一，具有强腐蚀性和生理刺激作用，对人类和环境的影响极大。

碳氧化合物（CO_x）中，造成大气污染的主要包括 CO 和 CO_2。CO 主要来源于含碳燃料不完全燃烧，如汽车尾气、工业锅炉、家庭炉灶、煤气加工业等，其中 80%以上源于汽车尾气。CO_x 的天然源主要是 CH_4 的转化、海水释放、植物释放的萜烯类物质的氧化和植物叶绿素的光分解等。每年约有 2 亿 t 的 CO 排入大气，约占全部有毒气体的 34%。CO 是一种窒息性气体，对人类的危害性极大。CO_2 是一种无毒性的大气常规组分，并是植物光合作用的原料之一，曾经不被认为是污染物。但是 CO_2 是一种重要的温室气体，工业革命后出现的显著的全球气候变暖，使得人们充分认识到 CO_2 的全球生态系统危害作用，CO_2 的环境影响受到普遍关注。

碳氢化合物（C_xH_x）亦称烃类，主要是指有机废气，如烃、醇、酮、酯、胺等，其中的许多组分都属于大气污染物。自然界中的碳氢化合物主要由生物的分解而产生，人为源主要是燃料的不完全燃烧和有机化合物的蒸发。大气中的挥发性有机化合物（VOC）通常是 C_1～C_{10} 化合物，它不完全等同于严格意义上的碳氢化合物，因为除了碳原子和氢原子外，其中常含有氧、氮、硫等原子。甲烷（CH_4）是大气中碳氢化合物的主要成分，占 80%～85%。甲烷是一种非活性烃，故人们通常以非甲烷类（NMHC）的形式发布环境中烃的浓度。尤其是多环芳烃（PAH）中的苯并［a］芘（B［a］P），是强致癌物质。CH_4 是重要的温室气体，其他烃类是光化学反应的重要物质组分，可导致有害的光化学烟雾的发生。

卤族化合物中，对大气构成污染的主要是含氯化合物和含氟化合物，如 HCl、HF 和 SiF_4 等。卤族化合物大多来源于工业生产中的排放或泄漏，如 F_2 和 HF 主要来源于电解铝和炼钢生产过程、磷酸肥和含氟有机物生产过程、氟利昂生产与使用过程，Cl_2 和 HCl 来源于氯碱和盐酸生产与使用过程。HCl 和 HF 都是强酸气体，具有很强的刺激性和腐蚀性，可对人体和环境造成不利影响，但是其影响范围和危害有限。氟氯烃等气体是破坏臭氧层的主要物质之一。

2. 二次污染物

二次污染物亦称继发性污染物，是指一次污染物进入大气后在物理、化学或生物因素的作用下相互反应，或与大气中正常组分发生反应所形成的与一次污染物物理、化学性质完全不同的新污染物。并非所有二次污染物都比其原发性污染物的环境毒性强。主要的气态污染物和由其生成的二次污染物种类如表 4.1 所示。

表 4.1　主要的气态一次污染物和二次污染物

污染物	一次污染物	二次污染物
含硫化合物	SO_2、H_2S	SO_3、H_2SO_4、MSO_4
含氮化合物	NO、NH_3	NO_2、HNO_3、MNO_3、O_3
碳氧化合物	CO、CO_2	CO_2
碳氢化合物	C_mH_n	醛、酮、过氧乙酰基硝酸酯
卤素化合物	HF、HCl	盐酸雾

二次污染物中因危害最大而备受关注的是硫酸烟雾和光化学烟雾。硫酸烟雾因 1952 年发生的英国伦敦烟雾事件而又被称为伦敦型烟雾，是大气中 SO_2 等硫氧化物在有水雾、含重金属悬浮颗粒物或氮氧化物存在时发生一系列化学反应或光化学反应而生成的硫酸雾或硫酸盐气溶胶，属于还原型烟雾。硫酸烟雾污染发生的有利天气条件是气温较低、湿度较大、光照较弱，故一般发生于冬季。硫酸烟雾的刺激性和生理反应等危害比 SO_2 气体大得多。

光化学烟雾因 1940～1960 年发生的美国洛杉矶光化学烟雾事件而又被称为洛杉矶型烟雾，是汽车、工厂等排入大气的 NO_x 和 C_xH_x 等一次污染物在太阳紫外线作用下发生光化学反应而生成的二次污染物，属于氧化型烟雾。光化学烟雾一般呈浅蓝色，也可呈现紫色或黄褐色，主要成分有臭氧、过氧乙酰基硝酸酯（PAN）、酮类、醛类等。光化学烟雾的刺激性和危害比一次污染物大得多。

第三节　大气污染物的扩散与转化

一、大气污染物的扩散

区域的大气污染程度不仅取决于污染源的种类和强度，还受到气象条件和地理环境条件等因素的影响。污染源排放的污染物数量、组成、排放方式、排放源位置及分布密集程度等，都是造成大气污染的基础，决定了大气污染物的排放量和大气污染波及的范围。气象条件和地理环境条件的综合作用，则是影响大气污染严重程度的重要条件。

（一）影响大气污染物扩散的气象因素

污染物自污染源排出进入大气后，在气象条件作用下，将与大气发生混合和反应，并经过大气的输送和扩散，使污染物向大气中浓度较低的区域迁移，实现大气污染物在空间和时间上的再分配，从而使污染物的浓度不断降低，有利于减轻局部地区的大气污染状况。影响污染物扩散强弱的气象因素有风、湍流、温度层结、大气稳定度和降水等。

1. 风与湍流

大气运动包括大气有规则的水平运动（风）、垂直运动（上升、下沉或对流）和不规则的乱流运动（湍流）。风和湍流是决定污染物在大气中扩散最直接和最本质的因子，也是决定污染物扩散快慢的决定性因素。风速越大，湍流越强，污染物扩散越快，浓度降低越迅速。因此，凡是有利于增大风速、增强湍流的气象条件，都是有利于降低大气污染的机制之一。否则，大气污染就会加重。

风的大气污染物扩散作用主要有两个。一是风的整体输送作用。风向决定了大气污染物迁移运动的方向和扩散目标，下风方向是易高污染地区。二是风的冲淡稀释作用。风速决定了大气污染物稀释的能力，风速越大，污染物浓度降低的速度越快。一般来说，某风向发生的频率越大，其下风方向受到污染的概率就越大，即大气污染程度与风向频率成正比；某风向风速越大，则下风方向污染程度越小，即大气污染程度与风速成反比。因此，综合表示某一大气污染的源强对周围大气污染程度的指标污染系数的计算式为：污染系数=风向频率/平均风速。绘制出某大气污染源的所在位置的风向风速玫瑰图，是该大气污染源源强评估的基础。

湍流运动的存在是近地层大气运动的突出特征，白天的表现尤为明显。如果大气运动只有风的形式而无湍流运动，则大气污染物只能在排放口被直接冲淡稀释，扩散速率很慢。低层大气水平运动和湍流的共同作用，可使流场各部分强烈混合，污染源所排放的废气就会因湍流混合作用而不断从高浓度区向低浓度区传输，清洁空气不断掺入，从而使污染物浓度下降，并形成大气污染的再分布。因此，作为污染源的废气，烟云形成后，在向下风向漂移的同时，除了伴随有自身的分子扩散外，还因湍流作用而有烟云团周界向的逐渐扩张。

2. 温度层结

大气温度层结指在垂直方向上气温随海拔高度的变化而变化的状况，其表述指标为气温垂直递减率（简称气温直减率），即气温随海拔高度的变化率（$\gamma=-\mathrm{d}T/\mathrm{d}Z$）。对流层大气温度层结是决定近地层大气湍流运动状况的主要因素之一，常被用来作为描述大气湍流运动状况的间接衡量指标，并以此来判断大气污染物扩散的难易程度。标准大气状况下，对流层大气的气块每上升 100m，气温平均约下降 0.65℃，此值即气温的平均直减率 γ。近地层大气直接受下垫面影响，各地随时都会出现与标准大气状况不完全一致的情况，因此 γ 并不是一个定常数。

一般来说，实际大气温度的垂向分布常见三种典型情况（图 4.1）：①气温随海拔高度上升而下降，$\gamma>0$，多出现于晴朗白天；②气温随海拔高度上升而保持不变，$\gamma=0$，多出现于阴天，风速较大时；③气温随海拔高度上升而增加，$\gamma<0$，此种温度层结又称为逆温，常出现于晴朗的夜晚。

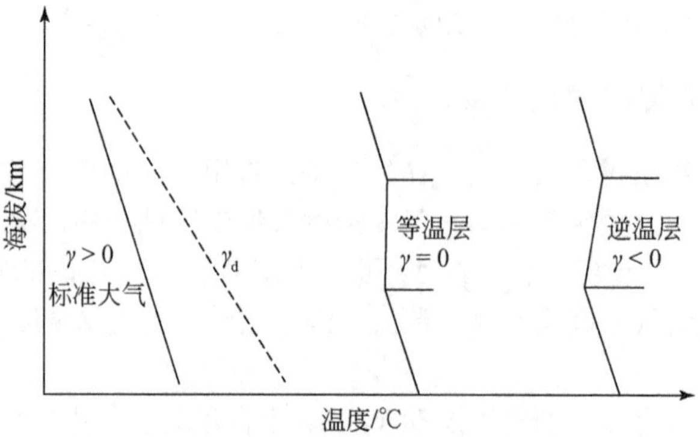

图 4.1　实际大气的温度层结

3. 大气稳定度

处于静力平衡状态的大气中，一些空气块受到动力因子或热力因子的外界初始场的扰动，就会自动产生向上或向下的垂直运动，这种运动是继续发展还是维持原有状态，由温度和湿度垂直分布所形成的大气层结所决定。层结大气具有的这种影响垂直运动的特性称为大气静力稳定度，简称大气稳定度。空气块在大气中受初始场扰动后，大致有 3 种运动趋势：第一，若空气块受到扰动发生位移离开原平衡位置后逐渐加速，并不断离开原位而没有返回的趋势，则认为该大气层结是不稳定的；第二，若空气块受到扰动发生位移离开原平衡位置后逐渐减速，并有返回原位的趋势，则称该大气层结是稳定的；第三，若空气块受到扰动发生位移离开原平衡位置后，既不加速也不减速，停留在新的位置近似平衡，则认为该大气处于中性层结。假若此准静力平衡状态下的空气块中含有污染物，那么空气块未来的运动趋势，就揭示了污染物的运动趋势和影响范围。故判定大气稳定度，有利于分析大气污染物的扩散状况和影响范围。

大气稳定度与烟云的扩散形态有着密切的关系。由于大气层结状况的不同，从污染源排放到大气环境中的气块携带着污染物呈现出不同的运动特征，表现出不同的烟云形态。根据烟云的形态、运动特征和发生原因，可以将烟云形态划分为扇型、熏烟型、环链型、锥型和屋脊型五种类型（图 4.2）。扇型烟云亦称长带型烟云［图 4.2（a）］，多发生于稳定的大气条件下，如逆温层结。此时烟体的垂向扩散很弱，由于高空平均风的持续作用和风向较大摆动的影响，烟体常在水平方向展开，宛如一把打开的折扇。这种烟型常出现在低空弱风的晴朗夜晚和早晨，污染物可离开污染源被输送到较远的地方。当烟云沿风向扩散过程中遇到山体或高大建筑的阻拦时，污染物不易扩散稀释，常在下风向的逆温层下聚集而浓度较大，形成严重污染。熏烟型烟云亦称漫烟型烟云［图 4.2（b）］，多出现于日出后 2～3h 内。此时低层逆温被破坏，形成逆温覆盖下的不稳定层结，烟体因向上扩散受阻而向下漫延，污染源附近地面的污染物浓度较大。这种大气层结的存在是形成工业区和城市清晨烟雾弥漫、污染严重的主要原因之一。环链型烟云亦称波浪型烟云或翻卷型烟云［图 4.2（c）］，发生的大气层结条件为整层大气极不稳定，并存在着大尺度的湍流涡旋。此时整个烟体垂向起伏明显，污染源附近地区的污染物浓度较高，但扩散速度较快，离开源地后浓度迅速减小，污染范围不大。这种烟型多出现于晴朗的白天，一般不会造成下风向地区的严重污染，但污染源附近地区污染物的落地浓度较高。锥型烟云［图 4.2（d）］多出现于阴天或大风天气。在近中性层结的条件下，烟体在水平和垂直方向均匀弥散，形成一个锥形的柱体，扩散速度和污染物落地浓度均低于环链型，污染物可在水平方向上被高空风输送至较远地区。屋脊型烟云亦称上扬型烟云［图 4.2（e）］，多发生于晴天的傍晚日落时分。此时逆温层在地面处于逐步建立的过程中，当逆温层高度低于烟囱高度而大气上层仍保持不稳定或近中性层结时，易出现此类烟云。这种烟型对地面的污染较小。

4. 降水

大气中的悬浮颗粒污染物能够通过降水得以清洗，大气中的部分可溶性气体污染物能够溶解于降水或与水发生反应转化为其他物质。因此，降水可降低大气污染物浓度，帮助大气完成部分自净作用。一般而言，降水的净化作用与降水强度成正比，降水强度越大，净化效果越明显。然而，降水虽然可以降低大气的污染程度，但是它并不能够消除污染物，仅是使污染物存在的空间位置发生转移，从而引起水体、土壤或生物的污染。

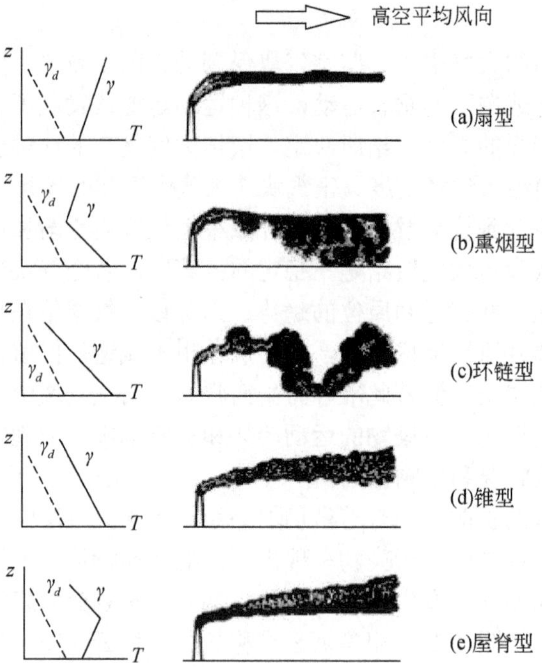

图 4.2　大气层结分布与烟云扩散类型

（二）影响大气污染扩散的地理环境因素

1. 地物性质和地貌形态

地表由岩石、土壤、植被、水域、建筑等多种物质组成，并有着复杂多样的地貌形态。各地地表组成物质和地貌形态特征的不同，形成了不同性质的下垫面。与大气圈层下界面相交接的地表面即下垫面，下垫面性质对区域的气象条件的影响极大，从而对大气污染物的扩散有着极大影响。城市地区的地物对大气扩散和大气稳定度的影响尤为显著。城市的各类建筑物和构筑物，尤其是高层建筑，可通过阻碍大气的水平运动，降低风速，减弱高空大气污染物的水平输送。在建筑背风区，有时会形成下沉涡流，不利于污染物扩散，反而会形成下沉式污染区。谷地、盆地等地形四周高地的屏障作用，可削弱风速，阻滞空气水平运动，容易形成逆温层结，增加大气稳定度，不利于大气污染物扩散，形成区域污染。

2. 局地气流

局地特殊的地貌形态，在大气环流运动的趋势下，由于下垫面的复杂性，可在小范围内形成局部地面热力性质的较大差异，产生局地气流，从而改变和影响大气污染物的扩散范围。局地气流的大气污染影响半径一般为数公里，甚至可达数十公里，常见的影响程度较大的局地气流有海陆风、山谷风、城市风等。

海陆风是由海陆热力差异而形成的昼夜之间风向呈现明显变化的风（图 4.3）。白天地表受热比海洋增温快，陆地表面气温高于海洋表面气温，陆地附近形成低气压，海洋附近形成高气压，气压差引导空气由海洋吹向陆地，对应高空空气形成相反方向运动的气流，由陆地吹向海洋，地表和高空的气流形成局地闭合循环，近地表形成海风。夜晚则相反，陆地表面气温低于海洋表面气温，近地表形成陆风。昼夜交替的海陆风使得海岸附近大气污染物不易扩散。尤其是在清晨或傍晚海陆风转换时，原来被陆风带走的污染物，可能会被海风带回原地，形成重复污染。

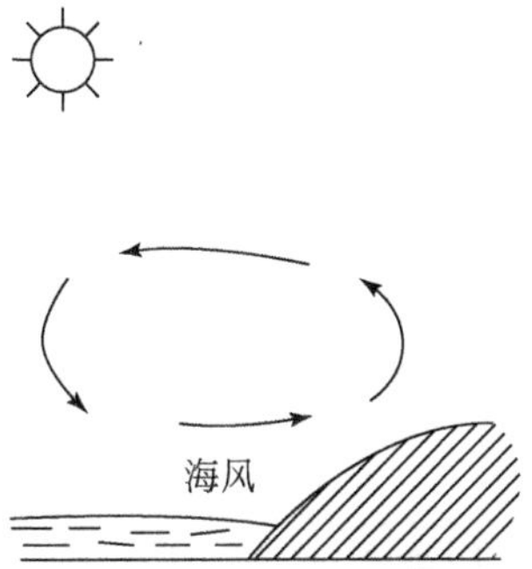

图 4.3 海陆风局地气流运动示意图

山谷风是由陆地和近地层大气的热力差异而在山坡和谷底之间形成的昼夜之间风向呈现明显变化的风（图 4.4）。白天山坡受热增温快，同高度自由大气受热增温缓慢，导致山坡气温高于同高度自由大气气温，在山坡形成低气压，同高度自由大气形成低气压，空气自山坡上升至自由大气，然后下沉至山谷，在山谷形成空气积累而上升流向山坡，形成局地闭合环流，贴地气流从谷底吹向山坡，称为谷风；夜晚相反，山坡气温低于同高度大气，导致空气自山坡下沉至山谷，然后自山谷上升至自由大气，形成闭合环流，贴地气流从山坡吹向谷底，称为山风。昼夜交替的山谷风往往使污染物在山谷内往返积累，在夜间达至较高浓度。如果夜间再伴随逆温层出现，则谷底往往会形成严重的大气污染。

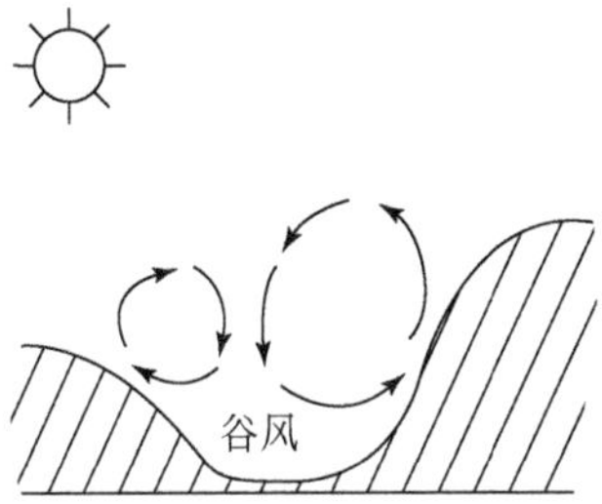

图 4.4 山谷风局地气流运动示意图

城市风是指由城市热岛效应和街道峡谷效应共同作用而形成的近地层由郊区吹向城市的风。城市风是大城市所特有的风。城市因人口密度大、能耗集中、工业和交通发达等而近地层气温始终高于郊区，形成典型的城市热岛效应。这种温差结构形成了一种特殊的局地空气环流，空气自城市市区上升至高空后流向郊区，然后下沉至地面后吹向市区，形成闭合环流，该环流近地层自郊区吹向市区的分支称为城市风（图 4.5）。城市风可将郊区污染源所排放的大气污染物输送至城区，形成市区的大气污染，这种现象在静风状态的夜间表现尤为明显。城市风使市区低层大气趋于中性或微不稳定状态，上层大气则保持稳定状态，二者之间形成夜间特有的混合层。该层的存在会在层内形成大气污染物的混合，扩大污染范围，并使大气污染物始终被控制在混合层内，不易扩散和稀释，从而加剧城市夜间的大气污染程度。

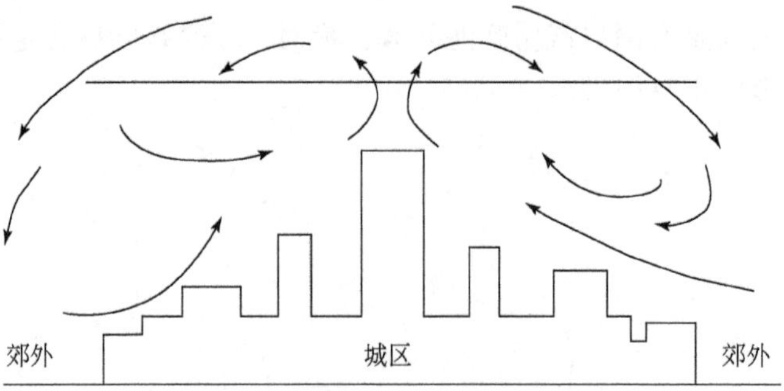

图 4.5　城市热岛效应引起城市风示意图

二、大气污染物的转化

大气污染物排入大气后，可通过大气的自净作用、转移输送及化学反应等过程发生转化。当大气污染物不能被充分自净时，污染物会随气象条件产生转移输送，扩大污染范围。当转移后，环境发生明显变化，某些污染物之间或污染物与大气中的某些物质之间会发生作用，使污染物发生转化而生成继发性污染物，其毒性往往比原发性污染物更大。

（一）硫化物在大气中的转化

大气中的硫化物主要有 H_2S、SO_2、SO_3、H_2SO_4 和（NH_4）$_2SO_4$ 等，它们的化学转化机制主要是硫化物的氧化作用和硫酸、硫酸盐的生成作用（图 4.6）。

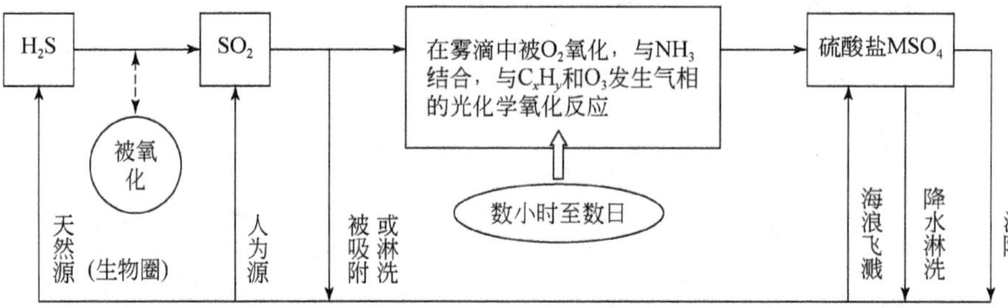

图 4.6　硫化物在大气中的转化过程

1. H_2S 的氧化过程

大气中的 H_2S 主要由土壤和沉积物中微生物在分解有机质时产生，它极易被 O、O_2、O_3 氧化，几个小时就可以转化为 SO_2，其转化原理为

$$2H_2S+3O_2 \longrightarrow 2SO_2+2H_2O$$

一般而言，O 和 O_3 的氧化性要强于 O_2，更易于反应，反应结果相同，都是转化为 SO_2 和 H_2O。清洁大气中 80%的 SO_2 是由 H_2S 转化而来的。同时上述氧化过程在气相条件下，反应速度缓慢；但是在颗粒物表面或云雾雨滴中反应速度大大加快。

转化生成的 SO_2 可在大气中继续氧化生成 SO_3，氧化方式主要有两种：一是催化氧化；二是光化学氧化。

2. SO_2 的氧化过程

催化氧化反应：SO_2 在清洁大气中与 O_2 作用生成 SO_3，SO_3 与水汽结合反应生成 H_2SO_4，这整个过程非常缓慢，但在含烟气颗粒的大气中氧化速率会大幅增加，尤其是在 Fe、Mn

等金属盐类气溶胶雾中，该氧化过程迅速进行，此金属盐类承担催化剂作用。SO_2 由气相接触到这些以此类金属盐类颗粒为凝结核的气溶胶雾滴，从雾表面向内部扩散，在雾滴内部由金属盐类催化作用完成反应过程。即

$$2SO_2 + O_2 + 2H_2O \xrightarrow{\text{催化剂}} 2H_2SO_4$$

光化学氧化反应：光照（hv）条件下，SO_2 在吸收了波长小于 218nm 的光波时，会被分解为 SO 和 O。由于该光波的波长很短，不能到达地面，故 SO_2 的该分解反应一般只发生于高空大气中。SO_2 在吸收了波长大于 290nm 的光波时，会被激发转变为三重态二氧化硫 $^3SO_2$ 和单重态二氧化硫 $^1SO_2$。大气中 SO_2 的上述三种转化的化学反应方程式为

$$SO_2 \xrightarrow{hv(\lambda<218\text{nm})} SO + O$$

$$SO_2 \xrightarrow{hv(\lambda=290\sim340\text{nm})} {}^1SO_2$$

$$SO_2 \xrightarrow{hv(\lambda=340\sim400\text{nm})} {}^3SO_2$$

其中 $^1SO_2$ 很不稳定，可以进一步与吸收能量的物质分子再继续反应，转变为 $^3SO_2$ 或基态二氧化硫 SO_2。即

$$^1SO_2 + M \longrightarrow SO_2 + M$$

$$^1SO_2 + M \longrightarrow {}^3SO_2 + M$$

一部分 $^3SO_2$ 与 O_2 进一步反应产生 SO_3 和 O。即

$$^3SO_2 + O_2 \longrightarrow SO_3 + O$$

这一系列反应揭示了大气中 SO_2 转化为 SO_3 的重要光化学氧化反应。研究表明，有 C_xH_y 和 NO_x 污染的大气中该光氧化反应的速率远大于清洁大气中的速率。

3. H_2SO_4 和 MSO_4 的生成过程

SO_3 可以进一步转化为 MSO_4，反应包括水合过程、气溶胶核形成过程及气溶胶粒子成长过程。即

$$SO_3 + H_2O \longrightarrow H_2SO_4$$

$$mH_2SO_4 + nH_2O \longrightarrow (H_2SO_4)_m(H_2O)_n$$

$$mH_2SO_4 + 2mNH_3 + nH_2O \longrightarrow [(NH_4)_2SO_4]_m(H_2O)_n$$

$$(H_2SO_4)_m \cdot (H_2O)_n \xrightarrow{SO_2,SO,H_2SO_4,H_2O} \text{气溶胶长大}$$

（二）氮氧化物在大气中的转化

大气中的氮氧化物污染物主要是 NO、NO_2 和 NH_3，它们在大气中的转化主要有两类，一是与 H_2O、O_2、金属或金属离子发生一系列反应生成硝酸盐气溶胶，另一类是在光照下 NO、NO_2 与 C_xH_y 发生光化学反应生成光化学烟雾。上述两类转化中，第一类是氮氧化物的主要转化方式，生成的硝酸盐气溶胶需经过大气降水的冲刷淋洗最终降落地表。如果大气中硝酸盐气溶胶污染物的浓度较大，降水时会产生酸雨污染现象。第二类光化学烟雾是氮氧化物转化的特殊形式，其反应机理十分复杂，是典型的继发性污染物。

光化学烟雾形成的基本过程有三步，其简化的化学反应模式如下。

第一步：污染空气中的 NO_2 光解。NO_2 在光照条件下形成光化学循环反应，其中 O 为基态氧原子，M 为其他分子。即

$$NO_2 \xrightarrow{hv} NO + O$$

$$O + O_2 \xrightarrow{M} O_3$$

$$O_3 + NO \longrightarrow NO_2 + O_2$$

第二步：C_xH_y被 HO、O 等自由基和 O_3 氧化，导致醛、酮、醇、酸等产物及重要的中间产物 RCO·等自由基的生成。即

$$O + C_xH_y \longrightarrow R\cdot + RCO\cdot$$

$$O_3 + C_xH_y \longrightarrow RCO_2\cdot + O$$

第三步：过氧自由基引起 NO 向 NO_2 的转化，并导致 O_3 和 PAN 等的生成。即

$$RCO_2\cdot + NO \longrightarrow NO_2 + RCO\cdot$$

$$RCO\cdot + O_2 \longrightarrow RCO_3\cdot$$

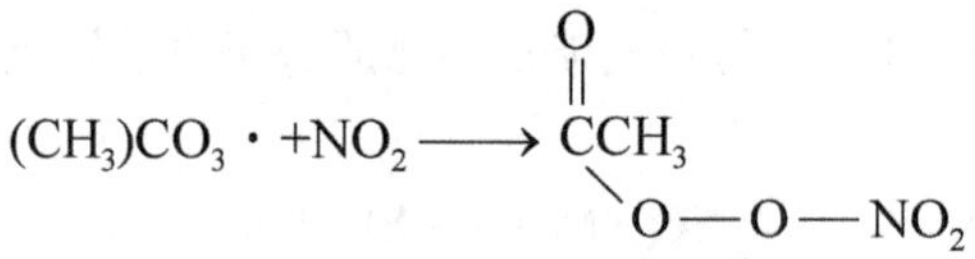

(PAN)

上述反应在光照条件下可以连续发生，尤其是在太阳辐射强、高温低湿、静风或弱风的气象条件下，污染物不易扩散，含氮氧化物和碳氢化合物易发生上述反应过程，直至一次污染物全部转化为止。在交通尾气排量较大的城市，符合上述气象条件时，极易发生这种类型的严重大气污染。

第四节　大气污染控制技术

在大气环境质量日益恶化的今天，为了治理大气污染，必须通过采取相应的措施，对大气污染进行有效控制，以达到保护大气质量的目的。大气污染控制是指为了治理大气污染所采取的大气污染物排放控制技术和控制污染物排放政策，其中大气污染控制技术是治理大气污染的直接手段。大气污染控制技术是指针对大气污染日趋严重，而做出的一系列控制措施和技术，包括基本方法、净化设备和工艺流程等。目前的大气污染物主要是燃烧化石燃料产生的烟尘、二氧化碳和硫化物，汽车尾气排放的一氧化碳、碳氢化合物和氮氧化物，所以目前发展的大气污染控制技术主要是洁净燃烧技术、气态污染物净化技术、烟气除尘技术和通风技术等。

一、洁净燃烧技术

燃料的种类繁多，其中因燃烧而造成大气污染的燃料主要是煤炭，因此目前洁净燃烧技术发展的重点是煤的洁净燃烧技术，从而提出和发展了洁净煤技术（CCT）。煤炭利用产生的污染物主要是硫氧化物，当前煤洁净燃烧技术发展的重点是煤燃烧脱硫技术。煤炭在从开发到利用的整个过程中，都存在脱硫问题，所以目前发展起来的煤脱硫技术有燃烧前脱硫技术、燃烧过程脱硫技术和燃烧后脱硫技术。

（一）燃烧前脱硫技术

燃烧前脱硫有三种技术，即洗煤技术、煤炭转化和型煤固硫技术。

1. 洗煤或选煤

洗煤或选煤是通过物理或物理化学方法去除煤中的含硫矿物和矸石等杂质，以提高煤的质量，降低燃烧后硫化污染物的产生率。煤炭经选洗后，可使原煤中的含硫量降低40%～90%，含灰分降低 50%～80%。洗煤方法有三种，一是物理方法，如重力洗选法、浮选法、高梯度磁分选法、静电分选法等；二是化学方法，如氧化脱硫法、选择性絮凝法、化学破碎法；三是微生物脱硫法，如生物浸出法、表面处理浮选法、生物选择性絮凝法等。目前选煤工艺广泛采用的仍是重力选洗法和浮选法。重力选洗法是指利用煤与杂质密度不同的原理将它们进行机械分离的方法（图 4.7）；浮选法是指利用煤和矸石、含硫矿物的性质不同将其进行分离的方法，主要用于处理粒径小于 0.5mm 的煤粉。这两种方法的硫净化效率取决于煤中所含的黄铁矿颗粒大小及无机硫含量。若含有机硫大或黄铁矿嵌布很细时，精煤硫分则很难达到要求。

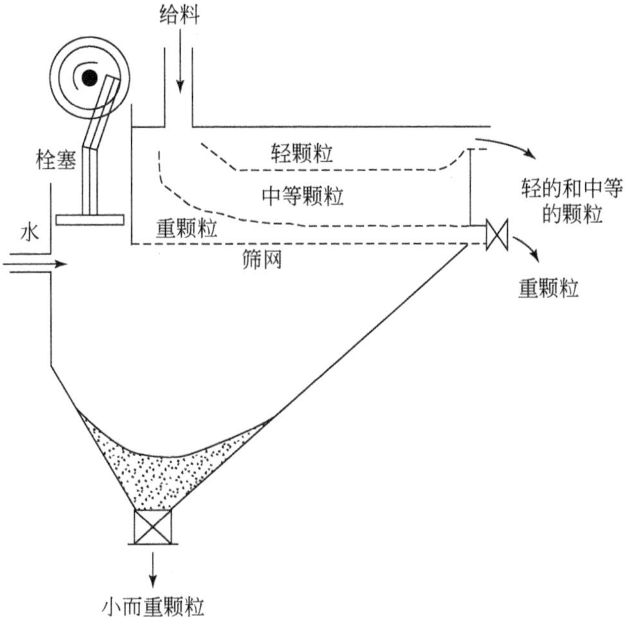

图 4.7　重力选洗法选煤工艺

2. 煤炭转化

煤炭转化亦称煤的气化或液化，是将固态煤转化为气态或液态燃料。煤的液化工艺有间接液化、热解、溶剂萃取和催化液化四种，是目前 CCT 技术的重点研究方向。煤的气化工艺包括煤的预处理、气化、清洗和优化等四个步骤。煤的预处理方式包括煤的破碎、筛分、煤粉制团或粉碎等。将经预处理后的煤送入气化器，与 O_2、H_2O 反应生成可燃性煤气，再经清洗除去其中的粉尘、焦油、酸性气体，使其成相对纯净的可供燃烧的煤气。为了提高煤气热值，还需对煤气进行优化处理，即将其中的 H_2O 和部分的 CO 分别转化为 H_2、CO_2 和 CH_4，利用吸收法去除 CO_2，获得高热值煤气，提高煤的利用率。

3. 型煤固硫

型煤是指通过使用外力将粉煤挤压制成的具有一定均匀强度的固体型块。常用的煤的成型方法有无胶黏剂成型、胶黏剂成型、热压成型三种。无胶黏剂成型只靠外力，成型较困难，目前广泛用来制取泥煤、褐煤煤球，对烟煤和无烟煤则不适用。胶黏剂成型是在粉煤中添加一定的胶黏剂，再压制成型。热压成型是将煤加热到塑性温度范围内快速压制成型。美国的型煤中常掺加石灰石为固硫剂，固硫率达 87%，烟尘减少近 60%。日本的蒸汽机车型煤常以石灰为固硫剂，固硫率达 70%～80%，脱硫费用仅为洗煤的 8%。

（二）燃烧中的脱硫技术

煤燃烧过程中的脱硫是在煤中加入某些固硫剂（如石灰石等），使其与硫在燃烧过程中发生反应而生成固态物质，再通过排渣或除尘技术将其分离出来，降低燃烧烟气中的硫氧化物含量。煤燃烧过程中的脱硫通常是在流化床内实现的。流化床是指将大量固体颗粒物悬浮于运动的流体之中从而使颗粒物具有流体的某些特征的设备，其中的悬浮介质通常是空气。当流化床内气流的速度高达使升力和煤粒重力相当的临界速度时，气流可使煤粒浮动流化，床内流化状态的固硫剂和煤粒中的 SO_2 充分接触，提高了固化剂的利用效率，加之固硫剂在炉内的停留时间较长，为固体燃料燃烧过程中的脱硫创造了良好条件。

流化床技术是一种较新的燃烧方式。按照流体的流动形式，可将流化床划分为两类，即鼓泡流化床和循环流化床（图 4.8）。鼓泡流化床［图 4.8（a）］的分布板区有较大的孔隙率和细小气泡，气泡在上升过程中不断反复地发生聚并和分裂，泡径不断增大，在床面处发生破裂。循环流化床［图 4.8（b）］中无明显的气泡，断面孔隙率较大，沿垂直轴向存在颗粒的浓度梯度，但并不能明显看到床层分界。目前循环流化床技术较为成熟，使用广泛，可实现燃料均匀稳定循环的燃烧，燃烧效率可高达 99%以上。由于石灰石等固硫剂在床内反应时间长，使用少量的石灰石（钙硫比<1.5）即可使脱硫效率高达 90%。

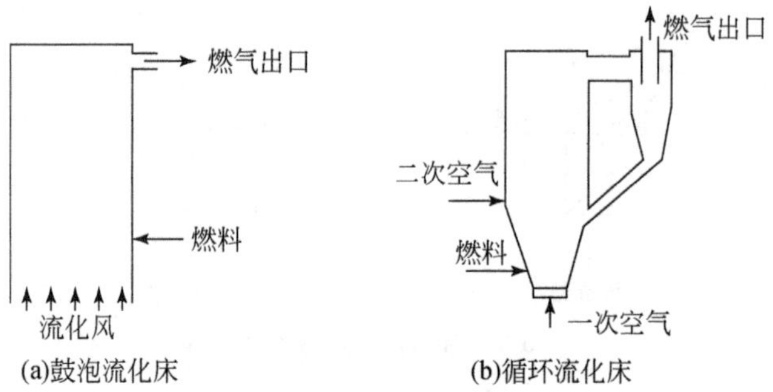

图 4.8　流化床示意图

（三）燃烧后的脱硫技术

经过洗选和固硫后的煤炭燃烧后仍不可避免地会产生部分硫氧化物，它们会随着烟气从燃烧室（流化床）排入大气，因此还需对燃料燃烧后产生的烟气或粉尘进行脱硫处理。烟气脱硫（HGD）技术有干法和湿法两类。干法采用固态吸收剂、吸附剂或催化剂去除烟气中的 SO_2，湿法采用液体吸收剂洗涤烟气除去 SO_2。目前实际生产中多采用湿法进行烟气脱硫。湿法处理含 SO_2 烟气的工艺有很多种，常用的有 10 余种，其中以石灰-石灰石法、双碱法、稀硫酸吸收法、氨吸收法、亚硫酸钠法、氧化镁法、柠檬酸钠法等应用最为普遍。

二、气态污染物净化技术

气态污染物净化的具体技术较多，根据净化原理可以将它们划分为五种类型，即吸收净化法、吸附净化法、催化转化净化法、燃烧净化法和生物净化法。

（一）吸收净化法

气态污染物的吸收净化法亦称湿式净化法，是指利用废气中各种混合组分在选定的吸收剂中溶解度不同，或者其中某种或多种组分与吸收剂中活性组分发生化学反应的现象，将有害物从废气中分离出来的废气净化方法。吸收净化法是控制大气污染的常用方法之一，通常采用液体处理气体中的污染成分，使其中一种或几种气态污染物以扩散方式通过气、液两相界面最终溶于液体。

气体吸收的必要条件是污染气体在吸收液中有一定的溶解度。废气中有些组分因具有可溶性而可被吸收液吸收，有些组分则因不具有溶解性而不能被吸收液吸收，所以废气中的组分有溶质和惰性气体之分。溶质溶于溶剂的过程有物理吸收和化学吸收两类。物理吸收是指溶质气体被溶剂所溶解的单纯的物理溶解过程，溶质溶入溶剂与否依赖于气液平衡关系，溶质扩散到溶剂的速率取决于气液平衡关系偏离平衡状态的程度。换言之，气态污染物可被溶解液吸收与否取决于废气中污染物浓度与吸收液中污染物浓度的对比关系，气态污染物被溶解液吸收的速率取决于污染物在废气和吸收液中的浓度差值大小。二者的浓度差越大，越有利于污染物从废气向吸收转液移的扩散速度的提高，吸收效率越高。化学吸收是指在初级物理吸收开始的同时溶质和溶剂所发生的化学反应，如用酸液吸收 NH_3 或碱液吸收 SO_2 等。这种化学反应可加大溶质气液两相的浓度差，维持或减缓不平衡状态，有助于溶质被溶剂吸收过程的进行。化学吸收的限度既决定于气液两相的平衡状态，又取决于液相端化学反应的平衡条件，吸收速率也同时取决于两相扩散速度和化学反应速率。气态污染物物理吸收和化学吸收的基本原理及采用的吸收设备大致相同。一般来说，化学反应的存在能够提高吸收速率并使吸收的程度更趋于完全。考虑到大气污染治理工程所需净化的废气具有气量大、污染物浓度低的特点，实践中多采用化学吸收法。

常用的气体吸收设备有板式塔、填料塔、喷雾塔、湍球塔等，其中前两种的应用尤为普遍。板式塔又称逐级接触设备，塔内各层塔板之间有溢流管，液体从上层向下层流动，板上设有若干通风孔，气体可从下层向上层流动，在液层内分散成小气泡，加大气、液两相的接触面，以利于污染物的吸收（图 4.9）。填料塔的塔内填充有大量薄壁环形等填料，从塔顶洒下吸收液，在其下流过程中，沿着填料表面均匀分布，并与自下向上流动的气体充分接触而吸收污染物。在这种设备中，气、液两相是连续接触的，在任何填料截面上传质均未达到平衡，污染物可随气流运动而被连续吸收，故该设备又被称为连续接触式设备（图 4.10）。

（二）吸附净化法

气态污染物的吸附净化法是指利用吸附剂将污染物吸附于吸附剂表面从而从废气中去除的废气净化方法。大气污染控制中的有害气体吸附净化操作，是利用某些具有从气体混合物中有选择性地吸附某些组分能力的多孔性固体，来脱除气态污染物中的水分、有机溶剂蒸气、恶臭或其他有害气相组分，实践中主要用来回收有机溶剂和净化废气。吸附是一种可逆过程，即同时存在正过程吸附作用和逆过程脱附作用，吸附效果通常是两种吸附过程综合作用的结果。二者何者占据优势，主要取决于吸附剂表面吸附质的饱和程度。

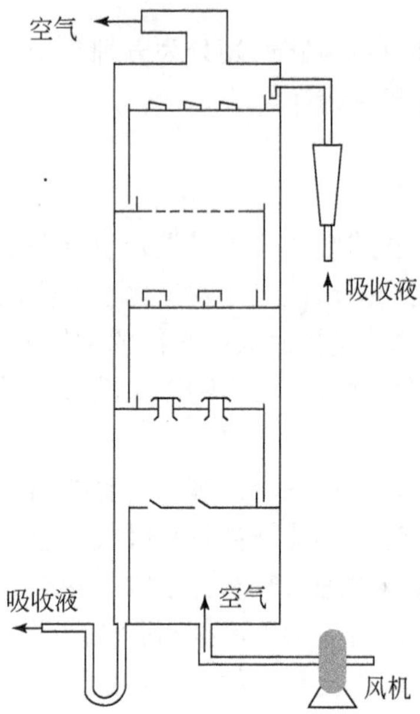

图 4.9　板式塔结构示意图

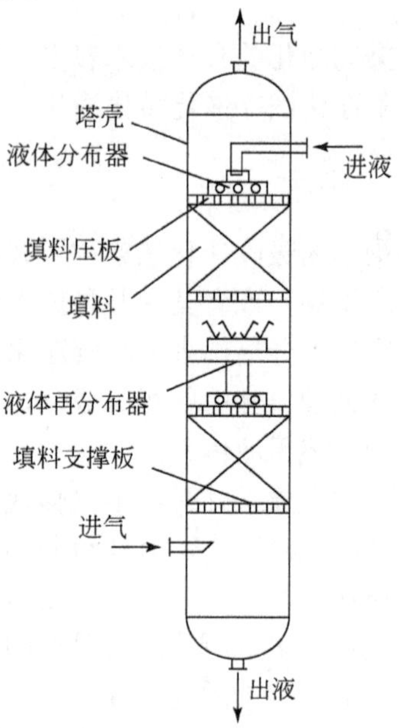

图 4.10　填料塔结构示意图

吸附作用有物理吸附和化学吸附两类。物理吸附由分子引力（范德华力）作用而产生，吸附速率和脱附速率都比化学吸附快，吸附能力一般不受温度影响，但吸附量会随温度的升高而下降。化学吸附由吸附质和吸附剂之间的化学键力作用而产生。此类吸附是表面过程，往往需要吸附剂具有一定的活化能，吸附能力和脱附能力受温度的影响相对都较明显，当温度升高时吸附能力和脱附能力都会显著增加。应用吸附法净化气体时，低温状态下往往以物理吸附为主，高温状态下往往以化学吸附为主。

吸附饱和的吸附剂被脱附的过程称为吸附剂再生，它是指在吸附剂本身结构不发生或极少发生变化的情况下用某种方法将吸附质从吸附剂微孔中除去，从而使吸附饱和的吸附剂能够重复使用的处理过程。一般要求每次再生处理吸附剂的损失率不超过 5%～10%。常用的脱附方法有加热解吸再生、降压或真空解吸再生、溶剂萃取再生、置换再生、蒸气再生、臭氧氧化再生、微生物再生等。

工业用吸附剂的种类很多，包括各种活性土、活性炭、活性氧化铝、硅胶、沸石分子筛、吸附树脂等，近年来还研发出了多种纤维状吸附剂，如碳纤维、玻璃纤维和氧化铝纤维等。衡量吸附剂性能的主要指标有对气体吸附容量、磨耗率、松装堆积密度、比表面积、抗压碎强度等。吸附剂并不是一直可以循环使用的，在吸附和脱附可逆的循环过程中，除了基本的物理损耗外，还有可能存在吸附剂老化和中毒现象。因此，气体净化过程需要认真选择吸附剂，并定期添加和更换。常用的吸附设备有固定床吸附器和移动床吸附器等。

（三）催化转化净化法

气态污染物的转化净化法是指利用触媒的催化作用将废气中的有害物质转化为无害物质或容易去除物质的废气净化方法，其中前者可以完成废气的全部净化过程，而后者则需要增加附加工序，如吸收或吸附等，才能实现废气的全部净化。

净化气体的催化反应通常有两类，即催化氧化法和催化还原法。催化氧化法常用于提高 NO_x 被水吸收的效率、有色金属冶炼 SO_2 尾气氧化转化为硫酸等。催化还原法常用于燃料燃烧废气脱硫、恶臭物质净化、汽车尾气净化及 NO_x 转化为惰性 N_2 等。常用的催化反应设备是固定床催化反应器。

催化剂可以是一种物质，也可以是几种物质所组成的体系。在废气的催化转化净化过程中，催化剂可以改变化学反应的速率和方向，提高（正催化）或降低（负催化）反应的速率，或者使反应沿着特定的方向进行，其本身不参与反应。催化剂的这种能力被称为催化剂的活性。值得注意的是，催化反应中催化剂是有选择性的，且仅能改变反应的速度，但不能使平衡移动。在催化剂的使用过程中，温度、压力等环境因素和反应过程中物理或化学条件的变化，都可能会影响催化剂的催化活性及催化剂的使用寿命。例如，催化剂发生中毒或积碳等会使催化剂暂时失去活性，催化剂表面和体相结构的变化会导致催化剂老化而失去活性。

催化剂有固体、液体和气体三态，目前工业气体净化中应用最广的是金属盐类或金属固体催化剂。它们通常搭载在具有巨大体表面的惰性载体上，载体担当承载活性组分和助催化作用。使用载体可以节约催化剂并使其增加分散度或增大有效接触表面，提高催化剂的活性。常用的典型载体有氧化铝、铁矾土、石棉、陶土、活性炭和金属丝等。

（四）燃烧净化法

气态污染物的燃烧净化法是指通过氧化作用，将废气中的可燃组分转化为无害或易于处理和回收物质的废气净化方法。燃烧的方式主要有直接燃烧、热力燃烧、催化燃烧三种。直接燃烧需要燃烧温度在 1100℃以上，有火焰，可将废气中的炭粒直接燃烧掉。但当废气中可燃组分浓度较低时，燃烧过程中放出的热量不足以满足燃烧过程所需的热量，直接燃烧无法完成，必须采用辅助燃烧来提供预热能量，使废气中可燃物达到着火温度。此时废气本身不能作为燃料，只能作为辅助燃料燃烧过程中的助燃气体。热力燃烧所需要的温度一般较低，通常为 540～820℃。催化燃烧是借助催化剂在 200～400℃的低温下实现对有机物的完全氧化，主要用于回收价值不大的有机废气和恶臭等的净化，如化工、喷漆、绝缘材料、漆包线、涂料等生产行业产生的废气，其能耗少、安全、操作简便、净化效率高。

（五）生物净化法

气态污染物的生物净化法是指利用经驯化的微生物的新陈代谢功能对多种有机污染物和某些无机物进行生物降解，将其分解成 H_2O 和 CO_2 的废气净化方法。该法对混合有机废气的优点明显，如处理效果良好，污染物去除率一般在 95%以上；基本上不存在二次污染问题；设备简单、维护和管理方便；可和废水处理一并进行，运行费用低；能耗少、基本不消耗有用原料，故在工业废气处理实践中得到了广泛应用。

生物净化法目前有植物净化法和微生物净化法两种，其中后者是目前应用的主要方法。微生物净化法是国内外研究和发展较多的领域。其基本原理是过滤器中的多孔填料表面覆盖有生物膜，废气流经填料床时，通过扩散过程，将污染成分传递到生物膜，并与膜内的微生物相接触而发生生物化学反应，从而使废气中的污染物得到降解。

废气生物净化设备主要有两类，即生物吸收装置和生物过滤装置，其中国内外应用较为广泛的是生物过滤器、生物滴滤器和生物洗涤器。目前反应设备研究主要集中于滴滤池、填料塔和生物滤池等几个方面。生物法处理废气的工艺系统均属开放系统，其微生物种群随环境变化而改变。目前废气处理的微生物学研究主要集中于优势菌种的筛选与驯化、生物挂膜填料的选择和微生物固定化等领域。

三、烟气除尘技术

以固态或固液共存状态悬浮于气体中的烟尘除了可用烟囱排放稀释扩散措施外，最有效的方法是利用除尘系统进行除尘净化，即从气体中除去和捕集这些粒子，以减少其对大气环境的污染。从含尘气流中将颗粒物分离出来并加以捕集的装置称为除尘器，它是除尘系统的核心组成部分，其性能如何对全除尘系统运行效果有重大影响。除尘器的种类较多，按照分离捕集粉尘的机理，可将其划分为机械式除尘器、湿式除尘器、过滤式除尘器和电式除尘器四类；按除尘过程中是否使用液体，可将其划分为干式除尘器和湿式除尘器两类；按照除尘器的效率，可将其划分为低效除尘器、中效除尘器和高效除尘器三类；按除尘过程中粒子分离的原理，可将其划分为重力式除尘器、惯性力式除尘器、离心力式除尘器、洗涤式除尘器、过滤式除尘器、电除尘式除尘器等。下面按第一种分类对各类除尘器分别作一介绍。

（一）机械式除尘器

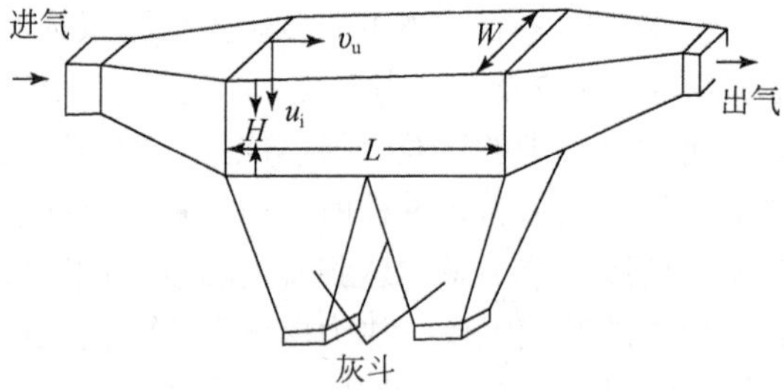

图 4.11　重力沉降室除尘器示意图

机械式除尘器是采用重力、离心力、惯性离心力等机械力而使气体中的尘粒发生沉降的除尘设备，常用设备有重力沉降室（图 4.11）、惯性除尘器（图 4.12）和旋风除尘器（图 4.13）。此类除尘器结构简单，设备费用和运行费用均较低，但除尘效率不高，适用于含尘浓度高和颗粒力度较大的废气除尘，目前多用于除尘要求不高的场合或高效除尘装置的前置预除尘。

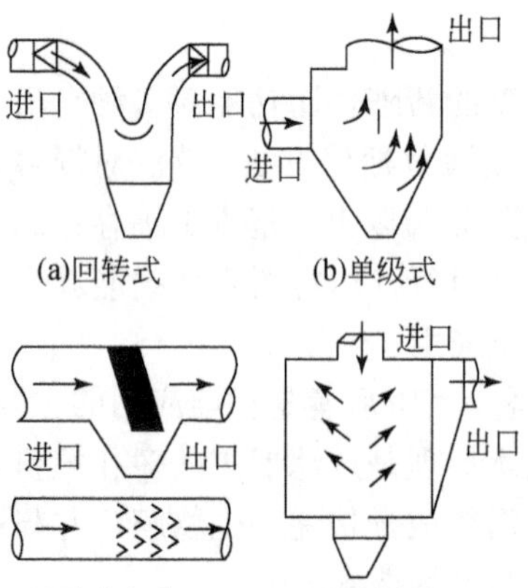

图 4.12　惯性除尘器示意图

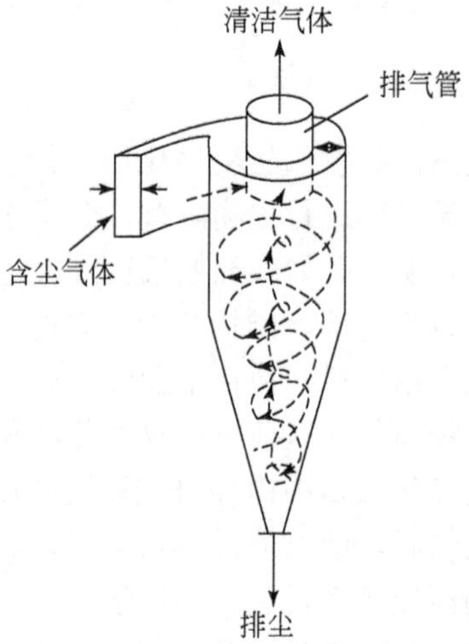

图 4.13　旋风除尘器示意图

（二）湿式除尘器

湿式除尘器是通过使废气与液体（一般为水）的密切接触将污染物从废气中进行分离而使气体中的尘粒发生沉降的除尘设备，有时又称为湿式气体洗涤器。湿式除尘器的结构简单、造价低廉、净化效率高，适用于净化非纤维性和不与水发生化学作用的粒度为0.1～20μm 的各类粉尘，尤其适宜净化高温、易燃和易爆气体。根据净化机理，湿式除尘器可划分为七类，即重力喷雾除尘器、旋风除尘器、自激喷雾除尘器、泡沫除尘器、填料床除尘器、文丘里除尘器和机械诱导喷雾除尘器，其中属于重力喷雾除尘器的喷雾塔除尘器（图 4.14）、旋风除尘器（图 4.15）和文丘里除尘器（图 4.16）应用最为广泛。

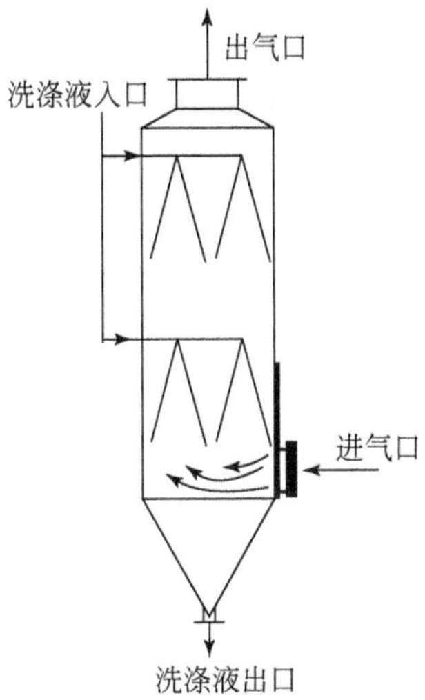

图 4.14　喷雾塔除尘器示意图

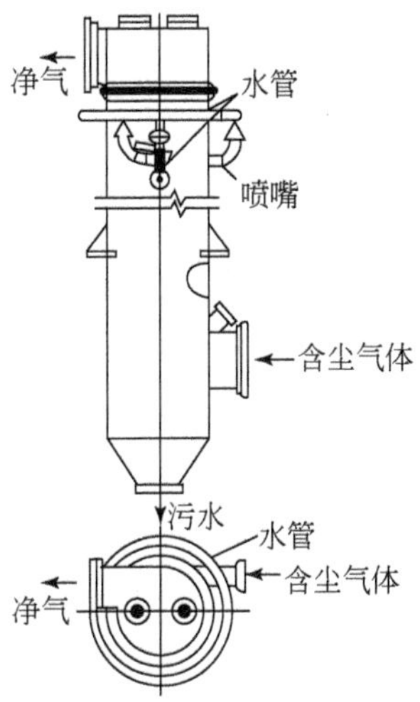

图 4.15　旋风除尘器示意图

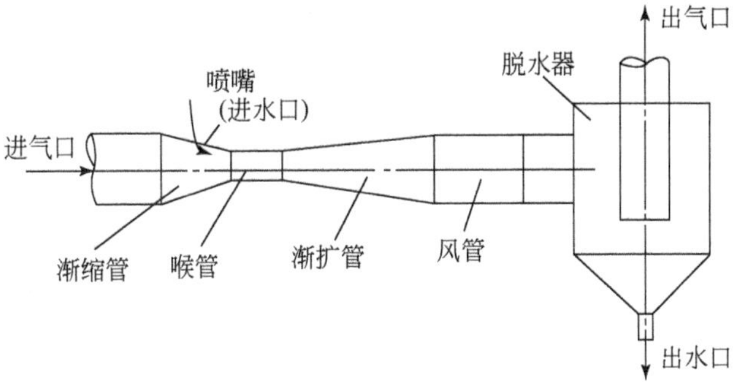

图 4.16　文丘里除尘器示意图

（三）过滤式除尘器

过滤式除尘器是使含尘气体通过具有很多毛细孔的过滤介质而截留污染颗粒物的除尘设备。其中的过滤介质可以是由玻璃纤维、硅砂、煤粒等构成的填充层，也可以是由棉、毛或人造纤维加工成滤袋的织物，故常用设备有颗粒层除尘器和袋式除尘器（图 4.17）。滤材本身网孔较大，一般为 20～50μm，因此新滤袋的除尘效率不高。当滤袋使用一段时间后，陆续产生筛选、碰撞、拦截、扩散、静电和重力沉降等，使得粗尘粒首先被阻留，并在网孔之间产生“架桥”现象，很快在滤布表面形成粉尘初层。在以后的过滤除尘过程中，初层便构成了滤袋的主要过滤层，而后期滤布只起支撑骨架的作用。粉尘初层形成后，过滤介质对粗、细粉尘的截留皆有效，过滤效率剧增，可达99%以上。

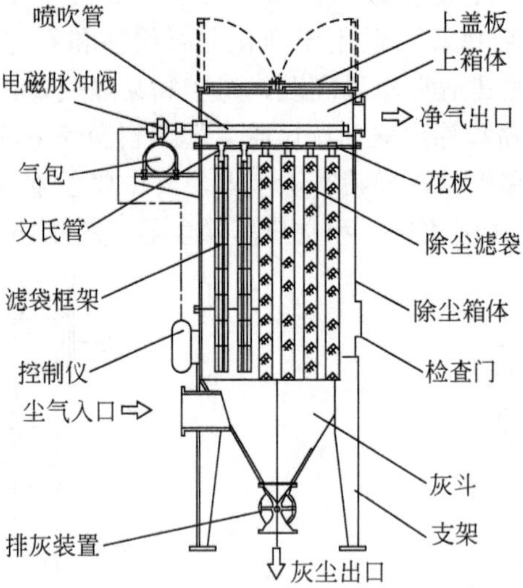

图 4.17　袋式除尘器示意图

（四）电式除尘器

电式除尘器是使含尘气体通过由电泳放电形成的高压电场而发生电离，在静电作用下使尘粒沉积于集尘器上，将尘粒从气体中分离的除尘设备（图 4.18）。常用设备有干式静电除尘器和湿式静电除尘器。电除尘器可分离的粒度范围为 0.05～200μm，除尘效率为 80%～90%，处理气体量越大，经济效果越明显。

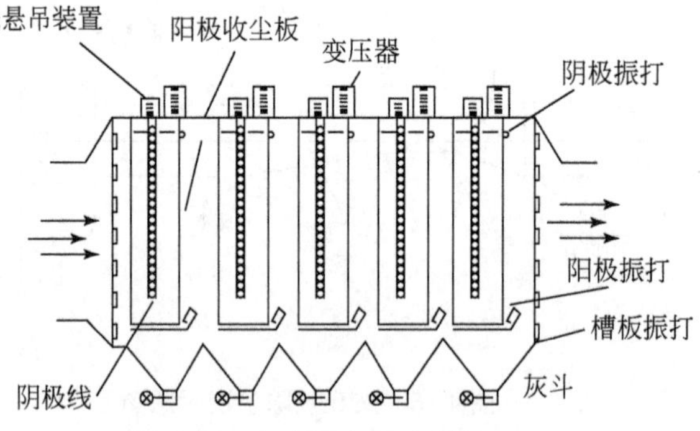

图 4.18　电式除尘器示意图

电式除尘器、袋式除尘器和高能文丘里湿式除尘器是目前国内外应用较广的三种高效除尘器，它们各具优点和缺陷（表 4.2）。重力沉降室和惯性除尘器皆属于低效除尘器，一般作为多级除尘系统的初级除尘；旋风除尘器和其他湿式除尘器一般属于中效除尘器。上述类型的除尘器对净化粒径在 3μm 以上的粉尘颗粒效果显著，而对粒径小于 3μm 的微粒，特别是 0.1～1μm 的微粒，去除效率很低。因此，近年来各国十分重视新型微粒控制装置的研制。

表 4.2　各种主要除尘器的优缺点对比

除尘器类型	原理	适用粒径/μm	除尘效率/%	优点	缺点
重力沉降室	重力	100～50	40～60	造价低；结构简单；压损小；磨损小；维修方便；节省运转费	不能去除小颗粒粉尘；效率较低
挡板式惯性除尘器	惯性力	100～10	50～70	造价低；结构简单；处理高温气体；不用运转费	不能去除小颗粒粉尘；效率较低
旋风式分离器	离心力	[3，5]	40～80	设备较便宜；占地少；处理高温气体；效率较高；适用于高浓度烟气	压损大；不适于黏、湿气体；不适于腐蚀性气体
湿式除尘器	湿式	0.1～20	80～99	效率高；处理高温气体；低浓度气体适用	压损大，运转费高；用水量大，处理后污水需二次处理；容易堵塞
过滤式除尘器	过滤	1～20	90～99	效率高；处理高温气体；低浓度气体适用	容易堵塞；滤部需要替换；操作费高
电式除尘器	静电	0.05～200	80～99	效率高；处理高温气体；压损小；低浓度气体适用	设备费高；粉尘黏附电极上会降低除尘效率；需要维修管理费用

四、通风技术

通风技术亦称通风净化技术，是指为改善生产和生活条件，采用自然或机械的方法对某一空间进行换气净化，以得到卫生、安全、环保的空气环境的净化技术，在控制大气污染过程中是一项必不可少的空气净化技术。通风方式可分为两大类，即全面通风和局部通风。全面通风是用自然或机械方法对某密闭空间进行换风的通风方式，适用于空间内污染源多而分散的空气净化。这种方法通过稀释空间内污染物的浓度来降低空气的污染程度，但不能去除空气中的污染物，一般不应提倡应用。局部通风是在局部污染源附近利用集气罩、密闭柜等有关设备将有害物质汇集起来，通过风管导入净化设备净化处理，然后排至空间外部大气环境的空气净化技术。这种方法可以降低污染物含量，是一种大气污染控制的有效方式。

局部通风净化系统的基本组成构件有集气罩、通风管道、净化装置、通风机和烟囱等（图 4.19）。有的还可增设热交换器、仪表等辅助设备，以维持通风系统的正常运行。集气罩亦称排气罩，是通风系统的最重要的部件之一，用来捕集污染物质，对通风净化的技术经济指标和净化效果有直接影响。按照罩口气流的流动方式，集气罩可分为吸气式集气罩和吹气式集气罩两类，其中常用的为吸气式集气罩，有密闭罩、排气柜、外部集气罩和接受式集气罩等种类。净化设备是有害气体和杂质的处理装置，为净化系统的核心部件和大气污染控制系统研究的关键技术部分。通风机亦称风机，是依靠输入的机械能提高气体压力并排送气体的机械设备，是通风系统中一种从动的流体机械。风机是我国对气体压缩和气体输送机械的习惯简称，通常包括通风机、鼓风机、风力发电机等。风机运行过程中存在一定的压力损失，为了防止风机因腐蚀而受损，一般将风机安装于净化设备的后面。通风管道是用来输送气体的管道，同时衔接了通风系统的其他设备和部件，使其连成一个封闭的整体。通风管道可以划分为就地式、分散式、集中式三种类型。烟囱亦称排气筒，是净化系统的末端，属于排气装置。对烟囱的设置有一定的高度要求，以保证污染物排入大气后近地面浓度达标。

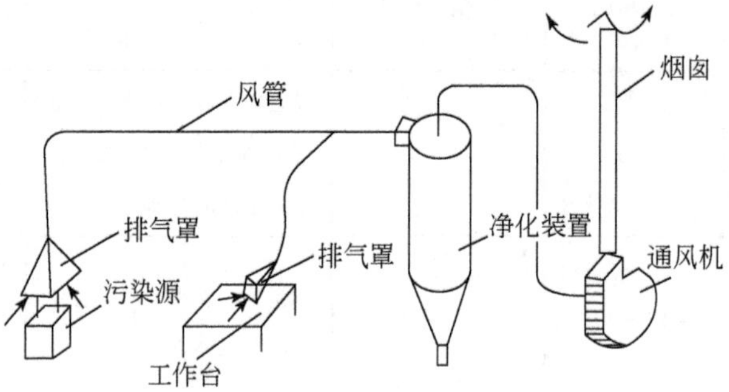

图 4.19　局部通风净化系统示意图

复习思考题

1. 试述大气污染的概念、类型与特征。

2. 何为大气污染源，主要的大气污染物有哪些？

3. 何为气态污染物、一次污染物和二次污染物？试述一次污染物和二次污染物的主要种类。

4. 影响大气污染物扩散的影响因素有哪些？

5. 试述大气污染物硫化物和氮氧化物在大气中转化的基本过程。

6. 何为大气污染控制和大气污染控制技术，大气污染控制的核心技术有哪些？

第五章　水环境污染及其控制

第一节　水体污染与水体污染物

一、水体污染的概念

水体是指以一定形态存在于自然界的水的聚积体。地球上的水体类型多样，按照在地球上分布的部位，大致可以分为三类，即大气水体，如气态的水汽、液态的水滴、固态的冰晶等；地表水体，如液态的海洋、河流、湖泊、沼泽，固态的冰川、积雪；地下水体，如液态的地下水、土壤水分，固态的冻土，气态的土壤水汽。环境学所关注的主要是地表水体和地下水体中的饱和水体，如海洋、河流、湖泊、沼泽和地下水等。

水体污染是指排入水体的污染物的数量达到一定的程度，超过了水体的自净能力，致使水体的物理性质、化学性质和生物性质发生了显著的变化，造成水质恶化和水体生态环境破坏，从而影响水体的原有用途，降低水体的使用价值，危害人体健康的现象。水体污染物有自然来源和人为来源两类，人们普遍关注的是后者。水体污染加剧了全球的水资源短缺，危及生态环境和人类健康，严重制约着社会、经济与环境的可持续发展。

二、水体污染源

水体污染源是指导致水体污染的污染物的发生源。凡是向水体排放或对水体产生有害影响的场所、设备和装置都可构成污染源。按污染物的来源可将水体污染源分为天然污染源和人为污染源两类。天然污染源是指自然界自行向水体释放有害物质或造成有害影响的场所，如岩石和矿物的风化和水解、水流冲蚀地面、大气降尘的降水淋洗等，使水中的盐分、微量元素或放射性物质浓度偏高而使水质恶化。人为污染源是指人类活动形成的污染源。按人类活动方式，人为污染源可以划分为工业污染源、农业污染源、交通污染源、生活污染源等。按污染物排放源的空间分布方式，人为污染源可以划分为点源和非点源（或称面源）等。在当前工业、农业和交通运输业高速发展，城市化进程加快的现状下，水体污染主要是人类的生产和生活活动造成的。因此，水体人为污染源是环境保护研究和水污染防治的主要对象。

（一）点污染源

点污染源主要是指工业废水排放源和城镇生活污水排放源。这些污水、废水多由管道收集后集中排放，因此被称为点污染源。点污染源受工业生产废水和城市生活污水排放规律的影响，具有季节性和随机性特征。

1. 工业污染源

工业污染源是最重要的水体污染源，一般具有排放量大、分布面广、污染物多、成分复杂等特点。工业废水的种类很多。按照废水产生的工业生产环节，工业废水有工艺废水、设备冷却废水、洗涤废水和场地冲洗废水等之分；按照废水中所含污染物的性质，有有机废水、无机废水、重金属废水、放射性废水、热污染废水、酸碱废水等之分；按照废水产生的行业类型，有造纸废水、制药废水、食品加工废水、石油炼制废水、石油化工废水、冶金工业废水、电站废水等之分。不同行业产生的工业废水具有不同的特点（表 5.1）。

表 5.1 典型行业工业废水的水质特点

工业部门	工业企业性质	废水特点
造纸业	制浆、造纸	碱性强、有机物含量高、水量大、有恶臭
食品业	肉类加工、油品加工、乳制品加工、水果加工、蔬菜加工等	有机物含量高、致病菌多、水量大、有恶臭
制革业	洗皮、揉革、人造革	有机物含量高、含盐量高、水量大、有恶臭
冶金业	选矿、采矿、烧结、炼焦、冶炼、电解、精炼、猝灭	有机物含量高、酸性强、水量大、重金属含量大、有放射性、有毒性
石化工业	开采、炼油、合成	有机物含量高、成分复杂、水量大、毒性较强
化工业	化肥、纤维、橡胶、染料、塑料、农药、油漆、洗涤剂、树脂	有机物含量高、pH 变化大、含盐量高、成分复杂、难生物降解、毒性强
纺织业	棉毛加工、漂洗、纺织印染	带色、pH 变化大、有毒性
动力业	火力发电、核电	高温、酸性、悬浮物多、水量大、有放射性

2. 生活污染源

生活废水是指居民在日常生活活动中产生的污水，包括厨房、浴室、厕所等所排出的污水，其中 99%以上是水，固体物质所占比例不足 1%。生活污染源所排放的污水多为洗涤废水和器物冲刷废水等，其中所含污染物以无毒有机物为主，如糖类、淀粉、纤维素、油脂、蛋白质、尿素等，其中含氨、磷、硫较高。此外，还含有 Zn、Cu、Mn、Pb 等各种微量元素、各种合成洗涤剂和相当数量的有害微生物。城市和人口密集的居住区是生活污水的主要来源。生活污水的排放量呈较规律的季节变化，一般是夏季排放量较多，冬季排放量较少，春、秋季呈过渡状态。生活污水的水质具有较规律的日变化，一般是早晨污染程度较高，夜晚污染程度较低，其他时间呈过渡状态。

（二）非点污染源

“非点源污染”（NPS）在我国亦称“面源污染”，相应地非点污染源亦称面污染源，是指没有固定排污口的面状污染源。非点污染源有多种类型，按照污染物的来源，可以将其划分为农业非点污染源、城镇非点污染源、矿区非点污染源、林地非点污染源等。此外，大气降水亦可构成水体的非点污染源。含有毒物质的大气降水直接降落于地表水体和深入地下水，可将其中所含的污染物带入水体，直接造成水体污染。非点污染源具有量大、面广、情况复杂等特点，对其控制要大大难于点污染源。并且随着点污染源管制的加强，水体的非点源污染在水环境污染中所占的比例不断增加。据调查，造成美国地表水体损害的污染源中，非点污染源分别占河流污染源的65%和湖泊污染源的75%。

1. 农业非点污染源

农业非点污染源主要是指化学农药和化学肥料农田的施用。在农田施用化学农药和化学肥料的过程中，部分农药和化肥可随灌溉水和降水形成的径流进入地表水和地下水，造成水体的污染。此外，牧场、养殖场、农副产品加工厂的有机废水排入水体，也可导致水体的污染，造成水体的水质恶化和地表水体的富营养化。农业发达的地区农田径流中氮的浓度一般为1～70mg/L，磷的浓度一般为0.05～1.1mg/L，已对水环境构成危害。禽畜养殖业产生的废水中常含有很高的有机物浓度，如猪圈排水的五日生化需氧量（BOD_5）一般为1200～1300mg/L，牛圈排水的BOD_5可达4300mg/L，这些有机物易被微生物降解，其中含氮有机物经过氨化作用形成氨，再被亚硝酸细菌和硝化细菌利用，转化为亚硝酸盐和硝酸盐，常引起地下水污染。目前，农业已成为大多数国家水环境最大的面污染源。

2. 城市非点污染源

城市非点源污染源一般是指城市地表。城市地表的污染物在降雨径流的淋溶冲刷作用下，以广域、分散的形式进入水体而导致水体污染。城市暴雨径流作为污染物迁移转化的主要驱动力，是城市非点源污染的主要原因。城市非点源污染物晴天在城市表面积累，雨天随降雨径流排放，具有非点源间歇式排放的特征。城市非点源污染物主要有悬浮颗粒物（SS）、有机物、氮、磷、微生物和重金属等。这些物质的主要来源有土壤侵蚀、化石燃料燃烧、工业排放、车辆尾气排放和部件磨损等，其中悬浮颗粒物主要来自土壤侵蚀、工业排放和化石燃料的燃烧，重金属则主要来自工业排放、车辆磨损和尾气排放（表5.2）。

表5.2 城市非点源污染物的主要来源

污染物	土壤侵蚀	车辆磨损和排放	工业排放和化石燃料燃烧	公园和绿地的农药化肥	动物排泄物
悬浮颗粒物	M	N	M		
有机物	M	N			M
营养物质	M	N		M	M
重金属		M	M		
油类		M	M		
微生物					M
农药					M

注：M为主要来源；N为次要来源。

城市屋面径流和路面径流是城市暴雨径流的主要组成部分。城市屋面径流所含污染物的种类取决于其材质、建筑时间、坡度、暴露程度和位置，主要有Zn、Cu、Pb、Cd等重金属，主要由金属屋顶和落水管的腐蚀、冲刷而形成。城市路面径流所含污染物的种类主要有油脂、重金属、有机物、悬浮颗粒物、农药杀虫剂等，主要由车辆及轮胎的磨损、汽车尾气排放、人类活动、道路的磨损、绿化带中农药和杀虫剂的使用等而形成。

3. 矿区非点污染源

矿区非点污染源一般是指矿区工地。矿区工地一般可对水体造成两个方面的污染与破坏：一是采矿等生产活动破坏了原来的土壤结构和植被面貌，导致水土流失加剧；二是在降雨条件下，散落于矿区地表的泥沙、盐类、酸类物质和残留矿渣等污染物随地表径流进入水体，形成水体污染。资料表明，美国有5%的地表水污染是由建筑工地的地表径流引起的。

4. 林地非点污染源

林地非点污染源一般是指林区地表径流。降雨过程中，林区的地表径流一方面会造成土壤侵蚀，另一方面可将地表的植物枯枝、落叶残体及其形成的腐殖物质带入水体，造成水体污染。由于林区的人为活动强度相对较低，地表植被覆盖率较高，与其他非点源污染相比，林区地表径流形成的非点源污染负荷一般较低。但在森林采伐区，人类对地表植被的破坏可以增加地表径流，进而加剧林区的非点源污染。

三、水体的主要污染物

可导致水体污染的污染物质和因素多种多样，这些污染物在不同的条件下可产生的环境效应亦是多种多样。水体中污染物种类繁多，分类方法亦有多种，较为常用的是按照污染产生原因的分类，一般将水体污染物划分为固体污染物、需氧污染物、有毒污染物、营养污染物、生物污染物、感官污染物、酸碱污染物、油类污染物和热污染物等类型。

（一）悬浮物

水体中的悬浮物是指悬浮于水中的固体物质，包括不溶于水的无机物、有机物及泥砂、黏土、微生物等，是造成水浑浊的主要原因。水体中的悬浮物是颗粒直径在10nm～0.1μm之间的微粒。水中的固体物质有溶解态、胶体态和悬浮态三种存在状态，其中溶解态颗粒的直径小于1nm，胶体态颗粒的直径在1～100nm之间，悬浮态颗粒的直径大于100nm。在水处理工程的实践中，常把胶体颗粒的上限扩大到1～2μm，并常把水中的固体污染物划分为溶解性固体（DS）和悬浮性固体两类，二者之和称为总固体（TS）。二者的区分方法，是用特制的微孔滤膜（孔径0.45μm）进行过滤，能透过滤膜的称为溶解性固体，被滤膜截留的称为悬浮性固体。按照固体物质的挥发性，可将其划分为挥发性固体（VS）和固定性固体（FS）两类。将固体在600℃的温度下灼烧，可挥发掉的即是挥发性固体，不可挥发的灼烧残渣则是固定性固体。水处理工程中常按照悬浮固体的沉降性，将其划分为可沉降性固体和难沉降性固体。可沉降固体悬浮物是指能在2h内靠重力沉降的固体，2h内不能沉降的固体称为难沉降固体，并把密度小于1的固体称为漂浮固体悬浮物。溶解性固体一般表示盐类的含量，悬浮固体表示水中不溶解的固态物质含量，挥发性固体反映固体的有机成分含量。

悬浮物是水中最常见的污染物，也是一项重要的水质指标。悬浮物的多少用单位体积的水中所含悬浮物的质量表示，即质量浓度。废水中悬浮物含量的多少亦可用浊度表示。水中含有的泥土、粉砂、微细有机物、无机物、浮游生物等悬浮物和胶体物都可以使水体变得混浊而呈现一定浊度。浊度是在外观上判断水是否被污染的主要特征之一。水质分析中规定，1L水中含有1mg一定粒度的硅藻土所产生的浊度为一个标准浊度单位，简称1度。

悬浮物的危害主要是造成沟渠、管道和抽水设备的阻塞、淤积和磨损；造成水生生物的呼吸困难；造成给水水源浑浊；干扰废水处理设施和回收设备的工作；有些悬浮物还有一定的毒性。几乎所有的废水中都含有数量不等的悬浮物，因此除去悬浮物是废水处理的一项基本任务。

（二）需氧污染物

需氧污染物主要是指废水中所含的能被微生物降解的有机物，有些是有毒的，但这类有机物的大部分本身是无毒的。它们造成污染的主要原因是在其生物降解的过程中消耗水中的氧，使水中的溶解氧（DO）降低，影响水生生物的生存，严重时使水发黑发臭。此类有机物的种类繁多，成分十分复杂，难以直接用其浓度来表示含量，因此通常用间接指标BOD、COD、总需氧量（TOD）和总有机碳（TOC）等来表示。这些指标各有特点，实际工作时可根据实际情况选择使用，其中应用最多的是 BOD_5 和 COD_{Cr}。

1. 生物化学需氧量

生物化学需氧量（BOD）亦称生物化学耗氧量，简称生化需氧量或生化耗氧量，是指在一定条件下单位体积废水中所含的有机物被微生物完全分解所需要消耗的分子氧的数量。BOD 越高，表明水中有机污染物越多。有机污染物被好氧微生物氧化分解的过程一般可分为两个阶段，第一阶段为有机物被转化为二氧化碳、水和氨的阶段，第二阶段为氨被转化为亚硝酸盐和硝酸盐的阶段，废水的 BOD 通常仅指第一阶段所需的氧量。要彻底完成水中有机物的生物化学氧化过程，正常条件下一般需要耗时 100 天以上，要把可降解的有机物全部分解掉一般需要耗时 20 天以上。因此，有机物的 BOD 与测定时间有关，测定时间不同所得结果也不尽相同。此外，BOD 的测定结果也与反应的温度有关。为了便于比较和观测，一般采用 20℃时 5 天 BOD 来表示，即废水中的有机物在 20℃时被微生物分解 5 天所消耗的氧量，记为 BOD_5。BOD_5 是衡量需氧污染物多少的常用指标之一。相应的废水被微生物分解 20 天所消耗的氧量记为 BOD_{20}。同种废水的 BOD_5 与 BOD_{20} 之间有一定的比例关系，例如，生活废水的 BOD_5 与 BOD_2 之比约为 0.7，但是不同废水的这一比值差异较大。BOD 能较准确地表达水中耗氧污染物的污染程度，BOD_5 越高的废水，所产生的污染越严重，故常用 BOD_5 作为废水中耗氧污染物多少的衡量指标。

2. 化学需氧量

化学需氧量（COD）亦称化学耗氧量，是指用化学氧化剂氧化分解单位体积废水中的有机物所需的氧量。COD 越高，表明水中有机污染物越多。常用的氧化剂有 $K_2Cr_2O_7$ 和 $KMnO_4$。同一种废水用不同的氧化剂所得结果不同，一般用下标的方式表示不同的氧化剂，如用 $K_2Cr_2O_7$ 时表示为 COD_{Cr}，用 $KMnO_4$ 时表示为 COD_{Mn}，其中 COD_{Cr} 是衡量需氧污染物多少的常用指标之一。亦可按氧化剂的不同，把用 $K_2Cr_2O_7$ 氧化所得 COD_{Cr} 称为化学需氧量，把用 $KMnO_4$ 所得 COD_{Mn} 称为高锰酸盐指数。$KMnO_4$ 法一般适用于地表水体需氧污染物的测定。由于 $K_2Cr_2O_7$ 的氧化能力较强，对有机物的反应较完全，因此 $K_2Cr_2O_7$ 法适用于分析污染较严重的水样，废水处理中常用此法进行测定。如果废水中有机物的组成相对稳定，则 COD 和 BOD 之间应有一定的比例关系。一般而言，重铬酸钾法测定的 COD_{Cr} 与第一阶段的 BOD 之比，可以大致地表示有机物被好氧微生物分解的可能程度。目前普遍认为，$BOD/COD_{Cr}<0.3$ 的废水属于难生物降解废水，在进行必要的预处理之前不宜采用好氧生物处理；$BOD/COD_{Cr}>0.3$ 的废水属于可生物降解废水，该比值越高，表明废水采用好氧生物处理达到的效果越好。对于同一废水，上述指标之间的关系一般为 $COD_{Cr}>BOD_{20}>BOD_5>COD_{Mn}$。

3. TOD 和 TOC

TOD 是指水中被氧化的物质（主要是有机碳氢化合物和含 S、N、P 等化合物）燃烧变成稳定的氧化物质所需的氧量。TOC 是指水中所有有机污染物质中的碳含量。耗氧过程是高温燃烧氧化过程，即把有机碳氧化成 CO_2，根据 CO_2 的增量，即可确定出水样中有机碳的量。TOC 和 TOD 的测定都是燃烧化学氧化反应，前者的测定结果以碳表示，后者的测定结果以氧表示。这两个指标均可用仪器快速测定，数分钟即可完成。由于 BOD 和 COD 两个指标不能全部反映难以分解的有机物的含量，加之测定 BOD 和 COD 费时较长，不能快速测定水体需氧污染物的污染程度，国内外提倡用 TOC 和 TOD 作为衡量水质有机物污染的指标。

（三）有毒污染物

有毒污染物是指水体中能引起生物毒性反应的化学物质。目前工业生产中所使用的有毒化学物质已超过 12000 种，并且仍以每年大约 500 种的速度递增。因此，有毒污染物已成为人们最为关注的污染物。有毒污染物对生物的效应有急性中毒和慢性中毒两种，急性中毒的初期效应十分明显，严重时会导致死亡。慢性中毒的初期效应不明显，但长期积累可引起突变、致畸、致死，甚至引起遗传畸变。慢性中毒效应不易察觉，但后果更为严重，一旦发现，已很难在近期内处理，甚至不可逆转。由于新的有毒化学物质不断出现，而有些物质对环境和生物的影响还不十分清楚，特别是长期的影响很难一时搞清楚，有些可能等到研究清楚时，它所造成的危害已不可逆转，因此应慎重使用新的化学物质。水中的有毒污染物按其化学性质可分为无机化学毒物、有机化学毒物和放射性物质三类。

1. 无机化学毒物

无机化学毒物主要是指重金属离子、氰化物、氟化物和亚硝酸盐等，其中重金属离子和氰化物是毒性较大的无机化学毒物。

重金属一般是指密度大于 5 的金属物质。水体的重金属污染物有 Hg、Cr、Cd、Pb、As、Ni、Cu、Zn、Ti 等多种，其中以前 5 种为主。重金属的来源较多，但主要来自工业废水。不同种类的重金属的生物毒性不尽相同，重金属污染一般均具有如下特点。①以离子态的毒性为最大，不同价态的毒性亦有区别。例如，Cr^{6+}的毒性大于 Cr^{3+}，As^{3+}的毒性大于 As^{5+}。②很难被生物降解，有时可被生物转化为毒性更大的形态。例如，汞在生物体内可转化成甲基汞，形成更大的毒性。③具有富集性。重金属可在生物体内形成富集，尽管水中的重金属浓度不高，但通过生物富集以后，在生物体内富集到一定数量，极有可能造成危害。据研究，海水中的汞通过食物链可富集 2 万倍。④可引起生物的慢性中毒。重金属在生物体中能够和蛋白质、酶等生物体内的生理高分子物质发生作用，从而使这些高分子物质失去活性，也可在生物的某些器官内形成积累，造成慢性中毒。这种危害有时需要相当长的时间才能显现出来，并且很难消除。⑤有些重金属的中毒和缺乏具有相似的症状。有些重金属是人体必需的元素，当人体缺乏这些元素时会罹患某种疾病，但过量又会产生中毒现象。值得注意的是，有些重金属的缺乏症状和中毒症状十分相似，容易造成误判。例如，儿童缺锌时会出现厌食、异食等症状，但锌中毒也会有相同症状。

氰化物是指含有—CN 基的一类化合物的总称，包括简单氰化物、氰络合物和有机氰化物（腈）。最常见的简单氰化物是氰化氢、氰化钠和氰化钾，是一种易溶于水的剧毒物质，摄入 0.1g 即可导致人体死亡。天然水体一般不含有氰化物，水中的氰化物往往是工业废水污染所致，如电镀、煤气、炼焦、化纤、选矿和冶金等的工业废水中，都有氰化物的存在。

氟化物是指含负价氟的有机或无机化合物。致命毒素沙林（Sarin）和依法韦仑、难熔的氟化钙、反应性很强的四氟化硫等，都属于氟化物的范畴。无机氟化物包括氟化氢、金属氟化物、非金属氟化物和氟化铵等。氟广泛存在于自然水体中，人体各组织中都含有氟，但主要积聚于牙齿和骨骼中。适当的氟是人体所必需的，但过量的氟可对人体造成危害。氟化钠对人的致死量为 6～12g，饮用水含 2.4～5mg/L 则可出现氟骨症。2017 年 10 月 27 日，氟化物被列入世界卫生组织国际癌症研究机构公布的致癌物清单中。

亚硝酸盐是指含亚硝酸根离子无机化合物的总称，主要是指易溶于水的亚硝酸钠。硝酸盐和亚硝酸盐广泛存在于人类环境中，是自然界中最普遍的含氮化合物。人体内硝酸盐在微生物的作用下可还原为亚硝酸盐。亚硝酸盐是一类剧毒物质，成人摄入 0.2～0.5g 即可引起中毒，3g 即可致死。亚硝酸盐中毒是由于长期、大量食用硝酸盐或亚硝酸盐含量较高的腌制食品及变质的蔬菜、误将工业用亚硝酸钠作为食盐食用而引起，也可见于饮用含有硝酸盐或亚硝酸盐苦井水、蒸锅水而引起。亚硝酸盐还是一种致癌物质，亚硝胺对胎儿有致畸作用。

2. 有机化学毒物

有机化学毒物主要是指人工合成的有毒有机物，如农药、酚类化合物、苯类化合物等。这类物质的种类很多，性质复杂，并具有如下特点。①毒性大。例如，农药具有剧毒，极少量即可致死，且大多是“三致”（致癌、致畸、致突变）物质。②存在时间长。有机化学毒物的化学性质较稳定，在环境中可以存在很长时间，在自然界中的半衰期达十余年到数十年。③难以生物降解并具有富集性。此类物质较难被生物降解，并且都可通过食物链富集，危害人体健康。此类人工合成有机化合物难以被生物降解，大大增加了城镇废水的净化处理难度，并对微生物有毒害与拟制作用。农药 DDT 在鱼脂中能够被富集达到水体中浓度的 12500 倍。

3. 放射性物质

水体中的放射性物质主要是指废水中所含的能产生有害射线的物质。有害射线主要有 X 射线、α射线、β射线、γ射线和质子束等，对人体的危害主要是引起慢性疾病、诱发癌症等。废水中的放射性物质主要来自核工业、核电站、稀有金属生产、医疗单位和某些实验室。

（四）植物营养物

植物营养物主要是指植物和微生物生长过程中所需的营养物质，主要是氮和磷。之所以称其为污染物，原因是当大量营养物质进入水体后，会导致藻类大量繁殖，水面上积聚大量水生生物。当水中的生物大量死亡时，会使水中的 BOD 值猛增，DO 降低，影响水体功能和鱼类生存。这种因营养物质过盛而产生的水体污染称为水体富营养化。水体长期富营养化会加速水体的演化进程，逐渐向沼泽、陆地发展而最终消失。

水体中营养污染物的来源较广，主要来源有氮肥、洗毛、制革、印染、食品等工业企业废水的排放，氮肥、磷肥等农田化肥施用，洗衣粉等含磷日用洗涤剂的使用等。需要指出的是，污水处理厂也是水体氮、磷物质的来源之一。污水处理过程中，有机物中的氮被转化为硝酸盐，磷被转化为磷酸盐，最终排放至水体。除氮和磷外，BOD、水温、维生素类物质等也能触发和促进富营养化污染。近些年来，我国许多湖泊和近海海域的富营养化污染已相当严重，不少湖泊和近海海域经常发生的赤潮现象，就是水体富营养化的结果。

表示水中营养物质多少的指标是单位体积水中含氮和磷的总质量。氮在水中的存在形式较多，人们关注较多的形态是氨氮、亚硝酸盐氮、硝酸盐氮、有机氮和总氮等，其中前四者之间可通过生物化学作用相互转化。氨氮常以 NH_3 和 NH_4^+ 的形式存在，亚硝酸盐氮常以 NO_2^- 的形式存在，硝酸盐氮常以 NO_3^- 形式存在，有机氮是反映水中蛋白质、氨基酸、尿素等含氮有机物总量的指标，总氮（TN）则是反映水中各种形态氮的全部含量的指标。磷在水体中主要以各种磷酸盐和有机磷的形式存在。

水体中营养物质过剩所造成的水体污染，主要是导致水体的富营养化。水体富营养化最直观的表现是藻类数量的增多和种类的变化。藻类的变化是由氮、磷等含量过多引起的。这些植物营养物质进入水体，刺激藻类增殖，最终导致水质恶化。李比希于 1894 年提出了植物生长最小限制因子定律。该定律指出，植物生长繁殖的速度取决于其所需养料中数量最少的那一种。天然水体中藻类合成的基本反应式为

$$106CO_2+16NO_3^-+HPO_4^{2-}+122H_2O+18H^+ + \text{微量元素} \xrightarrow{h\nu} C_{106}H_{263}O_{110}N_{16}P+138O_2(\text{藻类})$$

该式表明，磷是限制水体藻类生长繁殖的最主要因素，氮次之。当水体中磷、氮等限制因子在内的各方面条件充分满足的情况下，水体的藻类种群就会发生变化，数量大幅度上升，引起水体富营养化的发生。研究表明，水体中氮、磷浓度的比值与藻类增殖有密切的关系。日本学者提出，湖水总氮和总磷浓度的比值在 10∶1～25∶1 的范围内时有直线关系。其中，比值为 12∶1～13∶1 时，最适宜于藻类的繁殖。我国学者的研究表明，不同湖泊湖水中的氮与磷的比值范围有所不同，如武汉东湖为 11.8∶1～15.5∶1，杭州西湖为 72∶1，长春南湖为 20.4∶1，云南滇池为 15.1∶1。但是，当总氮与总磷的浓度比值低于 4∶1 时，氮很可能就成为湖泊水质富营养化的限制因子。

水体富营养化的危害是多方面的，如破坏水产资源、造成藻类种类减少、危害水源、加快湖泊老化的进程等。一般说来，水体富营养化有如下特征。①浮游生物大量繁殖，水中 DO 含量降低。②水体中藻类的种类减少，个体迅速增加，特别是蓝藻、红藻的个体数量猛增，而其他藻类逐渐减少（硅藻、绿藻）。③因占优势的浮游藻类颜色不同，水面往往呈现蓝、红、棕、乳白等颜色，故海水中出现的浮游藻类过多现象被称为“赤潮”，淡水中出现的浮游藻类过多现象被称为“水华”。

（五）生物污染物

水体中的生物污染物主要是指废水中的致病微生物和病毒。废水中特别是生活废水中常含有多中微生物，它们大部分是无害的，但其中也含有对人体及其他生物有害的病原菌。例如，制革厂废水中常含有炭疽菌，医院废水中常含有病原菌和病毒，生活废水中常含有可引起肠道系统疾病的细菌和寄生虫卵等。有些用途的水对微生物指标的要求较高，如石油工业用水对微生物指标就有严格的要求。来源于医院、屠宰厂、生物研究机构及生活等的废水微生物含量一般都较高，会加快管道腐蚀、形成生物体内结石等。表示生物指标的主要有细菌总数、总大肠菌群、粪大肠菌群、病原菌和病毒等。

1. 细菌总数

细菌总数是指单位体积水中所含的各种细菌的总数，是表示水体生物污染程度的标志。水质分析中，常用 37℃条件下 1mL 水样在营养琼脂培养基中培养 24h 后所生长的细菌菌落

（CFU）的总数作为细菌总数的衡量指标。《生活饮用水卫生标准》（GB 5749—2006）中规定，每毫升生活饮用水中的细菌总数不得超过 100 个。

2. 总大肠菌群

大肠菌群并非细菌分类学名称，而是一个卫生细菌领域的用语，是指需氧及兼性厌氧、在37℃、48h 内能分解乳糖产酸产气的革兰氏阴性无芽胚杆菌，包括大肠埃希氏菌（*escherichia coli*）、柠檬酸杆菌（*citrobacter werkman and gillen*）、产气克雷伯氏菌（*klebsiella trevisan*）和阴沟肠杆菌（*enterobacter cloacae*）等，以埃希氏菌属（俗称为典型大肠杆菌）为主。大肠菌群均是直接或间接地来自温血动物的粪便，典型大肠杆菌以外的菌属也可来自典型大肠杆菌排出体外 7～30 天后在环境中的变异。此类菌属适宜的外部生存环境与肠道传染病细菌、寄生虫卵的生存环境相似，且数量多，容易检验，所以通常把总大肠菌群作为生物污染程度的衡量指标。

3. 粪大肠菌群

粪大肠菌群是总大肠菌群的一个亚种，是生存于温血动物肠道中的一组肠道细菌。粪大肠菌群直接来自于动物粪便，约占排出体外粪便干重的 1/3 以上。粪大肠菌群具有耐高温的特点，适宜生存温度为 25℃，但在 44～44.5℃的高温条件下仍可生长繁殖。粪大肠菌群测定方法与总大肠菌群测定方法的不同之处，在于需将培养温度提高到 44.5℃。

4. 病原菌

病原菌亦称病原微生物，是指能入侵宿主并产生致病物质而引起感染的一类微生物，如细菌、真菌、病毒等。不同种类的病原菌可分泌不同类型的毒素，导致宿主感染不同类型的疾病。例如，霍乱弧菌（*vibrio cholerae*）、痢疾杆菌和大肠杆菌能分泌肠毒素引起患者腹泻；鼠疫杆菌分泌的鼠疫毒素可作用于患者全身血管及淋巴而导致出血和坏死；梭状芽孢杆菌可在氧气较少的伤口深部繁殖并产生一种能置人于死地的毒素而引起破伤风；有一种梭状芽孢杆菌会在腌制的鱼和肉类罐头中繁殖并产生一种已知对人类危害最严重的毒素，0.1μg 就可致死，不过现代的食品保藏方法已使肉毒中毒症十分罕见。废水中常含有一定数量的病原菌，是引起水传播疾病的重要来源。水中常见的病原微生物有沙门氏菌属（*salmonella*）、志贺氏菌属（*shigella*）、肠道病原性的大肠埃希氏菌、钩端螺旋体（*leptospira*）和肠道病毒（*enteric viruses*）等。

5. 病毒

病毒是颗粒很小、以纳米为测量单位、结构简单、寄生性严格、以复制进行繁殖的一类非细胞型微生物。污水中的病毒数量很大，浓度可高达每立方米 5 亿个。越来越多的证据表明，水中病毒常与污水处理厂的出水和自然水体中的悬浮物有关。水中常见的病毒有三种，即肠道病毒、肝炎病毒和轮状病毒。肠道病毒是在水体环境中最常见、也是水病毒学研究最多的一类病毒。这类病毒的病患者排毒量大，排毒时间长，易于检测，因此水的病毒学安全性研究常以其作为代表。肠道病毒对外界环境抵抗力强，存活时间较久，一些肠道病毒在水中能存活较长时间，在自来水中可存活 2～168 天，在海水中可存活 2～130 天，可通过水体以外的途径传播。病毒性肝炎一般可分为甲型肝炎和乙型肝炎，两者病理变化和临床表现基本相同。甲型肝炎病毒（hepatitis A virus）主要从粪便排出体外，经口传染。水源或食物被污染后，可能引起爆发性流行。轮状病毒（rotavirus）是引起全球儿童急性腹泻的最常见病因之一，主要通过口-粪途径传播，可经饮用或进食受污染的饮水或食物，或接触受污染的对象传播。据估计，全球每年患轮状病毒肠胃炎的儿童超过 1.4 亿人，造成数十万儿童死亡。1981 年美国科罗拉多州发生的轮状病毒病暴发，与市政供水的污染有关。1982 年以来，中国发生了几次感染数百人的 B 族轮状病毒大暴发，其原因是饮用水被污水污染。

（六）感官污染物

感官污染物是指水中的异色、浑浊、泡沫、不良气味等会引起人们感官上不快的污染物，是表述水环境质量的一类物理指标。感官污染物主要是对水环境的视觉产生不良影响，尤其是对景观水域的影响更为严重。表示水的感官污染物的指标常用的有水色、透明度、嗅和味等。

1. 水色与色度

水色是水的光学性质指标之一。纯水是无色的，自然界的水之所以看起来有色，是由其光学性质及水中的悬浮物质、浮游生物所决定的。例如，黄海的水色为“青黄”，是由黄河带来的黄土泥沙所决定；海洋发生“赤潮”时水色发红，是由海水中有大量“蓝绿藻”所决定；污染河流水色发黑，是由河水中含有大量油污所决定。水色是水体对光的选择性吸收和散射作用的结果。水对各种光的吸收作用是有选择性的，红、黄光最易被吸收，蓝、绿光的吸收能力弱，所以蓝光容易透过表层而入射至水体的深处，其中一部分被反射到水面，因而自然水体多呈蓝、绿色。值得指出的是，要将水色和水面的颜色区别开来。水面颜色是水对光线的反射造成的，与水的光学性质无关。当人们站在船或岸上远眺水面时，映入眼帘的是水面的反射光而非水的反射光。当云面多风浪大时，水面昏暗；当天气晴好时，天水一色，那只是水面的颜色而非水色。霓虹灯下的水面五光十色，更不是水的颜色。

水色通常用水色计来确定。水色计由蓝、黄、褐三种颜色的溶液按一定比例配成 21 种不同的色级，分别密封在 21 支无色透明玻璃管内，置于敷有白色衬里的两开盒子中，盒子的左边为 1～11 号，右边为 12～21 号，从深蓝色至褐色，依次编号。号码越小，水色越蓝，习惯上称水色高；号码越大，水色越近褐色，称水色低。测得的水色，即以水色号来表示。

色度是指水所呈现的颜色深浅程度。色度有两种表示方法，一是铂钴标准比色法，规定 1L 水中含有氯铂酸钾 2.491mg 及氯化钴 2.00mg 时，亦即 1L 水中含铂 1mg 及钴 0.5mg 时所呈现的颜色深浅为 1 度；二是稀释倍数法，即用清水将待测水样进行稀释，把水样稀释至接近无色时所需的稀释倍数为色度。

2. 透明度

透明度指物质透过光线的能力。透明度是水的光学性质指标之一，用来描述水的透光性能。透明度一般用透明度板来目测确定。透明度板又称“塞克板”，是一直径 30cm 的白色圆盘。观测时，将其系在有刻度的测绳上，沉入水中，以下沉目光刚不能见深度和提起刚能见深度的平均值作为水的透明度。用这种方法测得的水的透明度受天气条件和观测者视力影响，精度不高，只有相对意义，它是人眼所见深度，而不是光线可透入深度。透明度亦可用仪器测得。此时，将透明度定义为一束平行光线在海水中传播一定距离后其光能流与原来光能流之比，即

$$\upsilon=I/I_0$$

式中，υ 为光能流强度变化值；I_0 和 I 分别为初始和传播一段距离后的光能流强度。

水色和透明度均是反映水的光线性质的指标，二者均受水中悬浮物和浮游生物的影响，有着一定的关系（表 5.3）。水色号码越小，水色越高，透明度也越大。分析表明，赛克板

测定的透明度与水中悬浮物质的数量呈双曲线关系。

表 5.3　大洋水色与透明度对照表

水色号	1～2	2～5	5～9	9～10	10～13
水色	蓝	青蓝	青绿	绿	黄
透明度/m	26.7	23.2	16.2	15.5	5.0

3. 嗅和味

嗅和味是表述水质优劣的感官指标之一。洁净的水是无味的，受到污染后会产生各种异味。污水发出的异味通常是各种臭味，如霉烂臭味、粪便臭味、汽油臭味、臭蛋味、氯气味等。水的异味的种类和程度通常是作定性表达，用强、弱、无等表示其强度。比较准确的定量描述方法是异味阈值法，即用无臭水将待测水样稀释到接近无臭程度的稀释倍数来表示“臭阈值”，倍数越大表明臭味越大。

（七）酸、碱污染物

水体的酸、碱污染物是指进入水体的无机酸和无机碱物质，主要影响水的 pH。废水中酸、碱污染物的多少常用 pH 表示，浓度高时也可用酸或碱的质量分数来表示。水的 pH 异常会对水体中的生物产生危害和影响。当 pH 小于 6.5 或大于 8.5 时，水中微生物的生长会受到抑制。水中的酸、碱污染物还会对水中建筑物及船只造成腐蚀，特别是低 pH 的酸性水的腐蚀性更强。此外，含酸、碱废水排入农田会改变土壤的性质，导致土地盐碱化，危害农作物。

（八）油类污染物

油类污染物一般是指比水轻能浮在水面上的液体物质，多指油类。油类污染物不溶于水，进入水体后会在水面上形成油膜，影响氧气的溶入，降低水中的 DO 含量。水中油的含量达到 0.01mg/L 时，即可使鱼肉带有特殊气味而不能食用。油膜易黏附于水生生物的呼吸器官上，导致生物呼吸困难，严重时会导致死亡。含油废水可妨碍植物的通气性能和光合作用的正常进行，危害植物的正常生长发育，导致农作物减产甚至绝收。石油进入湖泊和海洋后形成的水面油膜，不仅会影响水体景观环境，还会减少水面蒸发，影响水体生态环境。水体中的油类污染物主要来自炼油厂废水、石油运输过程的石油泄漏、洗船废水、油库渗漏、沿岸工业废水等。水中油类污染物的多少多用质量浓度来表示。

（九）表面活性剂

表面活性剂主要有烷基苯磺酸盐和直链烷基苯磺酸盐两类。烷基苯磺酸盐俗称硬性洗涤剂（ABS），含磷并易产生大量泡沫，属于难生物降解有机物，20 世纪 60 年代前使用广泛。直链烷基苯磺酸盐俗称软性洗涤剂（LAS），属于可生物降解有机物。20 世纪 60 年代以来，以 LAS 代替了 ABS，水面泡沫大大减少，但仍含磷。

（十）热污染物

水体中的热污染物是指进入水体的多余的热能。一定的热量是水生生物生长发育所必需的，但是进入水体的热量过多，就会使水温过高，形成危害。热污染可以破坏废水的生物处理过程，影响水中生物的生存，加速水体富营养化等。水体中的热污染物主要来自发电厂废水、冶金企业废水等。

第二节　水体污染的特征

一、河流污染的特征

河流污染是指有毒有害物进入河流的数量超过河流的自净能力，从而造成河流水环境质量降低，影响水体使用功能的现象。河流污染具有以下特点。

（一）污染程度受径流量大小的影响

河流的径流量和入河的污水量、污染物量决定着河流的稀释比。在排污量相同的情况下，河流的径流量越大，河流污染的程度越轻，反之就越重。由于河流的径流量具有随时间变动的特点，因此河流污染的程度也表现出明显的时间变化特性。

（二）污染扩散快

河流是流动的，河流上游受到污染会很快影响到下游的水环境质量。从水污染对水生生物生活习性（如某些鱼类的洄游）的影响来看，一段河流受到污染后，可以迅速影响到整个河流的生态环境。

（三）污染影响大

河流特别是水质相对洁净的大江大河是目前人类主要的饮用水源，河流中种类繁多的污染物可以通过饮用水危害人类。不仅如此，河流还可以通过水生动植物食物链及农田灌溉等途径直接或间接危及人类健康。

二、湖泊与水库污染的特征

湖泊往往是一个地区的地势较低洼处，是河流的汇入点，也常常成为污染物的归宿地。湖泊污染就是指污染物质进入湖泊的数量超过了湖泊的自净能力，造成湖泊水体污染的现象。湖泊的水流交换较为缓慢，从而呈现出与河流污染不同的特点。

（一）污染物来源的广泛性和种类复杂性

湖泊污染物的来源较多，可分为外源和内源两大类。其中外源包括入湖河道携带的工业废水和生活污水、湖区周围农田的排水和降雨径流等；内源包括船舶排水、养殖废水及底泥（包括湖内生物死亡后经微生物分解而产生的污染物）等。较为广泛多样的污染物来源，决定了湖泊污染物的种类较为复杂。流域内的几乎一切污染物质，都可通过各种途径最终进入湖泊。

（二）污染物稀释和迁移的微弱性

湖泊的水面较为宽广，流速缓慢，入湖污染物在湖泊中的停留时间较长，不易迅速被湖水稀释而达到充分混合，也难以通过湖流的搬运作用经出湖河流向下游输送。因此，湖泊水质常呈现分布不均匀及污染物向湖底沉降的现象，大容量深水湖泊的表现尤为显著。此外，流动缓慢的湖泊还使大气复氧作用降低，导致湖泊对某些污染物质的自净能力减弱。

（三）生物降解和累积能力的强大性

湖泊是孕育水生动植物的天然有利场所，水生生物大量繁殖，往往成为影响湖泊水质动态变化的重要因素。湖中生物对多种污染物具有显著的降解作用，如在藻类、细菌或底栖动物的作用下，将有机污染物分解为二氧化碳和水，有利于湖泊水质的净化。然而，在湖泊生物的作用下，某些原本毒性不大的污染物质也可被转化为毒性很强的物质，如无机汞可被湖泊生物转化成甲基汞，加重湖泊污染的危害性。湖中生物对某些污染物质具有累积作用，这些污染物除了直接从湖水进入生物体外，还可通过多级生物的吞食，在食物链中不断进行转移和富集。

三、地下水污染的特征

地下水污染是指当各种途径进入地下水的污染物质超过了地下水的自净能力时而造成的地下水的污染现象。地下水特殊的赋存条件使其污染具有如下显著特点。

（一）污染物来源广泛性

地下水污染的途径多种多样，主要有工业废水和生活污水未经处理而直接排入渗坑、渗井、溶洞、裂隙，进入地下水；工业废弃物和生活垃圾等固体废物在无适当的防渗措施条件下，经雨水淋洗，有毒有害物质缓慢渗入地下水；用不符合灌溉水质标准的污水灌溉农田，或受污染的地表水体长期渗漏，从而进入地下水；在沿海地区过度开采地下水，使地下水位严重下降，海水倒灌污染地下水等。

（二）隐蔽性和延时性

地下水赋存于地下岩层之中，地下水运动是地下水在岩石空隙中的缓慢渗流过程，所以地下水的水质动态变化是一个十分缓慢的过程，并且难以被直接观察。地下水被污染后，很难在早期被及时发现，常常不会引起人们的关注。一旦人们察觉地下水质有明显变异，地下水污染往往已达到相当严重的污染程度。

（三）难以治理性

地下水处于地下无光和缺氧的环境条件下，生物作用微弱，水质动态变化小，化学成分相对稳定。地下水一旦受到污染，恢复其原来状态的难度较大。此外，污染溶液入渗所经过的地层能起二次污染源的作用，即使彻底消除了地下水的污染源，水质也难以及时改善。因此，地下水质恢复所需时间很长，一般需要十余年甚至数十年才能使水质得到完全净化。

四、海洋污染的特征

海洋污染是指人类活动直接或间接地将物质或能量排入海洋环境（或河口），以致损害海洋生物资源、危害人类健康、妨碍海洋渔业、破坏海水正常使用或降低海洋环境优美程度的现象。海洋是地球上最大的水体，具有巨大的自净能力，但这种对污染物的消纳能力并不是无限的。海洋污染具有以下特点。

（一）污染源的多样性和复杂性

海洋的污染源极其复杂，除了海上船舶、海上油井排放的有毒有害物，沿海地区产生的污染物直接注入海洋外，内陆地区的污染物也大多通过河流最后排入海洋。此外，大气污染物也可以通过气流运行到海洋上空，随降水进入海洋。因此海洋有地球上一切污染物的"垃圾桶"之称。

（二）污染的持续性

海洋是地球上所有污染物的最终归宿，海洋污染物很难再向其他环境受体所转移，海洋中的污染物的去除只有分解一种途径。随着时间的推移，海洋中的一些不溶解和难降解的污染物的数量，如重金属和有机氯化物等，会随着累积时间的延长而不断增多，并长期存在于海洋之中。例如，DDT 进入海洋后，经过 10～50 年的时间才仅能被分解掉 50%。

（三）污染扩散范围的巨大性

海洋的体积和水量巨大，具有良好的水量交换条件，海洋污染物可通过洋流、潮汐、波浪等多种海水运动形式的作用而进行很好的混合，并可随海水运动被带至很远的其他海域，极大地扩大海洋环境的污染范围。这种特点，对于污染海域而言是一种污染净化的机制，但是对于海水输入海域而言是一种输入性污染的途径。例如，人类已从北冰洋和南极洲捕获的鲸鱼体内检出了 0.2mg/kg 和 0.5mg/kg 的多氯联苯，这表明多氯联苯已由近岸扩散到了远洋。

第三节　水体自净作用

一、水体自净作用的概念与特征

水体自净作用是指污染物进入水体后，通过一系列的物理、化学和生物的作用，随着时间和空间的变化而浓度自然降低，使水体逐渐恢复其原有性状的现象。水体自净的定义有广义与狭义两种。广义的水体自净是指受污染水体经过水中物理、化学与生物作用而使污染物浓度降低，并基本恢复或完全恢复到污染前的水平的过程。狭义的水体自净是指水体中的微生物氧化分解有机物而使得水体得以净化的过程。水体的自净能力是有一定限度的，其大小与水体的环境容量有关。水体自净是一种资源，合理利用水体自净能力，可减轻人工处理污染的负担，达到以最经济的方法控制和治理污染的目的。

污染物进入水体后，就开始了自净过程。该过程由弱到强，直至趋于稳定，使水质逐渐恢复到原有水平。污染物在水体中的自净过程具有以下特征。①进入水体中的污染物，在连续的自净过程中，总的趋势是浓度逐渐下降。②大多数有毒污染物经各种物理、化学和生物作用，转变为低毒或无毒化合物。③重金属类污染物从溶解状态被吸附或转变为不溶性化合物，沉淀后进入底泥。④有机污染物如碳水化合物、脂肪和蛋白质等，不论在 DO 富裕或缺乏条件下，都能被微生物利用和分解，依次被降解为较简单的有机物，和被分解为二氧化碳和水。⑤不稳定的污染物在自净过程中被转变为稳定的化合物，如氨先被转变为亚硝酸盐而后再被氧化为硝酸盐。⑥水体自净过程初期，水中 DO 数量急剧下降，达到最低点后缓慢上升，最后逐渐恢复到正常水平。⑦水体被污染后，水中生物的种类和个体数量将大量减少，而后随着水体自净过程的推移，生物种类和个体数量也逐渐回升，最终趋于正常的生物分布。

二、水体自净作用的影响因素

水体的自净能力是有限的，如果排入水体的污染物数量超过某一界限，将造成水体的永久性污染，这一界限即为水体的自净容量。影响水体自净作用的因素很多，主要有水体的水文条件、污染物的性质与浓度、水体中微生物的种类与数量、底泥性质、当地的自然地理条件等。

（一）水文条件

流速、流量直接影响移流强度和紊动扩散强度。流速和流量大，不仅水体中污染物浓度稀释扩散能力随之加强，而且水汽界面上的气体交换速度也随之增大。河流中流速和流量有明显的季节变化，洪水季节，流速和流量大，有利于自净；枯水季节，流速和流量小，给自净带来不利。河流中含沙量的多少与水中某些污染物质浓度有一定关系。例如，研究发现中国黄河含沙量与含砷量呈正相关关系。这是因为泥沙颗粒对砷有强烈的吸附作用。一旦河水澄清，含砷量就大为减少。水温不仅直接影响水体中污染物质的化学转化的速度，而且能通过影响水体中微生物的活动对生物化学降解速度产生影响，随着水温的增加，BOD 的降低速度明显加快。但水温高却不利于水体富氧。深潭-急流-沙（河）滩是天然河道的一种基本结构单元，分析认为，深潭-急流-沙（河）滩系统由于结构单元不同的环境异质性，水体的自净作用会增强。对其进行采样分析，测定其水质指标，检验典型自然河道形态结构对水体自净的影响，为河流生态修复提供理论依据。结果表明：赤水河深潭水体中总氮、硝酸盐氮、氨氮浓度大于急流，而 DO、BOD_5、COD、总磷浓度表现为急流大于深潭。方差分析表明，深潭-急流总氮、BOD_5 浓度在枯水期和丰水期均差异不显著，枯水期深潭-急流硝酸盐氮、氨氮、DO、总磷浓度差异极显著（$P<0.01$，$n=9$），丰水期深潭-急流硝酸盐氮、氨氮、DO、总磷浓度差异均不显著。就采样时期来看，总氮、硝酸盐氮、氨氮、DO、BOD_5、COD 浓度均表现为枯水期大于丰水期，而总磷浓度表现为丰水期大于枯水期。以上结果表明，水体在经过深潭-急流-沙（河）滩这一结构单元时水质会有差异，河流中不断重复出现的深潭-急流-沙（河）滩系统能有效地改善河流水质，提高水体的自净能力。

（二）污染物性质和浓度

易于化学降解、光转化和生物降解的污染物显然最容易得以自净。如酚和氰，它们易挥发和氧化分解，而又能被泥沙和底泥吸附，因此在水体中较易净化。难于化学讲解、光转化和生物降解的污染物也难在水体中得以自净。如合成洗涤剂、有机农药等化学稳定性极高的合成有机化合物，在自然状态下需十年以上的时间才能完全分解，它们以水流作为载体，逐渐蔓延，不断积累，成为全球性污染的代表性物质。水体中某些重金属类污染物可能对微生物有害，从而降低了生物降解能力。

（三）水生物和水中微生物

水中微生物对污染物有生物降解作用。某些水生物对污染物有富集作用，这两方面都能降低水中污染物的浓度。因此，若水体中能分解污染物质的微生物和能富集污染物质的水生物品种多、数量大，对水体自净过程较为有利。

（四）底泥性质

底泥能富集某些污染物质。河水与河床基岩和沉积物也有一定物质交换过程。这两方面都可能对河流的自净作用产生影响。例如，河底若有铬铁矿露头，则河水中含铬可能性较高；又如，汞易被吸附在泥沙上，随之沉淀而在底泥中累积，虽较稳定，但在水与底泥界面上存在十分缓慢的释放过程，使汞重新回到河水中，形成二次污染。此外，底质不同，底栖生物的种类和数量不同，对水体自净作用的影响也不同。以松木片、透水砖、釉面瓷砖、砾石、生态砖、干砌石、浆砌石和蜂巢格宾为研究对象，结合室内模拟和野外观测，定量研究了河岸河床材料对河流自净能力的影响，并从微生物的生物量、多样性和酶活性三方面，探讨了产生这种影响的内在机理。

（五）太阳辐射

太阳辐射对水体自净作用有直接影响和间接影响两个方面。直接影响指太阳辐射能使水中污染物质产生光转化；间接影响指可以引起水温变化和促进浮游植物及水生植物进行光合作用。太阳辐射对水深小的河流的自净作用的影响比对水深大的河流大。

三、水体自净作用的机制

各种水体均有一定的自净能力。从水体自净的机制来看，水体自净作用有物理自净作用、化学自净作用和生物化学自净作用三类。各种过程同时发生，相互影响，并相互交叠进行。一般说来，物理作用和生物化学作用在天然水体的净化中占据主要地位。

（一）物理自净作用

物理自净作用是指通过含污染物废水与天然水体水的混合、污染物被天然水体水的稀释与在水体中的扩散、可沉性固体污染物的沉淀等物理作用形式而使水体中污染物的浓度自然降低的现象。水体物理自净能力的强弱取决于流速、流量、水温等水体的物理条件和密度、形态、粒度等污染物自身物理性质等因素。水体的物理自净只能降低污染物在水中的浓度，而不能减少污染物质的总量。

1. 混合

污水进入水体后与水体发生混合，会使污染物的浓度降低。污水排入水体后的混合过程大致可以划分为如下三个阶段。①竖向混合阶段。污水与水体的竖向混合作用在河流中表现得尤为明显。含污废水排入河流后，因分子扩散、涡流扩散和弥散作用而逐步向河水中分散。由于河流的深度与宽度相比一般较小，所以污染物首先在深度上达到均匀分布。从排入口到污染物浓度在深度上达到均匀分布的阶段称为污染物的竖向混合阶段。②横向混合阶段。污染物的竖向混合阶段同时也发生着污染物的横向混合作用。当污染物浓度在深度上达到均匀分布后，水流继续向下运动，经过一定距离后，污染物浓度在整个横断面达到均匀分布，这一过程称为污染物的横向混合阶段。③段面充分混合阶段。污染物经过竖向混合阶段和横向混合阶段，其浓度在横断面上处处相等，这一过程称为污染物的段面充分混合阶段。河水向下游流动的过程中，持久性污染物浓度将不再变化，非持久性污染物浓度将不断降低。

2. 稀释与扩散

进入天然水体的污水因其与水体的混合作用而使污染物浓度降低的现象称为污染物的稀释。污水的污染物浓度远大于水体的污染物浓度，污水进入水体后，在水体中产生浓度梯度场，污染物将发生由高浓度区向低浓度区的迁移运动。水体中的污染物由高浓度区向低浓度区的迁移运动称为污染物的扩散。污染物的扩散作用有分子扩散与紊动扩散两种运动形式。在湖泊、水库等静水体中，在没有因风的吹送而产生风生流，由浓度差、温度差和密度差而引起的异重流，行船等产生的紊动作用影响时，扩散的主要方式是分子扩散。在流速较大的河流等动水体中，扩散的方式主要是紊动扩散。分子扩散能力远小于紊动扩散，所以分析水体的污染物扩散作用时常对分子扩散略而不计。

1）持久性污染物的扩散作用

难以降解的持久性污染物随废水稳态排入河流，经过混合作用达到充分混合阶段后，河水的污染物浓度可根据由质量守恒定律而得出的河流完全混合模式求得，即

$$c=\frac{c_w Q_w + c_h Q_h}{Q_w + Q_h}$$

式中，c 为排放口下游充分混合河段河水的污染物浓度；c_w 和 Q_w 分别为废水的污染物浓度和流量；c_h 和 Q_h 分别为河水原有的污染物浓度和流量。

2）非持久性污染物的稀释扩散和降解

非持久性污染物排入河流，经过混合作用在河流横断面方向上达到充分混合后，污染物浓度受到纵向分散作用和污染物自身分解的作用而不断下降。根据质量守恒定律，其变化过程可以下式描述：

$$v\frac{\mathrm{d}c}{\mathrm{d}x}=M\frac{\mathrm{d}^2c}{\mathrm{d}x^2}-Kc$$

$$c=c_0\exp\left[\frac{vx}{2M}\left(1-\sqrt{1+\frac{4KM}{v^2}}\right)\right]$$

式中，v 为河水流速；x 为初始点到下游 x 断面处的距离；M 为纵向分散系数；K 为污染物的分解速率常数；c 为 x 断面处的污染物浓度；c_0 为初始点的污染物浓度。

3. 沉淀

沉淀作用是指可沉性固体污染物在重力作用下而发生的自然下沉的现象。沉淀作用的本质是可沉性固体污染物存在位置的变化，可使水体中的污染物浓度降低，但不能减少污染物的数量，并可增加水体底泥的污染物含量。如果污染物的沉淀作用长期存在，就会形成污染物在底泥中的积累，一旦受到大水量的冲刷，就可对河水造成二次污染。

（二）化学自净作用

1. 化学自净作用的概念

化学自净作用是指由于水体中的氧化、还原、分解等化学作用而使水体中的污染物含

量和浓度自然降低的现象。化学自净过程中，污染物在水体中以简单或复杂的离子或分子状态迁移，并发生了化学性质或形态、价态上的转化，使水质亦发生化学性质的变化。这些过程能改变污染物在水体中的迁移能力和毒性大小，亦能改变水环境化学反应条件。影响化学自净能力的因素有酸碱度、氧化还原电位、水温、污染物的化学组分、形态和化学性质等。

水体中化学自净能力的强弱主要从以下 3 个方面反映出来。①DO 的含量。在化学自净过程中，作为水体氧化剂 DO，其含量高低能够衡量水体自净能力的强弱，因为 DO 的含量不仅直接影响水生生物的新陈代谢和生长，还直接影响水体中有机物的分解速率及物质循环。水体中的 DO 含量高，既对水生生物的繁殖生长起促进作用，又能加快有机物的分解速度，使生态中的物质循环，尤其是氮的循环达到最佳循环效果，提高水体的自净能力。大清河河口区水体的 DO 含量极低，因而水体中有机物的氧化分解速度缓慢，有机物的大量积累，河口区水环境质量下降，直接影响水生生物的繁殖和生长。②有机污染物的氧化分解能力。有机的自净过程一般可划分为三个阶段：第一阶段是易被氧化的有机物所进行的化学氧化分解，可在污染物进入水体后的数小时内完成；第二阶段是有机物在水中微生物作用下的生物化学氧化分解，持续时间长短随水温、有机物浓度、微生物种类与数量等而不同，一般要延续数天，被生物化学氧化的物质一般可在 5 天内可全部完成；第三阶段是含氮有机物的硝化过程，一般要持续一个月左右。③营养盐的形态转化和削减程度。在化学自净过程中，三态无机氮的含量变化能够反映水体自净能力的强弱。这是因为工业废水和生活污水中含有大量的含氮有机物，在水体 DO 充分的条件下，好氧细菌能把有机物彻底分解成二氧化碳、水及硝酸盐等稳定性化合物。但是当水体中含氮有机物过量时，水体没有能力把全部有机氮转化为硝酸盐，而只能转化到某一阶段，如氨或亚硝酸盐。因此硝酸盐、亚硝酸盐和氨氮的含量及比例能够很好体现水体的自净能力。另外，沉积物向上覆水体释放大量有机物，也是导致该水域氨氮含量始终维持较高含量的直接原因。

2. 化学自净作用的类型

水体化学自净作用的化学反应主要有氧化还原、酸碱反应、吸附与凝聚、络合与螯合等。

1）氧化还原

氧化还原作用是水体自净的主要机制。水体中的 DO 可与污染物发生氧化反应，使水中某些重金属离子被氧化成难溶物质而沉淀，例如，铁、锰等被氧化成为氢氧化铁、氢氧化锰等。

2）酸碱反应

有些物质可被氧化成各种酸根而随水迁移，例如，硫离子被氧化成硫酸根离子。还原反应也可对水体起着净化作用，但一般是在微生物的作用下而进行。天然水体由于含有多种物质而不呈中性，pH 在 6～8 之间。当含酸或含碱污水排入后，水的 pH 会发生相应变化而呈偏酸性或偏碱性，与污染物发生酸碱反应而起到净化作用。例如，在碱性条件下，沉淀于底泥的三价铬可被氧化为六价铬而降低毒性；偏酸性和中性环境下难溶于水的硫化砷能够转化为硫代亚砷酸盐而成为可溶解性物质。

3）吸附与凝聚

吸附与凝聚属于物理化学作用。产生吸附与凝聚净化作用的原因，在于天然水中存在着大量具有很大表面能并带电荷的胶体微粒。水中的胶体微粒可吸附和凝聚水体中各种阴、阳离子，然后随水流发生扩散或形成沉降，从而起到净化水质的作用。水中存在着各种无机配位体和有机配位体，它们可与重金属形成稳定的络合物和螯合物，使重金属在水中的溶解度增大，对重金属在水体的迁移性有很大影响，即可起到水质净化作用，也可使底泥中的重金属重新释放出来而造成重金属的二次污染。

4）络合与螯合

天然水中常见的无机配位体主要是 Cl^-、SO_4^{2-}、HCO_3^- 和 OH^-，在某些情况下还有 S^{2-}、F^- 和磷酸盐等，它们均能与重金属形成络合物。水体中的重金属很少以简单离子的形式存在，主要是以各种络离子的形式存在。无机配位体 OH^-、Cl^- 等对重金属的络合作用可以大大提高某些重金属化合物的溶解度。氢氧化物溶度积计算结果表明，水中只可能存在 0.86ppm 的 Zn^{2+} 和 0.039ppm 的 Hg^{2+}。当水中的锌和汞以络合物 $Zn(OH)_2^0$ 与 $Hg(OH)_2^0$ 的形式存在时，水中总溶解锌可达 160ppm，总溶解汞可达 107ppm。水中的有机配位体主要是腐殖质，几乎所有的重金属离子都与腐殖质生成螯合物。这种螯合物能有效地阻止重金属作为难溶性盐而沉淀。

（三）生物化学自净作用

生物化学自净作用是指水中生物的活动，尤其是水中微生物对有机物的氧化分解作用，使水中的污染物浓度自然降低的现象。水体中的各种生物如藻类、微生物等的活动，特别是微生物的活动，对水中有机物氧化分解的降解作用十分显著，在水体自净过程中起着非常重要的作用。与物理自净作用和化学自净作用不同，生物化学自净作用可降低水中污染物的总量，使水体得到真正的净化。生物化学自净能力的大小、净化过程的快慢和净化的程度与污染物的性质和数量、生物种类及水体温度、供氧状况等有关。

水体的生物化学自净作用主要是水体中的生物对污染物的吸收和降解。淡水生态系统中的生物净化以细菌的作用为主。需氧微生物在溶解氧充足时，能将悬浮和溶解在水中的有机物分解成简单、稳定的无机物 CO_2、H_2O、硝酸盐和磷酸盐等，使水体得到自净。水中一些特殊的微生物种群和高等水生植物，如浮萍、凤眼莲、水花生等，能吸收并浓缩水中的 Hg、Cd 等重金属元素或难降解的人工合成有机物，使水逐渐得到净化。水体生物净化作用的主要影响因素是水中的 DO 含量、温度和营养物质的碳氮比例，其中 DO 是维持水生生物生存和净化能力的基本条件，因此是衡量水体自净能力的重要指标。

第四节　污染物在水体中的迁移转化

污染物进入水体后会发生各种反应，有机物在水体中经微生物的生物化学作用可逐步降解为无机物，重金属污染物在水体中可发生形态或状态的迁移转化，从而形成不同的水体污染过程和污染特征。

一、需氧污染物的迁移转化

（一）需氧有机物的生物降解作用

水体中的需氧污染物主要是碳水化合物、蛋白质和脂肪三大类有机化合物，其他有机化合物多为它们的降解产物。在微生物的作用下，它们最终可被分解为简单的无机物质，如二氧化碳和水等。需氧有机污染物的生物降解过程比较复杂，但它们有如下共同特点：首先在微生物细胞体外发生水解，将复杂的化合物分解成较简单的化合物；然后在细胞内将第一步的产物进一步分解为无机物。

1. 碳水化合物的生物降解

碳水化合物是C、H、O组成的不含氮的有机物，可分为多糖［($C_6H_{10}O_5$)$_n$，如淀粉］、二糖（$C_{12}H_{22}O_{11}$，如乳糖）、单糖（$C_6H_{12}O_6$，如葡萄糖）等。在不同酶的参与下，淀粉首先在细胞外水解成为乳糖，然后在细胞内或细胞外再水解成为葡萄糖。葡萄糖经过糖解过程转变为丙酮酸。丙酮酸在有氧条件下完全氧化为水和二氧化碳；在无氧条件下不能完全氧化，最终产物是有机酸、醇、酮，对水环境影响较大的就是这部分产物。

2. 脂肪和油类的生物降解

脂肪和油类亦是由C、H、O所组成，其生物降解步骤和最终产物比碳水化合物更具多样性。脂肪首先在细胞外水解生成甘油和相应的脂肪酸，然后上述物质再分别水解成为丙酮酸和乙酸。在有氧条件下，丙酮酸和乙酸完全氧化，生成水和二氧化碳；在无氧条件下，完成发酵过程，生成各种有机酸。

3. 蛋白质的生物降解

蛋白质是由各种氨基酸分子组成的复杂有机物，含有氨基和羧基，并由肽键连接起来。蛋白质的组成除了有含C、H、O外，还含有N。一般而言，含氮有机物的降解难于不含氮有机物，而且降解产物的污染性更强，并可与不含氮有机物的降解产物发生作用，从而影响整个降解过程。蛋白质的生物降解过程大致有4步：首先，在水解的作用下脱掉氨和羧基，形成氨基酸；其次，氨基酸进一步分解脱氨基，生成氨；再次，通过硝化作用形成亚硝酸；最后进一步氧化为硝酸。如果在缺氧水体中硝化作用不能进行，就会在反硝化细菌作用下发生反硝化作用。

（二）河流的溶解氧平衡

水体中需氧有机污染物的降解过程制约着水体中溶解氧的变化过程，BOD和DO之间有着内在的关系。1925年，斯特里特（H.Streeter）和菲尔普斯（E.Phelps）在研究美国俄亥俄河时，建立了BOD-DO模型，常被称作S-P模型，是描述一维稳态河流中BOD-DO变化规律的耦合模型。S-P模型建立的基本假设为：河流中的BOD的衰减和DO的复氧都是一级反应，反应速度是定常的，河流中耗氧是由BOD的衰减引起的，而河流中的DO来源则是大气复氧。S-P模型的DO下垂曲线计算公式为

BOD方程：
$$\frac{dc_L}{dt} = -K_1 c_L$$

DO方程：
$$\frac{dc_D}{dt} = K_1 c_L - K_2 c_D$$

在 c_L（x=0）= c_{L0}，c_c（x=0）=c_{c0}，c_D（x=0）= c_{D0} 的初始条件下，求得上述微分方程的解为

$$c_L = c_{L0} e^{-K_1 t}$$

$$c_D = c_{D0} e^{-K_2 t} - \frac{K_1 c_{L0}}{K_1 - K_2}\left(e^{-K_1 t} - e^{-K_2 t}\right)$$

$$c_c = c_s - (c_{cs} - c_{c0})\mathrm{e}^{-K_2 t} + \frac{K_1 c_{L0}}{K_1 - K_2}\left(\mathrm{e}^{-K_1 t} - \mathrm{e}^{-K_2 t}\right)$$

式中，c_L，c_{L0}为 x 和 x=0 处的河水 BOD_5 浓度；c_D，c_{D0}为 x 和 x=0 处的河水亏氧浓度，$c_D=c_{cs}-c_c$；c_c和 c_{c0}为 x 和 $x=0$ 处的河水溶解氧浓度；c_{cs}为河水的饱和溶解氧浓度；K_1为河水中 BOD 衰减（好氧系数）；K_2为河流复氧系数；t 为初始点至下游 x 断面处的河水流行时间，$t=x/v$。

20 世纪 60 年代后，出现了多种修正的 S-P 模型，模型的内容和形式渐趋复杂，并都有其不同的使用要求。一般而言，模型越复杂越能较全面地反映河流实际情况，但这要增加许多建模参数，增大了模型的计算难度。

污染水体中的耗氧作用和复氧作用均影响着水中 DO 的含量。耗氧作用指因有机物分解和有机体呼吸的耗氧而使水中 DO 降低的过程；复氧作用亦称再曝气作用，是指因空气中的氧溶于水和水生植物的光合作用放出氧而使水中溶解氧增加的过程。水体的耗氧作用和复氧作用的综合效果决定着水中氧的实际含量。耗氧作用和复氧作用基本规律的表述，是由斯特里特和菲尔普斯于 1925 年提出的耗氧作用定律和复氧作用定律。耗氧作用定律亦称 Phelps 定律，其内容为：有机物质的生物化学氧化率与剩下的尚未被氧化的有机物的浓度成正比。复氧作用定律的内容为：复氧作用受溶解定律和扩散定律的控制，即溶解速度与 DO 低于饱和浓度的亏缺值成正比；扩散速度与河水中两点间的 DO 浓度差成正比。这两个定律是 Phelps 确定静水中的复氧作用公式的基本依据。

20 世纪 50 年代，巴特希（A.F.Bartsh）和英格莱姆（W.M.Ingram）绘制出了生活污水污染河流中 BOD 和 DO 的相互关系模式图（图 5.1）。该图说明受到有机物污染水体的 DO 含量变化过程，由有机污染物的降解过程所控制。图 5.1 表示一条被污染河流中 BOD 和 DO 的变化曲线，其中横坐标表示河流断面与污水排放口（0 点）距离和从排污口处开始计算的河水下泄时间，纵坐标表示 DO 和 BOD 的含量。图中 DO 的沿程变化曲线称为氧垂曲线。在河流受到大量有机物污染时，由于微生物对有机物的氧化分解作用，水体溶解氧发生变化。随着污染源到河流下游一定距离内，溶解氧由高到低，再到原来溶解氧水平，据此可绘制成一条溶解氧下降曲线，称为氧垂曲线。氧垂曲线反映了受污染水体中的溶解氧沿程逐渐被消耗到临界点后又逐步回升的变化过程。该图的假设条件是，污水集中于 0 点排放，排放后立即与河水完全混合；排放前河水中的 DO 接近饱和（8mg/L），BOD 值处于正常状态（低于 4mg/L），水温为恒定的 25℃。由图 5.1 可以看出，污染河流污水排放口以

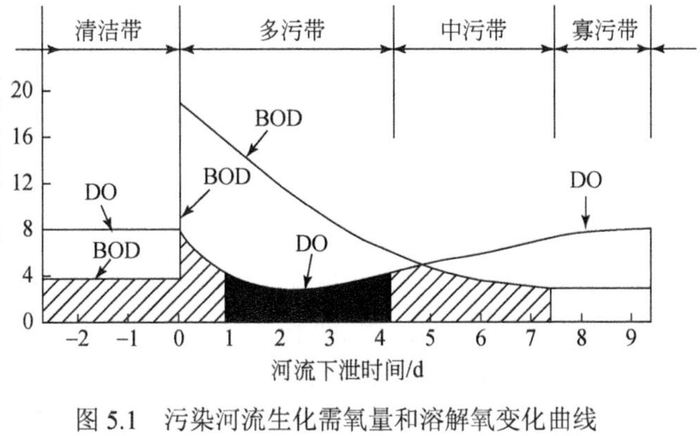

图 5.1　污染河流生化需氧量和溶解氧变化曲线

下河段 BOD 和 DO 的沿程变化有如下特征。①从污水排放口 0 点处开始，BOD 值由 4mg/L 左右上升至 20mg/L 左右，之后随着河水的下泄，BOD 值逐渐降低，7.5 天后恢复至初始状态。②从污水排放口 0 点处开始，河水 DO 从 8mg/L 快速下降，直至河水下泄 2.5 天后达最低水平的 4mg/L，之后逐渐回升，在泄流 7.5 天后恢复至原有状态。

依据污染河流的 BOD 与 DO 沿程变化曲线，可将污水排放口上、下附近河段划分为 4 个相接连的水功能区带，即未受污染的清洁带、严重污染的多污带、受污染的中污带（又可细分为强中污带和弱中污带）和污染轻微的寡污带。亦可称为 4 个水功能区段，即清洁水区、水质恶化区、恢复水区和清洁水区。该河流的每一带菌有各自的物理、化学和生物特点（表 5.4）。

表 5.4　河流各污染带的特征

项目	多污带	强中污带	弱中污带	寡污带
有机物	水中含有大量有机污染物，多是未分解的蛋白质和碳水化合物	由于蛋白质等有机物的分解，形成氨基酸和氨	由于氨的进一步分解，出现亚硝酸和硝酸，有机物含量很少	沉淀的污泥也进行分解，形成硝酸盐，水中残余的有机物极少
溶解氧	极少或全无，处于厌氧状态	少量（兼性）	多（好氧）	很多（好氧）
BOD_5	很高	高	低	很低
生物种属	很少	少	多	很多
细菌数/(个/mL)	数十万至数百万	数十万	数万	数百至数十
主要生物群	细菌、纤毛虫	细菌、真菌、绿藻、蓝藻、纤毛虫、轮虫	蓝藻、硅藻、绿藻、软体动物、甲壳动物、鱼类	硅藻、绿藻、软体动物、甲壳动物、鱼类、水昆虫

二、植物营养物的迁移转化

自然条件下，大气降水的淋洗作用和径流的淋溶与冲刷作用，会使微量的 N、P 等植物营养物质汇入水体。天然水中过量的植物营养物质主要是人类活动造成的，主要来自于农田施肥、农业生产废弃物、城市生活污水和某些工业废水。从农作物生长的角度看，植物营养物质是宝贵的肥料。但过多的植物营养物进入水体，会造成水质恶化，导致水体富营养化。

（一）氮、磷在水体中的转化

含氮化合物在微生物作用下的转化可分两步进行，第一步是有机含氮化合物在好氧状态下，在硝化菌的作用下转化为无机形态的硝态氮，即氨氮；第二步是氨氮在缺氧条件下，在反硝化菌的作用下经亚硝化和硝化转化为氮气，释放到大气中。蛋白质的降解首先是在细菌分泌的水解酶的催化作用下，进行水解而形成氨，这个过程称为氨化。氨进一步在亚硝化菌的作用下，被氧化为亚硝酸，继之亚硝酸在硝化菌的作用下，进一步氧化为硝酸。在缺氧的水体中，硝化反应不能进行，却可能在反硝化细菌的作用下，产生反硝化作用而形成 N_2，返回到大气中，这就是所谓的反硝化。从需氮污染物在水体中的转化过程来看，一方面，有机氮 NH^{3-}、NO^{2-}、NO_3^- 可作为需氧污染物自净过程的判断标志；但从另一方面考虑，这一过程又是耗氧有机物向营养污染物的转化过程，在水中它们提供了藻类繁殖所需的氮元素。

水中的磷最常见的存在方式是磷酸盐、聚磷酸盐和有机磷。生活污水中的磷 70%是可溶性的。水体中的可溶性磷很容易与 Ca^{2+}、Fe^{3+}、Al^{3+}等离子生成难溶性沉淀物而沉积于水体底泥中。沉积物中的磷，通过湍流扩散等可再度释放到水体中，这些磷又会被各种水生生物加以利用。磷在水体中的转化可以看作是一个动态的稳定体系，而磷又是水体藻类生长的最小控制因子。因此，控制水体富营养化，最重要的是控制磷污染物进入水体。研究表明，湖泊水体中磷的含量超出 0.05mg/L 时，就会出现藻类迅速增殖现象。

过多的氮、磷营养物质，是水体发生富营养化的直接原因。水体富营养化的关键不仅在于水体中营养物的浓度，更重要的是连续不断流入水体中的营养物氮、磷的负荷量。以湖泊为例，湖泊氮、磷负荷量的计算，按照物质平衡原则，在某一时期进入湖泊的氮、磷物质加入生态系统的物质循环，构成水生生物个体和群落，并经由自养生物-异养生物和微生物所组成的营养级依次转化迁移。氮在生态系统中具有气、液、固三相循环，被称为“完全循环”，而磷只存在液、固相形式的循环，被称为“底质循环”。湖泊底质和水体之间处在物质交换过程之中，而且底质中磷的释放是湖泊水体中磷的重要来源之一。不同湖泊底质磷的释放速度差异很大；对同一个湖泊而言，其底质磷的释放速度也随季节的不同而变化。

湖泊底质中磷分为有机态和无机态两大类。无机态中按照与其结合的物质又分为钙磷、铝磷、铁磷和难溶磷 4 种形态。底质中磷的释放与其形态密切相关。许多研究试验结果表明，底质中向水体释放的磷主要来自铁磷。如日本霞浦湖底质，在好氧条件下，总磷量从 1.14mg/g 降到 0.96mg/g，减少了 0.18mg/g；而在磷的各形态中，铝磷、钙磷量几乎没有变化，但铁磷却从 0.30mg/g 降至 0.13ms/g，减少了 0.17mg/g。对比二者可以看出，总磷量减少的数量，基本上是铁磷减少的结果。

影响底质中磷释放的因素很多，其中主要有水中 DO、pH、氧化还原电位（Eh）、温度、混合强度、生物扰动等方面。另外，水中硝酸盐浓度对底质磷释放有明显作用。丹麦的湖泊调查研究表明，当湖中硝酸盐的浓度低于 0.5g N/m^3 时，沉积物中磷能释放到水体中；当超过 0.5g N/m^3 时，沉积物就不能释放出磷。

（二）水体富营养化

富营养化是指水体接纳过量的氮、磷等营养物质，使藻类及其他水生生物异常繁殖，引起水体透明度和溶解氧的变化，造成水质恶化，加速湖泊老化，导致湖泊生态系统和水功能破坏的现象。富营养化是湖泊在自然演变过程中的一种自然现象。在湖沼学的意义上，湖泊有其发生、发展及消亡的过程，这就是地理学范畴的湖泊富营养化。具体而言，随着时间的推移，湖泊中的氮、磷等营养物质逐渐累积，由营养物质少的贫营养湖向营养物质多的富营养湖演变，最后发展成为沼泽和干地。自然条件物质的正常循环过程中，这种湖泊演变的进程非常缓慢。然而在人类活动影响下，过量营养物排入水体，必将大大地加速湖泊等水体富营养化的进程。富营养化程度通常分为三类，即贫营养、中等营养和富营养。水体中氮、磷含量的多少与水体富营养化程度密切相关。一般地讲，当总磷为 20mg/m^3、无机氮为 300mg/m^3 时就可认为水体处于富营养化状态。因此，要防止湖泊水体发生富营养化，必须对水中磷和无机氮的含量进行控制。

湖泊富营养化的预测模型很多，应用比较普遍的是建立于 20 世纪 70 年代的 Vollenweider 模型。Vollenweider 模型的基本原理是物质平衡方程，其前提条件是湖泊为完全混合型，模

型假定湖泊单位时间内营养物质含量的变化，就是每年输入湖泊中的营养物质量与沉积量和输出量之差。其表达式为

$$V\frac{\mathrm{d}c}{\mathrm{d}t}=I_{\mathrm{p}}-qc-\lambda_{\mathrm{p}}Vc$$

$$\frac{\mathrm{d}c}{\mathrm{d}t}=\frac{I_{\mathrm{p}}}{V}-(P_{\mathrm{w}}+\lambda_{\mathrm{p}})c$$

式中，c 为湖水磷的平均浓度；I_{p} 为入湖河水磷的浓度；P_{w} 为水力冲刷系数，$P_{\mathrm{w}}=q/V$；q 为出湖河流流量；V 为湖泊容积；λ_{p} 为磷的沉降速率常数湖泊容积；t 为河水入湖时间。

三、油类污染物的迁移转化

油类物质的基本组成元素为碳、氢、硫、氧和氮等，大部分石油含 84%～86%的碳，12%～14%的氢，1%～3%的硫、氧和氮。油类物质进入水体后，会发生一系列复杂的迁移转化过程，主要包括扩展、挥发、溶解、乳化、光化学氧化、微生物降解、生物吸收和沉积等。

（一）扩展过程

油类物质在海洋中的扩展形态由其排放途径所决定。正常行驶船舶的废油排放属于流动点源的连续扩展，油从搁浅、触礁船或陆地污染源缓慢流出属于固定点源连续扩展，油从损毁船舶或贮油容器瞬间全部流出属于点源瞬时扩展。油类物质的扩展过程包括重力惯性扩展、重力黏滞扩展、表面张力扩展和停止扩展四个阶段。重力惯性扩展可在 1h 内完成，重力黏滞扩展的完成约需数小时甚至更长时间；表面张力扩展则需持续 100h 方可完成。扩展作用的强弱与油类物质的性质有关，并受水文和气象等因素的影响。扩展作用的结果，一方面扩大了污染范围；另一方面使油-气、油-水接触面积增大，使更多的油通过挥发、溶解、乳化作用进入大气或水体中，从而加速了油类物质的降解过程。

（二）挥发过程

挥发作用是水体中油类污染物质自然消失的途径之一，通过挥发可去除海洋表面约 50%的烃类。油类物质挥发过程的长短取决于油中各种烃的组分、起始浓度、面积大小和厚度及气象状况等。挥发模拟试验结果表明，石油中低于 C_{15} 的所有烃类，如石油醚、汽油、煤油等，在水体表面会很快全部挥发掉；C_{15}～C_{25} 的烃类，如柴油、润滑油、凡士林等，在水中挥发较少；大于 C_{25} 的烃类在水中极少挥发。

（三）溶解过程

与挥发过程相似，油类物质的溶解过程的长短亦取决于烃类中碳的数目多少。石油的水溶解度实验表明，石油在蒸馏水中的溶解度的一般规律是，烃类中每增加 2 个碳，溶解度下降 10 倍。石油在海水中的溶解度也服从此规律，但其溶解度比在蒸馏水中低 12%～30%。油的溶解虽然可以减少水体表面的油膜，但却加重了水体的污染。

（四）乳化过程

油类物质的乳化过程是指油-水通过机械振动（如海流、潮汐、波浪等引起的振动）形成微粒互相分散在对方介质中而共同组成一个相对稳定的分散体系的过程。油类物质

的乳化包括水包油乳化和油包水乳化两种乳化作用，其中前者是指把油膜冲击成很小的消滴而分布于水中的现象；后者是指是含沥青较多的原油将水吸收形成一种褐色的黏滞的半固体物质的现象。乳化过程可以进一步促进生物对油类的降解作用，有利于油类物质污染的去除。

（五）光化学氧化过程

油类物质的光化学氧化过程主要指石油中的烃类在阳光（特别是紫外光）照射下，迅速发生光化学反应，先离解生成自由基，然后转变为过氧化物，最后转变为醇等物质的过程。该过程有利于消除油膜，减少海洋水面油污染。

（六）微生物降解过程

石油的生物降解比需氧有机物困难，但比化学氧化作用快约 10 倍。微生物降解石油的主要过程是烷烃的降解，最终产物为二氧化碳和水；烯烃的降解，最终产物为脂肪酸；芳烃的降解，最终产物为琥珀酸或丙酮酸和 CH_3CHO；环己烷的降解，最终产物为己二酸。石油物质的降解速度受油的种类、微生物群落、环境条件的控制。同时，水体中的 DO 含量对其降解也有很大影响。

（七）生物吸收过程

浮游生物和藻类可直接从海水中吸收溶解的石油烃类，海洋动物可通过吞食、呼吸、饮水等途径将石油颗粒带入体内或被直接吸附于动物体表。生物吸收石油的数量与水中石油的浓度有关，进入体内各组织的浓度与脂肪含量密切相关。石油烃在动物体内的停留时间取决于石油烃的性质。

（八）沉积过程

水体中的油类物质的沉积过程包括两个方面：一是石油烃中的较轻组分被挥发、溶解，较重组分被进一步氧化成致密颗粒而沉降到水底；二是以分散状态存在于水体中的石油，可被无机悬浮物吸附而沉积。这种吸附作用的强弱与物质的粒径有关，并受盐度和温度的影响。吸附作用随水的盐度的增加而增加，随水温的升高而降低。沉积过程可以减轻水中的石油污染，沉入水底的油类物质可能被进一步降解，但也可能在水流和波浪作用下重新悬浮于水面，造成二次污染。

四、重金属的迁移转化

重金属在水体中不能为微生物所降解，只能产生各种形态之间的相互转化及分散和富集，这种过程称为重金属的迁移。重金属在水环境中的迁移，按照物质运动的形式，可分为机械迁移、物理化学迁移和生物迁移三种基本类型。机械迁移是指重金属离子以溶解态或颗粒态形式被水流机械搬运，迁移过程服从水力学。物理化学迁移是指重金属以简单离子、配离子或可溶性分子，在环境中通过一系列物理化学作用（水解、氧化、还原、沉淀、溶解、吸附作用等）所实现的迁移与转化过程，这是重金属在水环境中最重要的迁移转化形式。这种迁移转化的结果决定了重金属在水环境中的存在形式、富集状况和潜在生态危害程度。生物迁移是指重金属通过生物体的新陈代谢、生长、死亡等过程所进行的迁移。

这种迁移过程比较复杂，它既是物理化学问题，也服从生物学规律。所有重金属都能通过生物体迁移，并由此使重金属在某些有机体中富集起来，经食物链的放大作用，构成对人体的危害。

重金属在水环境中的物理化学迁移主要包括沉淀、吸附作用和氧化还原 3 种作用。重金属在水中可经过水解反应生成氢氧化物，也可以同相应的阴离子生成硫化物或碳酸盐。这些化合物的溶度积都很小，容易生成沉淀物。沉淀作用的结果，使重金属污染物在水体中的扩散速度和范围受到限制，从水质自净方面看这是有利的，使大量重金属沉积于排污口附近的底泥中。重金属离子由于带正电，在水中易于被带负电的胶体颗粒所吸附。吸附重金属离子的胶体，可以随水流向下游迁移，但大多会很快地沉降下来。因此，这也使重金属容易富集在排水口下游一定范围内的底泥中。沉淀作用和吸附作用都会造成大量重金属沉积于排污口附近的底泥中。沉积在底泥中的重金属是一个长期的次生污染源，很难治理，当环境条件发生变化时有可能重新释放出来，成为二次污染源。氧化还原作用可使得重金属在不同条件下的水体中以不同的价态存在，而价态不同其活性与毒性也不同。无机汞在水体底泥中或在鱼体中，在微生物的作用下，能够转化为毒性更大的有机汞（甲基汞）；Cr^{6+}可以还原为 Cr^{3+}，Cr^{3+}也可能转化为 Cr^{6+}，而 Cr^{6+}的毒性远大于 Cr^{3+}。

第五节　水体污染的控制

一、水体污染控制的途径

废水水质控制就是采取一定的技术措施，使废水中污染物的浓度降低到规定的水平。其基本目标有三种可能：满足废水再用（循环再用或接续再用）对水质的要求；满足有价物质回收工艺对水质的要求；满足废水排放对水质的要求。废水污染问题的解决，需要从多方面入手，可从以下几方面考虑。

1. 改革生产工艺，严格控制污染源

从工艺设备上进行改革，把污染消除在生产过程中，这是最根本的防治污染方法。在确定生产工艺时，既要考虑技术上的先进性和实用性，还要考虑对环境的影响程度，尽量选用环境污染小的工艺和设备，以减少废水或废水中的污染物，例如，电镀采用无氰电镀，印染用无水印染等。这要考虑多方面的因素，视具体情况来决定，有时很难完全满足要求，且有时是互相矛盾的，这不仅取决于工艺本身，还与当地的环境容量有关系。决策时需要牺牲一些经济利益来保证环境效益。要提高水的循环利用率，对于污染物浓度较低的水应尽量再利用，也可以根据工艺中对水质的不同要求，尽量对水进行串级使用。

2. 加强废水处理技术的研究

尽管采用了低污染的工艺，完全不排放废水的工艺几乎是不可能的，因此研究经济实用的废水处理技术也是减少污染的重要途径。理想的废水处理技术是可以回收废水中污染物的技术，污染物排入水体会造成污染，但如能回收，则变成一种资源。

3. 对不同的废水要分别处理，即先处理再排放

虽然生活废水中的污染物种类与含量、地区和时间有关系，但总体说来，其成分相对固定。对工业废水，由于生产工艺不同，其成分变化很大，不同污染物所采用的处理方法不同，如果把不同的工业废水混合起来，会增加处理的难度，有时由于污染物之间的相互作用，可能会使污染更加严重，所以最好是先经适当的处理再排放。当然，有时为了用生物法处理工业废水的需要，加入一定的生活废水也是必要的，所以要具体情况具体分析。

4. 加强有关法律法规的制订和实施

用法律的手段促进减少废水的排放是重要的手段之一，如制定各种排放标准、排污收费措施等。我国已建立起相对比较完备的有关环境保护的法律法规体系，但在执行过程中还存在一定的问题，应进一步加强法律法规的监督执行。

5. 加强宣传教育提高全民的环境意识

这也是减少废水排放的重要方面，任何事情最终都要由人去做，因此提高人的素质是最重要的任务，例如，增加节水意识可在相当程度上减少废水的排放。

二、水体污染的控制技术

水处理包括自来水净化处理、城市废水处理、工业废水处理、污染水体修复、地下水污染治理等，其基本目的是利用各种技术，将水中的污染物分离去除或将其转化为无害物质，使水得到净化。水处理的方法种类繁多，归纳起来可以分为物理法、化学法和生物法三大类。值得注意的是，不同的技术原理在工程上有其不同的适用范围，例如，与好氧生物处理相比，厌氧生物处理更适用于高浓度废水的处理等。同一种技术原理，应用于不同的处理对象也会有不同的工程表现形式和操作方式及条件，例如，还原技术应用于工业废水处理和应用于地下水污染（有机氯化物污染、硝酸银污染等）治理，其操作条件和工程形式截然不同，因为污染物的浓度范围不同，处理对象的存在形式也截然不同。只有系统地掌握了相关的技术原理，才能科学、合理地进行技术选择。

（一）废水的物理处理方法

物理法是利用物理作用分离水中污染物的一类方法，在处理过程中不改变污染物的化学性质，各种水物理处理方法的原理与主要去除对象见表 5.5。

表 5.5　废水的物理处理法

处理方法	主要原理	主要去除对象
沉淀	重力沉降作用	相对密度大于 1 的颗粒
离心分离	离心沉降作用	相对密度大于 1 的颗粒
上浮	浮力作用	相对密度小于 1 的颗粒
过滤（格栅、筛网过滤等）	物理阻截作用	粗大颗粒、悬浮物
深层过滤（砂滤等）	物理阻截作用	微小颗粒、悬浮物
反渗透	渗透压	无机盐等
膜分离（微滤、超滤、电渗析等）	物理截留等	较大分子污染物、细菌、微生物等
蒸发浓缩	水与污染物的蒸发性差异	非挥发性污染物

1. 重力分离

废水的重力分离处理是依靠废水中悬浮物的密度与水不同这一特点来分离废水中固体悬浮物的方法。当悬浮物的密度大于水的密度时，在重力作用下，悬浮物下沉形成沉淀物，这时称为沉降法；当悬浮物的密度小于水的密度时，悬浮物将上浮到水面形成浮渣，通过收集沉淀物或浮渣，使废水得到净化，此时称为上浮法。气浮法是上浮法中最常见的一种，它是利用废水中污染物的疏水性，或是添加某种药剂使废水中的污染物变得疏水，然后向废水中通入气泡，疏水的污染物就会吸附到气泡上，随气泡浮到水面上而形成泡沫层，把泡沫层与水分离即可把污染物与水分离。重力分离法是最常用、最基本、最经济的废水处理方法，所以几乎所有的废水处理过程都包括重力分离的方法。工业废水中含有各种不同性质的悬浮物，如有机性悬浮物、无机性悬浮物、浮油和乳化油等。这些悬浮物大多是有用物质，用重力分离法进行处理，既可使废水得到一定程度的净化，有时还可以回收有用物质。

2. 过滤分离

过滤是去除悬浮物，特别是去除质量浓度比较低的悬浊液中微小颗粒的一种有效方法。过滤时，含悬浮物的废水流过具有一定孔隙率的过滤介质，水中的悬浮物被截留在介质表面或内部而除去。根据所采用的过滤介质不同，可将过滤分为下列几类：①格筛过滤：过滤介质为栅条或滤网，用以去除粗大的悬浮物，如杂草、破布、纤维、纸浆等，其典型设备有格栅、筛网和微滤机；②微孔过滤：采用成型滤材，如滤布、滤片、烧结滤管、蜂房滤芯等，也可在过滤介质上预先涂上一层助滤剂（如硅藻土）形成孔隙细小的滤饼，用以去除粒径细微的颗粒。③深层过滤：深层过滤采用的是颗粒状滤料，如石英砂、无烟煤等。由于滤料颗粒之间存在孔隙，当废水穿过一定深度的滤层时，水中的悬浮物即被截留。在给水处理中，常用过滤处理沉淀或澄清池出水，滤后出水浑浊度满足用水要求。在废水处理中，过滤常作为吸附、离子交换、膜分离法等预处理手段，也作为生化处理后的深度处理，使滤后水达到回用的要求。

3. 膜分离

采用特制的滤膜作过滤介质，在一定的推动力（如压力、电场力等）下进行过滤，滤膜孔隙极小且具有选择性，可以除去水中细菌、病毒、有机物和溶解性溶质。主要设备有超过滤、电渗析和反渗透等。超过滤也称为精密过滤，它也是利用过滤介质除去废水中污染物的方法，与一般过滤不同的是超过滤所用的介质孔径很小，一般为 1～0.1μm，这种方法可以除去水中的胶体物质或大分子的污染物；电渗析是使废水通过由阴离子交换膜和阳离子交换膜交替排列组成的通道，在直流电场的作用下，离子能有选择性地透过不同的膜，某些通道中污染物被浓缩，另一些通道中的废水则得到净化，具体示意图见图 5.2。反渗透法是用半透膜把废水与清水分开，在废水表面施加压力，使水分子透过半透膜，而污染物不能透过，从而分离或浓缩污染物的方法。

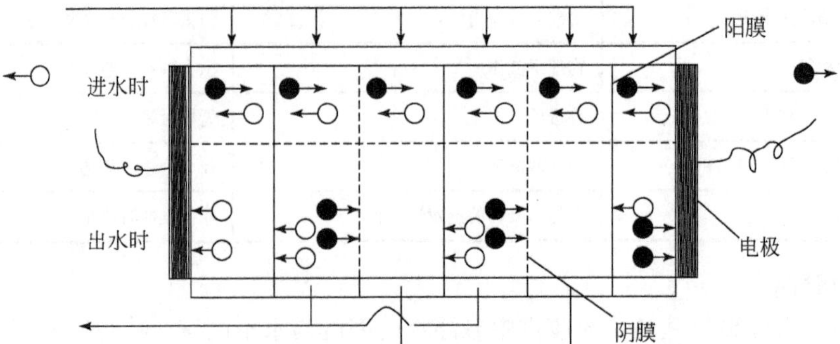

图 5.2　电渗析过程示意图

（二）废水的化学处理法

化学法是利用化学反应的作用处理水中污染物的一类方法。在处理过程中通过改变污染物在水中的存在形式使之从水中去除或是使污染物彻底氧化分解、转化为无害物质，从而达到水质净化和废水处理的目的，常见水处理化学法的原理与主要去除对象见表 5.6。

表 5.6　废水的化学处理法

处理方法	主要原理	主要去除对象
中和法	酸碱反应	酸性、碱性污染物
化学沉淀法	沉淀反应、固液分离	无机污染物
氧化法	氧化反应	还原性污染物、有害微生物（消毒）
还原法	还原反应	氧化性污染物
电解法	电解反应	氧化、还原性污染物
超临界分解法	热分解、氧化还原反应、游离基反应等	几乎所有的有机污染物
汽提法	污染物在不同相间的分配	有机污染物
吹脱法	污染物在不同相间的分配	有机污染物
萃取法	污染物在不同相间的分配	有机污染物
离子交换法	离子交换	离子性污染物
混凝法	电中和、吸附架桥作用	胶体性污染物、大分子污染物

1. 电解

电解是利用直流电进行溶液氧化还原反应的过程，电解处理废水是指应用电解的基本原理，使废水中有害物质通过电解过程，在阴、阳两极上分别发生氧化或还原反应而转化成为无害物质，实现废水净化的方法。电解法是氧化还原、分解、混凝沉淀、气浮综合在一起的处理方法，该法适用于含油、氰、酚、重金属离子等废水的脱色处理等。

2. 化学氧化

化学氧化是指利用强氧化剂氧化分解废水中污染物以净化废水的一种方法。化学氧化是最终去除废水中污染物的有效方法之一。通过化学氧化，可以使废水中的有机物和无机物氧化分解，从而降低废水的BOD和COD值，或使废水中的有毒物质无害化。氧化和还原是互为依存的，在化学反应中，原子或离子失去电子称为氧化，接受电子称为还原。得到电子的物质称为氧化剂，失去电子的物质称为还原剂。各种氧化剂的氧化能力是不同的。常用氧化剂的氧化能力从强到弱的顺序是：$F_2>O_3>H_2O_2>MnO_4^->HClO>Cl_2>NO_3^->O_2$。废水处理中使用较多的氧化剂有臭氧（$O_3$）、次氯酸（HClO）、氯（$Cl_2$）和空气，这些氧化剂可在不同的情况下用于各种废水的氧化处理。当采用氯、臭氧等化学氧化时，还可以达到废水去嗅、去味、脱色、消毒的目的。化学氧化法一般是根据所用氧化剂的名称来命名的，可分为空气氧化、臭氧氧化、氯氧化、湿式氧化等。

3. 混凝

混凝法是废水处理中常用的方法，可以用来降低废水的浊度和色度，去除多种高分子有机物、某些重金属和放射性物质。混凝的主要对象是废水中的细小悬浮颗粒和胶体微粒，这些颗粒用自然沉降法很难从水中分离出去，通过向废水中投加混凝剂，破坏胶体的稳定性，使细小悬浮颗粒和胶体微粒聚集成较粗大的颗粒而沉降，得以与水分离，使废水得到净化的过程，废水处理中常用的混凝剂见表 5.7。与废水的其他处理法比较，混凝法的优点是设备简单，维护操作易于掌握，处理效果好，间歇或连续运行均可以，缺点是由于不断向废水中投药，经常性运行费用较高，沉渣量大，且脱水较困难。

表 5.7 常见混凝剂分类表

类别			主要混凝剂
无机类	低分子	无机盐类	硫酸铝、硫酸铁、硫酸亚铁、铝酸钠、氯化铁、氯化铝、碳酸镁、膨润土
		碱类	碳酸钠、氢氧化钠、氧化钙、
		金属电解产物	氢氧化铝、氢氧化铁
	高分子	阳离子型	聚合氯化铝、聚合硫酸铝
		阴离子型	活性硅酸
有机类	表面活性剂	阴离子型	月桂酸钠、硬脂酸钠、油酸钠、松香酸钠
		阳离子型	十二烷胺乙酸、十八烷胺乙酸、松香胺乙酸、烷基三甲基氯化铵
	低聚合度高分子	阴离子型	藻朊酸钠、羧甲基纤维素钠盐
		阳离子型	水溶性苯胺树脂盐酸盐、聚乙烯亚铵
		非离子型	淀粉、水溶性脲醛树脂
		两性型	动物胶、蛋白质
	高聚合度高分子	阴离子型	聚丙烯酸钠、水解聚丙烯酰胺
		阳离子型	聚乙烯吡啶盐、乙烯吡啶聚合物
		非离子型	聚丙烯酰胺、氯化聚乙烯

4. 离子交换

离子交换法是借助于离子交换剂上的离子和废水中的离子进行交换反应而除去废水中有害离子的方法。离子交换过程也可以看成是一种特殊吸附过程，所以在许多方面都与吸附过程类同，但与吸附比较，离子交换过程的特点在于它主要吸附水中以离子状态存在的物质，并进行等当量的离子交换。在废水处理中，离子交换主要用于回收和去除废水中金、银、铜、镉、铬、锌等金属离子，对于净化放射性废水及有机废水也有应用。在废水处理中，离子交换法优点是离子的去除效率高，设备较简单，操作容易控制。目前在应用中存在的主要问题是应用范围还受到离子交换剂品种、产量、成本的限制，对废水的预处理要求较高，另外，离子交换剂的再生及再生液的处理有时也是一个难以解决的问题。

5. 超临界氧化

超临界水氧化技术（SCWO）是由美国麻省理工学院的 Modell 教授在 20 世纪 80 年代提出的，它是以超临界水为介质，均相氧化分解有机物，将有机碳转化成 CO_2，硫、磷和氮原子分别转化成硫酸盐、磷酸盐、硝酸根和亚硝酸根离子或氮气。超临界水氧化是近十几年来出现的新的有机废水处理技术，应用范围广，降解速率快、彻底，无二次污染，受到研究工作者的普遍关注。目前，该技术由于设备的腐蚀、建设和运行费用、盐沉积等难题而未能实现大规模工业化推广，随着各项工作研究的深入，该技术必将有所突破。

6. 其他方法

中和法是利用酸碱中和的原理来消除废水中酸或碱污染物的方法。萃取法是利用分配定律的原理，用一种与水不互溶，而对废水中某些污染物溶解度大的有机溶剂，从废水中分离除去污染物的方法。吹脱法用来除去废水中的气态或挥发性污染物，使空气与废水充分接触，使溶解在废水中的气体或挥发性污染物扩散到空气中而除去。汽提法也用于除去废水中的挥发性污染物，是利用蒸汽直接加热废水至沸腾，挥发性污染物随水蒸气一起逸出而除去的方法，污染物浓度高时，可把蒸汽冷凝后回收污染物。

（三）废水的生物处理法

废水的生物处理方法是利用生物的新陈代谢作用，对废水中的污染物质进行转化和稳定、使之无害化的处理方法。对污染物进行转化和稳定的主体是微生物。由于微生物具有来源广、易培养、繁殖快、对环境适应性强、易变异等特性，因此在使用中能较容易地采集菌种进行培养增殖，并在特定条件下进行驯化，使之适应有毒工业废水的水质条件，从而通过微生物的新陈代谢使有机物无机化，有毒物质无害化。微生物的生存条件温和，新陈代谢过程中不需高温高压，故该处理法是不需投加催化剂的催化反应。因此用生化法促使污染物的转化过程与一般化学法相比优越得多，其处理废水的费用低廉，运行管理较方便，所以生化处理是废水处理系统中最重要的过程之一，目前，这种方法已广泛用作生活废水及工业有机废水的二级处理。生物处理的方法很多，从不同的角度有不同的分类方法，从微生物的代谢形式出发，可分为好氧处理和厌氧处理两大类型。好氧处理是在水中有溶解氧存在的条件下，利用好氧微生物和兼性微生物分解水中有机物的过程。厌氧处理是在水中没有溶解氧的条件下，利用厌氧微生物和兼性微生物分解水中有机物的过程。常见水处理生物法见表 5.8。

表 5.8　废水的生物处理法

处理方法		主要原理	主要去除对象
好氧处理法	活性污泥法	生物吸附、生物降解	可生物降解性有机物、还原性无机污染物（NH_4^+等）
	生物膜法	生物吸附、生物降解	
	流化床法	生物吸附、生物降解	
生态技术	氧化塘	生物吸附、生物降解	有机污染物、氮、磷、重金属
	土地渗滤	生物降解、土壤吸附	
	湿地系统	生物降解、土壤吸附、植物吸收	
厌氧处理法	厌氧消化池	生物吸附、生物降解	可生物降解性有机污染物、氧化态无机污染物（NO_3^-、SO_4^{2-}）
	厌氧接触法	生物吸附、生物降解	
	厌氧生物滤池	生物吸附、生物降解	
	高效厌氧反应器	生物吸附、生物降解	
厌氧-好氧联合工艺		生物吸附、生物降解	有机物、氮、磷

1. 好氧生物处理

活性污泥法就是以活性污泥为主体的生物处理方法，它的基本处理工艺如图 5.3 所示。主要构筑物是曝气池和二次沉淀池。需处理的废水与返回的污泥混合进入曝气池，称为混合液，沿着曝气池注入压缩空气进行曝气，使废水与活性污泥充分混合接触，并供给混合液以足够的溶解氧。在有溶解氧的状态下，废水中的有机物被活性污泥中的微生物群体分解而得到稳定，然后混合液流入二次沉淀池，活性污泥与水分离后一部分不断回流到曝气池，像接种一样与进入的废水混合，澄清水则溢流排放。在处理过程中，活性污泥不断增长，有一部分剩余污泥需要从系统中排除。活性污泥法的实质是以存在于废水中的有机物作为培养基，在有氧的条件下，对各种微生物群体进行混合连续培养，通过凝聚、吸附、氧化分解、沉淀等过程去除有机物的一种方法。

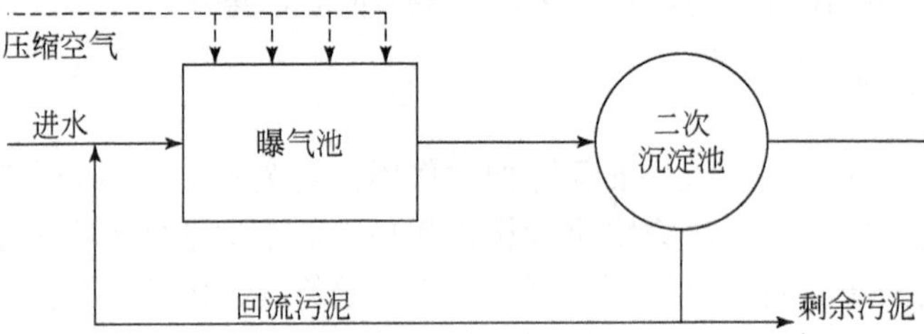

图 5.3　活性污泥法基本流程

生物膜法是废水好氧生物处理法的另一种方法，是指废水流过生长在固定支承物表面上的生物膜，利用生物氧化作用和各相间的物质交换降解废水中有机污染物的方法。用生物膜法处理废水的构筑物主要有生物滤池、生物转盘和生物接触氧化池等。生物滤池是以土壤自净原理为依据，由过滤田和灌溉田逐步发展而来，废水长期以滴状洒布在块状滤料的表面上，在废水流经的表面上就会形成生物膜，生物膜成熟后，栖息在生物膜上的微生物即摄取废水中的有机污染物质作为营养，进行自身的生命活动，从而使废水得到净化。生物转盘是从传统生物滤池演变而来，与生物滤池的主要区别是它以一系列转动的盘片代替固定的滤料，部分盘片浸渍在废水中，通过不断转动与废水接触，氧则是在盘片转出水面与空气接触时，从空气中吸取，而不进行人工曝气。生物接触氧化法是在曝气池中填充各种填料，经曝气的废水流经填料层，使填料的表面长满生物膜，废水和生物膜相接触，在生物膜上生物的作用下废水得到净化。

生物流化床是使废水通过流化的颗粒床，流化的颗粒表面生长有生物膜，废水在流化床内同分散十分均匀的生物膜相接触而获得净化。生物流化床内载有生物膜的流化介质能均匀分布在全床，同上升水流接触条件良好，因此，它兼备有活性污泥法均匀接触条件所形成的高效率和生物膜法能承受负荷变动冲击的优点。

2. 厌氧生物处理

废水厌氧生物处理是指在无分子氧条件下通过厌氧微生物和兼氧微生物的作用，将废水中的各种复杂有机物分解转化成甲烷和二氧化碳等物质的过程，也称为厌氧消化。与好氧过程的根本区别在于不以分子态氧作为受氢体，而以化合态氧、碳、硫、氮等为受氢体。厌氧生物处理是一个复杂的微生物化学过程，依靠三大主要类群的细菌，即水解产酸细菌、产氢产乙酸细菌和产甲烷细菌的联合作用完成。因而粗略地将厌氧消化过程划分为三个连续的阶段，即水解酸化阶段、产氢产乙酸阶段和产甲烷阶段。水解酸化阶段中复杂的大分子、不溶性有机物先在细胞外酶的作用下水解为小分子和溶解性有机物，然后渗入细胞体内，分解产生挥发性有机酸、醇类、醛类等，这个阶段主要产生较高级脂肪酸；产氢产乙酸阶段中在产氢产乙酸细菌的作用下，第一阶段产生的各种有机酸被分解转化成乙酸和H_2；产甲烷阶段主要依靠产甲烷细菌的作用，将乙酸、乙酸盐、CO_2和H_2等转化为甲烷。上述三个阶段的反应速度依废水性质而异，在含纤维素、半纤维素、果胶和脂类等污染物为主的废水中，水解易成为速度限制步骤；简单的糖类、淀粉、氨基酸和一般的蛋白质均能被微生物迅速分解，对含这类有机物为主的废水，产甲烷易成为限速阶段。虽然厌氧消化过程可分为以上三个阶段，但是在厌氧反应器中，三个阶段是同时进行的，并保持某种程度的动态平衡，这种动态平衡一旦被pH、温度、有机负荷等外加因素破坏，则首先将使产甲烷阶段受到抑制，其结果会导致低级脂肪酸的积存和厌氧进程的异常变化，甚至会导致整个厌氧消化过程停滞。

3. 厌氧-好氧联合技术

有些废水含有很多复杂的有机物，对于好氧生物处理而言是属于难生物降解或不能降解的，但这些有机物往往可以通过厌氧菌分解为较小分子的有机物，而那些较小分子的有机物可以通过好氧菌进一步降解。相当成功的例子是印染废水的处理，近年来，由于新型纺织纤维的开发和各种新型染料和助剂的应用，纺织印染厂的工业废水变得很难用传统的好氧生物法处理，而厌氧-好氧联用工艺，为难于生物降解的纺织印染废水处理提供了成功的经验。

采用厌氧与好氧工艺相结合的工艺，还可以达到生物脱氮、脱磷的目的，目前厌氧与好氧联合的工艺较多，活性污泥法生物脱氮是其中的一种，生物脱氮包括硝化和反硝化两个反应过程。硝化是废水中的氨态氮在好氧的亚硝酸菌和硝酸菌的作用下，被氧化成亚硝酸盐（NO_2^-）和硝酸盐（NO_3^-）的反应过程；反硝化即脱氮，是在缺氧条件下，通过脱氮菌的作用，将亚硝酸盐和硝酸盐还原成氮气。试验表明，对废水首先通过5～6h的强烈曝气，可以完成硝化阶段，然后再使废水处于4～5h无氧状态，脱氮率可以达80%以上。目前，应用于实际的还有一种流程，即在反硝化（缺氧）池前，再加一个厌氧池，这种脱氮系统的工艺流程是让废水依次经过厌氧、缺氧、好氧三个阶段，即厌氧、缺氧、好氧脱氮系统，简称A/A/O系统（亦称为A^2/O系统）（图5.4）。该系统是以去除有机碳、氮和磷为主的废水处理工艺。

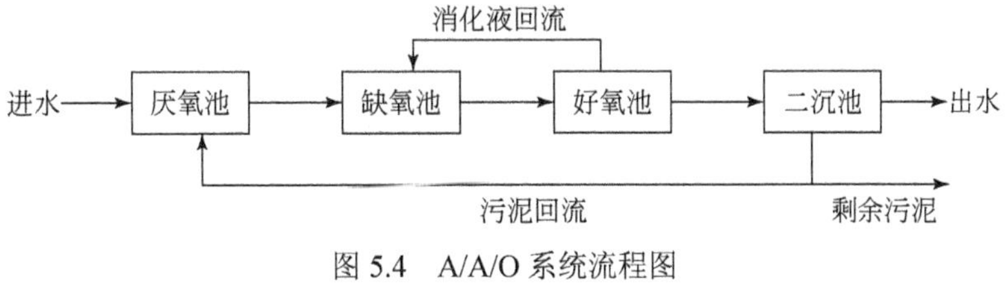

图5.4　A/A/O系统流程图

4. 生态处理技术

稳定塘又名氧化塘或生物塘，其对废水的净化过程与自然水体的自净过程相似，是一种利用天然净化能力处理废水的生物处理设施。稳定塘的研究和应用始于20世纪50年代，60年代以后发展较迅速，目前已有五十多个国家采用稳定塘技术处理城市废水和有机工业废水，我国有些城市也早在20世纪50年代开展了稳定塘的研究，稳定塘多用于处理中、小城镇的废水。按塘内的微生物类型、供氧方式和功能等进行划分，稳定塘可分为好氧塘、厌氧塘、兼性塘、曝气塘、深度处理塘等。好氧塘的深度较浅，阳光能透至塘底，全部塘水都含有溶解氧，塘内菌藻共生，溶解氧主要是由藻类供给，好氧微生物起净化废水作用；兼性塘的深度较大，上层为好氧区，藻类的光合作用和大气复氧作用使其有较高的溶解氧，由好氧微生物起净化废水作用。中层的溶解氧逐渐减少，称兼性区（过渡区），由兼性微生物起净化作用。下层塘水无溶解氧，称厌氧区，沉淀污泥在塘底进行厌氧分解；厌氧塘的塘深在 2m 以上，有机负荷高，全部塘水均无溶解氧，呈厌氧状态，由厌氧微生物起净化作用，净化速度慢，废水在塘内停留时间长；曝气塘采用人工曝气供氧，塘深在 2m 以上，全部塘水有溶解氧，由好氧微生物起净化作用，废水停留时间较短；深度处理塘又称三级处理塘或熟化塘，属于好氧塘。其进水有机污染物浓度很低，一般 BOD≤30mg/L，常用于处理传统二级处理厂的出水，提高出水水质，以满足受纳水体或回用水的水质要求。除上述几种常见的稳定塘以外，还有水生植物塘，塘内种植水葫芦、水花生等水生植物，以提高废水净化效果，特别是提高对磷、氮的净化效果；生态塘，塘内养鱼、鸭、鹅等，通过食物链形成复杂的生态系统，以提高净化效果。

废水土地处理是以土地作为主要处理系统的废水处理方法，其目的是净化废水，控制水污染，土地处理系统的设计运行参数（如负荷率）需通过试验研究确定。土地处理技术有五种类型：慢速渗滤、快速渗滤、地表漫流、湿地和地下渗滤系统。土地处理系统由废水预处理设施，废水调节和储存设施，废水的输送、布水及控制系统，土地净化田，净化出水的收集和利用系统五部分组成。

人工湿地是为了达到废水净化效果，人工设计的复杂的具有渗透性能的地层生态结构。人工湿地的类型主要有两类：一是表面流湿地；二是潜流湿地。表面流湿地是指水在基质表面上流动，完全模拟天然湿地的水流状况；潜流湿地是指水在基质表面以下流动，根据水流方向的不同，可分为水平潜流湿地和垂直潜流湿地。水平潜流湿地是指水在界面以下水平流动，垂直潜流湿地是指水在基质以下垂直流动，一般是地表布水，垂直下渗，池底设有集水管，收集净化水。人工湿地技术同其他废水处理工艺相比，建设、运行费用低、管理简单，具有非常强的景观效果，尤其是非常适合我国的国情，在经费相对不足的农村和小城镇，利用废弃河道建设人工湿地就是地方政府的首选，它也存在占地面积大，受气候影响因素较重，设计、运行参数不精确等缺点。

三、城市废水处理的基本流程

处理废水的方法很多，其分类方法也不同，最常用的一种分类方法是按废水处理的程度或按处理的阶段来分类，一般按处理的程度不同可把废水处理分为三级：一级处理、二级处理和三级处理。一级处理也称初级处理，该过程只能除去废水中的大颗粒的悬浮物及漂浮物，很难达到排放标准。二级处理一般可以除去细小的或呈胶体态的悬浮物及有机物，一般能达到排放标准。三级处理也称高级处理，进一步除去废水中的胶体及溶解态的污染物，一般可达到回用的目的。

对于城市废水典型的处理流程，一般包括几个主要单元过程（图 5.5）。此处着重介绍污泥的处理与处置问题。污泥是城市废水和工业废水处理过程中的产物，包括沉淀物和漂浮物，有的是从废水中直接分离出来的，如沉砂池中的沉渣，初次沉淀池中的沉淀物，隔油池和气浮池中的油渣等；有的是在处理过程中产生的，如酸性废水用石灰中和时产生的化学污泥，废水混凝处理产生的沉淀物，废水生物处理产生的剩余活性污泥或生物膜等。一座二级废水处理厂产生的污泥量占总处理水量的0.3%～0.5%（体积），如进行深度处理，污泥量还可能增加0.5～1.0倍。对于一个废水处理厂而言，它的全部基建费用中，用于处理污泥的占20%～50%，甚至70%，所以污泥处理与处置是废水处理系统的重要组成部分，必须予以充分重视。只有对这些污泥及时处理与处置，才能保证废水处理厂的正常运行和处理效果，消除二次污染，保护环境。污泥的性质不同，所采用的处理方法和流程也不同。但就总体来说，由于污泥含水率高，所以污泥处理总是从浓缩及脱水开始，当污泥浓度提高到一定值后，再作进一步处理，如作农肥、建材、回填、焚烧及回收有用物质等。

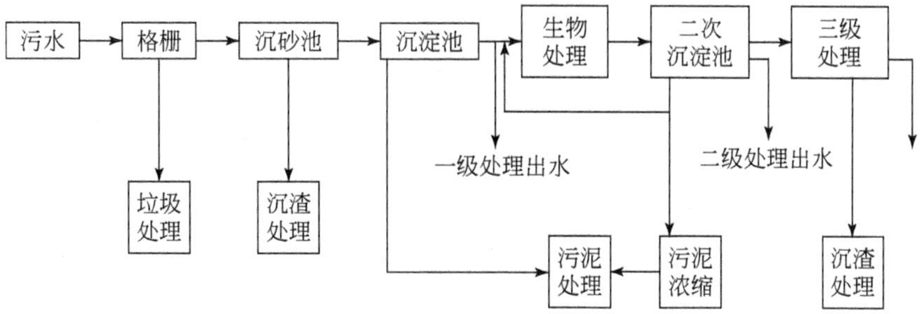

图5.5　城市废水处理的典型流程

复习思考题

1. 试述水体有机污染物的指标及其联系和区别。

2. 废水中悬浮固体可分为几类？如何表示其含量？它们与浊度有何关系？

3. 重金属污染有哪些特点？

4. 影响水体净化作用的主要因素有哪些？

5. 试述污水排入水体后的混合过程的三个阶段。

6. 重金属在水环境中的物理化学迁移主要包括哪几种？

7. 氧垂曲线的特点和适用范围是什么？

8. 试根据氧垂曲线分析污染河流污水排放口以下河段BOD和DO的沿程变化特征。

9. 试述有机物、N、P对水体的危害，为什么说控制水体富营养化，最重要的是控制N、P污染物进入水体？

10. 污水的物理处理、生物处理、化学处理和物理化学处理在处理原理上有何不同？处理对象有何不同？

11. 去除水中的有机污染物，有哪些可能的方法？它们的技术原理是什么？

12. 试述活性污泥法的基本概念和基本流程。

13. 污水沉淀处理的基本原理是什么？影响沉淀效果的因素有哪些？

第六章　土壤污染及其控制

第一节　土壤的概念与性质

一、土壤的概念

土壤是覆盖于地球表面的一层疏松土状物质。1938 年瑞典学者马迪生（S.Martson）根据物质循环的观点提出土壤圈的概念，把土壤形成与变化联系起来。在地球发展史中，土壤圈是继原始的岩石圈、大气圈、水圈和生物圈之后，最后出现和形成的自然圈层。土壤圈处于上述圈层的交界面上，既是地球生态系统的组成部分，又是各圈层综合作用和协同进化的产物。独特的位置和作用使土壤圈成为地球系统中物质循环、能量转化和积聚最活跃、最富生命力的场所，是有机界与无机界联系的中心环节，同时也是连接地球系统各个圈层的纽带。土壤圈与其他各圈层之间存在十分密切的联系和制约关系，对他们的形成、转化有深刻的影响。在地球陆地上，土壤像“皮肤”一样覆盖在整个地球陆地表面，维持着地球上多种生命的生息繁衍，支撑着地球的生命活力，使地球成为人类赖以生存的星球。

目前对土壤定义的表述不尽一致，应用较广泛的是道库恰耶夫（B. B. Докучаев）提出的土壤定义，即地球陆地表面能生长绿色植物的疏松表层。该定义指出土壤在地球上所处的位置是地球陆地表面，强调土壤能够支持绿色植物生长，即土壤具有生产功能。随着土壤学研究的不断发展，人们对土壤的认识不断深入和扩展，许多学者认为土壤还具有生态功能、社会功能和环境功能等。其中环境功能是指土壤是全球最大的环境缓冲净化系统，污染物通过不同的途径进入土壤后，在土壤中经过一系列的物理、化学和生物学反应与迁移转换过程，使其活性在土壤中降低，被分解、降解甚至消除，从而降低或消除污染物的危害。在人类及一切生命赖以生存的空气、水和土壤三大环境要素中，全球 50%～90%的污染物最终滞留在土壤中，土壤是地球上污染物最大的“汇”。土壤对输入的污染物承受力是有限的，污染物的数量一旦超过了土壤的承受能力，污染物就通过溶质流动、生物吸收、气体扩散等方式输出土体，加剧大气、水体和生物产品的污染，进而通过食物链对人体健康造成威胁。因此，土壤的环境问题日益成为土壤学、环境学等相关学科研究的重要内容。

二、土壤的组成

土壤是由固态、液态、气态三相物质组成的疏松多孔体，其中土壤固相物质包括土壤矿物质、土壤有机物质和土壤生物，土壤液相物质为土壤水分，土壤气相物质为土壤空气。土壤固相物质内普遍存在着形状和大小各异的孔隙，土壤水分和土壤空气同贮于土壤孔隙内，并随着外界条件的变化而相互消长。土壤三相物质组成的变化，影响着土壤内部物质在土壤中的转化与循环，进一步影响着土壤圈与其他圈层之间物质与能量的循环与转化，从而导致其生态功能的变化。

（一）土壤矿物质

土壤矿物质是土壤的主要组成物质，构成土壤的“骨骼”，一般占土壤固相部分重量的 95%～98%。土壤矿物质的组成、结构和性质对土壤的物理、化学和生物学性质均有深刻影响，对土壤的生态功能具有较大影响。

土壤中的矿物质主要来源于岩石中的矿物，其中的元素组成复杂多样，主要的有 20 余种，包括氧、硅、铝、铁、钙、镁、钛、钾、钠、磷、硫及一些微量元素如锰、锌、铜、钼等。1950 年和 1962 年维诺格拉多夫估算了地壳和土壤的平均化学组成（表 6.1），结果表明：第一，氧和硅是地壳中含量最多的两种元素，分别为 47.0%和 29.0%，两者合计占地壳重量的 76.0%；铁、铝次之，这四种元素占地壳重量的 88.7%。所以，在组成地壳的化合物中，绝大多数是含氧化合物，其中以硅酸盐为最多。第二，在地壳中，植物生长必需的营养元素含量很低，如磷、硫均不到 0.1%，而且分布很不平衡。第三，土壤矿物有的化学组成，一方面继承了地壳化学中组成的原有特点，另一方面有的化学元素在成土过程中有变化，含量增加的如氧、硅、碳、氮等，含量显著下降的如钙、镁、钾、钠。这反映了成土过程中元素的分散、富集特性和生物积聚作用。

表 6.1　地壳和土壤的平均化学组成（质量分数，%）

元素	地壳	土壤	元素	地壳	土壤
O	47.0	49.0	Mn	0.085	0.1
Si	29.0	33.0	P	0.08	0.093
Al	8.05	7.13	S	0.085	0.09
Fe	4.65	3.8	C	2.0	0.023
Ca	2.96	1.37	N	0.1	0.01
Na	2.50	1.67	Cu	0.002	0.01
K	2.50	1.36	Zn	0.005	0.005
Mg	1.37	0.6	Co	0.0008	0.003
Ti	0.45	0.40	B	0.001	0.003
H	0.15	—	Mo	0.0003	0.003

土壤矿物按矿物的来源，可分为原生矿物和次生矿物。土壤原生矿物是指那些经过不同程度的物理风化，未改变化学组成和结晶结构的原始成岩矿物，主要分布在土壤的粉粒和沙粒中。其组成特点如下。第一，土壤原生矿物以硅酸盐和铝硅酸盐占绝对优势。常见的有石英、长石、云母、辉石、角闪石和橄榄石及其他硅酸盐类和非硅酸盐类。第二，土壤中原生矿物类型和数量在很大限度上取决于矿物的稳定性，稳定性高的矿物，具有很强的抗风化能力，土壤中的含量就高。例如，石英稳定性、抗风化性强，在土壤粗颗粒中含量较高。第三，土壤原生矿物是植物养分的重要来源，原生矿物中含有丰富的 Ca、Mg、K、Na、P、S 等常量元素和多种微量元素，经过风化作用释放供植物和微生物吸收作用。

土壤次生矿物是由原生矿物分解转化而成，主要存在于土壤黏粒中。以结晶层状硅酸盐黏土矿物为主，还含有相当数量的晶态和非晶态的 Si、Fe、Al 的氧化物和水化氧化物。土壤中次生矿物主要有以下几类。第一，简单的盐类如碳酸盐、硫酸盐和氯化物等。第二，含水的氧化铁、氧化铝、氧化硅等氧化物类。第三，次生层状铝硅酸盐如高岭石、蒙脱石和水化云母类等，在土壤中均以黏粒形式存在，粒径极小，并具有胶体性质，对土壤理化性质如保肥性、供肥性、缓冲性和耕性等会产生深刻影响。土壤黏土主要有层状铝硅酸盐黏土矿物和非硅酸盐黏土矿物两类，其中前者是指那些在结构组成中同时含有铝和硅的黏土矿物。后者是指氧化物类黏土矿物，主要包括结构比较简单、水化程度不等的铁、锰、铝和硅的氧化物及其水合物和水铝英石。土壤黏土矿物的类型特征综合反映了土壤的风化和成土条件，研究和鉴定其种类、数量和特征有重要意义。

（二）土壤有机质

1. 土壤有机质的来源与组成

原始土壤中，最早出现在母质中的有机体是微生物。随着生物的进化和成土过程的发展，动、植物残体及其分泌物就成为土壤有机质的基本来源。在自然土壤中，地面植被残落物和根系是土壤有机质的主要来源，如树木、灌丛、草类及其残落物，每年都向土壤提供大量有机残体。在农业土壤中，土壤有机质的来源较广，主要有作物的根茬、还田的秸秆和翻压绿肥、人畜粪尿、工农副产品的下脚料、人为施用的各种有机肥料等。

不同土壤中的有机质含量差异较大，与气候、植被、地形、土壤类型、耕作措施等因素密切相关。含量高的泥炭土、沼泽土和某些森林土壤等可达 200g/kg 或 300g/kg 以上，含量低的荒漠土和风沙土等不足 10g/kg 或 5g/kg。土壤学一般把耕层含有机质 200g/kg 以上的土壤称为有机质土壤，如泥炭土；把耕层含有机质 200g/kg 以下的土壤称为矿质土壤。对大多数耕作土壤来说，其表层有机质含量通常在 50g/kg 以下，属于矿质土壤。

土壤有机质的主要元素组成主要是 C、H、O、N，分别占 52%～58%、3.3%～4.8%、34%～39%和 3.7%～4.1%，其次是 P 和 S，C/N 在 10～12。土壤腐殖质是除未分解和半分解动、植物残体及微生物体以外的有机物质的总称，由腐殖物质和非腐殖物质两大部分组成，通常占土壤有机质的 90%以上。腐殖物质是土壤有机质的主体，是经土壤微生物作用后，由酚类和醌类物质聚合而成的含芳香环状结构和含氮化合物、碳水化合物组成的复杂的多聚体，性质稳定、新形成的暗棕色的呈胶体状态的高分子化合物。它是土壤中比较难降解的物质，一般占土壤有机质的 60%～80%。非腐殖物质是一些较简单、易被微生物分解，并具有一定物理化学性质的物质，如糖类、有机酸和一些含 N 的氨基酸、氨基糖等。非腐殖质占土壤腐殖质 20%～30%，其中碳水化合物（包括糖醛酸）占土壤有机质的 5%～25%，平均为 10%，它在增加土壤团聚体稳定性方面起着极重要的作用。

2. 土壤有机质的环境作用

土壤有机质特有的组成和性质等，决定了其在土壤、土壤圈层乃至植物圈中都起着极为重要的作用。土壤有机质除具有多方面的土壤肥力功能外，其生态环境功能亦十分突出，已成为人类管理措施对土壤质量及全球气候的影响评价的重要指标。土壤有机质的环境作用主要表现为以下几个方面。

1）降低或延缓重金属污染

土壤腐殖质组分对重金属污染物毒性的影响可以通过静电吸附和络合（螯合）作用来

实现。土壤腐殖质含有多种功能基，这些功能基对重金属离子有较强的络合能力，其络合作用对土壤和水体中的重金属离子的固定和迁移有极其重要的影响。如果腐殖质中活性功能基（羧基、酚羟基、醇羟基等）的空间排列适当，则可以通过取代阳离子水化圈中的一些水分子与金属离子结合形成螯合复合体。胡敏酸与金属离子的键合总容量在 200～600μmol/g，大约 33%是由阳离子在复合位置上固定的，主要的复合位置是羧基和酚基。腐殖物质-金属离子复合体的稳定常数反映了金属离子与有机配位体之间的亲和力，对重金属环境行为的了解有重要价值。一般腐殖物质-金属离子复合体条件稳定常数的排列次序为：$Fe^{3+}>Al^{3+}>Cu^{2+}>Ni^{2+}>Co^{2+}>Pb^{2+}>Ca^{2+}>Zn^{2+}>Mn^{2+}>Mg^{2+}$，其中稳定常数在 pH=5.0 时比 pH=3.5 时稍大。这主要是由于羧基等功能基在较高 pH 条件下有较高的离解度。在低 pH 时，由于大量的 H^+ 与金属离子一起竞争配位体的吸附位，腐殖质络合的金属离子较少。胡敏酸和富里酸可以与金属离子形成可溶性和不可溶性的络合物，主要依赖于饱和度，富里酸金属离子络合物比胡敏酸金属离子络合物的溶解度大。胡敏酸可作为还原剂将有毒的 Cr^{6+} 还原为 Cr^{3+}。作为 Lewis 硬酸，Cr^{3+} 能与胡敏酸上的羧基形成稳定的复合体，从而限制动植物对其的吸收性。此外，腐殖质还能将 Hg^{2+} 还原为 Hg、Fe^{3+} 还原为 Fe^{2+} 等。腐殖酸通过对金属离子的络合、螯合和吸附、还原作用，降低重金属的毒害作用。

2）固定农药等有机污染物

土壤有机质对农药等有机污染物有强烈的亲和力，对有机污染物在土壤中的生物活性、残留、生物降解、迁移和蒸发等过程有重要的影响。其与农药的固定与腐殖质功能基的数量、类型和空间排列密切相关，也与农药本身的性质有关。一般认为极性有机污染物可以通过离子交换和质子化、氢键、范德华力、配位体交换、阳离子桥和水桥等各种不同机理与土壤有机质结合。非极性有机污染物可通过分隔机理与之结合。腐殖质分子中既有极性亲水基因，也有非极性亲水基因。可溶性腐殖质能增加农药从土壤向地下水的迁移，富里酸有较低的分子量和较高酸度，比胡敏酸更可溶，能更有效地迁移农药等有机污染物质。腐殖酸也可作为还原剂而改变农药的结构，这种改变因腐殖酸中羧基、酚羟基、醇羟基、杂环、半醌等的存在而加强。一些有毒有机化合物与腐殖质结合后，其毒性降低或消失。

3）影响全球碳平衡

土壤有机质也是全球碳平衡过程中非常重要的碳库。据统计，全球土壤有机质的总碳量在 14×10^{17}～15×10^{17}g，是陆地生物总碳量（5.6×10^{17}g）的 2.5～3 倍。而每年因土壤有机质生物分解释放到大气的总量为 68×10^{15}g，全球每年因焚烧燃料释放到大气的碳远低得多，仅为 6×10^{15}g，是土壤呼吸作用释放碳的 8%～9%。可见，土壤有机质的损失对地球自然环境具有重大影响。从全球来看，土壤有机碳水平的不断下降，对全球气候变化的影响将不亚于人类活动向大气排放的影响。

第二节　土壤污染与土壤自净作用

一、土壤背景值与土壤环境容量

（一）土壤背景值

土壤背景值亦称土壤环境背景值，是指未受人类活动明显影响的土壤本身的化学元素组成和含量。土壤是一个复杂的开放体系，它一直处于不断的发展和演变中，特别是由于人类对土壤需求的日益扩展，地球上的土壤几乎不同程度地受到人类活动直接或间接的影响。本质上说，“不受污染源明显影响”只是一个相对概念，因为已证实当今的工业污染已充满了世界的每一个角落，即使是农用化学物质的污染也是在世界范围内扩散的。例如，在南极冰层中可以发现有机氯农药的积累。因此，土壤背景值也是相对的，“零污染”土壤样本是不存在的。

影响土壤背景值的因素很复杂。包括数万年以来人类活动的综合影响，风化、淋溶、淀积等地球化学作用的影响，生物小循环的影响，母质成因、质地与有机物含量的影响等。因此，土壤背景值是一个范围值，而不是一个确定值。

研究土壤背景值具有重要的实践意义。因为污染物进入土壤环境之后的组成、数量、形态和分布变化，都需要与背景值比较才能加以分析和判断，所以土壤背景值是土壤环境质量评价，特别是土壤污染综合评价的基本依据，是研究和确定土壤环境容量，制定土壤环境标准的基本数据，也是研究污染元素和化合物在土壤环境中的化学行为的依据。另外，在土地利用及其规划，研究土壤生态、施肥、污水灌溉、种植业规划，提高农、林、牧、副业生产水平和产品质量，食品卫生、环境医学等方面，土壤环境背景值也是重要的参比数据。

（二）土壤环境容量

土壤环境容量是指在人类生存和自然生态不致受害的前提下，土壤环境单元所容许承纳的污染物质的最大数量或负荷量。简言之，土壤环境容量实际上是土壤污染起始值和最大负荷值之间的差值。若以土壤环境标准作为土壤所能承纳的最大允许限值，则土壤环境容量是土壤环境标准值与土壤背景值之差。在尚未制定土壤环境标准的情况下，可以通过土壤环境污染的生态效应试验，加之考虑土壤环境的自净作用与缓冲性能，来确定土壤环境容量。

土壤环境容量能够在土壤环境质量评价、制定污水灌溉水质标准、污泥施用标准、微量元素累积施用量等方面发挥作用。土壤环境容量充分体现了区域环境特征，是实现污染物总量控制的重要基础。在此基础上人们可以经济、合理地制定污染物总量控制规划，也可以充分利用土壤环境的纳污能力。

二、土 壤 污 染

农业生态环境中，土壤是连接自然环境中无机界与有机界，生物与非生物界的重要枢纽。在正常情况下，物质和能量在环境和土壤之间不断进行交换、转化、迁移和积累，处于一定的动态平衡状态中，不会发生土壤环境的污染。但是，如果人类的各种活动产生的污染物质，通过各种途径输入土壤，其数量和速度超过了土壤的自净作用的速度，打破了土壤环境中的自然动态平衡，会导致土壤酸化、板结、土质变坏，或者阻碍或抑制土壤微生物的区系组成与生命活动，土壤酶活性降低，引起土壤营养物质的转化和能量活动；污染物的迁移转化，会引起作物减产，农产品质量降低，通过食物链进一步影响鱼类和野生动物、畜禽的发展和人体健康。

关于土壤污染的定义表述较多，它们所定义的内容亦有差异，但是在以下方面具有共同的认识，即土壤污染是人为活动产生的污染物进入土壤并积累到一定程度，超过了土壤的容纳能力和净化速度，引起土壤质量恶化，并进而造成农作物中某些指标超过国家标准的现象。从土壤污染的概念来看，判断土壤是否发生污染有两个指标。一是土壤背景值。通常以一个国家或地区的土壤中某元素的平均含量作为背景值，用污染区土壤中同一元素的平均含量与该背景值进行比较，若土壤中某元素的平均含量超过背景值，即发生了土壤污染。二是生物指标。土壤中某有害元素或污染物含量较高时，被植物吸收的量也相应增加，可引起植物的一系列反应，土壤微生物区系会发生变化，受污染的植物被人们食后会对人体健康产生不良影响，由此可见，植物、微生物及人体受到的危害程度等均可作为度量污染的生物指标。

三、土壤自净作用

土壤自净能力是土壤通过本身的吸附、分解、迁移、转化等作用而使土壤污染物浓度降低、毒性减轻或消失的性能。在土壤的自净作用下，只要排入污染物浓度不超过土壤的自净容量，就不会造成污染。一般而言，土壤有机含量增加、土壤胶体种类和数量增加或改善、土壤结构改善，均可提高土壤自净能力。此外，发现、分离和培育新的微生物品种并引入土体，以增强生物降解作用，也是提高土壤自净能力的一种重要方法。

土壤自净作用是一个十分复杂的过程，其机理主要包括以下几个方面。

1. 土壤物理自净作用

土壤物理自净作用主要是日光、土壤温度、风力等因素的作用。日光可使土壤表层温度升高，再加上风的作用，可使某些污染物挥发，能减少其在土壤中的含量。例如，“六六六”农药在旱田施用后，主要靠挥发散失；氯苯灵等除草剂在高温条件下极易挥发，可迅速失去活性。

2. 土壤的过滤和吸附自净作用

污染物经由土壤空隙通过土壤时，比土壤孔隙大的污染物颗粒会被土壤所阻留，使固体颗粒状污染物得到过滤，从而起到土壤净化的效果。土壤颗粒表面具有很强的吸附作用，能吸附溶于水中的固体、胶体微粒及其他污染物，从而使土壤得到净化。

3. 土壤化学自净作用

进入土壤中的污染物质可以在土壤中发生酸碱中和、氧化、还原、水解等反应，改变污染物的化学性质，从而降低其毒性，使土壤得到净化。例如，酸、碱类污染物可被中和而降解，铜在碱性土壤中可生成难溶性的氢氧化铜而使铜的生物活性下降。

4. 土壤生物自净作用

土壤生物自净作用是指土壤有机污染物在细菌、真菌、放线菌等各种土壤微生物的作用下逐步分解为无机物或腐殖质，从而降低其毒性，使土壤得到净化。

5. 病原体死灭的土壤自净作用

引起病原体在土壤中死灭的因素很多，其中有机污染物的无机化过程和腐殖质化过程，是促使病原微生物和蠕虫卵死亡的重要条件。此外，日光照射、病原土壤温度的改变、病原微生物生长繁殖条件的不适宜、土壤微生物的拮抗作用和噬菌作用、一些植物根系所分泌的植物杀菌素对某些真菌类的杀灭作用等，都可影响病原微生物和蠕虫卵的生存。例如，日光中的紫外线能杀灭土壤中的蛔虫卵，未成熟的蛔虫卵对之更为敏感，对于干燥的土壤日光作用更强。通常情况下，土壤中蛔虫卵的生命周期约一年，但在50℃以上的温度环境下，数天即可被杀灭。土壤中的蚯蚓、昆虫及其幼虫能吞食蠕虫卵，对土壤中蠕虫卵的死灭也有一定的意义。

土壤自净作用的结果，是使进入土壤中的各种污染物质包括一些有机物、化学毒物的有害作用降低或消失。但是土壤自净作用有一定限度，超过了限度就会造成危害。某些重金属、农药等污染物质在土壤中尽管可以发生一定的迁移、转化，但最终并不能完全降解、消失，而仍蓄积于土壤中。对这些污染物质就更应加强预防措施，以减少污染。土壤自净能力的有限性表明，如果对土壤的利用不当，人类生产和生活活动产生的有害物质过多地进入土壤后，就会导致土壤自净能力的衰竭甚至丧失，形成日益严重的土壤污染。

第三节　土壤污染物及其危害

一、土壤污染物及其来源

（一）土壤污染物的类型

通过各种途径进入土壤环境的污染物种类繁多，可通过迁移转化污染大气和水体环境，并通过食物链最终影响人类健康。从污染物的属性考虑，一般可将土壤中的污染物分为无机污染物、有机污染物、生物污染物和放射性污染物四类。

1. 无机污染物

土壤中的无机物有的来源于地壳变迁、火山爆发、岩石风化等天然过程，有的来源于人类生产和生活活动，其中后者是主要来源，如采矿、冶炼、机械制造、建筑、化工等行业所排放的无机污染物质和人类生活所排放的生活垃圾。硝酸盐、硫酸盐、氯化物、可溶性碳酸盐等是常见且大量存在的无机污染物。这些无机污染物会产生土壤板结、改变土壤结构、土壤盐渍化和影响水质等危害。重金属亦是土壤无机污染物的主要类型，因其在土壤环境中具有累积性而最具潜在威胁。

2. 有机污染物

土壤有机污染物主要有人工合成的有机农药、酚类化合物、氢、腈、石油、稠环芳烃、洗涤剂等。有机污染物进入土壤后可危及农作物生长和土壤生物生存。例如，稻田因施用含二苯醚的污泥曾造成农作物的大面积死亡和泥鳅、鳝鱼的绝迹。农药在农业生产中起到良好的杀虫效果，但其残留物却在土壤中积累而污染了土壤。近年来农用塑料地膜广泛应用，部分被遗弃田间而成为一种新的有机污染物。

3. 生物污染物

土壤生物污染物主要是指进入土壤的一些有害生物，如各类病原菌、寄生虫卵等。它们由外部环境进入土壤后大量繁殖，从而破坏原有的土壤生态平衡，并可对人畜健康造成不良影响，危害植物，造成农业减产。生物污染物主要来源于未经处理的粪便、垃圾、城市生活污水、饲养场和屠宰厂的废物等，其中传染病医院未经消毒处理的污水和污物危害最大。

4. 放射性污染物

土壤放射性污染物是指通过各种途径进入土壤的各种放射性物质，主要来源于大气沉降、污水灌溉、固体废弃物的埋藏处置、施肥及核工业等。放射性污染物衰变过程所产生的各种射线能穿透动植物组织，损害细胞，造成外照射损伤，亦可通过呼吸和吸收进入动植物体，造成内照射损伤。放射性污染物所造成的土壤污染一般程度较轻，但范围广泛。

（二）土壤污染物的来源

土壤是一个开放的体系，与其他环境要素之间不断地进行着物质和能量的交换，因而污染物质的来源十分广泛。从污染物进入土壤的途径来看，土壤污染源主要有污水灌溉，固体废弃物的土地利用，农药、化肥、除草剂等农用化学品的施用，大气沉降及汽车尾气等。

1. 污水灌溉

用未经处理或未达到排放标准的工业污水灌溉农田是污染物进入土壤的主要途径。生活污水和工业废水中含有氮、磷、钾等许多植物所需要的养分，所以合理地使用污水灌溉农田，一般有增产效果。但污水中还含有重金属、酚、氰化物等许多有毒有害的物质，如果污水没有经过必要的处理而直接用于农田灌溉，会将污水中有毒有害的物质带至农田，污染土壤。例如，冶炼、电镀、燃料等工业废水能引起镉、汞、铬、铜等重金属污染；石油化工、肥料、农药等工业废水会引起酚、三氯乙醛、农药等有机物的污染。污水灌溉和污水土地处理系统对土壤环境的污染防治和生态环境保护都是需要研究的重要土壤环境问题。

2. 固体废弃物的土地利用

土壤向来作为废弃物的处理场所。随着工农业生产的发展和城市扩大化，固体废弃物的种类和数量、成分日益增多和复杂化，例如，工矿业的固体废弃物包括金属矿渣、煤矸石、粉煤灰、城市垃圾、污泥等。又如，各种农用塑料薄膜作为大棚、地膜覆盖物被广泛使用，如果管理、回收不善，大量残膜碎片散落田间，会造成农田“白色污染”。这样的固体污染物既不易蒸发、挥发，也不易被土壤微生物分解，是一种长期滞留土壤的污染物。

3. 农药和化肥等农用化学品施用

施用化肥是农业增产的重要措施，但不合理地使用，会使作物贪青、倒伏而减产，同时引起土壤中营养元素的不平衡，形成土壤污染。例如，长期大量使用氮肥，会破坏土壤结构，造成土壤板结，生物学性质恶化，影响农作物的产量和质量。过量地使用硝态氮肥，会使饲料作物含有过多的硝酸盐，妨碍牲畜体内氧的输送，使其患病，严重的导致死亡。农药能防治病、虫、草害，如果使用得当，可保证作物的增产，但它是一类危害性很大的土壤污染物，施用不当，会引起土壤污染。农作物从土壤中吸收农药，在根、茎、叶、果实和种子中积累，通过食物、饲料危害人体和牲畜的健康。此外，农药在杀虫、防病的同时，也使有益于农业的微生物、昆虫、鸟类受到伤害，破坏了生态系统，使农作物遭受间接损失。另外，长期使用农药造成病虫草害物种抗药性增强，导致农药投入量持续增加。

4. 酸雨和降尘

工业排放的二氧化硫、氟化物、臭氧、氮氧化物、碳氢化合物等有害气体在大气中发生反应而形成酸雨，以自然降水形式进入土壤，引起土壤酸化。我国酸雨区面积约占国土面积的 1/3。工业排放的粉尘、烟尘等固体粒子及烟雾、雾气等液体粒子，在重力作用下以降尘形式进入土壤造成污染。例如，有色金属冶炼厂排出的废气中含有铬、铅、铜、镉等重金属，对附近的土壤造成污染；生产磷肥、氟化物的工厂会对附近的土壤造成粉尘污染和氟污染。大气酸沉降与土壤酸化，已成为全球性的生态环境问题。

5. 汽车尾气

汽车使用含铅汽油，其排放的废气中含有铅化合物，经雨水冲刷沉积于土壤中，造成铅污染。汽车尾气对土壤的污染随着我国汽车拥有量的增加而日益显现出来。

二、土壤污染的特点和危害

（一）土壤污染的特点

土壤污染与大气污染、水体污染等其他污染相比，有以下四个特点。

1. 隐蔽性和滞后性

大气污染、水污染和废弃物污染等问题一般都比较直观，土壤污染不像大气与水体污染那样容易为人们所发现，因为土壤是更复杂的三相共存体系。各种有害物质在土壤中，总是与土壤相结合，有的为土壤生物所分解或吸收，从而改变其本来面目而被隐藏在土体里，或自土体排出且不被发现。当土壤将有害物输送给农作物，再通过食物链而损害人畜健康时，土壤本身可能还继续保持其生产能力而经久不衰。所以土壤污染往往要通过对土壤样品进行分析化验和对农作物进行残留检测，甚至通过研究其对人畜健康状况的影响才能确定。这也导致土壤污染从产生污染到出现问题，通常会滞后很长时间。土壤污染的隐蔽性和滞后性使认识土壤污染问题的难度增加，以致污染危害持续发展。

2. 累积性和地域性

污染物质在大气和水体中，一般都比在土壤中更容易迁移。这使得污染物质在土壤中并不像在大气和水体中那样容易扩散和稀释，因此容易在土壤中不断积累而超标，同时也使土壤污染具有很强的地域性。

3. 不可逆性

多数无机污染物，特别是金属和微量元素，都能与土壤有机质或矿质相结合，并长久地保存在土壤中。无论它们怎样转化，也无法重新离开土壤。例如，被某些重金属污染的土壤需要 200～1000 年才能够恢复。

4. 治理艰难性

如果大气和水体受到污染，切断污染源之后通过稀释作用和自净化作用也有可能使污染问题不断逆转，但是积累在污染土壤中的难降解污染物很难靠稀释作用和自净化作用来消除。土壤污染一旦发生，则很难恢复，治理成本较高、周期较长。加之土壤污染问题的产生具有明显的隐蔽性和滞后性特点，土壤污染的预防重于治理。

（二）土壤污染的危害

土壤污染对整个生态环境造成破坏，严重影响人类社会的可持续发展。

1. 导致严重的直接经济损失

土壤污染所导致的直接经济损失十分严重。以土壤重金属污染为例，全国每年因重金属污染而造成的粮食减产高达 1000 余万 t，被重金属污染的粮食达 1200 余万 t，二者所造成的经济损失合计达 200 余亿元。因农药和有机物污染、放射性污染、病原菌污染等造成的土壤污染而导致的经济损失目前尚难以估计，但是这些类型的土壤污染问题在我国普遍存在，在有些地区甚至十分严重，由此而造成的经济损失必然很大。

2. 导致食品食物品质不断下降

我国大多数城市近郊土壤都受到了不同程度的污染，许多地区生产的粮食、蔬菜、水果等食物中镉、铬、砷、铅等重金属含量超标或接近临界值。据报道，1992 年全国不少地区生产的稻米已经达到“镉米”的污染程度，每年生产的镉米多达数亿千克。仅沈阳某污灌区被污染的耕地已高达 2500 多公顷，稻米的含镉浓度高达 0.4～1.0mg/kg，已经达到或超过诱发骨痛病的平均含镉浓度。江西省某县多达 44%的耕地遭受污染，并形成 670hm^2 的镉米区。土壤污染除影响食物的卫生品质外，还明显影响农作物的其他品质。有些地区污水灌溉已经使得蔬菜的质量变差，甚至出现难闻的异味。此外，农产品的贮藏品质和加工品质也不能满足深加工的要求。

3. 危害人体健康

土壤污染会使污染物通过食物链进入人体和动物体，危害人畜健康，引发癌症和其他疾病。20 世纪 50～60 年代是日本战后经济腾飞时期，由于片面追求工业和经济的发展，加之当时人们对环境问题缺乏应有的认识，在日本曾出现一系列环境污染公害事件。例如，20 世纪 50 年代中期至 70 年代初期，日本富士山神通川流域出现的“骨痛病”，即是由当地居民长期食用被镉污染的“镉米”而引起的，到 1979 年为止，这一公害事件先后导致 80 多人死亡，直接受害者人数更多，有关方面由赔偿而形成的经济损失超过 20 余亿日元，并且至今仍有人不断提出起诉和索赔要求。目前我国对土壤污染危害人体健康的情况仍缺乏全面的调查和研究，对土壤污染导致污染疾病的总体情况尚不清楚，但是从个别城市的重点调查结果来看，情况并不乐观。相关研究表明，一些地区居民肝肿大与土壤和粮食污染有着明显的关系。

4. 导致其他环境问题

土地受到污染后，含重金属浓度较高的污染表土容易在风力和水力的作用下分别进入大气和水体中，导致大气污染、地表水污染、地下水污染和生态系统退化等其他次生生态环境问题。上海市某污灌区的地下水中已检测出氟、汞、镉、砷等重金属，成都市郊某些农村也因土壤污染而导致井水中汞、镉、酚、氰等污染物超标，北京市的大气扬尘中半数来源于地表。美国、澳大利亚、奥地利等国家的科学家已经注意到，当地的城市土壤污染对人体健康有直接影响。城市的人口密度大，土地污染问题比较普遍，因此国际上对城市土壤污染问题开始给予高度重视。

第四节　土壤污染物的迁移与转化

土壤中的物质处于持续的运动状态中，所谓物质迁移就是各种元素在土壤中的转移和再分配，这是导致物质分散和集中的原因。迁移是一个复杂的过程，在不同的生态条件和物理化学条件下，迁移的特点不同。影响迁移的各种因素主要分为内在因素和外界因素。与原子结构及其化合物的性质有关的内在因素，包括元素化学键类型、负电性、原子和离子半径及原子价。元素迁移的外部因素有气候条件、有机质、地形部位、水、氧，以及二氧化碳、介质的 pH 和 Eh 值及胶体的作用等。土壤中所见到的各种迁移与积累现象，都是内外因素作用的结果，主要分为溶解迁移、还原迁移、螯合迁移、悬粒迁移、生物迁移等五种方式。

一、重金属在土壤中的迁移与转化

重金属污染属于无机物污染，与有机物污染有着不同的特点。重金属物质在环境中不能被分解或消失，其毒害作用不会丧失。即便是因发生物理变化而可使其毒害作用可能暂时减弱，但是一旦条件适合，其原有毒性又能恢复。土壤一旦受到重金属污染，尽管可以通过某种方法除去重金属而得到暂时缓解，但是重金属物质不能自行从土壤中消失，只能发生存在位置的转移，导致所迁入地区或受体的二次污染甚至多次污染。因此，如果不能回收，重金属污染就不会消失。目前我国受镉、铬、铅等重金属污染的耕地面积近 2000 万 hm^2，约占耕地总面积的 20%。重金属物质在土壤中迁移的影响因素众多，如重金属物质的化学性质、物理性质和环境条件等。各种条件的不同，使得重金属物质在土壤环境中的迁移、转化形式复杂多样，并且往往是多种形式交错融合，迁移过程十分复杂。概括起来，重金属在土壤环境中的迁移、转化形式有物理迁移、物理化学迁移和化学迁移、生物固定与活化等。

（一）物理迁移

土壤重金属污染物的物理迁移是指土壤重金属物质的机械搬运。土壤溶液中的重金属离子或络合物可随地下水径流发生运动，从而导致土壤重金属元素的分布发生水平方向与垂直方向上的分布特征的改变；水土流失和风蚀作用可引起重金属物质随土壤颗粒发生机械搬运；有些重金属物质可随土壤空气发生运动，如汞蒸气；有些重金属物质因其相对密度大而会发生沉淀或闭蓄于其他有机物和无机物沉积之中。

（二）物理化学迁移和化学迁移

土壤重金属污染物的物理化学迁移和化学迁移是指土壤重金属污染物在土壤中通过吸附、解吸、沉淀、溶解、氧化、还原、络合、螯合和水解等一系列物理化学过程和化学过程而发生的迁移转化，这是重金属在土壤中的主要运动形式。土壤重金属污染物的物理化学迁移和化学迁移有被无机胶体吸附固定、被有机胶体吸附固定和沉淀-沉积等具体形式。

1. 无机胶体吸附固定

土壤重金属污染物可被无机胶体所吸附而固定。无机胶体的吸附作用有交换吸附、专性吸附和无机络合剂络合作用等三种形式。交换吸附作用主要是指由土壤胶体表面性质不同的电荷对土壤重金属污染物产生的静电吸附作用。土壤胶体表面一般带有负电荷，因此在其表面吸附了很多阳离子，如 H^+、Al^{3+}、Ca^{2+}、Mg^{2+}等，这些阳离子易被吸附竞争性更大的重金属离子置换出来。例如，二价重金属 Cd^{2+}、Pb^{2+}、Cu^{2+}、Zn^{2+}等的吸附竞争性均大于土壤中通常存在的 Ca^{2+}、Mg^{2+}、NH_4^+等阳离子，因此可以发生交换吸附。但是，在酸性土壤中，由于 H^+、Fe^{3+}、Fe^{2+}、Al^{3+}等吸附位较强的阳离子的浓度较高，使外源性重金属阳离子趋于游离状态，而使之活性增强。此外，带正电荷的水合氧化铁胶体离子亦可以吸附 PO_4^{3-}、VO_4^{3-}、AsO_4^{3-} 等。

专性吸附是指土壤重金属离子通过共价键或配位键结合在胶体颗粒表面而被水合氧化物牢固吸附于胶体颗粒表面的现象。被专性吸附的重金属离子是不可交换态的，即不能被 NaOH 和 Ca_3As_2 等盐置换，只能被亲和力更强和性质更相似的元素解吸，或在较低 pH 下水解，因此专性吸附可降低重金属的生物有效性。在重金属浓度很低时，专性吸附的量所占比例较大。

无机络合剂络合作用是指土壤重金属与土壤中的无机络合剂发生反应而使其吸附固定强度发生变化的现象。土壤中存在许多无机配位体，如 Cl^-、SO_4^{2-}、NH_4^+、CO_3^{2-} 等，能与部分重金属发生络合反应，对带负电荷的吸附表面，络合作用降低了吸附表面对重金属的吸附强度，甚至可以产生负吸附，使重金属的吸附量下降。但对带正电的吸附表面，如铁铝氧化物，络合作用会降低重金属离子的正电性而增加吸附。

2. 有机胶体吸附固定

有机胶体主要是指分子质量大小不等的有机酸、氨基酸和腐殖质物质等，这些胶态有机质物质含有许多能与重金属发生络合和螯合的官能团，如羧基、醇羟基、烯醇羟基及不同类型的羰基结构，可与重金属发生离子吸附、络合或螯合作用。胶态有机质对金属离子有较强的亲和势，所以对重金属的保持能力往往与有机质含量有良好的相关性。

从吸附作用看，有机胶体对重金属的吸附能力很强，每千克土壤可达 15～70 毫克当量，平均 30～40 毫克当量。不同种类有机胶体对重金属的吸附能力由强到弱依次为 Pb^{2+}、Cu^{2+}、Cd^{2+}、Zn^{2+}、Hg^{2+}。一般来说，在重金属浓度较低和污染初期，主要以重金属与有机质的络合和螯合作用为主，而在重金属浓度进一步加大或污染时间进一步延长时，由于增加了官能团的电离作用，交换吸附开始占主导地位。

络合物的稳定性随 pH 的增加而增加，Cu 在很广的 pH 范围内都能形成非常稳定的化合物，其他重金属络合物的稳定性由强到弱依次为 Fe^{2+}、Pb^{2+}、Ni^{2+}、Co^{2+}、Mn^{2+}、Zn^{2+}，但并不是所有有机质与重金属的络合或螯合作用都能增加重金属的稳定性。大量研究表明，土壤有机质腐解产生的小分子有机酸和有机络合剂，可与重金属形成可溶性物质，而增强其迁移性和活性。例如，重金属与富里酸络合或螯合后迁移能力和活性将增强，与胡敏酸络合或螯合后迁移性和活性将下降。

3. 沉淀-沉积

重金属进入土壤后，能与土壤中多种化学成分发生反应而形成溶解和沉淀作用。可与重金属发生沉淀作用的阴离子主要有 OH^-、CO_3^{2-}、S^{2-}等。这种作用作为土壤环境中重金属化学迁移转换的重要形式，控制着土壤中重金属的迁移转化，而这种过程却受土壤 pH、CO_2 分压、Eh 值和络合离子的制约。当 $pH<6$ 时，迁移能力强的主要是土壤中以中性离子形态存在的重金属；当 $pH>6$ 时，迁移能力强的主要是土壤中以阴离子形态存在的重金属。pH 在 5～8 之间时，多数重金属元素溶解度较高；酸性土壤 pH 可能低于 4；碱性土壤 pH 可能高达 11，此时多数重金属元素形成了难溶的氢氧化物。从 Eh 值的影响来看，有的重金属如 Cd、Zn、Cu 等随 Eh 值的降低，其随水迁移性和对作物造成的危害可能减少，有的如 As 等则具有相反的趋势。这与其发生化学反应的土壤阴离子有关，以土壤中的 S 为例，当 Eh 较低时，其形态以 S^{2-}为主，可与重金属发生硫化物沉淀；当 Eh 值升高时，则其形态以 SO_4^{2-} 为主，重金属元素多以溶解度较大的硫酸盐形式存在。

土壤中存在着众多种类的带有配位基的物质，如羟基、氯离子和腐殖酸物质等，各配位基的性质和浓度及金属离子与络合离子的亲和力决定了络合形式，进而决定了金属化合物的溶解度。例如，Cl 可与重金属络合成 MCl^+、MCl_2^0、MCl_3^-、MCl_4^{2-}，且 Cl 的含量决定了其络合态的存在类型。Cl 与重金属络合强弱的顺序依次为 Hg^{2+}、Cd^{2+}、Zn^{2+}、Pb^{2+}。氯离子与重金属形成络合离子可大大提高重金属的溶解度，进而使其活性增大，迁移能力提高。

（三）生物固定与活化

生物体可从土壤中吸收重金属，并在体内积累起来。植物可以通过根系从土壤中吸收有效态重金属。重金属的有效态主要是指其可溶态和可交换态，难溶态一般不易被植物吸收利用。土壤微生物和土壤动物也可以吸收并富集某些重金属。此外，某些陆生动物啃食重金属含量较高的表土也是重金属发生生物迁移的一种途径。土壤 pH、Eh 值和并存的各种络合离子及其他金属离子对生物吸收重金属的效率有很大影响。pH 与植物吸收重金属数量呈正相关关系；旱地的 Eh 值高于水田，重金属活性也比水田高；Zn 的存在可以促进水稻对 Cd 的吸收，而 Fe 的存在可以抑制水稻对 Mo 的吸收。生物对重金属迁移的影响作用主要表现为两个方面，一方面是可以使重金属进入食物链而危害人体和生物的健康，另一方面是人们可以利用这种作用来缓解土壤的重金属污染程度。

二、化学农药的迁移与转化

农药是土壤环境中毒性最大、影响面最广、与人类生活关系最为密切的面源污染物，对环境有着多方面的污染，可导致严重的危害。农药对土壤环境的污染与农药自身理化性质、使用历史及施药地区自然环境条件密切相关，这些因素决定了农药在土壤中的残留、迁移和转化特征。进入土壤环境中的农药，将发生被土壤胶粒及有机质吸附、随土壤中水分的运动而向大气中挥发扩散、被动植物吸收、被土壤微生物降解等一系列物理、化学和生物化学过程。

（一）向大气与水体的迁移

大量研究证明，易挥发农药和不易挥发的农药都能从土壤及植物表面进入大气环境。农药在土壤中挥发作用的大小主要取决于农药的溶解度和蒸气压，并与土壤温度、湿度、质地和结构等因素有关。例如，有机磷和氨基甲酸酯类农药的蒸气压高于 DDT、狄氏剂和林丹的蒸气压，故前者的挥发作用高于后者。另外，农药还能以水为介质进行迁移，其迁移的主要方式有两种：一是直接溶于水中，如甲胺磷、乙草胺；二是被吸附于土壤固体细粒表面随水分移动而进行迁移，如难溶性农药 DDT。一般说来，农药在吸附性能小的砂性土壤中容易迁移，而在黏粒含量高或有机质含量多的土壤中不易迁移，大多积累在土壤表层 30cm 土层内，通过土壤侵蚀经降水、灌溉和农耕等随地表径流进入水体。

（二）土壤吸附

进入土壤中的化学农药，可以经过物理吸附、化学吸附、氢键结合及配位键结合等方式，被吸附在土壤颗粒表面。农药被土壤吸附后，其移动性和生理毒性均会随之下降，所以在某种程度上说，土壤对农药的吸附就是对农药的脱毒与净化，但是这种作用是不稳定的和暂时的，只是在一定条件下起到缓冲作用，实际上是农药在土壤中的积累作用。

土壤对化学农药吸附作用的强弱，取决于土壤胶体的种类、数量、胶体的阳离子组成和农药的化学性质等因素。进入土壤中的农药一般被解离为有机阳离子，为带负电荷的有机胶体所吸附，其吸附容量往往与土壤胶体的阳离子吸附容量有关。各种土壤胶体的农药吸附能力有较大差异，吸附能力从大到小依次为有机胶体、蛭石、蒙脱石、伊利石、高岭石。土壤胶体阳离子组成对农药吸附交换能力的影响较大，钠饱和的蛭石对农药的吸附能力大于钙饱和蛭石；K^+可将吸附于蛭石的杀草快代换出98%，但仅可将吸附于蒙脱石的杀草快代换出44%。

土壤对农药吸附作用的强弱因农药化学性质的不同而有显著差异。如果农药的分子结构中带有—OH、—$CONH_2$、—NHNOR、—NHR、—OCOR等功能团，则能够增强其被土壤吸附的能力，尤其是带—NH_2的农药，被土壤吸附的能力更强。此外，同类农药中，土壤对分子量大的农药的吸附能力强；在溶液中，土壤对溶解度小的农药的吸附能力强。

土壤 pH 大小可以影响农药是被离解为有机阳离子还是有机阴离子，从而决定其是被带负电荷的土壤胶体所吸附还是被带正电荷的土壤胶体所吸附。

（三）光化学降解

农药在土壤中的光化学降解是指土壤表面接受太阳辐射的活化和紫外线的能量所引起的农药完全分解或部分降解。农药吸收光能后产生光化学反应，使农药分子发生光解、光氧化、光水解和异构等化学变化，导致农药分子结构中的碳碳键和碳氢键发生断裂，引起农药分子结构的转变，从而可使其得到降解。例如，有机磷杀虫剂对硫磷能被光解为对氧磷、对硝基酚和硫己基对硫磷等。值得注意的是，光解产物的毒性可比原化合物的小，亦可比原化合物大，如对氧磷的毒性大于对硫磷。不过，这些光解产物在环境中仍在不断分解，最终将会转化为低毒或无毒成分。由于紫外光难于穿透土壤，所以光化学降解的解毒作用主要对土壤表面与土壤结合的农药起作用，而对土表以下的农药作用很小。

（四）化学降解

化学降解主要是指与微生物无关的水解和氧化作用。许多有机磷农药进入土壤后便可发生水解，如马拉硫磷和丁烯磷可发生碱水解、二嗪磷可发生酸水解，并且有机磷农药的加碱水解过程具有脱毒作用。农药水解作用的强度随土壤温度升高、土壤水分加大而加强。许多含硫和含氯农药在土壤中可被氧化，如对硫磷可被氧化为对氧磷，艾氏剂可被氧化为狄氏剂等，从而起到农药的降解作用。

（五）生物转化与降解

农药的生物转化与降解是指微生物、植物和动物等生物的生命活动将农药分解为小分子化合物或转化为毒性较低的化合物的降解现象，其中微生物降解是最重要的农药降解途径，故一般所指的生物转化与降解主要是指微生物转化与降解。微生物具有氧化还原作用、脱羧作用、脱氨作用、水解作用和脱水作用等多种化学作用能力，能量利用比高等生物体更为有效，并具有种类多、分布广、个体小、繁殖快、比表面积大和高度繁殖与变异性强等特点，能以很快的速度适应环境的变化。当环境中存在新的化合物时，有些微生物能够逐步通过各种调节机制，或通过自然突变形成新的突变种，或通过基因调控产生诱导酶，以适应新的环境条件。产生新酶体系的微生物具备新的代谢功能，从而能够降解或转化那些原本不能被生物降解的污染物。

微生物能以多种方式代谢农药，凡是影响土壤微生物正常活动的环境因素（如温度、水分、有机质含量、Eh值和pH等）及农药本身性质都会对微生物的农药代谢产生影响，因此就一种微生物和一种农药而言，不同的环境条件可能会有不同的降解解毒方式。微生物降解农药的途径主要有脱卤作用、氧化-还原作用、脱烷基作用、水解作用和环裂解作用等。例如，DDT 经脱氯作用和脱氢作用可转化为 DDD 和 DDE，并可被进一步氧化为 DDA；带硝基的农药可被还原为氨基衍生物；氨基甲酸酯类、有机磷类和苯酚胺类农药可经过酯酶、酰胺酶和磷酸酶发生水解；苯酚则可经过细菌和真菌的作用发生环裂解而转化为脂肪酸。总之，农药的生物降解是农药从土壤环境中去除的最为重要的途径。此外，农药还可通过与土壤中的原生动物、节肢动物、环节动物、软体动物等及各种植物的相互接触，而被其中一些生物所吸收利用，从而被降解、转化为毒性较低的物质或完全从土壤环境中消失。但是，动植物参与农药的降解更多的是通过与土壤微生物发生协同作用来进行的。例如，植物根系和土壤动物体分泌的胞外酶可促进农药的微生物降解；蚯蚓可吞食土壤中的微生物和农药，其消化系统可分泌大量的消化酶，从而促进消化道内的微生物降解农药。

（六）在土壤中的残留

农药的性质对其土壤中的残留时间有显著影响。性质不同的农药在土壤中的降解速度与难易程度不同，这直接影响着农药在土壤中的残留时间。农药在土壤中的残留时间常用半减期和残留量来表示。农药的半减期亦称半衰期，是指施入土壤中的农药因降解等，其浓度减少一半所需的时间。农药的残留量是指土壤中农药因降解等含量减少后而残留在土壤中的数量。影响农药土壤残留的因素很多。一般而言，农药在土壤中的降解越慢，残留期就越长，越容易导致土壤环境污染。

残留农药可通过食物链由低营养级向高营养级转移，同时还可能发生生物浓缩作用。日本曾对 216 种食品进行了调查，发现有 84 种食品含有 DDT 残留，37 种有六六六残留，45 种有狄氏剂残留。我国 1988～1989 年曾对河南省污染现状进行调查，发现尽管六六六已停止使用，但其在肉、蛋、奶和植物中的检出率仍为 100%，超标率为 12.5%～30%。目前，有机磷杀虫剂的残留污染日益严重，特别是在蔬菜与水果中残留较为突出。

第五节　土壤污染的控制

一、我国土壤污染的形势

土壤污染与每个人的身体健康息息相关，食物中的重金属含量、蔬菜中的农药残留、饮用水源的安全情况等，都受到土壤环境质量的直接影响。在当前土壤污染形势日趋严峻的情况下，我国已经充分认识到土壤污染的严重性和危害性，逐步开展了土壤污染的研究、治理及管理等多方面行动。2005 年 4 月至 2013 年 12 月，我国开展了全国首次土壤污染状况调查，调查范围包括除台湾省和港澳地区以外的所辖全部陆地国土，旨在全面、系统、准确掌握了我国土壤污染的情况，有效防治土壤污染，确保百姓身体健康。调查结果表明，我国土壤环境状况总体不容乐观，部分地区土壤污染严重，耕地土壤环境治理堪忧，工矿业废弃地土壤环境问题突出。工矿业、农业等人为活动及土壤环境背景值偏高，是造成土壤污染或指标超标的主要原因。

经过多年的治理，我国土壤污染情况虽然有所改观，但是土壤污染形式仍不容乐观。全国土壤污染指标总的超标率为 16.1%，其中轻微、轻度、中度和重度污染点位比例分别为 11.2%、2.3%、1.5%和 1.1%。从土地利用类型看，耕地、林地、草地土壤点位超标率分别为 19.4%、10.0%、10.4%。从污染类型看，以无机型为主，有机型次之，复合型污染比重较小，无机污染物超标点位数占全部超标点位的 82.8%。从污染物超标情况看，镉、汞、砷、铜、铅、铬、锌、镍 8 种无机污染物点位超标率分别为 7.0%、1.6%、2.7%、2.1%、1.5%、1.1%、0.9%、4.8%；六六六、滴滴涕、多环芳烃 3 类有机污染物点位超标率分别为 0.5%、1.9%、1.4%。从污染分布来看，南方土壤污染重于北方，长江三角洲、珠江三角洲、东北老工业基地等部分区域土壤污染问题较为突出，西南、中南地区土壤重金属超标范围较大；镉、汞、砷、铅 4 种无机污染物含量分布呈现从西北到东南、从东北到西南方向逐渐升高的态势。

二、土壤污染的预防

土壤污染的治理应立足于“防重于治”的基本方针，需要“先预防后修复，预防重于修复”。首先是控制污染途径和消除污染源，同时对已污染的土壤要采取措施，提高土壤的环境容量，促进土壤的自净能力，清除污染物，控制污染物迁移转化，以免对大气、水体、生物造成污染，特别是污染物不能进入食物链影响人体健康。

（一）推广清洁生产，控制“三废”的排放

治理土壤污染的根本，在于积极推广清洁生产，严格控制工业“三废”的排放量和排放浓度，使之符合排放标准，并做好重点污染源治理，实行污染物排放总量控制。清洁生产是指将综合预防的环境策略持续地应用于生产过程和产品中，以便减少对人类和环境的风险性。对生产过程而言，清洁生产包括节约原材料和能源，淘汰有毒原材料并在全部排放物和废物离开生产过程以前减少它的数量和毒性。对产品而言，清洁生产旨在减少产品在整个生产周期过程中对人类和环境的影响。因此，推广清洁生产是治理土壤污染的有效途径。

（二）合理施用化肥和农药

针对土壤状况科学施肥、经济用肥，避免施肥过多造成土壤污染。对有一定毒性的肥料，要严格控制其使用范围和用量。大力推广使用高效、低毒、低残留的生物农药，科学使用化学农药，控制使用范围、时间、用量及次数，禁止使用国家已明文规定停止使用的农药，尽可能减少有毒农药的使用。

（三）科学管理和控制土地使用

土地一旦被使用，就存在被污染的风险。不科学和不合理地使用土地，会导致土地浪费、土壤污染及土壤生态功能退化等后果。所以，应对土地使用进行科学的管理和控制。可采取多种有效措施，例如，尽量不使用或少使用原生态土地，实施退耕还林、还草、还湖，实施土地轮作等，控制土地的不合理使用，达到控制土壤污染的目的。

（四）建立土壤污染监测、预测和评价系统

以土壤环境标准、基准或土壤环境容量为依据，定期对辖区土壤环境质量进行监测，建立系统的档案材料，参照国家组织建议和我国土壤环境污染物目录，确定优先检测的土壤污染物和测定标准方法，按照优先污染次序进行调查、研究。加强土壤污染物总量和浓

度的校对与管理，对开发建设项目实施前、建设过程中和投产后的土壤污染状况进行科学预测和评价，进行土壤污染物累积影响因子和污染趋势的分析，建立土壤污染物累积模型和土壤容量模型，并以此类研究成果为依据，采取控制和减缓土壤污染的有效对策和措施，积极控制土壤污染。

三、土壤污染的修复

对已经被污染了的土壤进行合理修复，可以转变土壤污染的局面，减轻和消除土壤污染。土壤污染修复对于阻断污染物进入食物链，防止对人体健康的损害，促进土地资源的保护与社会可持续和谐发展具有重要的现实意义。不同类型的土壤污染，其修复技术不尽相同。对污染土壤要根据污染的实际情况，进行具有针对性的修复。土壤修复技术有多种，如生物修复技术、化学修复技术、物理修复技术等，其中有些修复技术已经发展到现场应用阶段，并取得了较好的效果。根据处理污染土壤的位置改变与否，污染土壤修复可分为原位修复和异位修复两种。一般而言，原位修复比异位修复更为经济，因为对污染物就地处置修复使之降解或减毒，不需要运输费和昂贵的环境工程基础设施建设费，操作也比较简单。而相对于原位修复技术，异位修复技术的环境风险较低，系统处理的预测性较高。污染土壤修复技术研究起步于20世纪70年代后期，近些年来，一些学者综合运用土壤学、生物学、物理、化学、生物学和地质学等的相关知识，发展了污染土壤修复的原理和技术方法。目前土壤修复理论与技术已成为土壤科学、环境科学及地表过程研究的新内容，土壤修复学业已发展成为一门新兴的环境科学分支学科。土壤修复技术主要包括生物修复技术、化学修复技术和物理修复技术三类。

（一）生物修复技术

生物修复主要依靠生物的活动使土壤污染物降解或转化为无毒或低毒物质，包括植物修复和微生物修复。植物修复目前已经得到较为广泛的深入研究，具有更好的应用前景。微生物修复技术更适用于有机污染土壤的修复。

1. 微生物修复技术

污染土壤微生物对有机物的降解需要有微生物可利用的营养物、合适的pH、有代谢能够进行的电子受体等环境条件，缺少任意一项条件，都将影响污染土壤微生物修复的速率和程度。土壤中的土著微生物很少能够对外来污染物进行降解，所以需要加入经过人工驯化的工程菌来实现高效修复。培养实用的工程菌是一项很艰难的研究工作。可以用于污染土壤生物修复的微生物主要是细菌和真菌。细菌包括好氧细菌、厌氧细菌及兼氧细菌，它们可以不断地适应污染土壤环境而产生降解能力，例如，通过特定酶的诱导和抑制产生基因突变及通过质粒转移而获得利用特定污染物的能力。真菌主要为软腐菌、褐色菌和白腐菌三大类，它们对于一些大分子化合物表现出很强的降解能力，可以降解木质素等。

污染土壤微生物修复成功与否，主要取决于是否存在激发污染物降解的合适的微生物种类和人类是否对污染土壤点的生态条件进行了改善或加以有效调控和管理。研究表明，土壤水分是调控微生物活性的首要因子之一，因为它是许多营养物质和有机组分进入微生物细胞的介质，也是新陈代谢废物排出微生物机体的介质，并对土壤通透性能、可溶性物质的特性和数量、渗透压、土壤溶液 pH 和土壤非饱和水力学传导率有着重要影响。土壤污染物生物降解的速率还常取决于终端电子受体供给的速率，在土壤微生物种群中，很大部分是把氧气作为终端电子受体的，而且由于植物根的呼吸作用，在亚表层土壤中氧气也易于消耗。因此，充分的氧气供应是污染土壤生物修复的重要环节。此外，氧化还原电位 Eh 也对亚表层土壤中微生物种群的代谢过程具有影响。

2. 植物修复技术

污染土壤的植物修复是指利用植物本身所特有的污染物吸收富集、转化固定、氧化还原反应或水解反应等生物化学过程，使土壤环境中的有机污染物得以降解，使重金属等无机污染物被固定脱毒的污染土壤修复技术。植物在修复土壤的同时，还可通过利用植物根际圈特殊的生态条件，加速土壤微生物的生长，显著提高根际微生物的生物量和潜能，从而提高微生物对土壤有机污染物的分解能力；并可通过利用某些植物特殊的积累与固定能力，提高去除土壤中某些无机污染物的能力。植物修复技术对低到中等污染土壤的修复应用效果较好。污染土壤植物修复的对象主要是无机污染物和有机污染物，如重金属、有机化合物、放射性污染物、硝酸盐、铵盐、磷酸盐等。植物修复技术早期主要用于矿山复垦，将其用于污染土壤修复始于 20 世纪 90 年代。植物能够提供促进根际微生物生长的碳源，增加土壤微生物的种群数量。土壤微生物通过在根圈内吸收、累积、代谢和生物迁移等作用，可以加速污染物的降解过程。如果植物品种选择适宜，再加以科学管理，污染土壤的植物修复将会获得成功。土壤污染的植物修复技术主要有以下四种。

1）植物提取修复

植物提取修复是指利用植物直接吸收污染物并在体内积蓄，并通过植物收获而去除土壤污染物的污染土壤植物修复技术。收获后的已积蓄污染物的植物可以通过热处理、微生物处理和化学处理等方式进行处理。植物提取对处理土壤重金属污染物的效果明显。利用重金属超积累植物从土壤中吸收一种或几种重金属，并将其转移、存储到地上部分，随后进行收割集中处理，就是土壤重金属污染物的植物提取。土壤重金属污染物植物修复的效益取决于植物地上部分重金属的含量和植物的生物量。目前虽然连续种植植物提取的第一次田间试验获得了一定的成功，但已知的超积累植物绝大多数生长慢，生物量小，且大多数是连作生长，很难机械操作。例如，如何挖出处理富集了重金属的植物根系，仍是一个难题。如果不对植物根系进行挖出处理，则植物根系在土壤中腐烂后不仅大大富集了重金属，且增加了重金属的有效毒性。因此，一些学者对植物修复的经济可行性提出了质疑。在克服土壤重金属污染物植物修复的上述局限性方面，尚需做进一步的深入研究。

2）植物降解修复

植物降解修复是指利用植物的转化和降解作用去除土壤有机污染物的污染土壤植物修复技术。植物可通过植物本身及相关微生物和各种酶系将有机污染物降解为无毒的小分子中间产物，最终分解为 CO_2 和 H_2O，从而达到修复土壤污染物的目的。植物降解修复的途径主要有两个，一是植物将污染物吸收到体内后，或将污染物分解的碎片通过木质化作用储存在新的植物组织中，或使污染物完全挥发，或将污染物矿化成为二氧化碳和水，从而将污染物转化成毒性小的或无毒的物质；二是植物根分泌物直接降解根际圈内有机污染物质。

3）植物稳定修复

植物稳定修复是指植物在与土壤等环境介质的共同作用下，将污染物固定并降低其活性，从而减少污染物危害的污染土壤植物修复技术。植物稳定包括沉淀、螯合、氧化还原等多种生物物理和生物化学过程，在此过程中，植物主要发挥两种功能。第一，植物可保护污染土壤不受侵蚀，减少污染物渗漏，防止污染物淋洗。例如，受到重金属污染的土壤，由于污染物的毒害作用而常常缺乏植被，荒芜的土壤更容易受到侵蚀而向周围扩散重金属，此时稳定污染物的最简单的方法就是种植耐重金属的植物，防止土壤侵蚀。第二，通过污染物在根部的积累与沉淀，强化污染物在土壤中的固定。例如，植物通过释放磷酸根，可使铅沉淀在植物的根部，以减轻铅的毒性。植物稳定技术适合土壤质地黏重、有机质含量高的污染土壤的修复。

4）植物挥发修复

植物挥发修复是指利用植物的吸收、积累、挥发等作用而减少土壤中挥发性污染物的污染土壤植物修复技术。植物可将某些污染物吸收到体内，并将其转化为气态物质，释放到大气中，如汞和硒。

（二）化学修复技术

污染土壤化学修复技术是指通过加入土壤化学修复剂，使其与污染物发生氧化、还原、吸附、沉淀、聚合、络合等反应，使污染物从土壤中分离、降解、转化或稳定成为低毒、无毒、无害等形式或形成沉淀除去污染物的污染土壤修复技术。污染土壤化学修复技术的效果取决于污染土壤的特征和不同污染物，通常采用的手段是将气体、液体或活性胶体注入土壤下层、含水土层，或在地下水流经的路径上设置可渗透反应墙，滤出地下水中的污染物。注入的化学物质有氧化剂、还原剂（沉淀剂）和解吸剂（增溶剂）等。相对于其他修复技术，化学修复技术发展较早，相对比较成熟，且具有实施周期短、可用于处理各种污染物等优点。

根据作用原理不同，化学修复技术主要包括土壤淋洗技术、溶剂浸提技术、化学氧化技术、化学还原与还原脱氯技术、化学固化与稳定化技术及土壤性能改良技术等。各项化学修复的技术中，化学氧化技术是一种快捷、积极、对污染物类型和浓度敏感度较低的修复手段；化学还原技术和还原脱氯技术易作用于分散在地表下较大、较深范围内的氯化物等对还原反应敏感的化学物质，将其还原、降解；化学淋洗技术对去除溶解度和吸附力较强的污染物更加有效。

重金属污染土壤的修复往往采用化学修复技术，主要是其中的固定技术。这种修复技术的特点是土壤结构不受扰动，适合大面积地区操作。如果添加的稳定剂价格低廉，修复成本往往较低。用作固定剂的化学品很多，其中磷酸盐类化合物可以使 Cd、Cu、Pb、Ni、Zn 等多种重金属发生沉淀，是一类理想的固定剂。作为固定剂的其他添加剂有碱性材料如石灰、碳酸镁、沸石、矿渣、红泥、有机质、黏土矿物、粉煤灰等。

（三）物理修复技术

污染土壤物理修复技术是指根据物理学原理，采用一定的工程技术，去除土壤中的污染物或将其转化为无害形式的污染土壤修复技术，主要包括物理分离修复、蒸气浸提修复、玻璃化修复和电动力学修复等手段。

1. 物理分离修复

污染土壤物理分离修复是借助物理手段将污染物从环境介质中分离开来的污染土壤修复技术。物理分离技术通常被作为初步的分选技术，以减少待处理被污染物的体积，优化后序处理工作，而不能充分达到环境修复的要求。物理分离技术在采矿和选矿生产过程中已被应用数十年，近年来才被应用于土壤修复。大多数污染土壤的物理分离修复，主要是基于土壤介质及污染物的特性而采用不同的操作方法，包括粒径分离、水动力学分离、密度（或重力）分离、脱水分离、泡沫浮选分离、磁分离等分离手段。实践表明，物理修复技术主要用在污染土壤中无机污染物的修复，可从土壤、沉积物、废渣中富集重金属，清洁土壤，恢复土壤的正常功能。

2. 蒸气浸提修复

污染土壤蒸气浸提技术是指在污染土壤内引入清洁空气，利用土壤固相、液相和气相之间的浓度梯度，在气压降低的情况下将污染物转化为气态污染物排出土壤的污染土壤修复技术。土壤蒸气浸提技术利用真空泵产生负压，驱使气流通过污染土壤的空隙，解吸并夹带污染物流向抽取井，最终将污染物带至地上进行处理。该技术适用于高挥发性化学污染土壤的修复，如受汽油、苯和四氯乙烯等污染的土壤。土壤蒸气浸提技术的特点是：可操作性强，处理污染物范围宽，可以由标准设备操作，不破坏土壤结构及对回收利用废物有潜在价值等。

土壤浸提技术分为原位土壤蒸气浸提技术、异位土壤蒸气浸提技术和多相浸提技术（两相浸提技术、两重浸提技术）等三类，其中应用较多的是原位土壤蒸气浸提技术。原位土壤蒸气浸提技术主要用于受挥发性有机卤代物或非卤代物污染的土壤修复，有时也用于去除土壤中的油类、多环芳烃（PAHs）或二噁英等。土壤理化性质对原位土壤蒸气浸提技术的应用效果有较大影响，主要影响因子有土壤容重、孔隙度、土壤湿度、温度、土壤质地、有机质含量、空气传导率等。实践表明，原位土壤蒸气浸提技术应用于质地均一、渗透能力强、孔隙度大、湿度小和地下水位深的土壤时效果较好。

3. 玻璃化修复

玻璃化修复技术是利用热能把固态污染物熔化为玻璃状或玻璃-陶瓷状物质而从土壤中去除或转化为毒性较小物质的污染土壤修复技术。污染物经过玻璃化作用后，其中有机污染物将因热解而被摧毁或转化为气体逸出。而其中的放射性物质和重金属元素则被牢固地束缚于已熔化的玻璃体内。玻璃化技术产生于 20 世纪 50 年代的核废料玻璃化处理技术，近年来被应用于污染土壤的修复。利用玻璃化技术处理固态污染物具有以下优点：第一，玻璃化产物化学性质稳定，抗酸淋滤作用强，能有效阻止其中污染物对环境的危害；第二，固态污染物质经过玻璃化技术处理后体积变小，处置更为方便；第三，玻璃化产物可作为建筑材料而被资源化利用。

污染土壤玻璃化修复技术包括原位玻璃化修复技术和异位玻璃化修复技术两种。利用原位玻璃化技术处理的污染物可以是放射性物质、有机物、无机物等多种干、湿污染物质。实践表明，原位玻璃化技术可以破坏、去除污染土壤中的有机污染物和固定大部分无机污染物，包括挥发性和半挥发性有机污染物、二噁英、呋喃、PCB、PAH 等有机污染物、重金属和放射性污染物等。异位玻璃化技术使用等离子、电流或其他热源形成 1600～2000℃的高温，熔化土壤及其污染物，从而使有机污染物被热解或蒸发去除，有害无机污染物得以固定化，产生的水分和热解产物随气体被系统收集并进一步处理，熔化的土壤或废弃物冷却后形成化学惰性的、非扩散性的整块坚硬玻璃体。

4. 电动力学修复

电动力学修复是指利用土层和污染物的电动力学性质对污染土壤进行修复的技术。电动力学修复技术是一种污染土壤修复的新兴技术，可从饱和土壤层、不饱和土壤层、污泥、沉积物中分离提取重金属和有机污染物。该技术既能避免传统技术严重影响土层结构和地下水所处生态环境的弊端，又可以克服现场生物修复过程非常缓慢、效率低的缺点，并具有资少、成本低的优点。

电动力学技术主要用于低渗透性土壤的修复，适用于处理土壤中的大部分无机污染物，如金属离子铬、镉、汞、铅、锌、锰、钼、铜、镍和铀等，有机物苯酚、乙酸、六氯苯、三氯乙烯及一些石油类污染物等。应用电动力学技术去除污染物的过程主要涉及电迁移、电渗析、电泳和酸性迁移带等4种动力学现象，可去除污染物的数量和运动方向受到电流性质和土壤性质的影响，其中前者如污染物浓度、电荷性质、电荷数量等因素，后者如土壤类型、结构、界面化学性质、土壤孔隙水电流密度等因素。

电动力学过程发生的必要条件之一是土壤水分含量必须达到一定的数值。实验表明，电动力学过程发生的土壤水分含量最小值为土壤水分饱和值的10%～20%。

复习思考题

1. 试述土壤背景值与土壤环境容量的概念，二者的关系是什么？
2. 试述土壤污染的概念和土壤发生污染的判定指标。
3. 试述土壤自净作用的概念与机理。
4. 土壤污染物有哪些主要类型，它们的主要来源是什么？
5. 土壤污染的特点是什么？土壤污染有哪些危害？
6. 试述重金属在土壤中的迁移与转化机制。
7. 试述化学农药重金属在土壤中的迁移与转化机制
8. 土壤污染治理的基本方针和途径是什么？
9. 试述土壤修复技术的主要内容。

第七章　固体废物污染及其控制

第一节　固体废物的概念与特点

一、固体废物的概念与分类

固体废物是指在生产、生活和其他活动中产生的丧失原有利用价值或者虽未丧失利用价值但被抛弃或者放弃的固态、半固态和置于容器中的气态的物品与物质，以及法律、行政法规规定纳入固体废物管理的物品与物质。不能排入水体的液态废物和不能排入大气的置于容器中的气态废物，由于多具有较大的危害性，一般也归入固体废物管理体系。

固体废物的分类方式有多种，按其存在形态可分为固态废物、半固态废物和液态及气态废物；按其组成成分可分为有机固体废弃物和无机固体废弃物；按其污染特性（危害程度）可分为有害废物和一般废物等；按其来源可分为城市生活固体废物、工业固体废物和农业固体废物、放射性固体废弃物和危险固体废物等。

（一）城市生活固体废物

城市固体废物是指居民生活、商业活动、市政建设与维护、机关办公等过程产生的固体废物，主要有以下几种类型。①生活垃圾，即在日常生活中或者为日常生活提供服务的活动中产生的固体废物，以及法律、行政法规规定视为生活垃圾的固体废物，主要包括厨余废物、庭院废物、废纸、废塑料、废织物、废金属、废玻璃陶瓷碎片、砖瓦渣土及废家具、废旧电器等。②城建渣土，即城市构筑物建设过程中产生的固体废物，包括废砖瓦、碎石、渣土、混凝土碎板碎块等。③商业固体废物，即商业活动中产生的固体废物，包括废纸、废旧包装材料、丢弃的主副食品等。④粪便，即人或动物生命活动中产生的食物残渣排遗物，大多通过下水道输入污水处理厂处理，或通过收集和清运的方式进行处理，是城市固体废物的重要组成部分。

（二）工业固体废物

工业固体废物是指在工业生产活动中产生的固体废物，主要包括以下类型。①冶金工业固体废物，即冶金生产过程中产生的固体废弃物，主要包括各种金属冶炼或加工过程中所产生的各种废渣，如高炉炼铁产生的高炉渣、平炉转炉电炉炼钢产生的钢渣、铜镍铅锌等有色金属冶炼过程产生的有色金属渣、铁合金渣、提炼氧化铝时产生的赤泥等。②能源工业固体废物，即能源生产过程中所产生的固体废弃物，包括燃煤电厂产生的粉煤灰、炉渣、烟道灰、采煤及洗煤过程中产生的煤矸石等。③石油化学工业固体废物，即石油开采、加工、石油产品生产和化工产品生产过程中产生的固体废弃物，其中前者包括石油及加工工业产生的油泥、焦油页岩渣、废催化剂、废有机溶剂等，后者包括化学工业生产过程中产生的硫铁矿渣、酸渣碱渣、盐泥、釜底泥、精（蒸）馏残渣，以及医药和农药生产过程中产生的医药废物、废药品、废农药等。④矿业固体废物，即矿产开采、矿产品加工生产过程中产生的固体废弃物，包括采矿废石和尾矿。废石是指各种金属、非金属矿山开采过程中从主矿上剥离下来的各种围岩；尾矿是指在选矿过程中提取精矿以后剩下的尾渣。⑤轻工业固体废物，即轻工业产品生产过程中产生的固体废弃物，包括食品工业、造纸印刷工业、纺织印染工业、皮革工业等加工生产过程中产生的污泥、动物残物、废酸、废碱及其他废物等。⑥其他工业固体废物，主要包括机加工过程产生的金属碎屑、电镀污泥、建筑废料及其他工业加工过程产生的废渣等。

（三）农业固体废物

农业固体废物是指来自于农业生产、畜禽饲养、渔业养殖、农副产品加工等农产品生产、加工过程中的固体废弃物，包括农作物秸秆、枯枝落叶、木屑、动物尸体、饲养禽畜排泄物、肥料袋、农用塑料薄膜等。

（四）放射性固体废弃物

放射性固体废弃物是指放射性核素含量超过国家规定限值的有害性固体废弃物，主要来源于放射性矿物加工；放射性物质在核电站、工业、医学和科学研究等方面的利用；核武器试验；核燃料后处理等。随着核能源的日益发展，放射性固体废物量迅速增加，而放射性固体废弃物可对人类健康和生态环境造成极大的损害或灾害，因此控制和防止环境中放射性固体废物污染是保护环境的一项重要工作。

（五）危险固体废物

危险废物亦称有害废物、有毒废渣等，泛指除放射性废物以外的具有毒性、腐蚀性、易燃性、反应性、爆炸性、传染性等一种或多种危险特性的固体废物。《中华人民共和国固体废物污染环境防治法》中规定："危险废物是指列入国家危险废物名录或者根据国家规定的危险废物鉴别标准和鉴别方法认定的具有危险特性的固体废物。"危险废物来源广，种类多。各国根据危险废物的危害特性制定了自己的鉴别标准和危险废物名录。列入我国《国家危险废物名录》（环保部令 2016 年第 39 号）的危险废物共有 46 大类别 479 种。

二、固体废物的特点

（一）来源的广泛性和数量的巨大性

固体废物的来源十分广泛，人类社会生产和生活活动的各个方面均可产生固体废物。随着工业生产规模的扩大、人口的增加和居民生活水平的提高，各类固体废物的产生量十分巨大。近年来，我国在固体废物产生量控制和处理方面做了大量的和卓有成效的工作。据统计，2014 年全国垃圾清运量 17860.2 万 t，较 2013 年的 17238.6 万 t 增加 3.6%；工业固体废物产生量 329254 万 t，较 2013 年的 330859 万 t 减少 0.49%。但是极大的增加速度，仍给固体废物处理带来了巨大压力（表 7.1）。

表 7.1　2010～2014 年我国固体废物的产生与处理情况

年份	生活垃圾清运量/万 t	工业固体废物产生量/万 t	工业固体废物排放量/万 t	工业固体废物综合利用量/万 t	工业固体废物贮存量/万 t	工业固体废物处置量/万 t	工业固体废物综合利用率/%
2010	15804.8	240944	498.2	161772	23918	57264	66.7
2011	16395.3	326204	433.3	196988	61248	71382	59.8
2012	17080.9	332509	144.2	204467	60633	71443	60.9
2013	17238.6	330859	129.3	207616	43445	83671	62.2
2014	17860.2	329254	59.4	206392	45724	81317	62.1

注：数据来源于国家统计局网站。

（二）种类的繁多性和成分的复杂性

工业固体废物来源的广泛性特点，决定了其具有种类繁多和成分复杂的特点。人类社会的各类生产行业和人类生活的各个方面所产生的固体废物不尽相同，产生的固体废物可分属不同种类，成分不一。对固体废物所划分的类型较多这一现象，就反映出了固体废物种类繁多和成分复杂的状态。不同种类和成分的固体废物，其控制途径和处理方法也不尽相同。所以，固体废物的控制和处理措施亦十分繁多。

（三）资源和废物的相对性

从循环经济学的角度看，社会中没有废物，只有在错误时间放在错误的地方的资源。固体废物即是在错误时间放在错误地点的资源。从时间上看，固体废物是在目前的科学技术和经济条件下无法加以利用的资源。随着时间的推移，伴随着科学技术的进步和经济的发展，人们对资源要求也会发生不断变化，今天的废物可能就成为明天的资源。从空间上看，废物仅是在一定的地区相对于某一过程或某一方面没有使用价值，而并非在一切过程或一切方面都没有使用价值。一种过程的废物，往往可以成为另一种过程的原料。固体废物一般都具有某些工业原材料所具有的化学特性和物理特性，且较废水、废气容易收集、运输、加工处理，因而可以被回收利用而成为可以利用的资源。

（四）危害的潜在性和长期性

不同于废水、废气和噪声等污染要素，固体废物一般不会直接造成环境危害，其对环境的影响和污染主要是通过水、气和土壤等环境要素而形成。固体废物的呆滞性较大而扩散性较小，固态危险废物中的污染成分的迁移转化，如浸出液在土壤中的迁移，是一个比较缓慢的过程。从某种意义上讲，固体废物特别是危险废物对环境造成的危害可能要比水、气造成的危害严重得多。但是一旦造成环境污染，有时很难补救和恢复，其危害可能在数年乃至数十年后才能被发现并持续发挥危害作用。

（五）处理过程的终态性和环境污染的源头性

废水和废气既是水体、大气和土壤环境的污染源，又是接收其所含污染物的环境。固体废物则不同，它们往往是许多污染成分的终极状态。在废气和废水的治理过程中，最终总是将大气和水体中的无机污染物和有机污染物以固态的形式分离出来，从而产生大量的污泥或残渣。从这个意义上讲，可以认为废气治理或污水处理的过程，实际上都是将环境中的污染物转化为较难扩散的固体形式，降低污染物质向环境迁移的速率。由于固体废物对环境的危害影响需通过水、气或土壤等介质方能进行，因此，固体废物既是污染水、大气、土壤等的“源头”，又是废水和废气处理过程的“终态”。正是由于这一特点，对固体废物的管理既要尽量避免和减少其产生，又要力求避免和减少其向水体、大气及土壤环境的排放。最终处置需要解决的总是废物中有害组分的最终归宿问题，这也是控制环境污染的最后步骤。对于具有永久危险性的物质的最终处置，即使在人工设置的隔离功能达到预定工作年限以后，处置场地的天然屏障也应该能够保证有害物质向生态圈中的迁移速率不致引起对环境和人类健康的威胁。

第二节　固体废物的危害

一、固体废物对环境的影响

固体废物若处理和管理不当，会使其通过多种途径进入环境，其有害成分会对大气、水体、土壤等自然环境和景观生态系统及人体造成危害。

（一）固体废物对大气环境的影响

如果固体废物在运输、堆放过程中缺少相应的防护和净化，经日晒、风吹、雨淋、焚化等作用，会挥发释放出大量有害气体和粉尘，导致大气环境质量下降。例如，煤矸石自然焚烧会产生含尘和合硫烟气，工业废渣露天堆放会挥发出有害气体，堆存的生活垃圾分解能产生 NH_3、H_2S 等有害气体，农作物秸秆等随意焚烧可产生含尘废气。这些废气含有多种有害物质，进入大气环境将造成大气污染。

（二）固体废物对水环境的影响

有害工矿固体废物和生活垃圾直接向江、河、湖、海的倾倒，露天堆放的固体废物被淋溶下渗和被地表径流携带进入水体，或是飘入空中的细小颗粒通过降水的淋溶及重力沉降而落入地表水体，都会造成水体污染。大量固体废物进入水体，会造成水体淤积，导致航道通航能力下降，河道行洪能力降低，水体面积萎缩，水利工程使用寿命缩短。

（三）固体废物对土壤环境的影响

固体废物长期露天堆放，其有害成分在地面被风化、淋溶后，经土壤孔隙向四周和深层土壤迁移，会造成土壤污染。迁移过程中，固体废物中的有害成分进入土壤，能杀灭土壤中的微生物，导致土壤成分和结构的改变，致使土壤质量下降，影响植物生长，降低农产品的产量和品质。

二、固体废物对人类社会的危害

固体废物若处理和管理不当，会导致其从土地资源、人体健康、环境安全、环境卫生等多方面对人类社会造成多种危害。

（一）固体废物对土地资源的危害

固体废物的露天堆放和填埋处置，需占用大量宝贵的土地资源。固体废物的产生量越大，其累积量就会越大，填埋处置的比例越高，所需土地资源的面积就越大。所以，固体废物的大量产生，必然会加剧本已十分突出的土地资源紧缺矛盾。我国许多城市都在城郊设置有垃圾填埋场或垃圾堆放场，侵占大量的宝贵的耕地资源和其他类型的土地资源，并可造成土地污染。截至2003年，我国工业固体废物历年累计堆存量89.7亿t，占地63241hm^2。随着时间的推移，固体废物堆存量会逐年增多，加剧了我国耕地供应短缺的矛盾。

（二）对人体健康的危害

无机固体废物会因化学反应而产生SO_2等有害气体，有机固体废物则会因发酵而释放大量可燃、有毒、有害气体。这些有害气体进入大气，将会对人体健康构成危害。粉煤灰、尾矿等固体废物的露天堆放会随风飞扬而污染大气。例如，粉煤灰、尾矿堆场在遇到4级以上的风力时，可剥离1～1.5cm，灰尘飞扬高度可达20～50m。在对许多固体废物进行堆存分解或焚化的过程中，会产生毒气和臭气而直接危害人体健康。固体废物形成的大气、水和土壤环境污染，可通过人的呼吸、饮水、饮食而直接或间接进入人体，对人体健康造成直接危害或潜在的长期影响。大量、长期无序堆放生活类固体废物会因腐烂而产生有害物质、寄生或滋生各种有害生物，招引鼠、蚊、苍蝇等有害生物，导致病菌传播，引起流行疾病暴发，直接对人体健康造成危害，对人的生命安全构成威胁。

（三）固体废物对环境安全的危害

固体废物中有许多属于易燃、易爆、传染疾病物品，它们的乱堆乱放，会导致火灾、爆炸、传染病流行等突发环境事故的发生，造成巨大的经济损失和环境破坏。我国固体废物的产生量和累计堆存量呈历年增长趋势，造成了严重的环境污染危害和经济损失。据不完全统计，全国每年由固体废物污染造成的经济损失超过90亿元，大量可利用的固体废物的资源价值不低于250亿元。

（四）固体废物对环境卫生的危害

固体废物的大量堆放，可对城市和乡村的卫生状况形成严重危害。我国许多城市都不同程度地存在垃圾乱堆乱放、不能及时清运的现象，对周边地区的环境形成不良影响。长期堆放的生活垃圾极易发酵腐化，产生恶臭和招引蚊蝇、老鼠等有害生物，引起某些疾病的传播；建筑垃圾的长期露天堆放极易形成扬尘和雾霾。因固体废物造成的周边地区居住环境的恶化，经常引起当地居民的极大不满。

（五）固体废物对城市景观的影响

我国生活垃圾、粪便等城市固体废物的清运和处理能力存在很大缺口，无害化处理率较低，很大一部分垃圾堆放于城市的一些死角地区和城郊，“垃圾围城”现象普遍存在，严重影响着我国的城市景观容貌，形成“视觉污染”，给人们的视觉造成不良刺激。这种现象的存在，不仅对我国城市、景区的整体景观美感造成直接破坏，而且有损于国家和国民的形象。

第三节　固体废物污染的控制

一、固体废物污染管理的原则与制度

（一）固体废物污染管理的原则

固体废物管理的关键在于处理好废物产生、处置和综合利用问题，首先是从源头解决固体废物的排放问题，其次是通过综合利用解决固体废物的资源化和无害化处置问题。对于固体废物管理的原则，2005 年 4 月 1 日正式实施的《中华人民共和国固体废物污染环境防治法》，确定了固体废物污染防治的“三化”原则，即减量化、资源化、无害化原则，明确了我国固体废物全过程管理的基本方针（图 7.1）。

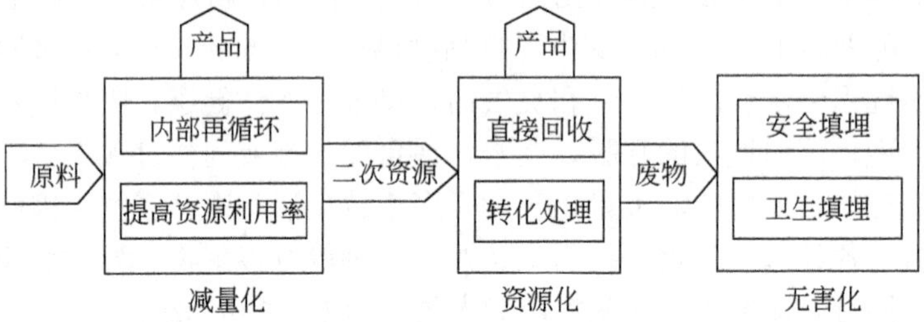

图 7.1　固体废物全过程管理模式示意图

1. 减量化原则

减量化是指从采用“绿色技术”和“清洁生产工艺”入手，通过改进生产工艺和设备，加强管理，降低原料、能源消耗量，改变消费方式，减少产品的过度包装和一次性制品的使用量，最大限度地减少固体废物产生量，从源头控制固体废物的产生。

2. 资源化原则

资源化是指从资源的综合利用入手，通过固体废物的回收和再利用，变废物为资源，实现资源的再循环利用，在资源利用的过程中控制固体废物的产生。

3. 无害化原则

无害化是指从固体废物的安全处置入手，通过对暂时不能实现综合利用的固体废物的无害化或低害化处置，实现固体废物的无害化处理，消除和降低固体废物对环境的污染破坏和对人体健康的危害。

固体废物管理“三化”原则以减量化为前提，以无害化为核心，以资源化为目的，三者互为条件，有机联系。

（二）危险废物的管理制度

在各类固体废物中，危险废物对环境与人类的潜在危害最大，是固体废物控制的主要对象之一。为了加强对危险废物的管理，2011 年国家环境保护部颁发了《关于进一步加强危险废物和医疗废物监管工作的意见》（环发［2011］19 号）和《危险废物规范化管理指标体系》（环办［2011］48 号），对危险废物规范管理工作和管理制度做出了明确规定。

1. 危险废物申报登记管理制度

危险废物申报登记管理制度有助于提高危险废物信息管理水平，防止危险废物的无序产生，为危险废物严格控制提供信息支持。我国的危险废物申报登记管理制度要求，危险废物产生单位必须向县级以上人民政府环境保护行政主管部门进行申报，申报的内容包括危险废物的种类、产生量、流向、储存、处置等；要求危险废物产生单位必须制定危险废物管理计划，管理计划中应有减少危险废物产生量和有害性的措施和危险废物储存、利用、处置措施。

2. 危险废物经营许可证制度

危险废物经营许可证制度有助于提高危险废物处置和利用过程的管理水平，防止危险废物处置和利用过程中污染事故的发生。我国的危险废物经营许可证制度要求，从事危险废物收集、储存、处置等活动的经营单位，必须向县级以上人民政府环境保护行政主管部门申请领取经营许可证；从事危险废物利用的经营单位，须向省级以上人民政府环境保护行政主管部门申请领取经营许可证。

3. 危险废物转移联单制度

危险废物转移联单制度有助于提高危险废物转移输送过程的管理水平，防止危险废物转移运输过程中污染事故的发生。我国的危险废物转移联单制度要求，转移危险废物必须填写危险废物转移联单，并须经移出地和接受地双方环境保护行政主管部门批准，才能按有关规定的要求进行转移；要对危险废物的转移过程进行追踪，掌握危险废物的流向，保证危险废物的运输安全；防止危险废物的非法转移和非法处置，保证危险废物的安全监控，防止危险废物污染事故的发生。

二、固体废物污染综合防治的对策

（一）固体废物的减量化对策

1. 城市生活固体废物的减量化对策

1）改变燃料结构

目前煤炭仍是我国城市能源的主要形式之一，数量巨大的煤炭燃烧而形成的煤灰，占到我国城市垃圾的 40%～50%，成为城市生活固体废物的主要来源之一。通过改变城市居民以燃煤为主的燃料结构，较大幅度地提高民用燃气的比例，可以显著减少煤灰的产生量，使生活垃圾总量得以降低。

2）提倡净菜进城

目前我国城市居民日常生活所消耗的蔬菜，以未处理或简单处理的蔬菜为主，其中含有大量泥沙和不能食用部分，构成了城市生活固体废物的主要来源之一。据估计，城市供应蔬菜因不能使用而被丢弃部分的质量，占到蔬菜总质量的 40%左右，而且体积庞大。如果在一级批发市场和产地对蔬菜进行简单处理，实现净菜进城，可以大大减少城市垃圾的有机废物量，并且有利于对蔬菜丢弃部分的收集和通过沤制有机肥料来集中处理。

3）避免过度包装

近些年来，随着人们消费水平的不断提高，产品包装日趋豪华化和大型化，城市垃圾中的一次性商品废物和包装废弃物日益增多，既增加了城市垃圾的产生量，又造成严重的资源浪费。为了避免和减少产品过度包装现象和促进包装回收利用，世界上许多国家颁布了限制包装的相关法规和条例，内容涉及包装废物产生者对包装废物的回收义务，包装废物生产者、进口者和销售者对包装废物的分类回收、再生利用和无害化处理处置及费用承担义务，包装生产材料尽量少用塑料、多使用可回收利用、可降解、可无害化处理处置材料的种类限制。为了减少包装废物污染，我国也在包装法规建设方面做了大量工作。2007年12月31日发布了《国务院办公厅关于限制生产销售使用塑料购物袋的通知》，目前《限制商品过度包装条例（草案）》已在制订过程中，在避免过度包装和限制包装食用材料方面收到了一定成效。

4）加强产品生态设计

产品生态化设计亦称产品绿色设计，是指在产品设计中贯彻环境准则并置于优先地位，以达到减少物料消耗、降低健康安全风险、保护环境的设计理念。产品生态设计是清洁生产的重要环节之一，而且是前置环节。在进行产品设计时，贯彻“小而精”的设计思想和“简而美”的设计理念，可以有效减少产品生产过程中的能源和资源消耗量及废弃量，从而减少垃圾产生量。

5）实施垃圾分类收集

按垃圾的组分进行分类收集，不仅有利于废品资源的回收利用，还可减少垃圾处理量。在垃圾分类收集过程中，通常把垃圾分为易腐物、可回收物和不可回收物等三大类，其中可回收物又可按纸张、玻璃、塑料、金属等类型分别回收。西方发达国家都大规模地实行了垃圾分类收集，取得了显著效果。我国的垃圾分类收集也在一些城市有所开展，今后应在城市中广泛推广实行。

6）做好废品回收利用

随着人们生活水平的不断提高和科学技术的快速进步，日常用品的更新周期不断缩短，报废周期不断加快。尤其是如手机、计算机、汽车、电冰箱、电视机、洗衣机、空调、小家电等电子产品和耐用商品，更新换代十分迅速，报废产品数量巨大而且具有很高的残余价值。因此，对此类产品的回收再利用，既是实现报废产品资源价值的重要手段，又是减少城市固体废物量的重要途径。

2. 工业固体废物的减量化对策

1）淘汰落后生产工艺

我国政府于1996年8月颁布的《国务院关于环境保护若干问题的决定》（国发［1996］31号）做出决策，取缔、关闭或停产15种污染严重的小型企业，对保护我国的环境质量、削减固体废物排放量、控制有毒有害废物具有重大意义。15种污染严重的小型企业简称“十五小”，包括小造纸、小制革、小燃料、土炼焦、土炼硫、土炼砷、土炼汞、土炼铅锌、土炼油、土选金、小农药、小电镀、土法生产石棉制品、土法生产放射性制品和小漂染等。后来，又增补五种，称为“新五小”，即小水泥、小火电、小炼油、小煤矿和小钢铁等。之后，又调整为“新六小”，即小水泥、小玻璃、小炼焦、小火电、小炼铁、小煤矿等。该政策的颁布，对削减固体废物排放量意义重大。据推算，1996年全国有害废物产生量为2600万t，如果取缔、关停“十五小”的政策得到全面彻底的贯彻落实，每年的有害废物产生量将会减少75.4万t。

2）推广清洁生产工艺

推广清洁生产，用绿色、先进的生产工艺替代污染严重、落后的生产工艺，既可节约资源，降低能耗，又可减少固体废物排放量，对减轻固体废物环境污染具有重大意义。例如，苯胺的传统生产工艺是铁粉还原法，生产过程中会产生大量含硝基苯、苯胺的铁泥和废水，每吨产品产生的固体废物达 2.5t。南京化工厂开发的流化床气相加氢苯胺制备工艺，生产过程中无铁泥废渣产生，固体废物产生量减少到 5kg。

3）发展资源循环利用工艺

在工业生产过程中应用资源循环利用工艺，延长原料、燃料的利用链条，实现资源的循环利用，是今后工业生产的重要发展方向。

（二）固体废物的资源化对策

1. 固体废物的资源化途径

固体废物的资源化主要有三种途径：第一，物质回收，如从废弃物中回收纸张、玻璃、塑料、金属等。第二，物质转换，即利用废弃物制取新形态的物质，如利用炉渣生产水泥、轻质砌砖、混凝土大型样板，替代沙石用作铺路材料，生产室内隔热、隔音材料等。第三，能量转换，即从废物处理过程中回收热能、电能等能量，如通过回收有机废物焚烧处理产生的热量发电，利用垃圾厌氧消化制造沼气等。

2. 固体废物的资源化技术

1）物理处理技术

固体废物物理处理技术是指通过浓缩或相变化改变固体的结构，使之成为便于运输、储存、利用或处理形态的固体废物处理技术。固体废物的物理处理方法有压实、破碎、分选、增稠、吸附、萃取等，是回收固体废物中有价值成分的重要手段。

2）化学处理技术

固体废物化学处理技术是指通过使固体废物发生化学转换而回收有价值的物质和能量的固体废物处理技术。固体废物的化学处理方法有煅烧、焙烧、烧结、溶剂浸出、热分解、焚烧、氧化还原等，是固体废物资源化处理的有效技术。例如，含铬废渣中含有毒性很大的六价铬，通过还原方法可以将其转化为毒性较小的三价铬，并生成不溶性的化合物，用作玻璃着色剂、制造钙镁磷肥的助熔剂和炼铁烧结熔剂等；电镀铬的离子交换洗脱液可以通过酸还原、碱和盐基中和的方法制成鞣革剂；镀铬污泥可以用作制砖原料。

3）生物处理技术

固体废物生物处理技术是指通过微生物的分解作用将固体废物转化为无毒或毒性较小物质的固体废物处理技术。固体废物生物处理技术有好氧生物处理技术和厌氧生物处理技术之分。其中前者是在水中有充足溶解氧存在的条件下，利用好氧微生物的活动将固体废物中的有机物分解为 CO_2、H_2O、NH_3 和硝酸盐等。后者是在缺氧条件下，利用厌氧微生物的活动将固体废物中的有机物分解为 CH_4、CO_2、H_2S、NH_3 和 H_2O 等。生物处理技术具有效率高、运行费用低等优点，是固体废物处理及资源化的常用方法。常用的固体废物生物处理技术有沼气发酵、堆肥、细菌冶金等。

（三）固体废物的无害化对策

1. 固体废物无害化处置的原则

1）区别对待，分类处置

固体废物种类繁多，危害方式、处置要求和安全处置年限不尽相同，因此应根据固体废物的不同种类，区分其危害程度和特性，区别对待，分类管理。对于具有严重危害的危险废物，应采取更为严格的特殊控制。只有这样，才能既有效地控制其危害，又能降低处置费用。

2）集中处置

集中处置是对有害废物进行有效控制和消除污染的重要形式和主要技术手段，既可以节约处置费用，又有利于进行监督管理，是目前广泛采用的危险废物处理方式。

3）与生物圈相隔离

固体废物，尤其是有害废物和放射性废物处置的基本原则，是合理地、最大限度地将其与自然环境和人类生存环境相隔离，减少有毒有害物质进入环境的总量和速率，将其在长期处置过程中对环境的影响降至最低程度。

2. 固体废物的无害化处理技术

1）固体废物的预处理技术

固体废物的种类多种多样，其形状、大小、结构及性质有很大的不同，为了便于对它们进行合适的处理和处置，往往需要对废物进行预加工处理。对于要去填埋的废物，通常要把废物按一定的方式进行压实处理，以便减少运输量和运输费用，在填埋时占据较小空间。对于要去焚烧和堆肥的废物，通常要进行破碎处理，将废物破碎成具有一定粒度的废物颗粒，以便焚烧或加快堆肥化的反应速度。在进行废物资源回收利用时，也需要将废物进行破碎、分选等处理。例如，从废塑料导线中回收塑料和铜，要依次进行塑料与铜导线的分离、塑料的破碎、塑料的再生造粒、铜线的压实等处理过程，实现铜和塑料分别回收利用的目的。

固体废物的预处理技术主要有压实、破碎和分选三种。固体废物压实的目的是减少固体废物的运输量和处置体积。在对固体废物进行资源化处理的过程中，废物的交换和回收利用均需将原来松散的废物进行压实、打包，然后将其从废物产生地运往废物回收利用地。在城市生活垃圾的收集运输过程中，许多纸张、塑料和包装物，具有很小的密度，占有很大的体积，必须经过压实，才能有效地增大运输量，减少运输费用。

固体废物的破碎是指通过人力或机械等外力的作用，破坏物体内部的凝聚力和分子间作用力而使物体破裂变碎的操作过程。破碎是固体废物处理技术中最常用的预处理工艺，但不是最终处理的作业，而是运输、焚烧、热分解、熔化、压缩等作业的预处理作业。破碎的目的就是使上述操作变得可能，或容易进行，或更加经济有效。固体废物经过破碎后尺寸减小，粒度均匀，这对于固体废物的焚烧和堆肥处理均有明显的好处。

固体废物的分选是指从固体废物中将有用成分选择出来并将有害成分分离出来的过程。在固体废物处理处置和回收利用之前，必须对固体废物进行分选，因为其中有用成分、无用成分和有害成分混杂存在。固体废物的分选技术包括人工手选、风力分选、筛分、跳汰机选、浮选、磁选、电选等种类，实际应用时应根据物料的物理性质或化学性质进行选择。

2）固体废物的生物处理技术

生物处理适宜处理有机固体废物，如畜禽粪便、污泥等。生物处理过程中产生的残余物应回收利用，不可回收利用的应焚烧处理或卫生填埋处置。按照生物处理过程中起作用的微生物对氧气要求的不同，生物处理技术一般划分为好氧堆肥和厌氧消化两类。

好氧堆肥是在通风条件下有游离氧存在时进行的分解发酵过程。由于堆肥堆温高，一般在 55～65℃，有时高达 80℃，故也称高温堆肥。好氧堆肥具有发酵周期短、无害化程度高、卫生条件好、易于机械化操作等特点，因此国内外以垃圾、污泥、人畜粪尿等有机废物为原料制造堆肥的工厂，绝大多数采用好氧堆肥方式。

厌氧消化是指有机物质被厌氧菌在厌氧条件下分解产生甲烷和二氧化碳的过程。厌氧消化的优点是有机质经消化产生了能源，残余物可作肥料。厌氧消化开始用于废物处理，现在厌氧消化已应用于多个领域，如工业废水处理、城市垃圾的处理及潜在能源的开发、作燃料与动力，并且目前已有大规模的厌氧消化工厂建立。固体废物厌氧消化技术按厌氧消化的温度可分为常温消化、中温消化和高温消化三类，按消化固体废物的浓度可分为低固体厌氧消化和高固体厌氧消化二类。固体废物厌氧消化技术中，常温消化主要适用于粪便、污泥和中低浓度有机废水等的处理，在气温较高的南方地区比较适宜；中温消化主要适用于大中型产沼工程、高浓度有机废水等的处理；高温消化主要适用于高浓度有机废水、城市生活垃圾、农作物秸秆等的处理，以及粪便的无害化处理。

3）固体废物的其他处置方法

（1）焚烧法。

焚烧法是将废弃物在高温下燃烧的处理方法，就是利用焚烧炉及其附属设备，使固体废弃物在焚烧炉内经过高温分解和深度氧化的综合处理过程。焚烧后固体废弃物大量削减，废物体积只有原来的5%以下，能杀灭细菌病毒，并可以利用焚烧产生的热能供热和发电。一般来说，几乎所有的有机性固体废物都可用焚烧法处理，对于无机和有机混合性固体废物，若有机物是有毒、有害物质，一般也最好用焚烧法处理，这样处理后还可以回收其中的无机物。而某些特殊的有机性固体废物只适合用焚烧法处理，如医院的带菌性固体废物、石化工业生产中某些含毒性中间副产物等。焚烧法一般用作城市垃圾、医疗废物、工业有机废物及危险固废的最终处置，但固废在焚烧过程中会产生废气，有些固废可能会产生有毒废气，如二噁英是多氯代三环芳香化合物，具有强烈致癌、致畸、致突变的作用。因此，应对焚烧废气进行净化处理。

（2）热解法。

区别于焚烧，热解技术是在氧分压较低的条件下，利用热能将大分子量的有机物裂解为分子量相对较小的易于处理的化合物或燃料气体、油和炭黑等有机物质。热解处理适用于具有一定热值的有机固体废物。热解应考虑的主要影响因素有热解废物的组分、粒度及均匀性、含水率、反应温度及加热速率等。高温热解温度应在1000℃以上，主要热解产物应为燃气。中温热解温度应在600～700℃，主要热解产物应为类重油物质。低温热解温度应在 600℃以下，主要热解产物应为炭黑。热解产物经净化后进行分馏可获得燃油、燃气等产品。

（3）填埋法。

填埋法有卫生填埋法和安全填埋法之分，它们分别适用于一般固体废物的填埋和危险废物的填埋。卫生填埋法就是采用防渗、压实、覆盖和气体、渗沥液治理等环境保护措施的固体废物处置方法。无论从经济、技术还是从城市垃圾的现状看，卫生填埋法都是一项适合我国国情的处置技术，其特点具有处理费用低、处理量大、抗冲击负荷能力强、操作简便、设备简单，而且还有能生产沼气回收能源、土地可重复利用等优点，因而也是一些国家处理垃圾的主要方式。尽管卫生填埋法具有上述优点，但若管理不善，在其运输过程中和填埋后产生的渗滤液和甲烷等气体，也会对大气和水体产生二次污染。安全填埋法是一种把危险废物放置或贮存在环境中，使其与环境隔绝的处置方法，也是对其在经过各种方式的处理之后所采取的最终处置措施。目的是割断废物和环境的联系，使其不再对环境和人体健康造成危害。所以，是否能阻断废物和环境的联系便是填埋处置成功与否的关键。一个完整的安全填埋场应包括废物接收与贮存系统、分析监测系统、预处理系统、防渗系统、渗滤液集排水系统、雨水及地下水集排水系统、渗滤液处理系统、渗滤液监测系统、管理系统和公用工程等。

（4）物化处理方法。

工业生产产生的某些含油、含酸、含碱或含重金属的废液，均不宜直接焚烧或填埋，要通过简单的物理化学处理。经处理后水溶液可以再回收利用，有机溶剂可以做焚烧的辅助燃料，浓缩物或沉淀物则可送去填埋或焚烧。因此，物理化学方法也是综合利用或预处理过程。

复习思考题

1. 试述固体废物的概念与分类。
2. 固体废物的特点有哪些？
3. 试述固体废物对环境的影响和对人类社会的危害。
4. 我国固体废物污染管理的原则是什么？
5. 试述我国固体废物污染管理的制度。
6. 试述城市生活固体废物的减量化对策。
7. 试述工业固体废物的减量化对策。
8. 固体废物资源化的途径与技术是什么？
9. 固体废物无害化处置的原则是什么？
10. 试述固体废物处理的焚烧法和填埋法的适宜对象和优缺点。

第八章　物理性污染及其控制

第一节　物理性污染的特征与危害

一、物理性污染的特征

物理性污染是指由物理因素引起的环境污染，如噪声污染、振动污染、光污染、放射性辐射污染、电磁辐射污染、热污染等。物理性污染的程度由引起物理性污染的声、振动、光、放射性辐射、电磁辐射、热等在环境中的量值或强度大小所决定。人类环境中的各种物质都以自身方式在不停运动着，运动物质的能量交换和转化构成了人类的物理环境。随着全球人口的不断增长和社会经济的飞速发展，嘈杂的声音、炫目的灯光、强烈的振动等物理性污染日益严重，已经成为影响和干扰人类生活和工作正常进行的重要因素，物理环境和物理性污染问题越来越引起人们的关注。

与其他环境污染类型相比较，物理性污染具有以下特征。①局部性。物理性污染是能量污染，一般是局部性污染，污染范围有限。随着与物理性污染源距离的增大，物理性污染的程度逐渐减小，直至消失。②无残留性。物理性污染在环境中不会产生残余污染物质，污染源消除，物理性污染也就随之消失。③要素无害性。化学性污染和生物性污染的形成要素自身具有对人类的危害性，之所以形成化学性污染和生物性污染，是因为环境中有了对人类有害的化学性物质和生物性物质，或者是环境中的某些有害化学性物质和有害生物性物质超过了正常含量。与之不同，物理性污染的形成要素自身对人类是无害的，而且是人类生活必不可少的。例如，声音过强会妨碍或危害人的正常活动，然而环境中若长久没有任何声音，人们就会感到恐怖甚至会疯狂。④人为性。形成物理性污染的物理要素如声、光、热、电磁场等，在环境中是永远存在的，在一般的自然环境条件下并不形成污染，只有当人为原因使其环境含量过高或过低时，才会形成物理性污染或异常现象，从而对人类及生态环境形成危害。

二、物理性污染的危害

（一）噪声污染的危害

噪声污染对人、动物、仪器仪表及建筑物等均可构成危害，其危害程度主要取决于噪声的频率、强度及暴露时间。噪声危害主要有以下几个方面。

1. 噪声对人体健康的危害

噪声是一类引起人烦躁或音量过强而危害人体健康的声音，会给人带来生理上和心理上的危害，主要表现为损害听力、诱发疾病、干扰生活和工作等。

1）对人的听力的损伤

噪声对人体最直接的危害是听力损伤。人们在强噪声环境中暴露一段时间，会感到双耳难受，甚至会出现头痛等感觉，离开噪声环境听力会逐渐恢复正常，这种现象称为暂时性听阈偏移，亦称听觉疲劳。但是，如果人们长期在强噪声环境下工作，听觉疲劳不能得到及时恢复，且内耳器官会发生器质性病变，即形成永久性听阈偏移，亦称噪声性耳聋。如果人突然暴露于极强噪声环境中，听觉器官会发生急剧外伤，引起鼓膜破裂出血，迷路出血，螺旋器从基底膜急性剥离，可使人耳完全失去听力，即出现爆震性耳聋。如果长年无防护地在较强的噪声环境中工作，在离开噪声环境后听觉敏感性的恢复就会延长，这种恢复听力能力的损失称为听觉疲劳。一般情况下，85dB 以下的噪声不至于危害听觉，而 85dB 以上则可能发生危险。统计表明，长期工作在 90dB 以上的噪声环境中，耳聋发病率明显增加。

2）诱发多种疾病

噪声可通过听觉器官作用于大脑中枢神经系统，影响全身各个器官，给人体其他系统带来危害，出现如头痛、脑胀、耳鸣、失眠、全身疲乏无力、记忆力减退等神经衰弱症状。噪声会导致心血管系统疾病。与低噪声环境下生活的人相比，长期在高噪声环境下生活的人高血压、动脉硬化和冠心病的发病率要高 2～3 倍。噪声可导致消化系统功能紊乱，引起消化不良、食欲不振、恶心呕吐，使肠胃病和溃疡病发病率升高。此外，噪声对视觉器官、内分泌机能及胎儿的正常发育等方面也会产生一定影响。

3）对生活工作的干扰

噪声对人的睡眠影响极大，会导致多梦、易惊醒、睡眠质量下降等，造成疲倦。突然的噪声对睡眠的影响更为突出。研究结果表明，连续噪声可以加快熟睡到轻睡的回转，使人多梦，并使熟睡的时间缩短；突然的噪声可以使人惊醒。一般来说，40dB 连续噪声可使 10%的人受到影响，70dB 可影响 50%，而突发的噪声在 40dB 时，可使 10%的人惊醒，到 60dB 时，可使 70%的人惊醒。长期干扰睡眠会造成失眠、疲劳无力、记忆力衰退，以至产生神经衰弱症候群等。在高噪声环境里，这种病的发病率可达 50%～60%及以上。噪声会分散人的注意力，导致反应迟钝、容易疲劳、工作效率下降、差错率上升，从而干扰人的谈话、工作和学习。实验表明，当人受到突然而至的噪声一次干扰，会丧失 4s 的思想集中。据统计，噪声会使劳动生产率降低 10%～50%，随着噪声的增加，差错率上升。噪声还会掩蔽安全信号，如报警信号和车辆行驶信号等，导致事故率上升。噪声可使人急躁、易怒，增加社会不安定因素。

2. 噪声对动物的影响

噪声能对动物的听觉器官、视觉器官、内脏器官及中枢神经系统造成病理性变化。噪声对动物的行为有一定的影响，可使动物失去行为控制能力，出现烦躁不安、失去常态等现象，强噪声会引起动物死亡。鸟类在噪声中会出现羽毛脱落、影响产卵率等。

3. 噪声对仪器设备的危害

实验研究表明，特强噪声会损伤仪器设备，甚至使仪器设备失效。噪声对仪器设备的影响与噪声强度、频率及仪器设备本身的结构与安装方式等因素有关。当噪声级超过 150dB 时，会严重损坏电阻、电容、晶体管等元件。当特强噪声作用于火箭、宇航器等机械结构时，由于声频交变负载的反复作用，会使材料产生疲劳现象而断裂，这种现象称为声疲劳。

4. 噪声对建筑结构的危害

超过 140dB 的噪声对轻型建筑开始有破坏作用。例如，超音速飞机在低空掠过时所产生的轰鸣，会使建筑物受到不同程度的破坏，出现如门窗损伤、玻璃破碎、墙壁开裂、抹灰震落、烟囱倒塌等现象。此外，建筑物附近使用空气锤、打桩或爆破等，也会导致建筑物的损伤。

（二）振动污染的危害

1. 振动对人体的危害

按作用于人体的部位和传导方式，振动可以划分为局部振动和全身振动两种。其中前者是指通过手臂传导至全身的震动，例如，由铆钉机、凿岩机、捣固机等风动工具和电钻、砂轮机、铣床等电动工具引起的振动；后者是指通过下肢或躯干传导至全身的振动，如由汽车、火车、船舶、飞机等交通工具、拖拉机、收割机等农业机械和钻井平台、振动筛、采矿船等作业台引起的振动。

1）局部振动对人体的危害

局部振动可对人体引起以下几个方面的全身性危害。①对神经系统的危害。以上肢手臂末梢神经功能障碍为主，常以多发性末梢神经炎的形式出现，表现为皮肤感觉迟钝、振动觉和痛觉减退、神经传导速度减慢、反应潜伏期延长等。②对心血管系统的危害。表现为血压、心率不稳、手多汗等。高频率、小振幅振动可引起血管收缩和血压上升，甚至引发血管痉挛；低频率、大振幅振动可使血管扩张和血压下降，心电图异常。40～300Hz 的振动可引起末梢毛细血管形态和张力改变。③对骨骼-肌肉系统的危害。手臂肌肉萎缩，尤以鱼际肌和指间肌多见，手握力和手指捏合力下降。40Hz 以下大振幅冲击振动可引起骨和关节改变，以指骨、掌骨、腕骨和肘关节多见，主要表现为脱钙、囊样变、骨皮质增生、骨岛形成、无菌性骨坏死及骨关节变形等。此外，还可对人体其他系统造成危害，如免疫系统、内分泌系统功能异常。与噪声共存时，可加重噪声对听力的损害。

长期使用振动工具而引起的局部振动病以末梢循环障碍为主，也可累及肢体神经和运动功能，发病部位多在上肢末端，发作性手指变白是其典型表现。

2）全身振动对人体的危害

全身振动一般为低频率大振幅振动，振动强度大、持续时间长，可产生多器官、系统性的不良影响，如机械损伤、呼吸增强、低碳酸血症、交感神经紧张、抑制胃酸分泌和肠胃蠕动、作业能力与工效降低等。

振动病亦称晕动症，是指由不同方向的振动加速度反复过度刺激前庭器官所引起的一系列急性反应症状。振动症患者的表现为，首先出现疲劳、出冷汗、面色苍白等症状；继而出现眩晕、恶心、呕吐，甚至血压下降、视觉模糊、频繁呕吐等现象，还可以引起水电解质紊乱，少数严重反应者甚至出现休克。

2. 振动对构筑物的危害

振动通过地基传递至构筑物，可导致构筑物破坏，影响程度取决于振动的频率和强度。共振的放大作用会带来更为严重的破坏危害。载重车辆对道路两侧建筑物产生共振，发生地面晃动和门窗抖动。振动也可引起构筑物结构的大幅度变形破坏，甚至造成构筑物坍塌。塔科马大桥就是一例。塔科马海峡吊桥是位于美国华盛顿州塔科马的两条悬索桥，其中第一座塔科马海峡大桥全长 1524m，1940 年 7 月 1 日通车，4 个月后戏剧性地被微风摧毁，其原因是空气弹性颤振而引起气弹颤振。2010 年 5 月 19 日晚，全长 154m 的俄罗斯的伏尔加河大桥突然发生波浪状翻滚，亦是风波动和负载发生共振所致。1957 年 10 月武汉长江大桥建成通车时，武汉市民几乎倾城出动看大桥，桥上的市民亦感觉到由共振而引起的桥身晃动。

（三）光污染的危害

1. 光污染对人体健康的危害

1）损害视力

20 世纪 30 年代，科学研究发现，荧光灯的频繁闪烁会迫使瞳孔频繁缩放，造成眼部疲劳。如果长时间受强光刺激，会导致视网膜水肿、模糊，严重的会破坏视网膜上的感光细胞，甚至使视力受到影响。建筑物玻璃幕墙的反射光进入高速行驶的汽车内，会造成人突发暂时性失明和视力错觉，易导致交通事故的发生。燥光污染可引起人眼的近视。据统计，我国高中生近视率达 60%以上，居世界第二位。为此，我国每年都要投入大量资金和人力用于对付近视，但见效不大，原因就是没有从改善视觉环境这个根本入手。有关卫生专家认为，视觉环境是形成近视的主要原因，而不是用眼习惯。

2）诱发癌症

多个研究指出，夜班工作与乳腺癌和前列腺癌发病率的增加具有相关性。2001 年美国《国家癌症研究所学报》发表文章称，西雅图一家癌症研究中心对 1606 名妇女调查后发现，夜班妇女患乳腺癌的概率比常人高 60%；上夜班时间越长，患病可能性越大。2008 年《国际生物钟学》杂志的报道证实了这一说法。科学家对以色列 147 个社区调查，发现光污染严重的地方，妇女罹患乳腺癌的概率大大增加。原因可能是非自然光抑制了人体的免疫系统，影响激素的产生，内分泌平衡遭破坏而导致癌变。

3）产生不利情绪

光害可能会引起头痛、疲劳、性能力下降，增加压力和焦虑。动物模型研究已证明，当光线不可避免时，会对情绪产生不利影响并引发焦虑。

科学家最新研究表明，彩光污染不仅有损人的生理功能，而且对人的心理也有影响。“光谱光色度效应”测定显示，如以白色光的心理影响为 100，则蓝色光为 152，紫色光为 155，红色光为 158，紫外线最高，为 187。要是人们长期处在彩光灯的照射下，其心理积累效应也会不同程度地引起倦怠无力、头晕、性欲减退、阳痿、月经不调、神经衰弱等身心方面的病症。

2. 光污染引起的生态问题

光污染可影响动物的自然生活规律，使受影响的动物昼夜不分，活动能力出现问题。光污染可导致动物的辨位能力、竞争能力、交流能力及心理等受到影响，甚至造成猎食者与猎物的位置互调。光污染可使湖中浮游生物的生存受到威胁，如水蚤因光害会帮助藻类繁殖，制造赤潮。光污染还会破坏植物体内的生物钟节律，有碍其生长，导致其茎或叶变色，甚至枯死；对植物花芽的形成造成影响，并会影响植物休眠和冬芽的形成。此外，光污染还可在其他方面影响生态平衡，例如，人工白昼伤害昆虫和鸟类，强光影响飞蛾及其他夜行昆虫辨别方向的能力，使得依靠夜行昆虫来传播花粉的植物因为得不到协助而难以繁衍，候鸟亦会因为光污染影响而迷失方向等。

（四）放射性污染的危害

放射性污染对人体可造成直接损伤、间接损伤和远期效应三个方面的危害。

1. 放射性污染对人体的直接损伤

进入人体的放射性物质，在人体内继续发射多种射线引起内照射。当所受有效剂量较小时，生理损害表现不明显。放射性物质可直接使机体物质的原子或分子电离，破坏机体内某些大分子，如脱氧核糖核酸、核糖核酸、蛋白质分子及一些重要的酶，对人体形成直接损伤。

2. 放射性污染对人体的间接损伤

各种放射线首先将体内广泛存在的水分子电离，生成活性很强的 H^+、OH^-和分子产物等，继而通过它们与机体的有机成分作用，产生与直接损伤作用相同的结果。

3. 放射性污染对人体的远期效应

放射性污染对人体的远期效应主要包括辐射致癌、白血病、白内障及寿命缩短等方面的损害及遗传效应等。据有关资料，青年妇女在怀孕前受到诊断性照射后，其胎儿发生唐纳氏（Downs）综合征的概率增加 9 倍。例如，受广岛、长崎原子弹辐射的孕妇，有的就生下了弱智的婴儿。医学界权威人士研究发现，进行放射线诊断的孕妇生的孩子小时候患癌和白血病的比例增加。

（五）电磁辐射污染的危害

随着现代科技的高速发展，电磁辐射污染的危害日益受到人们的关注。越来越多的电子、电气设备的投入使用，使得各种频率的不同能量的电磁波充斥着地球的每一个角落乃至更加广阔的宇宙空间。电磁辐射污染的危害主要是对人体健康的危害和对电器设备的干扰两个方面。

1. 电磁辐射对人体健康的危害

电磁辐射对人体的危害是由电磁波的能量造成的，从业人员受电磁辐射污染危害较重的八大高危行业是金融、广电、IT、电力、电信、民航、铁路和医疗等。过量的电磁辐射对人体健康的危害，主要表现为可诱发多种疾病。电磁辐射直接影响儿童组织发育、骨骼发育、视力下降。过量的电磁辐射会使肝脏造血功能下降，严重的可导致视网膜脱落。电磁辐射会对人的视觉系统造成影响，导致视力下降，引起白内障等。电磁辐射可导致儿童智力残缺。有调查结果显示，我国每年出生的 2000 万儿童中，有 35 万为缺陷儿，有专家认为电磁辐射是影响因素之一。电磁辐射可造成孕妇流产、不育、畸胎等病变。高剂量的电磁辐射会影响和破坏人体原有的生物电流和生物磁场，使人体内原有的电磁场发生异常。电磁辐射还是心血管疾病、糖尿病、癌突变的主要诱因。电磁辐射对人体生殖系统、神经系统和免疫系统造成直接伤害。

2. 电磁辐射对电器设备的干扰

电磁辐射对电器设备的干扰主要有以下两种。①干扰航空通信。例如，1997 年 8 月 13 日，深圳机场指挥塔的无线电通信系统由于受到附近山头上数十家无线寻呼台发射的电磁辐射的严重干扰，使地对空指挥失灵，机场被迫关闭 2h。②一些企业使用的高频工业设备对广播电视信号造成干扰，使周围居民无法正常接收电视信号。例如，北京市东城区文具厂就曾因其高频热合机干扰了电视台的体育比赛转播，引起严重的群众纠纷。

（六）热污染的危害

热污染即工农业生产和人类生活中排放出的废热造成的环境热化，损害环境质量，进而影响人类生产、生活的一种增温效应。随着现代工业的发展和人口的不断增长，环境热污染日趋严重。热污染主要发生于城市、工厂、火电站、原子能电站等人口稠密和能源消耗大的地区。造成热污染最根本的原因，是能源未能被有效、合理地利用。热污染的受害者主要是水生生物。由于水温升高可导致水中溶解氧减少，水体处于缺氧状态，同时又使水生生物代谢率增高而需要更多的氧，造成一些水生生物在热效力的作用下发育受阻或死亡，影响水环境质量和水体生态平衡。此外，河水水温上升会给一些致病微生物提供有利条件，使它们得以滋生、泛滥，引起疾病流行，危害人类健康。1965 年澳大利亚发生的一种脑膜炎的流行，起因就是发电厂排出的热水使河水温度增高而导致的一种变形原虫的大量滋生。

第二节　噪声污染及其控制

一、噪声污染的概念与类型

（一）噪声污染的定义

通常人们把嘈杂、刺耳的声音称为噪声。关于噪声的科学概念，不同学科有不同的定义。物理学所定义的噪声是指发声体做无规则振动时所发出的声音。生理学则将噪声定义为一切妨碍人们正常休息、学习和工作，以及对人们要听到的声音产生干扰的声音。音乐学认为噪声是音高和音强变化混乱、听起来不和谐的声音。通信科学则把干扰信号传输的能量场称为噪声。环境学则从人的主观感觉和心理因素角度来判断，把噪声定义为一切人们不需要的和希望不存在的干扰声音，即发声源发出的超过国家规定的，妨碍人们工作、学习、生活和其他正常活动的声音。例如，在某些情绪条件下，优美的音乐也可能被认为是噪声。与其他污染类型相比较，噪声具有无污染物存在、不产生能量积累、时间有限、传播不远、振动源停止振动噪声消失、不能集中治理等特点。

噪声污染可对人们的生活和工作产生不良影响。弱噪声会影响人们的情绪和精神状态，强噪声会导致人的听力受损，过强的噪声还可对人体形成伤害。噪声可对人们的生活和工作产生不良影响。弱噪声会影响人们的情绪和精神状态，强噪声会导致人的听力受损，过强的噪声还可对人体形成伤害。噪声对人的听力的影响最为显著，而且因噪声而导致的人的听力的损失具有累积性的特点。人暴露于噪声下一天，如果噪声不是过强，即小于 120dB，只会产生暂时性的听力损失，经过休息听力可以得到恢复；如果长期暴露于强噪声之下，虽然听力当天可以得到恢复，但经过一段时间后就会产生永久性的损失。

（二）噪声的类型

按照不同的依据，可对噪声进行不同的分类。通常根据声波频率高低将声划分为三种类型，即频率低于 20Hz 的次声、频率介于 20～20000Hz 之间的可听声和频率高于 20000Hz 的超声。人们不需要的多余声音为噪声，一切可听声都有可能被判定为噪声。噪声控制的目的就是降低或消除可听声，噪声的测量也仅局限于可听声。因此，按照声波的频率分布，通常将噪声划分为低频噪声（<500Hz）、中频噪声（500～1000Hz）和高频噪声（>1000Hz）。

环境声学多从噪声的城市环境发生源和噪声产生机理的角度进行噪声分类。按照噪声的发生源，可将噪声划分为自然噪声和人为噪声，其中前者是指由自然现象而发出的噪声，后者是指由人为因素而发出的噪声。人为噪声又可按照发声源的种类划分为交通噪声、工业噪声、建筑施工噪声和社会生活噪声等四种类型，按照噪声的发生机理划分为机械噪声、空气动力噪声和电磁噪声等三类。机械噪声是指机械部件之间在摩擦力、撞击力和非平衡力的作用下振动而产生的噪声。机械噪声的特征与受振部件的大小、形状、边界条件、激振力的特性有关。空气动力性噪声是指高速气流、不稳定气流及由于气流与物体相互作用产生的噪声。空气动力性噪声的特征与气流的压力、流速等因素有关。电磁噪声是指电磁场的交替变化，引起某些机械部件或空间容积振动产生的噪声。电磁噪声的特征主要取决于交变磁场特性、被激发振动部件和空间的大小形状等。

按照噪声辐射能量随时间的变化特征，可将噪声划分为稳态噪声、非稳态噪声和脉冲噪声。稳态噪声是指辐射能量不发生时间变化的噪声；非稳态噪声是指辐射能量随时间变化而发生无规律变化的噪声；脉冲噪声是指辐射能量随时间变化而发生有规律变化的噪声。

二、噪声污染的度量指标与评价

（一）噪声污染的度量指标

声学中，通常采用周期、频率、波长和声速等物理量作为度量声波强弱的指标。噪声强弱的度量一般采用两种方法，一是对噪声进行客观量度，即将噪声作为物理扰动，用表述声波客观特性的物理量来度量；二是对噪声进行主观评价，即利用噪声可刺激人耳的听觉特性，根据听者感觉到的刺激程度来度量。

常用的噪声强弱度量指标有声压、声强和声功率等。声压和声强反映了声场中声的强弱，声功率反映了声源辐射噪声的大小。声压、声强和声功率等物理量的变化范围非常大，可以在 6 个数量级以上，同时由于人体听觉对声信号强弱刺激的反应不是线性的，而是呈对数比例关系，所以实际应用中通常采用其对数来标度，以分贝（dB）为单位。与声压、声强和声功相对应的噪声度量指标分别为声压级、声强级和声功率级。这里的级是物理量相对比值的对数，分贝是级的无量纲单位。

对于声强、声功率等反映功率和能量的物理量，分贝数等于两个量比值的常用对数乘以 10。当两个声功率值分别为 W_1 和 W_2 时，分贝数 $n=10\ \lg(W_1/W_2)$。对于声压、质点振动速度等描述声场、电磁场等的物理量，分贝数等于两个量比值的常用对数乘以 20。当两个声压值分别为 P_1 和 P_2 时，声压级 $n=20\ \lg(P_1/P_2)$。采用级进行噪声计量，可以使数值变化缩小到适当范围，更与人耳的感觉相接近。

（二）噪声污染的评价

噪声污染评价即对噪声影响程度的评定。噪声污染评价通常依据噪声评价量，应用噪声评价方法来进行。所谓噪声评价量，即噪声表述指标及其污染影响程度量化等级标准。噪声评价方法则是噪声污染程度的确定模型，目前多是针对具体噪声源或噪声污染对象而建立。目前已有的噪声评价量和评价方法较多，常用的评价量有响度和响度级、噪度和感觉噪声级、总声压级、计权声级和计权网络、等效连续 A 声级、昼夜等效声级等，常用的评价方法有噪声对语言干扰的评价、城市公共噪声的评价、交通噪声的评价、脉冲噪声等的评价。

1. 响度级

响度级是表示声音响亮程度的量级标准。响度级既考虑了声音的物理效应，又考虑了声音对人耳听觉的生理效应，是常用的噪声评价主观评价量之一。响度级的确定方法是以 1000Hz 的纯音为基准音，将其他频率的纯音（噪声）和 1000Hz 纯音进行比较，调整噪声的声压级，使其和基准纯音听起来一样响，则该噪声的响度级在数值上就等于这个纯音的声压级。响度级记为 LN，单位为方(hpon)。声压级为 60dB、1000Hz 的纯音响度级是 60hpon，而声压级为 67dB 的 100Hz 的纯音与 60dB、1000Hz 的纯音听起来一样响。因此，声压级为 67dB 的 100Hz 的纯音的响度级也是 60hpon。

2. 噪度

噪度是与人们主观判断噪声的“吵闹”程度成比例的数值量，单位为呐（noy）。定义在中心频率为 1000Hz 的倍频带上，声压级为 40dB 的噪度为 1noy。噪度为 3noy 的噪声听起来是噪度 1noy 噪声的 3 倍“吵闹”。

3. 语言清晰度指数

语言清晰度指数是指一个正常的语言信号能被听者听懂的百分数。其评价通常在特定的实验条件下进行，选择具有正常听力的男性和女性组成特定的试听队，对经过仔细选择的包括意义不连贯的章节和单句组成的试听材料进行测试。经过实验所测得的听者对音节所做出的正确响应与发送的章节总数之比，称为音节清晰度（S）；若为有意义的语言单位，则称为语言可懂度，即语言清晰度指数（SI）。

4. 语言干扰级

人们在交谈时，背景噪声的大小会影响交谈的清晰度，为确定背景噪声对交谈的干扰程度，常用语言干扰级（SIL）来表述。

5. 噪声评价数曲线

为了表示不同声级和不同频率的噪声对人造成的听力损失、语言干扰和烦恼的程度，国际标准化组织推荐使用一簇噪声评价曲线（NR 曲线），又称噪声评价数曲线。它由 Kosten 和 Vanos 于 1962 年提出，可用于室内噪声评价或外界噪声评价，也可用于噪声控制工程评价。

6. 噪声污染级

噪声污染级（LNP）是用来评价人对噪声的烦恼程度的一种评价量，它是由综合能量平均值和变动特性（用标准偏差表示）两者影响而提出的评价值。因此，它既包含了对噪声能量的评价，也包含了噪声涨落的影响。噪声污染级用标准偏差来反映噪声的涨落，标准偏差越大，表示噪声的离散程度越大，即噪声的起伏越大。

三、噪声污染控制技术

目前发展起来的噪声污染控制技术有多种，根据声波的传播特性可将它们划分为吸声技术、隔声技术和消声技术三类。

（一）吸声技术

吸声技术简称吸声，是指利用某种吸声材料或吸声结构来吸收声能，从而达到降低噪声强度的目的的技术措施。能够吸收较高声能的材料或结构称为吸声材料或吸声结构。利用吸声材料或吸声结构来做室内吸声处理，可使一般建筑室内的噪声级降低 3～5dB（A），使混响声较强的车间降低 6～10dB（A）。

吸声材料的吸声机理有两种。①靠材料自身具有的许多细小的敞开孔道使声波衰减，以吸收中高频声波为主。此类多孔材料主要有有机纤维材料、麻棉毛毡、无机纤维材料、玻璃棉、岩棉、矿棉、脲醛泡沫塑料、氨基甲酸酯泡沫塑料和膨胀珍珠岩制品等。②靠共振作用吸声。此类材料种类较多，不同材料对不同波段的噪声吸收能力不尽相同。柔性材料，如闭孔型泡沫塑料等，主要用于吸收中频噪声；膜状材料如塑料膜或布、帆布、漆布和人造革等，主要用于吸收低、中频噪声；板状材料，如胶合板、硬质纤维板、石棉水泥板和石膏板等，主要用于吸收低频噪声；穿孔板，由各种板状材料或金属板上打孔而制得，主要用于吸收中频噪声。

吸声材料有多种，它们应具备的共同构造特征，是材料内部应有大量的微孔和间隙，而且这些微孔应尽可能细小并在材料内部均匀分布；材料内部的微孔应互相贯通，单独的气泡和密闭间隙不起吸声作用；微孔应向外敞开，使声波易于进入微孔内。聚氯乙烯和聚苯乙烯泡沫塑料不属于多孔材料，主要用于防震，隔热材料较适宜。

（二）隔声技术

隔声技术简称隔声，是指利用隔声构件将噪声源和接收者分隔开，阻断噪声在空气中的传播，从而达到降低噪声的目的的技术措施。隔声技术是噪声控制中常用的降噪方法之一，利用隔声构件隔声的途径主要有空气声的隔绝和固体声的隔绝。

复杂的隔声构件由一些单层构件组成，它在隔声机理上有单层构件的特性，又有各种单层构件综合的特性。常用的隔声构件主要有以下几种。

1. 双层构件

双层构件是两个互不连接的单层构件之间有空气层的构件。空气层起着缓冲的弹性作用，但也能引起两层构件的共振。因此，双层构件的隔声量并非两层构件隔声量的叠加。如在空气层中加填多孔性吸声材料，则可减少共振而提高构件的隔声量。因空气层而增加的隔声量在一定范围内同空气层厚度成正比。双层墙通常可比同样重量的单层墙增加隔声量 5dB 左右。

2. 轻型墙

使用的轻墙板有纸面石膏板、圆孔珍珠岩石膏板和加气混凝土板等，每平方米质量约为十余千克至数十千克。单层轻墙板通常不能满足隔声的要求，因此常与双层构件技术相结合，做成双层结构，形成空气层，或在空气层中加填吸声材料，或采用不同厚度或劲度的板材使其具有不同的吻合频率，以提高轻墙的隔声量。

3. 隔声门窗

门窗结构质量轻，而且有缝隙，因此隔声能力不如墙壁。对于隔声要求较高的门（隔声量为 30～50dB），可以采用构造简单的钢筋混凝土门扇，但通常是采用复合结构的门扇，这种结构的阻抗变化能提高隔声能力。密封缝隙也是保证门窗隔声能力的重要措施。用工业毡做密封材料较乳胶条为佳，尤以对高频噪声的隔离效果更佳。对隔声要求较高的窗，窗玻璃要有足够的厚度（6～10mm），至少有两层。两层玻璃不应平行，以免引起共振，降低隔声效果。玻璃和窗框、窗框和墙壁之间的缝隙要封严。在两层玻璃窗之间的周边，应布置强吸声材料，以增加隔声量。在构造上要便于洗擦。为了避免窗玻璃之间产生吻合效应，隔声窗的双层玻璃应有不同的厚度，否则在临界频率 f_c 处隔声值将出现低谷。

4. 声锁

要使门具有较高的隔声能力，可设置声锁，即在两道门之间的空间（门斗）内布置强吸声材料。这种措施的隔声能力有时相当于两道门的隔声量。为便于开闭，门扇的重量不宜过大。

5. 组合墙

组合墙是有门或窗的墙，其隔声量通常要比无门窗的墙低，因此不能单纯提高墙的隔声能力。在设计时应按照“等隔声量”的原则进行，墙的隔声量要比门高 10dB 左右。

在以上各种隔声构件的构造内部使用吸声材料，是利用吸声的特性来增加构件的隔声量。隔声和吸声的本质区别不应混淆。隔声是隔离噪声的传播，尽可能使入射声波反射回去，隔声材料越沉重密实，隔声性能越好；吸声是尽可能多地吸收入射声波，让声波透入材料内部而把声能消耗掉，因而一般是多孔性的疏松材料。

（三）消声技术

消声技术是指通过消声器的应用来达到降低噪声的目的的技术措施。消声器是消减气流噪声的装置，把它接在管道中或进、排气口上，能让气流通过，而对噪声具有一定的消减作用。

消声器的性能好坏，主要从以下三个方面进行评价。第一，消声性能。消声器的消声性能可从消声量和频谱特性两个方面来评价。消声量的大小可以用排气口或进气口的两端声级来表示；消声器的频谱特性指的是消声频率范围的宽窄，一般以 1 倍频程、1/3 倍频程等的消声量来表示。人耳可听到的声音的频率范围很宽，一般介于 20～20000Hz。声音频率在人耳听感上的响应是音调，随着声音频率的高低变化，人耳感觉的音调的高低也相应变化。声音频率提高 1 倍，人耳感觉音调升高 8 度，即为 1 倍频程。人耳的听觉声音频率范围约为 10 倍频程。第二，空气动力性能。在气流通道上安装消声器必然会阻碍空气的流通，影响空气动力设备的空气动力性能。如果只考虑消声器的消声性能而忽略空气动力性能，则在某种情况下，消声器可能会使设备的效能大大降低，甚至无法正常使用。所以，评价消声器的优劣，需要考虑消声器造成的空气阻力损失。阻力损失通常是用消声器入口和出口的全压差来表示。第三，结构性能。结构性能对于具有同样消声性能和空气动力性能的消声器的使用具有十分重要的现实意义。一般而言，在不影响消声性能和空气动力性能的前提下，消声器的几何尺寸越小，使用寿命越长，则结构性能越好。

第三节　振动污染及其控制

一、振动污染的概念与类型

（一）振动污染的概念

振动是指物体所处的周期往复运动状态。换言之，振动是物体在外力作用下围绕其平衡位置随时间在极大值和极小值之间所做的交替变化运动。振动过程中，物体离开其中心位置的最大距离称为振幅，单位时间内振动的次数称为频率。频率是评价振动快慢和对人体健康影响程度常用的基本参数。振动是一种普遍存在的自然现象。对于人类而言，振动有着积极作用，工业领域有许多设备和工艺有赖于振动而工作。然而，振动也有着多方面的消极作用和有害作用。因此，环境振动被定义为是一种环境污染现象。所谓振动污染，是指因超过一定界限而可对人体健康产生不利影响、可对生产设施与设备产生损害的振动。环境振动是环境污染的一种类型，过量的振动会对人类和人类活动产生多方面的危害和影响。

（二）振动的类型

依据不同的指标，可对振动作不同的类型划分。按照系统运动的自由度分，可将振动划分为单自由度系统振动和多自由度系统振动两类。有限多自由度系统与离散系统相对应，其振动由常微分方程描述；无限多自由度系统与连续系统相对应，其振动由偏微分方程描述。方程中不含时间的系统称自治系统；含时间的称非自治系统。按系统受力情况分，有自由振动、衰减振动和受迫振动。按弹性力和阻尼力性质分，有线性振动和非线性振动。振动又可分为确定性振动和随机振动，后者无确定性规律，如车辆行进中的颠簸。

二、振动的度量指标

表述振动强度的物理量有多种，如频率、位移、速度和加速度等，常用的振动强度的度量指标则是振动加速度级和振动级。人体对振动的感觉与振动频率的高低、振动加速度的大小、在振动环境中暴露时间的长短和振动的方向等有关，但是对振动加速度最为敏感。因此，现有的振动度量指标多以振动加速度为依据而建立。

振动加速度是指振动速度的变化率，是表示振动强度的指标。其计算公式为

$$a=L\omega^2/9.81$$

式中，a 为振动加速度；L 为振动幅度；ω 为振动角速度，$\omega=2\pi f$，其中 f 为振动频率。由此式可以看出，振动加速度与振动幅度成正比，与振动频率的平方成正比。

我国《人体全身振动暴露的舒适性降低界限和评价准则》（GB/T 13442—1992）将振动强度对人体的影响分为四个级别。①振动的“感觉阈”：振动人体刚能感觉到，对人体无影响。②振动的“不舒服阈”：振动会使人感到不舒服。③振动的“疲劳阈”：振动会使人感到疲劳，降低工作效率。实际生活中多以该阈为标准，超过该阈即被认为有振动污染发生。④振动的“危险阈”：振动会导致人体产生病变。人体对振动强度的感觉与振动加速度之间有着相应的联系（表 8.1）。

表 8.1　人体对振动加速度的感觉

感觉	刚刚感觉到	不愉快	不可忍受
加速度 $g=9.8\text{m/s}^2$	$0.003g$	$0.05g$	$0.5g$

根据振动加速度的大小可以进行振动强度级别的划分，实践中常用振动加速度级进行振动强度级别的划分。振动加速度级 La 的确定方法是，先计算加速度有效值与基准加速度之比的以 10 为底的对数，再乘以 20，以分贝计。其数学表示式为

$$La=20\lg(a/a_0)$$

式中，a 为加速度有效值；a_0 为加速度参考值，我国一般取 $1\times10^{-6}m/s^2$。

三、振动的控制

振源产生的振动通过介质传递给受振对象，因此振动污染的控制主要是从振源控制、传递过程控制和对受振对象的保护这三方面采取措施。

（一）振源控制

改革工艺设备和方法，以达到减震的目的，从生产工艺上控制或消除振动源是振动控制的最根本措施；采取自动化、半自动化控制装置，减少接振；改进振动设备与工具，降低振动强度，或减少手持振动工具的重量，以减轻肌肉负荷和静力紧张等。

（二）传递过程控制

改革风动工具，改变排风口方向，工具固定；在地板及设备地基采取隔振措施（橡胶减振动层、软木减振动垫层、玻璃纤维毡减振垫层、复合式隔振装置）。

改革工作制度，专人专机，及时保养和维修。

（三）对受振对象的保护

合理发放个人防护用品，如防振保暖手套等；控制车间及作业地点温度，保持在 16℃以上；建立合理劳动制度，坚持工间休息及定期轮换工作制度，以利各器官系统功能的恢复；加强技术训练，减少作业中的静力作业成分；坚持就业前体检，凡患有就业禁忌症者，不能从事该作业；定期对工作人员进行体检，尽早发现受振动损伤的作业人员，采取适当预防措施及时治疗振动病患者。

第四节　光污染及其控制

一、光污染的概念与特征

（一）光污染的概念

光污染亦称噪光污染，是指过量的光辐射对人类生活和生产环境造成不良影响的现象。光污染是现代社会伴随着点光源技术的发展而出现的一类环境问题。光污染的定义有广义和狭义之分。广义的光污染是指由人工光源导致的违背人的生理与心理需求或有损于生理与心理健康的现象。狭义的光污染仅指逸散光的有害影响，逸散光指从照明器具发出的，使本不应是照射目的的物体被照射到的光。狭义的光污染的定义为已形成的良好的照明环境由于逸散光的存在而产生的受害人群的被损害状况，以及由这种损害而产生的有害影响。

光是人类生存与生活必不可少的物理要素之一，无时无处不在人类的生活中出现。昼夜交替这种自然现象而形成的光明和黑暗均是无害的，然而当光辐射过量时，会对人们的生活、工作环境及人体健康产生不利影响。特定人群对夜晚光的无限制追求，让广大的其他人群失去了原本拥有的纯净的夜空，甚至给人们带来了某种方面的危害，让光成为了环境污染的一种特定类型。

光污染的发生源有自然光污染源和人为光污染源两类，其中后者是光污染控制的重点对象。人为光污染源主要有两类。第一，现代建筑物形成的光污染。许多现代建筑采用高反射率材料进行表面装饰，人们置身其中仿佛置身于镜面世界。反射光超过了人体所能承受的极限，眩晕逼人，令人方向难辨，干扰人们的正常生活和工作，形成光污染。第二，夜景照明形成的光污染。都市繁华街道的夜晚，各种泛光灯、霓虹灯、瀑布灯、广告灯箱等亮度过高光源的泛滥使用，制造了光彩华丽的都市夜环境，使人仿佛置身于人工白昼之中。现代化的舞厅、歌厅、酒吧等，为了追求刺激效果，常采用彩色光源、耀目光源、旋转光源等，令人眼花缭乱。这些夜景照明均会形成成严重的光污染，给特定人群的生理和心理造成影响和危害。

（二）光污染的特征

1. 存在的广泛性与局部性

光的时空分布十分广泛，由光而引起的光污染也就有了时空存在的广泛性。研究表明，世界上将近 2/3 的人口生活在光污染之下。现代文明程度越高的地区，光污染程度越严重。在一些完全被现代文明覆盖的地区，几乎失去真正意义的黑夜。然而光污染的存在范围是有限的，光污染强度随着与光源距离的增加而迅速减弱，仅对局部区域形成危害。

2. 污染的相对性和不残留性

光污染的相对性主要表现为两个方面：一是光污染是相对于背景而言的，只有在一定的环境背景下才会有光污染；二是特定条件下的光是否属于污染现象，不同人员会有不同的结论，应视不同人群对光的不同需求区别而论。一些人造光对某些人而言属于污染，但是对于另外一些人而言则不属于污染。环境中的光污染随着光源的消失而随即消失，没有任何残留。

3. 危害的主动性和累积性

环境中的光污染往往是不可回避的，对于白天的视觉污染，人们可以采用“不看”的办法躲避。但对于光污染，由于夜间的视觉元素对比强烈，人们即使有主观的愿望，仍然无法躲避。光污染的影响往往是微量的，短期内不会造成太大伤害。人们除了对高强度的光辐射能够有所意识并做出主动反应外，对大部分紫外辐射、红外辐射乃至可见光辐射都是难以感知的，多是光辐射损伤发生后才会做出反应。但是光污染的危害，尤其是生物的损害，是具有累积性的，经过较长时间就能显现出来。正是由于光污染损害的积累性，降低了人们对光污染的警惕。

二、光环境的影响因素

1. 光照强度和亮度

光照强度是指单位面积上所接受可见光的能量，简称照度。亮度是指发光体或反光体表面单位投影面积上发光或反光的强度。亮度是度量发光体或反光体表面发光或反光强弱的物理量。照度和亮度是保证光量和光质量的基本条件，即明视的基本条件。

2. 光色

光色指光源的颜色。按照国际照明委员会（CIE）标准表色体系，光色是将三种单色光

（如红光、绿光、蓝光）按不同比例进行混合而获得的不同的光的颜色。此外，人工光源还有显色性指标，表现为光照射到物体时的可见度。光色在社会实践中有着多方面的应用，例如，光环境能激发人们的心理反应，如温暖、清爽、明快等，从而影响到人的情绪和生产效率等。

3. 周围亮度

周围亮度是指人视野范围内周围环境的亮度。人们观看物体时，眼睛注视的范围与物体的周围亮度有关。实验表明，容易看到注视点的最佳环境是周围亮度大约等于注视点亮度。美国照明学会提出周围的平均亮度为视觉对象的 1/3～3。一般而言，周围环境较暗时容易看清楚物体，周围环境过亮便不容易看清楚物体。因此，光环境中周围亮度比视觉对象暗些为宜。

4. 视野外的亮度分布

视野外的亮度是指人视野范围之外的环境的亮度。视野以外的亮度分布是指室内顶棚、墙面、地面、家具等表面的亮度分布。在光环境中，上述物体的亮度不同，就会构成丰富的亮度层次，增强周围环境的立体感。

5. 眩光

在视野中由于亮度的分布或范围不当，或在时空方面存在着亮度的悬殊对比，以致引起人们不舒适的感觉或降低观看细部或目标的能力，这种现象称为眩光。眩光是光环境中最重要的有害光源之一，应设法控制或避免。

6. 阴影

阴影是指由物体对光的传播的遮挡而使光不能穿过不透明物体所形成的较暗区域。在光环境中无论光源是自然光还是人工光，当光存在时，就会存在着阴影。在空间中由于阴影的存在，才能突出物体的外形和深度，因而阴影有利于光环境中光的变化，丰富了物体的视觉效果。从有利于人的视觉角度出发，人们希望光环境中存在较为柔和的阴影，而要避免浓重的阴影。

三、光污染的类型

按照不同的分类依据，光污染可以分为不同的类型。如按照光的波长，可将光污染分为红外光污染、紫外光污染、激光污染及可见光污染等；按照光对人的视觉的影响，光污染可以分为眩光污染、射线污染、光泛滥污染、视单调污染、视屏蔽污染、频闪污染等。国际上一般依据形成污染的光的特征将污染分成三类，即白亮污染、人工白昼污染和彩光污染。我国通常将光污染分为白光污染、人工白昼污染、彩光污染、眩光污染、视觉污染、激光污染、红外线污染和紫外线污染等八种类型。

（一）白亮污染

白亮污染是指白天阳光照射强烈时，建筑物的玻璃幕墙、釉面砖墙、磨光大理石和各种涂料等装饰反射光线引起的光污染。由物体镜面反射而形成的白亮污染是光污染的一种形式。据测定，白色粉刷面的光反射系数为 69%～80%，镜面玻璃的反射系数高达 82%～90%，比绿色草地、森林、深色或毛面砖石装修的建筑物的反射系数大 10 倍左右，大大超过了人体所能承受的范围，形成光污染。研究表明，长时间在白色光亮污染环境下工作和生活的人，眼角膜和虹膜都会受到程度不同的损害，引起视力的急剧下降，白内障的发病率高达 40%～48%。同时还使人头痛心烦，甚至发生失眠、食欲下降、情绪低落、乏力等类似神经衰弱的症状。

（二）人工白昼污染

人工白昼污染是指强光源所发出的强光造成的夜晚光亮现象。城市的夜晚，尤其是城市繁华地带的夜晚，酒店、商场、歌厅、工地等场所装置的各种用于照明、景观、广告、娱乐等目的的华灯齐放、灯火通明，使人如处白昼、眼花缭乱。如此形成的人工白昼，对人体有着严重的影响和危害。强反射光可使人夜晚难以入睡，打乱人的正常生物节律，进而影响人的精神状况和工作效率，甚至导致安全事故的发生。国外调查结果表明，有 35%的人认为人工白昼影响健康，84%的人认为影响睡眠。同时，人工白昼也使昆虫、鸟类的生殖遭受干扰，甚至有的昆虫和鸟类可能被强光灯的高温烧死。

（三）彩光污染

彩光污染是指特殊场合的彩色光源所形成的光污染现象。城市舞厅、夜总会、夜间游乐场所等场所的黑光灯、旋转灯、荧光灯和闪烁彩色光源等均可发出彩光，其紫外线强度远远超出太阳光，危害人体健康。据测定，黑光灯可产生波长为 250～320nm 的紫外线，其强度远远高于太阳中的紫外线，长期暴露于这种黑光灯下，有损人体的生理机能，如加速皮肤老化，引起一系列神经系统症状，如头晕、头痛、恶心、食欲不振、乏力、失眠等。彩光污染还会影响人的心理状态。长期处在彩光灯的照射下，会形成心理积累效应，引起不同程度的倦怠无力、头晕、性欲减退、阳痿、月经不调、神经衰弱等身心方面的疾病。此外，红外线、紫外线所造成的环境污染也日益严重。

（四）眩光污染

眩光是一种与物理、生理、心理等因素有关的视觉条件，其成因是环境亮度分布不适当，或亮度变化的幅度太大，或亮度在空间和时间上存在着极端的对比，从而引起人们的视觉感受不舒适，或降低观察重要物体的能力，或同时产生上述两种现象。眩光是光环境中对人的视觉感受影响最为突出的光因素之一，是光污染的主要类型。

按照眩光产生的来源和过程，可以将其划分为直接眩光、间接眩光、反射眩光和光幕眩光 4 类。直接眩光是指视线方向或接近视线方向存在的发光体引起的眩光。常见的直接眩光光源有建筑物窗玻璃、发光顶棚、灯具及车灯等。间接眩光是指由人的视野中不是视线方向存在的发光体所引起的眩光。反射眩光是由光泽面反射出高亮度光源而形成的眩光。光幕眩光是指由亮度对比的减小而使人眼在视觉对象上失去对比或降低可见度的现象。影响人的眩光感觉的因素主要是光源的面积、光源的亮度、仰角（即光线与视线的夹角）、光源与观察者之间的距离和周围背景环境的亮度等，人的眩光感觉与它们之间的关系为

$$\text{对眩光的感觉} \propto \frac{\text{面积} \times \text{亮度}^2}{\text{仰角}^2 \times \text{距离}^2 \times \text{周围环境亮度}^{0.6}}$$

此式可用以测度眩光感觉的强度。

（五）视觉污染

视觉污染是指城市环境中杂乱的视觉环境。如城市中布设杂乱的管道线路、胡乱堆放

的垃圾废物、肮脏灰暗的墙面、乱设乱贴的招牌广告、乱摆乱停的货摊车辆、破旧失修的危房建筑等，均是视觉污染源。

（六）激光污染

激光污染是光污染的一种特殊形式。由于激光具有方向性好、能量集中、颜色纯等特点，而受到人们的重视和广泛应用。然而，不当的激光照射对人的机体会形成多方面的危害。激光通过人眼晶状体的聚集作用后，到达眼底的光强度可增大几百至几万倍，对人眼有着较大的伤害作用。激光光谱的一部分属于紫外和红外范围，会伤害眼结膜、虹膜和晶状体。功率很大的激光能危害人体深层组织和神经系统。近年来，激光在工业、科技、军事、医疗卫生等多个领域得到了广泛应用，激光污染也相应愈加受到人们的重视。

（七）红外线污染

近年来，红外线在军事、航天、化工、医疗、科研等方面的应用日益广泛，红外线污染问题也随之产生。红外线是一种热辐射，对人体的危害主要是可造成高温伤害。较强的红外线可造成皮肤伤害，其情况与烫伤相似，最初是灼痛，然后是造成烧伤。红外线对眼的伤害因波长不同而有几种不同的情况。波长为750～1300nm的红外线对眼角膜的透过率较高，可造成眼底视网膜的伤害。尤其是1100nm附近的红外线，可使眼的前部介质（角膜、晶体等）不受损害而直接造成眼底视网膜烧伤。波长1900nm以上的红外线，几乎全部被角膜吸收，会造成角膜烧伤（浑浊、白斑）。波长大于14000nm的红外线的能量绝大部分被角膜和眼内液所吸收，透不到虹膜，只有1300nm以下的红外线才能透到虹膜，造成虹膜伤害。人眼如果长期暴露于红外线，可引起白内障。

（八）紫外线污染

紫外线最早应用于消毒及某些工艺流程，近年来应用范围不断扩大，如人造卫星对地面的探测、医疗卫生等。不当的紫外线照射会对人的机体形成伤害，主要是伤害眼的角膜和皮肤。可造成角膜损伤的紫外线主要为波长250～305nm部分，其中波长288nm的作用最强。角膜多次暴露于紫外线并能不增加其对紫外线的耐受能力。紫外线对角膜的伤害作用，表现为一种称为畏光眼炎的角膜白斑伤害。此病剧痛，并伴有流泪、眼睑痉挛、眼结膜充血和睫状肌抽搐等症状。紫外线对皮肤的伤害作用，主要是引起红斑和小水疱，严重时会使表皮坏死和脱皮。人体胸、腹、背部皮肤对紫外线最敏感，其次是前额、肩和臀部，再次为脚掌和手背。不同波长的紫外线对皮肤的效应不同，波长280～320nm和250～260nm的紫外线对皮肤的效应最强。

四、光污染的控制

（一）光污染控制的途径

1. 加强光污染控制法制建设

控制光污染需要法律法规作保证，法律法规中对光污染控制应有具体的规定。环境保护法规中应对光污染做出明确界定，建立光污染的监督管理体制、环境标准，使环境影响评价制度、“三同时”制度等环保制度在光污染领域得到贯彻落实。

2. 加强城市规划与建设管理

控制光污染的关键在于加强城市规划与建设管理，合理布置光源。既要让城市亮起来、美起来，又要满足能源和环境的要求，建设实施绿色照明工程，对夜间城市灯光照明实施有效的管理。

3. 大力推广新型节能光源

我国的照明产业比发达国家落后近 50 年，由于缺乏专业的设计人员，国内多数夜景照明不仅不节能，还十分刺眼，容易让人疲倦，与国际标准有一定差距。

4. 加强宣传教育和技术研究

通过宣传光污染对人类和生态环境造成的危害，引起人们对光污染的重视。只有人们对光污染有了充分的了解和重视，树立起生态、环保、节能的照明理念，才能更好地实施光污染的立法、监控、规划和管理。要加强光污染的科学技术研究，加强对绿色建筑材料和灯具产品的开发，为控制光污染提供保证。

（二）光污染控制的措施

1. 加强城市玻璃幕墙的建设管理

为了增大建筑物的豪华程度和便于清洁，一些大楼建造时选用玻璃幕墙。但是，玻璃幕墙折射造成的光污染危害性最大。目前我国尚没有任何防治光污染的规定，政府可从建筑节能和防震等方面控制新申报大面积玻璃幕墙的审批，达到治理玻璃幕墙白光污染的目的。如果一定要在建筑物上使用玻璃幕墙，应尽量多使用普通玻璃，少使用反光玻璃，减少镜面反射。

2. 加强夜景照明生态设计

夜景照明泛指除功能性照明之外的针对性美化夜间人文景观、自然景观的照明。夜景照明的对象十分广泛，有建筑、广场、道路桥梁、机场、车站码头、名胜古迹、园林绿地、山体、江河水面、商业街道、广告标志及城市市政设施等，其目的就是利用灯光将上述照明对象加以重塑，并有机地组合成一个和谐协调、优美壮观和富有特色的夜景图画，以此来表现一个城市或地区的夜间形象。近年来，随着城市建设规模的不断扩大，作为城市基础建设的一部分，城市照明得到了前所未有的重视。但是，由于夜景照明设计缺乏系统的规划和研究，城市夜景照明建设出现了诸多问题，如设计缺乏城市特色、一味追求亮度、光污染扰民等。因此，应按照节能、环保的设计理念，加强夜景照明生态设计，积极采用先进的环保技术，有效控制光污染。

3. 加强炫光控制技术的推广应用

眩光污染是可见光污染中最为普遍、危害最大、人们感受最为直接和强烈的类型之一，也是光污染控制的主要对象之一。眩光可从光源、灯具、照明方式等方面进行控制。应以隐蔽光源和降低亮度为基本原则，积极采用限制眩光产生的照明方式，例如，利用高杆提高广场、码头、足球场等公共场所光源的位置，安装灯槽、光檐、满天星式下射灯、格栅式发光顶棚等，减少眩光污染。

4. 加强个人防护

在个人防护方面，可采取多种措施，减少光污染对眼睛的伤害。①减少白色书写纸张的使用。白纸会反射 90%的光，会对人的角膜和虹膜造成伤害。如果书籍采用黄色等有色纸张，可在一定程度上避免光污染。②看电视或看电脑时使用第二光源。如果没有第二光源，在电视交替发光和不发光时，眼睛会不断更换视觉模式。视觉模式的频繁交替更换，会对眼睛造成损伤。所以，看电视或电脑时最好有第二光源，减弱电视闪耀光对眼睛的伤害。③冬天沐浴少用浴霸。许多人洗澡时都会使用浴霸，以提高浴室温度。但是浴霸的强光很容易灼伤眼睛，所以应尽量少用。④选用恰当的照明亮度。应根据不同的空间、场合和对象，选择不同的照明方式和灯具，既保证恰当的亮度，又保证不伤害眼睛。例如，通过对照明方式和灯具的选择，达到卧室要温馨、书房和厨房要明亮实用、卫生间要温暖柔和的照明目的。

第五节　放射性污染及其控制

一、放射性污染的概念

放射性辐射是指放射性物质的原子核在其衰变过程中放出射线的现象。放射性辐射的来源有自然源和人工源两类。自然源放射性辐射一般来源有限，强度较弱，对人类的危害较小。形成环境污染的放射性辐射主要来自人工源。人类活动使得人工辐射源和人工放射性物质大大增加，环境中的射线强度随之增强，从而形成放射性污染，危及生物的生存安全。

放射性辐射的人工源一般可划分为以下四种类型。①核武器试验遗散物。核武器试验遗散物主要是核武器试验的沉降物。在大气层进行核试验的情况下，核弹爆炸的瞬间，由炽热蒸气和气体形成大球即蘑菇云，携带着弹壳、碎片、地面物和放射性烟云上升，随着与空气的混合，辐射热逐渐损失，温度渐趋降低，于是气态物凝聚成微粒或附着在其他的尘粒上，最后沉降到地面。②核燃料循环的“三废”排放。核工业的中心问题之一是核燃料的产生、使用与回收，核燃料循环的各个阶段均会产生“三废”，它们对周围环境带来一定程度的污染。③医疗照射引起的放射性污染。目前，由于辐射在医学上的广泛应用，已使医用射线源成为主要的环境人工污染源。④其他方面来源的放射性污染。其他辐射污染来源可归纳为两类，一是工业、医疗、军队、核舰艇，或研究用的放射源，因运输事故、遗失、偷窃、误用，以及废物处理等失去控制而对居民造成大剂量照射或污染环境；二是一般居民消费用品，包括含有天然或人工放射性核素的产品，如放射性发光表盘、夜光表及彩色电视机产生的照射，虽然其环境污染程度很低，但亦不容忽视。

放射性物质进入人体的途径主要有三种：呼吸道进入、消化道食入、皮肤或黏膜侵入。从呼吸道吸入的放射性物质的吸收程度与其气态物质的性质和状态有关。难溶性气溶胶吸收较慢，可溶性较快；气溶胶粒径越大，在肺部的沉积越少。气溶胶被肺泡膜吸收后，可直接进入血液流向全身。消化道食入是放射性物质进入人体的重要途径。放射性物质既能被人体直接摄入，也能通过生物体，经食物链途径进入体内，皮肤对放射性物质的吸收能力波动范围较大，一般在 1%～1.2%，经由皮肤侵入的放射性污染物，能随血液直接输送到全身。由伤口进入的放射性物质吸收率较高。放射性物质进入人体后，要经历物理、物理化学、化学和生物学四个辐射作用的不同阶段。当人体吸收辐射能之后，先在分子水平发生变化，引起分子的电离和激发，尤其是大分子的损伤。有的发生在瞬间，有的需经物理的、化学的及生物的放大过程才能显示所致组织器官的可见损伤，因此时间较久，甚至延迟若干年后才表现出来。

二、放射性污染的防治措施

（一）放射性污染防治的管理措施

1. 健全法规标准

抓紧研究制订原子能法和核安全法，加快制修订核安全行政法规、部门规章和标准，建立比较完善的核与辐射安全法规标准体系。完善核安全监管部门对相关工业标准的认可制度，强化相关工业标准与核安全法规导则的衔接。加强核安全管理和政策研究，适时发布核安全政策。

2. 优化管理机制

进一步增强核安全监管部门的独立性、权威性、有效性。明确和强化核行业主管部门、核电行业主管部门的核安全管理责任，加大核行业主管部门对包括科研院校在内的全行业管理力度。完善应急机制，把应急管理与日常监管紧密结合，充分发挥各涉核部门的职能作用和核企业集团公司的专业技术优势，细化涉核企事业单位的主体责任。加强政策引导，形成由国家投入为牵引、企业投入为主体的核安全技术创新机制。加大研究费用的投入力度，纳入国家科技发展管理体系。行业主管部门将核安全要求作为制定相关产业和行业发展决策的重要依据，确保发展与安全的协调统一。完善核安全监管部门与行业主管部门在制定行业发展战略、规划，项目前期审批和安全监管中的协调机制。建立行业主管部门、核安全监管部门与气象、海洋、地震等部门的自然灾害预警和应急联动机制。优化核安全国际合作体系，实现国际国内工作的协调统一，进一步加强和深化核安全领域与国际组织的交流与合作。

3. 完善政策制度

完善核安全许可证制度，进一步明确核电集团公司、业主公司、专业化公司的核安全责任。完善核燃料循环、核设施退役和放射性废物处理处置的管理制度和政策，制定核设施退役费用和放射性废物处理处置费用的提取和管理办法。建立健全相关准入和执业资格制度，建立民用核设施“三废”处置经费筹措和使用制度，制定民用核设施退役管理办法。研究并制定废旧放射源和核技术利用废物处理处置相关管理办法。研究建立核事故赔偿和核保险相关制度，推动核电集团研究建立核赔偿基金，核设施营运单位购买第三方核责任险。研究建立核技术利用单位责任保险制度。研究建立高危放射源退役保证金制度。落实规划环评制度，依法开展规划环评工作。建立政府、行业组织和企业等各个层面间的经验交流和反馈制度。建立并完善良好核安全实践的激励制度。

4. 提高安全意识

建立核安全文化评价体系，开展核安全文化评价活动;强化核能与核技术利用相关企事业单位的安全主体责任；大力培育核安全文化，提高全员责任意识，使各部门和单位的决策层、管理层、执行层都能将确保核安全作为自觉的行动。所有核活动相关单位要建立并有效实施质量保证体系，按照核安全重要性对物项、服务或工艺进行分级管理，使所有影响质量和安全的活动得到有效控制。

（二）放射性污染防治的技术措施

1. 合理布局核工业企业

核工业企业的厂址应选择在周围人口密度较低、气象和水文条件有利于废水和废气扩散稀释、地震烈度较低的地区，以保证生产设备正常运行和出现事故时居民的疏散和所受到的辐照剂量较低。

2. 选择安全的核工业生产工艺和设备

核工业企业在选择生产流程和设备型号时，应充分考虑安全因素，把废物产生量少和运行安全可靠放在首位，避免放射性污染事故的发生。

3. 科学处置核废料

对于核工业企业产生的废水和废弃物，应严格按照国家有关规定，交由具备资质的专业机构进行处置。在处置核肥料和废水时，严格控制放射性核素的排放浓度和排放量。对浓集的放射性废水一般进行固化处理。对核废料和放射强度大的废物，应进行最终处置和永久贮存。

4. 加强核辐射防护

核辐射防护的目的是通过采取一定的防护措施，将人体受到的核辐射危害限制在可以接受的水平内。核辐射防护的前提，是确定核辐射危害程度的剂量，研制有效的防护技术。因此，核辐射防护的基础，是制定科学的核辐射防护标准，实施有效的防护技术。国际辐射防护委员会（ICRP）提出了辐射防护的三原则，即辐射实践正当化、辐射防护最优化、个人剂量当量限值。这三条原则是一个有机整体，在实施核施辐射防护时应统筹考虑，不能有所偏颇。作为保护对象的个人，应有防止核辐射的自我保护意识。尤其是易受核辐射的特殊人群，更要主动采取一定的防护措施，免遭超剂量的核辐射危害。

核辐射防护的三要素是距离、时间和屏蔽，因此外照辐射防护的基本方法有时间防护、距离防护和屏蔽防护三种。时间防护就是以减少工作人员受照射时间为手段的防护方法。在核辐射场内的人员所受照射的累积剂量与时间成正比，要点是尽量缩短人体受照射时间。为减少受照时间，应提高操作技术的熟练程度，采用机械化、自动化操作，严格遵守规章制度及减少在核辐射场的不必要停留等。距离防护就是以增大工作人员与核辐射源的距离为手段的防护方法。研究表明，在核辐射源为点源的情况下，核辐射场中某点的照射量、吸收剂量均与该点和源的距离的平方成反比。这一规律被称为核辐射-距离的平方反比定律，即核辐射强度与距离的平方成反比。因此，距离防护是外部辐射防护的一种有效方法。实际工作中采用机械操作或采用长柄工具操作等，就是距离防护的具体应用。屏蔽防护就是通过在工作人员与核辐射源之间设立屏蔽设施来降低人体受照射剂量的防护方法。屏蔽设施由一种或数种能减弱射线的材料构成，可减少穿透屏蔽物入射到工作人员的射线，降低工作人员的受照剂量。屏蔽防护的关键是选择能有效吸收射线的屏蔽材料。对核辐射具有屏蔽作用的材料有非金属材料和金属材料两类，其中前者有水、石墨、硼及含硼物质、砂石及土、混凝土、石蜡、塑料、木材及其制品等；后者有铁、不锈钢、加硼钢、铅和钠及铝、铬、锰、镍、铜、锌等其他金属材料。

5. 加强核污染监测

核污染监测是环境监测的内容之一，其功能是确定核污染源、核辐射强度、核辐射剂量等。在核企业周围和可能遭受放射性污染的地区，应加强核辐射监测，掌握核辐射的动态变化，为预防核辐射污染事故的发生、掌握核辐射规律、评估核泄漏事故的危害程度等提供依据。核污染源监测必须选择有能力的环境监测机构及其他机构来承担，严格执行国家生态环境部颁布的有关源监测技术规范。

三、放射性废物的管理与处理

（一）放射性废物的管理

1. 放射性废物管理的概念

放射性废物管理是指一切与放射性废物的产生、收集、处理、装备、运输、贮存、处置和退役有关的所有的行政和技术活动。放射性废物管理以安全为核心，处置为目标，采用妥善、优化的方式对放射性废物进行管理，通过制定放射性废物产生、收集、处理、运输、贮存及处置等各个环节在设计和运行中的管理目标和基本要求，规范放射性废物的处理行为，使人类及其环境无论现在还是将来都能免受任何不可接受的危害。为了加强我国放射性废物的管理工作，国家环境保护总局2007年颁布了《中华人民共和国放射性废物安全管理条例》，这是我国放射性废物管理工作的基本法规。

放射性废物管理的总目标是采用妥善、优化的方式对放射性废物进行管理，使人类及其环境无论现在或将来都能免受任何不可接受的危害。因此，废物管理必须满足辐射防护要求和环境保护要求，并以此作为判断放射性废物管理设施、系统或实践的可接受性的基本要求。

2. 放射性废物管理的原则

1995年国际原子能机构（IAEA）发布了放射性废物管理九条基本原则，即保护人类健康，保护环境，超越国界保护，保护后代，不给后代造成不适当负担，纳入国家法律框架，控制放射性废物产生，兼顾放射性废物产生和管理各阶段间的相依性，保证废物管理设施安全。

中国核工业总公司制定的《放射性废物管理规定》提出了我国放射性废物管理的基本原则。①放射性废物管理应以安全为目的，以处置为核心。②放射性废物管理设施或实践，应保证操作人员和公众所受到的照射剂量不超过国家有关规定的剂量限值，并应在考虑经济和社会因素的条件下，使其辐射照射保持在可合理达到的尽量低的水平。③放射性废物管理应贯彻保护后代的原则，即不增加后代的负担，不增加后代的责任，对后代个人的防护水平不低于目前的规定。④一切产生放射性废物的设施或实践，均应设立相应的放射性废物管理设施，并必须保证其与主体工程同时设计、同时施工、同时投产。⑤放射性废物管理应遵循“减少产生、分类收集、净化浓缩、减容固化、严格包装、安全运输、就地暂存、集中处置、控制排放、加强监测”的方针。⑥任何放射性废物管理设施或实践均应事前进行环境影响评价，向环境保护部门申请排放量。向环境排放的放射性物质的量和浓度必须低于管理部门规定的排放限值。

（二）放射性废物的处理与处置

放射性废物处理是指使放射性废物变为适合于最终处置形式的处理过程。放射性废物处理的目标是减少放射性废物随流出物排入环境的数量，同时把废物中绝大部分放射性物质集中到体积尽量小的稳定的固体中以待处置。

放射性废物的处理与处置一般要经过收集、净化和浓缩、减容、固化、包装、运输、贮存、处置等多个阶段。中国核工业总公司制定的《放射性废物管理规定》对放射性废物处理与处置的各个环节分别制定了管理目标和基本要求。

放射性废物按其物理性状分有气载废物、液体废物和固体废物三类。放射性废气包含放射性气溶胶和放射性气体。放射性气溶胶可采用预过滤器与高效过滤器组成的净化系统来滤除；短寿命的气态放射核素可采用吸附器来脱除；半衰期长的气态放射核素可采用溶液吸收法和固体吸附法来滤除。放射性液体的处理一般要经过净化浓集和固化包装两个阶段。放射性液体的净化浓集常采用蒸发、离子交换和化学沉淀等方法；固化常采用水泥固化、沥青固化、塑料固化、玻璃固化等方法。

放射性废物的处置是放射性废物管理中最后一个环节，处置方式有排放与隔离两种。排放处置是将净化后的废气或废液排入环境，使其在大气或水体中进一步得到稀释分散。隔离处置是将浓集固化后的废物放到与人类生活环境隔离的场所。

中、低放射性废物是比活度低、不含长寿命核素的放射性废物，一般采取浅地层埋藏、废矿井和岩洞处置、水力压裂处置和深井注入等处置方法。高放射性废物具有很高比活度和释热量、含有一些寿命极长的核素。目前能使用的处置形式是深地层处置，即把废物埋入地下数百米甚至上千米的地层中。

第六节　电磁污染及其控制

一、电磁污染的基本概念

电磁辐射亦称电子烟雾，是指电场和磁场交互变化而产生的电磁波向环境空间发射或泄漏的现象。它是一种看不见、摸不着的特殊形态的物质。地球本身就是一个大磁场，其表面各处每时每刻都在接受着各种来源的电磁辐射。人类生存环境的电磁辐射来源很多，太阳及其他星球源源不断地向地球发射着电磁辐射，地表热辐射和近地层大气的雷电都可以产生电磁辐射，人类社会中普遍存在的通信设施、输电线路、家用电器、照明设备等都会发出强度不同的电磁辐射。

电磁辐射通常根据频率或波长的不同，被划分为无线电波、微波、大赫兹辐射、红外辐射、可见光、紫外线、X 射线和伽马射线等不同类型。它们在通信传媒、军事国防、医疗卫生、资源调查、环境保护、科学研究等许多领域得到了广泛应用。但是，如果人体受到超剂量的电磁辐射照射，就会形成不同程度的伤害。电磁辐射分两个级别，即工频段辐射和射频电磁波，0.4μT 以上的工频段辐射属于对人体有一定危害的较强辐射，$20\mu W/cm^2$ 以上的射频电磁波属于严重超标。

电磁辐射是能量以电磁波的形式通过空间传播的现象，是能量释放的一种形式。按照电磁辐射生物学作用的不同，可将其划分为电离辐射和非电离辐射两种。电离辐射的量子能量水平较高，可通过电离作用使生物机体受到严重伤害。非电离辐射的量子能量水平较低，不会导致生物机体组织的电离，其主要的生物学作用是引起组织分子的颤动和旋转，常以荧光和热的形式消耗其能量，对人体也会造成某些生理障碍。电磁辐射主要来源有天然电磁辐射和人造电磁辐射。天然电磁辐射是一种自然现象，主要来源有雷电、太阳热辐射、宇宙射线、地球热辐射和静电等。天然电磁辐射对短波通信的干扰极为严重。雷电是一种常见的天然电磁辐射，它除了可能对电气设备、飞机、建筑物等直接造成危害外，还会在广泛区域产生从几千赫兹到几百兆赫兹的极宽频率范围内的严重电磁干扰。火山喷发、地震和太阳黑子活动引起的磁爆等都会产生电磁干扰。人造电磁辐射的主要来源较多，主要来源有以下四类：第一，无线电发射台，如广播、电视发射台、雷达系统等；第二，工频强电系统，如高压输变电线路、变电站等；第三，应用电磁能的工业、医疗及科研设备，如电子仪器、医疗设备、激光拍照设备和办公自动化设备等；第四，人们日常使用的家用电器和电子设备，如微波炉、电冰箱、空调、电热毯、电视机、录像机、电脑、手机等。

二、电磁辐射的防护

（一）射频辐射的防护

射频辐射的防护措施一般有屏蔽、远距离控制和自动化作业、吸收和个体防护等方法。

屏蔽可分为电场屏蔽与磁场屏蔽两种，电场屏蔽是用金属板或金属网等良导体或导电性能好的非金属制成屏蔽体进行屏蔽，屏蔽体应有良好的接地。辐射的电磁能量在屏蔽体上引起的电磁感应电流可通过地线注入大地。一般电场屏蔽用的屏蔽体多选用紫铜、铝等金属材料制造。

磁场屏蔽就是利用磁导率很高的金属材料封闭磁力线。当磁场变化时，屏蔽体材料感应出涡流，产生方向与原来磁通方向相反的磁通，阻止原来的磁通穿出屏蔽体而辐射出去。

远距离控制和自动化作业是根据射频电磁场随距离的加大而迅速衰减的原理，可实行远距离控制或实现自动化。

采用能量吸收材料防止微波辐射是一项行之有效的防护技术措施。吸收材料大致可分为两类，即谐振型吸收材料和匹配型吸收材料。

实行微波作业的工作人员必须采取个人防护措施。个人防护用品主要有金属屏蔽服、屏蔽头盔和防护眼镜等。

（二）高频设备电磁辐射的防护

高频电流发生器是典型的高频设备，其最危险的是振荡管阳极线路上的高压的交流电和直流电，因此设备的所有可能导电的部分，除去感应圈以外，都需要遮盖起来。高频设备电磁辐射的防护针对的是设备使用时所产生的电磁场的防护，主要措施有场源的屏蔽和屏体的接地。

（三）微波设备电磁辐射的防护

针对微波设备所产生的电磁辐射主要的防护措施有以下几方面：减少与降低微波场源的直接辐射；工作地点实行屏蔽或加大场源与工作部位距离；个体防护；卫生预防；制定安全操作规程。

第七节　热污染及其控制

一、热污染的概念与类型

（一）热污染的概念

热污染是指现代工业生产和生活中释放的废热所造成的环境污染。人类的生活离不开热能，但过多不需要的热能进入环境，就会引起环境热污染。由于热污染的影响和危害具有缓慢性和延迟性的特点，所以人们对热污染没有给予足够的重视。

环境中的热量有自然来源和人为来源两种，其中后者是造成热污染的主要因素。热环境中的人为热量只有三个方面的来源。①设备散热。电动机、发动机、大功率电器和机械装置运转过程中，均会以副作用的形式向环境释放热能。②化学放热。化工厂的化学反应炉、核电站的核反应堆等的化学反应过程，均会向环境释放热能。③人体辐射。一个成年人向环境辐射的能量相当于一台 146W 的发热器所散发的热量。人群密集场所因人体波辐射往往会使环境温度升高，增加人体的不舒适感。

（二）热污染的类型

热污染是一种能量污染，对水体和大气环境都会产生一定的危害。

1. 水体热污染

水体热污染的污染源主要是热电厂、核电站、钢铁厂的循环冷却系统所排放的热水；化工、石油、铸造、造纸等企业排放的高温废水等（表 8.2）。受到工艺水平的限制，目前燃煤火电厂的热能利用率仅有 40%，轻水堆核电站的热能利用率仅为 31%～33%。为使设备正常运转，需要大量循环冷却水为设备降温，造成大量废热随冷却水或工业废水排入环境，导致环境的热污染。水体热污染的危害主要是降低水体中的溶解氧，加快水体生化反应，导致水体生物环境的变化，造成水生生物种类和数量的减少。

表 8.2　各行业冷却水排放量所占比例

行业	发电行业	冶金行业	化工行业	其他行业
比例/%	81.3	6.8	6.3	5.6

2. 大气热污染

大气热污染的污染源主要是城市核工业大规模燃烧化石燃料而产生的废热；高温产品、炉渣和化学反应产生的废热等。目前关注的大气热污染现象主要集中于温室效应和城市热岛效应。温室效应是导致气候变暖的主要原因，可引起极地和高山冰川融化及海平面上升。城市热岛效应可使城市气温升高。温室气体的排放抑制了废热向地球大气层外的扩散，加剧了大气的升温过程。

二、热污染的控制

解决环境热污染问题的关键在于从源头和传播途径上控制废热的排放。防治热污染可以从以下方面着手。

1. 加强废热综合利用

充分利用工业的余热，是减少热污染的最主要措施。生产过程中产生的余热种类繁多，有高温烟气余热、高温产品余热、冷却介质余热和废气废水余热等。这些余热都是可以利用的二次能源。我国每年可利用的工业余热相当于 5000 万 t 标准煤的发热量。在冶金、发电、化工、建材等行业，可通过热交换器利用余热来预热空气、原燃料、干燥产品、生产蒸气、供应热水等。可以利用余热调节水田的水温，避免过低水温造成减产。可以利用余热提高港口水温，防止港口冻结。电厂和水泥厂等可加强冷却水的循环使用，改进冷却方式，减少冷却水排放。对于压力高、温度高的废气，可通过汽轮机等动力机械直接将热能转为机械能。

2. 积极开发和推广利用新能源

尽可能多地开发和利用太阳能、水能、风能、潮汐能、地热能等新能源。利用可再生能源替代传统的化石能源，既可以削减污染物的产生量，又可防止和减少热污染，是控制热污染的重要途径之一。

3. 加强隔热保温技术研究和利用

在工业生产中，有些窑体要加强保温、隔热措施，以降低热损。例如，水泥窑筒体用硅酸铝毡、珍珠岩等高效保温材料，既能减少热散失，又可降低水泥熟料热耗。

4. 加强绿化，增加森林覆盖面积

绿色植物对防治热污染具有巨大的可持续生态功能。绿色植物的光合作用可以吸收 CO_2，释放 O_2，产生负离子，改善空气质量。植物的蒸腾作用可以释放大量水汽，增加空气湿度，降低气温。林木还可以遮光、吸热，反射长波辐射，降低地表温度。

5. 提高热能转化和利用率

改善热能利用技术，提高热能利用率。通过提高热能利用率，既节约了能源，又减少了废热的排放。

6. 提高冷却排放技术水平

通过提高冷却排放技术的水平，减少废热排放。循环利用温排冷却水，可通过冷却的方法使其降温，降温后的冷水可以回到工业冷却系统中重新使用。

7. 加强热污染的监督管理

有关职能部门应加强监督管理，制定法律、法规和标准，严格限制热排放。

复习思考题

1. 试述物理性污染概念与特征。
2. 物理性污染有哪些主要类型？它们的危害是什么？
3. 什么是噪声污染？噪声污染有哪些类型？
4. 噪声污染的度量指标是什么？
5. 试述噪声污染的控制技术。
6. 试述振动污染的概念、类型与度量指标。
7. 试述振动控制的主要技术。
8. 试述光污染的概念与主要的光污染源。
9. 光污染有什么特征？
10. 光环境的影响因素是什么？光污染的主要类型有哪些？
11. 光环境的控制途径与措施是什么？
12. 试述放射性辐射人工源的主要类型和放射性物质进入人体的主要途径。
13. 试述放射性污染的防治措施。
14. 我国放射性废物管理的基本原则是什么？
15. 试述放射性废物处理与处置的基本要求。

16. 试述电磁辐射的概念与来源。
17. 试述电磁辐射防护的措施。
18. 什么是环境热污染？环境中人为热量的主要来源是什么？
19. 热污染控制的途径有哪些？

第九章　环 境 监 测

第一节　环境监测的概念与分类

一、环境监测的概念

环境监测是指为了某种特定目的对一种或多种环境质量代表值进行的定期的或连续的测定，旨在观察环境质量的变化及其对环境影响的过程，监视环境质量的好坏或评价环境污染的程度，进一步预测其变化趋势，以便对环境质量起到监控作用。

环境监测是掌握环境质量及其变化的主要手段，是环境科学研究的重要基础，是进行环境管理、制定环境保护法规及宏观决策和修订环境质量标准的重要依据。具体而言，环境监测的作用主要表现为以下几个方面。第一，以环境质量标准为依据，通过测定、综合分析环境质量代表值，判断环境质量是否符合标准。第二，根据对环境质量代表值的测定和分析评价，寻找污染源，了解污染因素的分布状况。第三，综合分析对环境造成的污染影响及其在时间和空间上的分布，以及其在环境中的迁移转化规律，确定污染源的相关情况。第四，通过研究污染物的扩散模式和规律，为环境科学研究、预测预报环境质量、控制环境污染和环境治理提供依据。第五，通过收集环境本底值及其变化趋势数据，积累长期监测信息和综合评价，为环境质量管理和宏观决策的制定提供依据。

环境监测的过程一般包括现场调查、监测计划设计、优化布点、样品采集、运送保存、分析测试、数据处理、综合评价等步骤。环境监测的基本要求是准确、及时、全面地反映环境质量现状及其发展趋势。

二、环境监测的分类

环境监测按照不同的依据可以划分为不同的类型，常用的环境监测分类是依据监测目的的分类和依据监测对象的分类。

（一）依据监测目的的分类

按照监测目的的不同，可以将环境监测划分为监视性监测、特定目的性监测、研究性监测和工程性监测 4 种类型。

1. 监视性监测

监视性监测亦称常规监测或例行监测，是指对各环境要素污染状况及污染物的变化趋势进行的长期跟踪监测，其目的是为区域环境污染状况及发展趋势的评价、环境标准的执行和环境质量的改善提供依据。此类环境监测在环境监测工作中开展最为广泛，承担监视性监测工作的环境监测站点数量众多，分布面广。监视性监测包括两个方面的工作，一是对污染源的监督监测，监测项目有污染物的浓度、排放总量、污染趋势等；二是对环境质量的监测，监测对象有空气、水、噪声、固体废物等。

2. 特定目的性监测

特定目的性监测亦称应急监测或特例监测，是指为完成某项特定任务而进行的应急性的不定期、不定点的监测。特定目的性监测主要有以下几种。第一，污染事故监测。对各种污染事故进行现场追踪监测，摸清事故的污染程度和范围、造成危害的大小等，如油船石油溢出事故造成的海洋污染，工业污染源各类突发性的污染事故等。第二，纠纷仲裁监测。对执行环境过程中所发生的矛盾和纠纷而必须进行的监测，如排污收费、数据仲裁监测、调解处理污染事故纠纷时向司法部门提供的仲裁监测等。第三，考核验证监测。主要是为环境管理制度和措施实施考核验证方面的各种监测，如排污许可、目标责任制、企业等级的环保指标的考核、建设项目“三同时”、竣工验收监测、治理竣工验收监测等。第四，咨询服务监测。向社会各部门、各单位提供科研、生产、技术咨询、环境评价、资源开发保护所需要进行的监测。

3. 研究性监测

研究性监测亦称科研监测，是指针对特定目的科学研究而进行的环境监测，其目的是通过监测了解环境污染程度、揭示污染机理、掌握污染物迁移变化规律等。例如，环境本底的监测与研究、有毒有害物质对接触人员的影响的监测与研究、为监测工作本身服务的科研工作的监测（如统一方法和标准分析方法的研究、标准物质研制、预防监测）等，均属此类。研究性监测的内容复杂，难度较大，往往需要多学科的协作来完成。

4. 工程性监测

工程性监测是指为工程项目规划、设计和建设而进行的环境监测。在水利工程、矿山工程、城市工程等的设计时，为预防工程建设对环境的不良影响，如山体崩滑、矿坑塌陷、地面沉降、海岸侵蚀及对整个生态系统的影响等，要按特定的工程环境和特定的环境要素进行监测，为工程设计中的环境影响评价和预防措施选择提供依据。

（二）按监测对象分类

按照监测的对象，环境监测可分为水质监测、空气监测、土壤监测、固体废物监测、生物监测与生物污染监测、生态监测、噪声监测、电磁辐射监测、放射性监测、热污染监测、光污染监测和卫生监测（病原体、病毒、寄生虫等）等。

此外，按照监测的实施手段，可将环境监测划分为物理监测、化学监测、生物监测和遥感监测。按照监测实施的部门，可将环境监测划分为气象监测、卫生监测和资源监测等。

三、环境监测的内容与特征

（一）环境监测的内容

1. 水环境质量监测的内容

水环境质量常简称为水质，有水体环境质量和废水环境质量之分。对于水环境质量，我国颁布了一系列水质用途标准、水质分级标准和废水排放标准，以规定对水环境质量的统一要求。配合这些水环境标准，水质监测的内容应包括相应的监测项目。水质监测的指标很多，一般包括物理指标、化学指标、微生物指标三类。常规水质监测的物理指标主要有温度、色度、透明度、浑浊度、嗅、味、电导率等，化学指标主要有 pH、溶解氧 DO、化学需氧量 COD、生化需氧量 BOD、总有机碳 TOC、氨氮、硝酸盐氮、亚硝酸盐氮等，生物指标主要有菌群总数、总大肠菌群数等。水文情势对水质状况有着明显的影响，实施水质监测时，常需要对水位、流速、流量等水文参数进行观测。

2. 空气环境质量监测的内容

空气环境质量监测包括大气环境质量监测和大气污染源监测两项工作，监测的项目除了大气中的气体污染物（硫氧化物、氮氧化物、O_3、CO 等）和颗粒污染物（PM_{10}、$PM_{2.5}$、总悬浮颗粒物等）之外，还包括酸雨、臭氧及温室效应气体等。大气污染与气象条件密切相关，在进行大气监测时，常需要测定风向、风速、气温、气压、湿度等气象参数。

3. 土壤环境质量监测的内容

土壤污染主要由工业废弃物、化肥、农药及汽车尾气等所致，它们是土壤中重金属元素、有害非金属元素残留量的主要影响因素。所以，土壤环境质量监测的重点是有机农药、重金属等。土壤污染监测应优先考虑对人群健康和维持生态平衡可产生重要影响的物质，此类物质有重金属、硒、硫酸盐、硝酸盐、卤化物、碳酸盐等元素或无机污染物，石油、有机磷和有机氯农药、多环芳烃、多氯联苯、三氯乙醛及其他生物活性物质，由粪便、垃圾和生活污水引入的传染性细菌和病毒等。

4. 固体废物监测的内容

人们在开发建设、生产经营和日常生活活动中向环境排出的固体废物种类繁多，固体废物监测的对象包括城市生活垃圾、工业固体废物、农业固体废物、矿业固体废物、电子废物、放射性固体废物等 6 类。按照对人类的危害程度，这些固体废物可分为一般废物和危险废物，其中后者可对人类安全产生危害，是固体废物监测的重点。我国于 2016 年颁布的《国家危险废物名录》，将危险废物规定为具有急性毒性、易燃性、腐蚀性、反应性、放射性和浸出毒性等潜在危害性的废物，共有 46 大类别 479 种。此外，危险废物监测也包括有毒有害物质的组成含量测定和毒理学实验。

5. 生物监测与生物污染监测的内容

生物监测和生物污染监测是两个含义完全不同的概念，其中前者是利用生物对环境污染进行的监测，而后者则是利用各种监测手段对生物体内的有毒有害物质进行的监测。相比较于理化监测，生物监测的优点是能综合地反映环境因素的联合作用，有时甚至比理化监测更敏感。目前利用植物对水质污染和土壤污染进行监测的工作尚少，主要是进行大气污染监测。大气污染可引起植物群落组成变化、植物个体生长发育受阻和植物组织器官、细胞和细胞器、酶系统等受损。有些植物因对大气污染状况具有很高的灵敏性而成为大气污染的指示植物。较常用的二氧化硫污染指示植物有地衣、落叶松、杜仲、水杉等，氟化物污染指示植物有唐菖蒲、郁金香、金线草、葡萄、大蒜、杏、梅等，二氧化氮污染指示植物有向日葵、秋海棠、番茄、烟草、柑橘、蚕豆、瓜类等。引起大气、水体、土壤、食品、室内生物污染的主要因素是霉菌、花粉、细菌和病毒、尘螨，故它们是生物污染监测的主要内容。

6. 物理污染监测的内容

物理污染监测是指对造成环境污染的物理因子进行的监测，监测内容包括噪声污染、放射性污染和能量污染等。噪声污染监测主要是环境噪声监测和噪声源监测，重点是城市环境噪声监测和交通噪声监测等。能量污染监测包括振动污染、电磁辐射污染、热污染、光污染等的监测。

（二）环境监测的特征

环境监测成果是环境管理工作的基础和依据，科学的环境管理对环境监测的要求是数据准确、代表性强、方法科学、传输及时。为满足这些要求而不断发展、完善起来的环境监测主要具有以下特点。

1. 综合性

环境监测的对象、内容、方法技术均具有多样性的特点，这就决定了环境监测具有综合性的特征。环境监测的综合性主要体现为监测手段、监测对象、监测数据处理和分析的综合性，具体表现为监测方法和技术形成上的多学科交叉性和多领域技术综合运用性。目前环境监测方法和技术已经涉及化学、物理学、生物学、生态学、水文学、气象学、地质学、地理学、农学、工程学、毒理学等诸多学科领域。

2. 连续性和自动化

环境污染物具有时间和空间分布的不均衡，并在环境中有着不同的迁移转化规律。要把握污染物的时空分布情况和变化趋势，必须对污染物在其能够产生影响的时空尺度上进行连续监测，获得足量的连续性数据，从中揭示污染物的时空分布和变化规律。目前环境监测应用了大量高效、准确的自动在线监测手段，对环境污染和环境质量进行连续追踪和连续监督，实现了环境监测的自动化。

3. 追踪性

环境监测是一项多内容、多环节的复杂工作，包括监测项目确定、监测方案设计、现场样品采集、样品运送、样品预处理与贮存、样品分析测试、数据处理和监测报告撰写及评价等过程。各个环节既有分工又有联系，任一环节出现问题，都会影响到监测数据的质量。特别是大型监测项目，参与的人员、使用的实验室和仪器设备多样，难以达到统一。为保证监测结果的可比性、代表性和完整性，满足精度要求，需要建立以量值追踪体系为核心的环境监测质量保证体系，实施环境监测的全面监督，实现环境监测的全过程追踪。

4. 高难性

环境监测的高难性主要有三种表现。第一，监测项目繁多。环境要素复杂多样，环境样品组分复杂，性质各异，且呈现多种形态，这就决定了环境监测项目必然繁多。第二，监测方法技术要求高。有些监测对象的环境含量极小，待测物在环境中的含量属于微量级甚至痕量级、超痕量级，分析测定时会有基体干扰，对监测方法技术和仪器设备的精度要求极高，难度很大。要实现对微量级、痕量级、超痕量级污染物质的测定，环境监测方法和仪器设备必须满足高灵敏度、高准确度和高分辨率的精度要求。第三，环境具有不确定性。环境因素时刻处于动态变化过程之中，使得环境状态具有不确定性。环境的不确定性还与污染物的性质、状态、浓度及排放方式有关。环境的不确定性，不仅需要对污染物进行定性、定量监测，还需要对污染物的形态、变化进行监测，给环境监测带来了难度。

5. 规范性

从某种意义上说，无论是政府授权的公益型环境监测，还是非政府组织的公共事务型环境监测，其监测数据均具有一定的法律效力，这就要求环境监测工作必须具有规范性，以确保环境监测数据的正确性和可靠性。

第二节 环境监测的方法与技术

一、环境监测方案的制定

（一）环境监测方案制定的原则、程序与基本内容

1. 制定环境监测方案的基本原则

环境监测方案是环境监测工作程序和技术方法的总体设计，是完成环境监测任务的计划保证。环境监测任务完成的好坏，很大程度上取决于环境监测方案设计的好坏。为使环境监测工作各个环节密切配合，在实施环境监测之前，必须制定科学而又周密的环境监测方案，并安排好协调组织工作。制定环境监测方案应遵循以下基本原则。

1）遵循法律法规的原则

环境监测方案的制定，必须以国家、地方、行业部门颁布的有关环境保护法律法规、环境质量标准、污染物排放标准、行业规定与标准等中的相关规定为依据，与相关规定相一致。

2）科学性、实用性的原则

环境监测是开展环境管理工作、实现环境保护目标的重要基础和依据。为提高环境管理的水平，高质量地实现环境保护目标，必须注重环境监测的科学性，保证环境监测成果的质量。环境监测是环境管理的手段和环境保护的措施，而不是环境监测自身实施的目的。所以，监测站点不是越多越好，而是满足需要即可；监测手段不是越现代化越好，而是准确、可靠和实用即可；监测数据不是越多越好，而是够用即可。在制定监测方案时，应注重环境监测的实用性，而不应一味地求大、求全、求多。

3）优先污染物优先监测的原则

制定监测方案时，应对优先污染物给予优先考虑，优先将其列入监测对象。优先污染物指的是毒性大、危害严重、影响范围广的污染物质；污染呈上升趋势，对环境具有潜在危险的污染物质；具有广泛代表性的污染因子。另外，优先监测的污染物一般应具有相对可靠的测试手段和分析方法，或者有可等效性采用的监测分析方法，能获得比较准确的测试数据，并能对监测数据做出正确的解释和判断。

4）全面规划、合理布局的原则

环境问题的复杂性决定了环境监测的多样性，这就要求通过全面规划、合理布局，对环境监测站点分布、采样、分析测试及数据处理等做出科学合理的安排。目前环境监测技术发展的特点是监测布点设计最优化、自动监测技术普及化、遥感遥测技术实用化、实验室分析、数据管理计算机化和综合观测体系网络化。因此，制定环境监测方案时，应视不同情况，采取不同的技术路线，发挥各自技术路线的长处，提高环境监测站点布局的科学性。

2. 制定环境监测方案的程序

1）调查与收集资料

环境监测方案编制的资料调查与收集主要有三个方面的工作：第一，调查和收集区域地质、地貌、气象气候、水文、土壤、植被和生态环境情况；第二，调查监测区域的产业和居民点布局，了解监测区域内的产业性质、规模、产品方案、原料核燃料情况、工艺流

程等；第三，收集当地已有环境质量基础资料，初步掌握当地环境质量基本特征。

2）确定环境监测项目

根据我国的相关环境保护法律法规和环境质量标准，结合环境监测的类型和目的及监测区域的实际情况，确定环境监测对象与监测项目。

3）确定监测站点布设位置和监测频次

充分考虑区域自然环境状况、污染物分布规律与扩散基本特征，按照相应的监测技术规范要求，确定监测范围。在区域气候、土壤、植被等自然要素区划和河流的河段划分的基础上，初步确定监测站点和采样点的数目和位置。充分考虑环境污染物扩散和时间、空间分布趋势，优化监测站点布设，确定采样频率和采样时间。

4）选择样品采集和分析方法

按照国家颁布实施的相关环境监测技术规范的要求，选择监测样品的采集、传输、预处理和分析测定的方法与技术。

5）编制环境监测工作方案

在上述步骤所取得的成果的基础上，形成系统完整的环境监测工作方案，编写环境监测方案文本，绘制监测站点分布图，制作环境监测实验数据记录表格，完成环境监测方案成果。

6）环境监测方案的评审、上报与实施

3. 环境监测方案的基本内容

环境监测方案文本一般由以下八部分构成。

1）前言

主要内容有环境监测方案编制的依据、原则，监测区域概况，监测重点，环境现状基本特征等。

2）目的和要求

主要内容有开展环境监测工作的目的，监测内容的深度、广度和精度等。

3）监测内容

主要内容有环境监测的范围、项目，监测站点的位置，环境监测制度、技术要求等。

4）组织与分工

主要内容有环境监测领导小组和技术负责小组的组成、职责和权限等，协作单位及其工作分工等。

5）工作进展计划及各方面的协调

6）费用

主要内容有工作费用预算、资金来源、分配方式和拨款方式等。

7）成果处理

主要内容有环境监测调查报告的编写、提出方式，技术成果的评审、上报程序等。

8）其他

主要内容有环境监测报告编写任务分工、提交日期等。

（二）地面水质监测方案的制定

1. 资料的收集

在制定监测方案之前，应尽量收集所监测水体及所在区域的有关资料，以备制定监测方案参考使用。应收集的资料种类如下。

1）区域自然地理资料

包括区域地质与地貌资料，如区域地质状况、地貌类型、河流宽度、深度、河床结构等；区域气象与气候资料，如气温、降水、蒸发等；区域水文资料，如水系构成，河流流向、水位、流速、流量，湖泊沉积物特性、水温层次分布、等深线、历史水情等。

2）区域社会经济资料

包括水体沿岸的城市分布、工业布局、污染源及排污情况，城市给排水情况等。

3）区域水资源及其开发利用资料

包括水体沿岸的水资源的现状和水资源的用途、饮用水水源的分布和重点水源保护区，以及水体流域土地功能及近期使用规划等。

4）历年水质监测资料

2. 监测断面的设置

在综合分析调查结果和有关资料的基础上，根据监测目的和监测项目，并考虑人力、物力等因素，确定监测断面和采样点。监测断面原则上应设置在水域的下游位置，应尽可能与水文测量断面重合，并要求交通方便，有明显的岸边标志。一般而言，监测断面宜设置于以下位置。第一，有大量废水排入河流的主要居民区，工业区的河流上游和下游。第二，流经饮用水源地、水资源集中分布水域、主要风景游览区、水上娱乐区及重大水利设施等功能区的河流的上游。第三，较大支流汇入高级河流的河口的上游和该支流与高级河流充分混合处，入海河流的河口处，受潮汐影响的河段和严重水土流失区。第四，湖泊、水库、河口的主要入口和出口。第五，国际河流出、入国境线的出、入口。

对于江、河水系或某一河段，要求设置三种断面，即对照断面、控制断面和削减断面。对照断面是为了解流入监测河段前的水质状况而设置，应设在河流进入城市或工业区之前的河流上游，避开各种废水、污水流入处或回流处。控制断面是为评价河流两岸污染源对监测河段的水质影响而设置，其数目和位置应根据城市工业布局和排污口分布情况而确定，一般布设在排污口下游 500～1000m 处，或布设在支流与干流的汇合处，以反映支流汇入对干流水质的影响。削减断面是为监测河流受纳废水后水质的恢复情况而设置。通常布设在城市或工业区最后一个排污口下游 1500m 以外的河段上。有时为了取得水系和河流的背景监测值，还应设置背景断面。这种断面应设在水质基本未受人类活动影响的清洁河段上。

湖泊、水库通常只设监测垂线，当水体复杂时，可参照河流的有关规定设置监测断面。在湖（库）的不同水域，如进水区、出水区、深水区、湖心区、岸边区，按照水体类别和功能设置监测垂线。湖（库）区若无明显功能区别，可用网格法均匀设置监测垂线，其垂线数根据湖（库）面积、湖内形成环流的水团数及入湖（库）河流数等因素酌情确定。

3. 采样点的确定

设置监测断面后，应根据水面的宽度确定断面上的采样垂线，再根据采样垂线处的水深，确定采样点的数目和位置。对于江、河水系，当水面宽≤50m 时，只设一条中泓垂线；水面宽 50～100m 时，在左右近岸有明显水流处各设一条垂线；水面宽≥150m 时，设左、中、右三条垂线（中泓及左、右近岸有明显水流处），如断面水质均匀时，可仅设中泓垂线。在一条垂线上，当水深≤5m 时，只在水面下 0.5m 处设一个采样点；水深不足 1m 时，在 0.5m 水深处设采样点；水深 5～10m 时，在水面下 0.5m 处和河底以上 0.5m 处各设一个采样点；水深>10m 时，设三个采样点，即水面下 0.5m 处、河底以上 0.5m 处及 0.5m 水深处各设一个采样点。

湖泊、水库监测垂线上采样点的布设与河流相同，但如果存在温度分层现象，应先测定不同水深处的水温、DO 等参数，确定分层情况后，再决定垂线上采样点位和数目。一般除在水面下 0.5m 处和水底以上 0.5m 处设点外，还要在每一水温层 1/2 处设点。

被确定的监测断面和采样点位所在位置应有固定的天然标志物，没有天然标志物则应设置人工标志物，或采样时用定位仪（GPS）定位，以使每次采集的样品都取自同一位置，保证其代表性和可比性。

4. 采样频率和采样时间

为使采集的水样能够反映水质在时间和空间上的变化，必须合理地安排采样时间和采样频率。我国对水环境监测采样频率和采样时间做了如下要求。第一，饮用水源地全年采样监测 12 次，采样时间根据具体情况选定。第二，对于较大水系干流和中、小河流，全年采样监测次数不少于 6 次。采样时间为丰水期、枯水期和平水期，每期采样 2 次。流经城市或工业区、污染较重的河流、游览水域，全年采样监测不少于 12 次。采样时间为每月 1 次或视具体情况选定。底质每年枯水期采样监测 1 次。第三，设有专门监测站的湖泊、水库，每月采样监测 1 次，全年不少于 12 次。其他湖、库全年采样监测 2 次，枯、丰水期各 1 次。有废（污）水排入，污染较重的湖、库应酌情增加采样次数。第四，背景断面每年采样监测 1 次，在污染可能较重的季节进行。第五，排污渠每年采样监测不少于 3 次。

（三）大气污染监测方案的制定

1. 资料的收集

为制定大气污染监测方案，除了应尽量收集监测区域以往的空气监测资料外，还需收集以下资料。第一，大气污染源的分布及排放情况。监测区域内污染源的种类、数量、位置及主要大气污染物的排放量，所用原料、燃料及消耗量。对于交通运输污染较重和有石油化工企业的地区，还应区别一次污染物和二次污染物，如光化学烟雾和硫酸烟雾。第二，气象资料。监测区域的风向、风速、气温、气压、降水量、日照时间、相对湿度、温度垂直梯度和逆温层底部高度等。第三，地形资料。地形影响当地的风向、风速和大气稳定情况，是设置监测网点应当考虑的重要因素。监测区域的地形越复杂，要求布设监测点越多。第四，土地利用和功能分区情况。监测区域内土地利用情况及功能区划分也是设置监测网点应考虑的重要因素之一。不同功能区如工业区、商业区、居民区等，其污染状况一般是不同的。第五，人口分布及人群健康情况。监测区域的人口分布，居民和动植物受空气污染的危害情况，以及流行性疾病情况等。

2. 大气监测网点的布设

大气采样站（点）的布设应满足以下要求。第一，采样点应设在整个监测区域的高、中、低三种不同污染物浓度的地方。第二，在污染源比较集中，主导风向比较明显的情况下，应将污染源的下风向作为主要监测范围，布设较多的采样点；上风向布设少量点作为对照。第三，工业较密集的城区和工矿区，人口密度大及污染物超标地区，要适当增设采样点；反之，人口密度小及污染物浓度低的地区，可酌情少设采样点。第四，采样点的周围应开阔，测点周围无局地污染源，并应避开树木及吸附能力较强的建筑物。第五，采样高度根据监测目的而定。研究大气污染对人体的危害，采样口应在离地面 1.5～2m 处；研究大气污染对植物或器物的影响，采样口高度应与植物或器物高度相近。连续采样例行监测采样口高度应距地面 3～15m；若置于屋顶采样，采样口应与基础面有 1.5m 以上的相对高度，以减小扬尘的影响。第六，各采样点的设置条件要尽可能一致或标准化，使获得的监测数据具有可比性。

在一个监测区域内，大气采样点的数目应根据监测范围大小、污染物空间分布、地貌特征、人口分布及其密度、经济条件等因素确定。世界卫生组织和世界气象组织（WMO）曾提出应按城市人口规模确定城市大气地面自动监测站（点）设置的数目，我国亦是根据城市人口规模确定大气环境污染例行监测采样点数目（表 9.1）。

表 9.1 大气监测点设置数目（个）

城市人口/万人	监测点设置数		
	SO_2、NO_x、总悬浮颗粒物	灰尘自然沉降量	硫酸盐化速度
＜50	3	≥3	≥6
50～100	4	4～8	6～12
100～200	5	8～11	12～18
200～400	6	12～20	18～30
＞400	7	20～30	30～40

大气采样点的布设方法常采用的有以下四种。第一，功能区布点法。这种布点法多用于区域性常规监测，其做法是先将监测区域划分为工业区、商业区、居住区、工业和居住混合区、交通稠密区、清洁区等多个功能区，再根据具体污染情况和人力、物力条件，在各功能区设置一定数量的采样点。在污染源集中的工业区和人口较密集的居住区，采样点宜多布设。第二，网格布点法。这种布点法适用于区域内有多个污染源且污染源分布较为均匀的区域。其做法是先将监测区域划分为若干均匀网状方格，采样点布设于网状方格的交叉点处或方格中心［图 9.1（a)］。网格大小视污染源强度、人口分布及人力、物力条件等确定。第三，同心圆布点法。这种方法主要适宜于区域内由多个污染源构成污染群且大污染源较为集中的区域。其做法是先找出污染群的中心，以此为圆心在地面上画若干个同心圆，再从圆心作若干条放射线，将放射线与圆周的交点作为采样点［图 9.1（b)］。第四，扇形布点法。这种方法适用于孤立的高架点源且主导风向明显的区域。其做法是以点源所在位置为顶点、主导风向为轴线，在下风向地面上划出一个扇形区作为布点范围［图 9.1（c)］。扇形的角度一般为 45°，也可更大些，但不能超过 90°。每条弧线上设 3～4 个采样点，相邻两点与顶点连线的夹角一般取 10°～20°。在上风向应设对照点。

(a)网格布点法　(b)同心圆布点法　(c)扇形布点法

图 9.1 大气污染物采样点的布设方法

3. 大气监测采样时间和采样频率

大气监测采样时间和采样频率应根据监测目的、污染物分布特征、分析方法灵敏度等因素来确定。例如，为监测空气质量的长期变化趋势，连续或间歇自动采样测定为最佳方式；事故性污染等应急监测要求快速测定，采样时间尽量短。对于一级环境影响评价项目，要求不得少于夏季和冬季两期监测，每期应取得有代表性的 7 天监测数据，每天采样监测不少于六次（2：00、7：00、10：00、14：00、16：00、19：00）。

（四）土壤污染监测方案的制定

1. 资料的收集

为制定大气污染监测方案，需要收集以下种类的资料。第一，工程建设、生产过程对土壤造成影响的环境研究资料。第二，造成土壤污染事故的主要污染物的毒性、稳定性及如何消除等方面的资料。第三，土壤历史资料和相应的法律、法规。第四，监测区域工农业生产及排污、污灌、化肥农药施用情况的资料。第五，监测区域的气候资料、水文资料。第六，监测区域的土壤资料，如土壤类型、成土母质、土壤利用及其演变过程等方面的资料。此外，还应收集监测区域的交通线路分布图、土壤类型分布图、地质图、大比例尺地形图等图件资料。

2. 采样点的布设

土壤样本的采集，可以在一定数量能代表被调查地区土壤分异基本情况的地块中进行，这些地块即采样单元。在每个采样单元中，选择、布设一定数量的采样点。为减少土壤空间分布不均一性对土壤监测结果的影响，在一个采样单元内，应在不同方位上进行多点采样，并且混合均匀，使每个采样区的样品成为混合样。混合样常用的采样布点方法有梅花布点法、对角线布点法、蛇形布点法和棋盘式布点法等（图 9.2）。

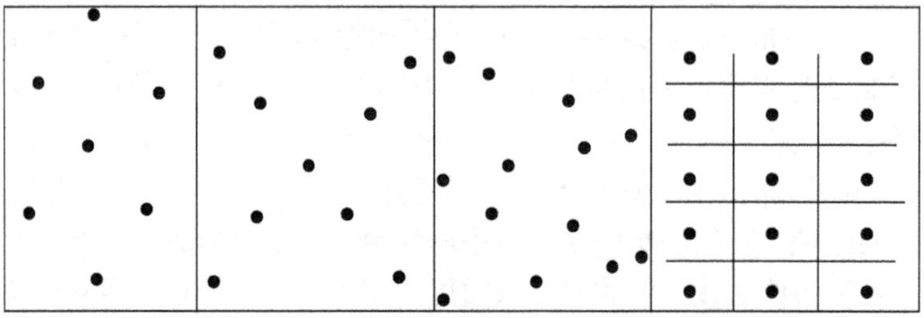

(a)梅花布点　(b)对角线布点　(c)蛇形布点　(d)棋盘布点

图 9.2　土壤监测采样点布设

3. 采样的深度与时间

采样深度视监视目的而定。如果只是一般了解土壤污染状况，只需取 0～15cm 或 0～20cm 表层（或耕层）土壤，使用土铲采样，如要了解土壤污染度，即应按土壤剖面层次分层采样。

关于采样时间，土壤常规项目如 pH、阳离子交换量、镉、铬、汞、砷、铅、铜、锌、镍、六六六、滴滴涕等的测定，一般每 3 年监测 1 次，其他项目可按当地实际情况适当降低监测频次，但不可低于 5 年一次。为了解土壤污染状况的一些特殊项目，可随时采集样品进行测定，一年中在同一地点采样 2 次进行对照。如需同时掌握作物受污染的情况，可依据季节变化或作物生长、收获期采集作物样品。

二、样品的采集方法

（一）水样的采集

1. 地表水样的采集

采样前，要根据监测项目和采样方法的要求，选择相应材质的容器和采样器，并清洗干净。在河流、湖泊、水库、海洋等地表水中采样，常乘监测船或采样船、手划船等交通工具到采样点采集，也可涉水和在桥上采集。采集地表水表层水水样，可用适当的容器如塑料筒等直接采集。采集地表水深层水水样，可用简易采水器、深层采水器、采水泵、自动采水器等。

2. 地下水样的采集

地下水样可采自井水、泉水或自来水。自监测井采集井水水样，常用抽水机设备。抽水机启动后，先放水数分钟，将积留在管道内的陈旧水排出，然后用采样容器接取水样。对于无抽水设备的水井，可选择合适的采水器采集水样，如深层采水器、自动采水器等。自流泉水水样可在涌水口处直接采集，非自流泉水水样可采用井水水样的采集方法采集。采集自来水水样，先将水龙头完全打开，将积存在管道中的陈旧水排出后再采样。地下水的水质比较稳定，一般采集瞬时水样即能保证较好的代表性。

3. 废（污）水样的采集

浅层废（污）水水样可利用采样容器或长把塑料勺从浅埋排水管、沟道中直接采集。对埋藏较深的排水管、沟道，可利用深层采水器或固定在负重架内的采样容器，沉入检测井内进行采样。此外，还可以利用自动采水器自动采集瞬时水样和混合水样。当废（污）水排放量和水质较稳定时，可采集瞬时水样；当排放量较稳定，水质不稳定时，可采集时间等比例水样；当二者都不稳定时，必须采集流量等比例水样。

（二）大气样品的采集

空气样品采集方法有直接采样法和富集（浓缩）采样法两类。

1. 直接采样法

当空气中被测组分的浓度较高，或监测方法的灵敏度较高时，直接采集少量气样即可满足监测分析要求，这时大气样品多采用直接采样法采集。直接采样法常用的采样容器有注射器、塑料袋、真空瓶（管）等。

常用 100mL 注射器采集有机蒸气样品。采样时，先用现场气体抽洗 2～3 次，然后抽取 100mL 大气样品，密封进气口，送至实验室进行分析。利用注射器采集的大气样品存放时间不宜过长，一般应当天完成分析。

当利用塑料袋采样时，应选择与气样组分不发生化学反应、不吸附、不渗漏的塑料袋，常用的有聚四氟乙烯袋、聚乙烯袋及聚酯袋等。为减小对被测组分的吸附，可在袋的内壁衬银、铝等金属膜。采样时，先用二联球打进被采气体冲洗 2～3 次，再充满气样，夹封进气口，送至实验室尽快分析。

真空瓶是一种用耐压玻璃制成的固定容器，容积为 500～1000mL。采样前，先用抽真空装置将采气瓶内抽至剩余压力 1.33kPa 左右，关闭旋塞。采样时，打开旋塞，被采空气即充入瓶内，关闭旋塞，送至实验室进行分析。

2. 富集（浓缩）采样法

空气中的污染物质浓度一般都比较低（10^{-6}～10^{-9} 数量级），直接采样法往往不能满足分析方法检测限的要求，故需要对空气中的污染物进行浓缩，然后采样。常用的采样方法有溶液吸收法、低温冷凝法、滤料阻留法和静电沉降法等。

1）溶液吸收法

该方法是采集空气中气态、蒸气态及某些气溶胶态污染物质的常用方法。采样时，用抽气装置将待测空气以一定流量抽入装有吸收液的吸收管（瓶）。采样结束后，倒出吸收液进行测定，根据测得结果及采样体积计算空气中污染物的浓度。常用的吸收液有水、水溶液和有机溶剂等。

2）低温冷凝法

当需要采集的气态污染物质的沸点比较低时，如烯烃类、醛类等，可以用低温冷凝法提高采集效率。

3）滤料阻留法

是将过滤材料（滤纸、滤膜等）放在采样夹上，用抽气装置抽气，则空气中的颗粒物被阻留在过滤材料上，称量过滤材料上富集的颗粒物质量，根据采样体积，即可计算出空气中颗粒物的浓度。

4）静电沉降法

空气样品通过高压电场时，气体分子电离，所产生的离子由于碰撞或扩散作用，使颗粒带电，在电场作用下，向集尘电极迁移并沉积，然后清除集尘电极表面的沉降物，供分析用。这种采样方法不能用于易燃、易爆的场合。

另外，由于空气中的污染物并不是以单一状态存在的，可采用不同采样方法相结合的综合采样法，将不同状态的污染物同时采集下来。

（三）土壤样品的采集

土壤样品通常用土铲或土钻采集 5～10 个单个土壤样品，取等量的每个单个土壤样品混合均匀作为 1 个平均样品，其样品总量应不少于 1kg。土壤采样深度取决于研究目的和土壤可能受到污染的深度。一般监测采集土壤表层土，采样深度 0～20cm。当需要观察土壤垂直污染状况时，则应在不同土壤深度采集样品。采集的样品应尽快进行分析，如不可能，则应将土壤放入冰箱中或加入适当保存剂。冰箱中（0～4℃）保存样品不得超过 24h。采样时，应在现场做好采样记录，贴好标签，记录好采样日期、地点、深度及其他必要事项。

三、样品的预处理技术

（一）样品的消解

样品消解亦称样品消化，是将样品与酸、氧化剂、催化剂等共置于回流装置中，加热分解并破坏有机物的一种方法。当欲测定样品中的无机元素时，需要通过消解将有机物转变为无机物。样品消解的方法有多种，如微波消解法、酸溶消解法、碱溶消解法、密闭溶样消解法等，环境监测中常用的样品消解方法有湿式消解法和干灰化法（干式分解法）两类。

1. 湿式消解法

此类消解法包括多种具体方法，如硝酸消解法、硝酸-硫酸消解法、硝酸-高氯酸消解法、硫酸-磷酸消解法、硫酸-高锰酸钾消解法、多元消解方法（采用三种以上的酸或氧化剂的消解体系）和碱分解法等。

1）硝酸-硫酸消解法

硝酸-硫酸消解法多用于生物样品和浑浊污水的处理，不适用于能形成硫酸盐沉淀的样品。硫酸与硝酸的比例常取 2∶5。消化时，先加硝酸于试样中，加热蒸发至较小体积，再加硝酸，硫酸加热至冒白雾，溶液变得无色透明清亮。冷却后，用蒸馏水稀释，若有残渣，需进行过滤或加热溶解

2）硝酸-高氯酸消解法

硝酸-高氯酸消解法适用于含难氧化有机物的样品处理。两种混合酸氧化能力强，高氯酸沸点较高，能有效破坏有机物。但高氯酸会与羟基化合物生成不稳定的高氯酸酯而产生爆炸。为避免发生危险，应预先加硝酸处理使羟基化合物氧化，冷却后再加硝酸和高氯酸进行消化。

2. 干灰化法

又称燃烧法或高温分解法，主要处理过程是在马弗炉内温度 450～550℃条件下将样品烧至灰白色，将有机物完全分解除去，然后再用适量的 2%的 HNO_3（或 HCl）溶解样品灰分，过滤，滤液定容后测定。

对于易挥发元素，如汞、砷、碲等，为避免高温灰化损失，可用氧瓶燃烧法进行灰化。此法是将样品包在无灰滤纸中，滤纸包勾在磨口塞的铂丝上，瓶中预先充入氧气和吸收液，将滤纸引燃后，迅速盖紧瓶塞，让其燃烧灰化，摇动瓶子让燃烧产物溶解于吸收液中，溶液供分析用。

（二）富集与分离

当样品中的待测组分含量低于分析方法的检测限时，需要对样品进行富集或浓缩。当有其他共存组分干扰目标组分的测定时，需要通过分离措施将待测组分分离出来。常用的富集与分离方法主要有溶剂萃取法、离子交换法、吸附法、挥发与蒸发浓缩、蒸馏法等。

1. 溶剂萃取法

溶剂萃取法基于物质在不同的溶剂相中分配系数不同，而进行目标组分的富集与分离。多根据有机污染物在水相-有机相中的分配系数差别较大，使有机污染物富集于有机相；也可以先将无机污染物转化为易被有机溶剂萃取的配合物，然后采用有机溶剂从样品中萃取该配合物，从而实现目标无机污染物的分离和富集。

2. 离子交换法

离子交换法是利用离子交换剂与溶液中的同性离子发生交换反应进行分离的方法。目前应用较广泛的离子交换剂是离子交换树脂。

3. 吸附法

利用多孔性的固体吸附剂对水样或大气样品中的一种或多种组分进行吸附，从而达到分离的目的。常用的吸附剂有活性炭、氧化铝、分子筛等。

4. 挥发与蒸发浓缩

挥发分离法是利用某些污染组分挥发性强的特点，或者将欲测组分转变成易挥发的物

质，然后用惰性气体带出而达到分离的目的。蒸发浓缩是指在电热板上或水浴中加热水样，使水样缓慢蒸发，达到缩小水样体积、浓缩待测组分的目的。

5. 蒸馏法

蒸馏法是利用水样中各污染组分具有不同的沸点而使其彼此分离的方法。

四、样品的测试技术

环境监测中，目前多采用化学分析方法和仪器分析方法对环境样品中的污染物进行测定分析。

（一）化学分析法

化学分析法是以化学反应为基础的类分析方法，有重量分析法和滴定分析法两种。

1. 重量分析法

重量分析是将待测物质以沉淀的形式析出，经过过滤、烘干，用天平称其质量，通过计算得出待测物质的含量。重量分析准确度比较高，但此法操作烦琐、费时，它主要用于环境空气中总悬浮颗粒物、降尘、烟尘、生产性粉尘及废水中悬浮固体、残渣、油类等的测定。

2. 滴定分析法

滴定分析是用一种已知准确浓度的溶液（标准溶液），滴加到含有被测物质的溶液中，根据反应完全时消耗标准溶液的体积和浓度，计算出被测物质的含量的方法。滴定分析方法简便，测定结果的准确度也较高，不需贵重的仪器设备，是一种至今仍被广泛应用的重要的分析方法。根据化学反应类型的不同，滴定分析分为酸碱滴定、配合滴定、沉淀滴定和氧化还原滴定四种方法。此类方法主要用于水中酸碱度、氨氮、COD、BOD、DO、六价铬、氰化物、氯化物、硬度、酚及废气中铅的测定。

（二）仪器分析法

仪器分析是以物理方法和物理化学方法为基础，运用高精密度的仪器确定污染物的成分、形态、含量与结构的分析方法（表 9.2）。近些年来，各种新的仪器分析技术不断出现，并因具有快速、灵敏、准确等特点而成为一种发展迅速、用途广泛的分析技术。目前环境监测中运用较多的仪器分析技术，依然是被称为环境监测四大主要分析方法的分光光度法、原子吸收分光光度法、气相色谱法和电化学分析法。

表 9.2　仪器分析方法分类表

仪器分析法	分类
光谱分析法	原子发射光谱法、原子吸收光谱法、红外吸收光谱法、紫外-可见分光光度法、核磁共振波谱法、X 射线衍射光谱法、荧光光谱法、拉曼光谱法、电子衍射法和化学发光分析法等
色谱分析法	气相色谱法、高效液相色谱法、薄层色谱法、离子色谱法、色谱-质谱联用技术
电化学分析	极谱法、溶出伏安法、电导分析法、电位分析法、电流滴定法、离子选择电极法、库仑分析法
放射分析法	同位素稀释法、中子活化分析法

目前仪器分析方法被广泛应用于环境污染物的定性和定量测定，其中无机非金属污染

物的测定常采用分光光度法，大部分重金属污染物的测定常采用分光光度法、原子吸收分光光度法、原子荧光分光光度法、等离子体发射光谱法，有机污染物的测定常采用气相色谱法和液相色谱法，污染物状态和结构的分析常采用紫外光谱、红外光谱、质谱及核磁共振等技术。

1. 电化学分析法

电化学分析法是利用物质的电化学性质测定其含量的方法。此类方法在环境监测中应用十分广泛，常用的具体方法有电导分析法、电位分析法、库仑分析法、极谱法和伏安法等。电导分析法是通过测量溶液的电导（电阻）来确定被测物质含量的方法，如水质监测中电导率的测定。电位分析法是用一个指示电极和一个参比电极与试液组成化学电池，根据电池（或指示电极电位）对待测物质进行分析的方法，已广泛用于水质中 pH、氧化物、氰化物、氨氮、DO 等的测定。库仑分析法是通过测量被测物质电解过程中在电极上发生电化学反应所消耗的电量来进行定量分析的电化学分析法，可用于测定空气中的 SO_2、NO_2 和水中的 COD、BOD 等。极谱法和伏安法是通过测量电解过程中所得到的电流-电压〔或电位-时间）曲线来测定物质含量的方法。

2. 光谱分析法

光谱分析是利用光谱学原理和实验方法来确定物质的结构和化学成分的分析方法，常用的方法有以下几类。

1）分光光度法

分光光度法是利用棱镜或光栅等获得单色光来测定物质对光吸收能力的方法，基本依据是物质对不同波长的光具有选择性吸收作用。在环境监测中，可用此法测量 As、Cr、Cd、Pb、Hg、Zn、Cu、Se、酚、氧化物、硫化物、SO_2、NO_2 等。

2）原子光谱法

原子光谱法是根据原子光谱线的波长及强度来确定被测物质及其含量的方法，其中光谱线的波长是定性分析的基础，光谱的强度是定量分析的基础。原子光谱法包括原子吸收光谱法、原子荧光光谱法和原子发射光谱法。目前应用最多的是原子吸收光谱法。

原子吸收光谱法又称原子吸收分光光度法，是基于待测组分的基态原子对待测元素的特征谱线的吸收程度来进行定量分析的一种方法。该法能满足微量分析和痕量分析的要求，在环境空气、水、土壤、固体废物的监测中被广泛应用。目前利用原子吸收光谱法能测定 70 多种元素，如工业污水和地面水体中的 Cr、Hg、As、Pb、Mn、Co、Cu、Zn、Fe、Sc、V、Mg 等，大气粉尘中的 V、Be、Cd、Pb、Mn、Hg、Zn、Cu 等，土壤中的 K、Na、Mg、Fe、Zn、Cr 等。

原子荧光光谱法是根据被辐射激发的原子返回基态的过程中，伴随着发射出来的一种波长相同或不同的特征辐射（即荧光）的发射强度，对待测元素进行定量分析的一种方法。该方法还可以利用各元素的原子发射不同波长的荧光进行定性分析。原子荧光分析对锌、镉、镁等具有很高的灵敏度。

原子发射光谱法是根据气态原子受热或电激发时发射出的紫外光和可见光光域内的特征辐射来对元素进行定性和定量分析的一种方法。近年来，等离子体发射光谱法（ICP-AES）已用于清洁水、废水、底质、生物样品中多元素的同时测定。

3）分子光谱法

分子光谱法是基于物质分子与电磁辐射作用时，物质内部发生了量子化的能级之间的跃迁，测量由此产生的反射、吸收或散射辐射的波长和强度而进行分析的方法，包括紫外-可见吸收光谱法、红外吸收法、分子荧光光谱法等，其中紫外-可见吸收光谱法应用最为广泛。紫外-可见吸收光谱法亦称紫外-可见分光光度法，以物质对可见和紫外区域辐射的吸收为基础，根据吸收程度对物质进行定量分析，如水样中的 N、P 的测定等。分子荧光光谱法是根据某些物质（分子）被辐射激发后发射出的波长相同或不同的特征辐射（即分子荧光）的强度对待测物质进行定量分析的方法，环境分析中主要用于强致癌物质苯并芘、硒、铵、油类、沥青烟的测定。红外吸收光谱法是以物质对红外区域辐射的吸收为基础的分析方法。应用该原理，目前已制成了 CO、SO_2、油类等专用监测仪器。

3. 波谱分析法

波谱分析法主要是以光学理论为基础，以物质与光相互作用为条件，建立物质分子结构与电磁辐射之间的相互关系，从而进行物质分子结构分析的方法。按照作用原理的不同，可将波谱分析法分为色谱分析法、质谱分析法、核磁共振波谱分析法、仪器联用技术分析法等。

1）色谱分析法

色谱分析法亦称层析法，是按物质在固定相与流动相间分配系数的差别而进行分离、分析的一种物理分离分析方法，主要包括气相色谱分析法、液相色谱分析法和离子色谱分析法等 3 种具体方法。气相色谱分析具有灵敏度与分离效能高、样品用量少、应用范围广等特点，已成为苯、二甲苯、多氯联苯、多环芳烃、酚类、有机氯农药、有机磷农药等有机污染物的重要分析方法。液相色谱分析效率高、灵敏度高，可用于高沸点、不能气化的、热不稳定物质的分析，如多环芳烃、农药、苯并芘等。离子色谱分析是离子交换分离、洗提液消除干扰、电导法进行监测的联合分离分析方法，可用于大气、水等样品中测定多种物质。此法一次进样可同时测定多种成分，阴离子如 F^-、Cl^-、Br^-、NO^{2-}、NO^{3-}、SO_3^{2-}、SO_4^{2-}、$H_2PO_4^-$，阳离子如 K^+、Na^+、NH_4^+、Ca^{2+}、Mg^{2+}等。

2）质谱分析法

质谱分析法是用电场和磁场将运动的离子按它们的质荷比（即质量与电荷的比值）分离后进行检测的方法。质谱分析法利用电场和磁场将运动的离子按质荷比分离后进行检测，根据质谱图确定质量后，即可确定离子的化学物组成。该方法可以获得化合物的分子量、化学结构等信息，是目前化学结构分析最有效的仪器分析技术。目前质谱仪常与色谱仪联合使用，形成新的分析仪器，如气相色谱-质谱联用仪、液相色谱-质谱联用仪等，使得仪器分析的功能得到显著扩大。

3）核磁共振波谱分析法

核磁共振波谱分析法是利用核磁共振光谱进行结构测定、定性和定量分析的方法，是测定各种有机成分结构和无机成分结构的常用方法之一。

4）仪器联用技术分析法

气相色谱仪是目前成分分析效果最好的仪器，质谱仪是目前结构分析效果最好的仪器。将二者结合在一起，组成气相色谱-质谱联用仪，分析范围很广，几乎大多数有机污染物、有毒化学药品、农药、毒气、废气分析都能适用。

除上述各类仪器分析方法外，还有环境监测的各种专项分析仪器，如浊度计、溶解氧测定仪、化学耗氧量测定仪、生化需氧量测定仪、总有机碳测定仪等。

（三）其他监测技术

1. 生物技术

环境监测中，常利用植物和动物在污染环境中所产生的各种反应信息来判断环境质量，这种方法称为生物监测。生物监测通过测定生物体内污染物含量、观察生物在环境中受伤害症状、生物的生理生化反应、生物群落结构和种类变化等手段，来判断环境质量。

传统的生物监测方法仅对水生生物群落、动物分布状况等进行调查，以此反映环境质量状况。目前，生物监测的主要目的是培育、监测和研究对环境状况变化比较敏感的植物或动物，来反映环境质量的变化。例如，鱼类在水中的活动、呼吸和繁殖等情况，均能不同程度地反映出大气、水体等环境质量的变化。另外，在污染物监测方面，生物监测技术已成为监测、控制和监督管理有毒工业废水排放的有力手段。

2. 环境遥感技术

遥感技术是在现代物理学、空间技术、计算机技术、数学方法和地球科学理论的基础上建立和发展起来的边缘科学，是一门先进的、实用的探测技术。遥感技术（RS）、全球导航卫星系统（GNSS）和地理信息系统（GIS）合称“3S”技术，三者结合而形成的监测系统，增强了对某些重大的灾害事件作出快速监测与评价的综合能力，与地面常规环境监测技术相结合，形成了一个时空一体化完整的监测技术体系。环境遥感技术主要包括可见光和反射红外遥感监测技术、热红外遥感监测技术、高光谱遥感监测技术和微波遥感监测技术等。

1）可见光和反射红外遥感监测技术

可见光和反射红外遥感监测技术主要用于物体识别和分析，其原理是基于每一物体的光谱反射率不同来获得有关目标物的信息。该技术可以监测大气污染、温室效应、水质污染、固体废物污染、热污染等，是比较成熟的遥感技术，目前国际上的商业和非商业卫星遥感器多属此类。

2）热红外遥感监测技术

热红外遥感监测技术目前使用的电磁波段主要是 3～5μm 和 8～14μm，其中 8～14μm 波段通常用于对地表常温物体的探测。热红外遥感监测技术主要用于探测目标物的辐射特性（发射率和温度）、鉴别物质材料的类型、评价各种现象的热辐射特征。

3）高光谱遥感监测技术

高光谱遥感监测技术通过建立不同污染物的光谱数据库，开展光谱数据处理和光谱匹配技术，建立污染物光谱识别模型，逐步建立成像光谱环境污染监测技术系统。

4）微波遥感监测技术

微波遥感监测技术又可以分为成像雷达遥感监测技术、激光雷达遥感监测技术和微波辐射计遥感监测技术。成像雷达遥感监测技术是探测海洋石油污染的有力工具。油井溢油、船舶海上事故等引起的海洋石油污染居各类海洋污染事故的首位，在海洋表面风速不大的情况下，分辨率很低（100m 左右）的雷达传感器就能有效地监测到油层厚度很薄的污染物。因此激光雷达主要用于测量大气的状态及大气污染、平流层物质等大气中物质的物理性质及其空间分布等，而且能监测大气中臭氧的分布和水体中的石油污染或植物的叶绿素含量等。微波辐射计遥感监测可用来观测海面状态和大气状态。

第三节 环境监测质量保证与控制

一、环境监测质量保证与控制的概念与要求

（一）环境监测质量保证与控制的概念

环境监测质量保证是对整个环境监测过程的全面质量管理，包含了保证环境监测结果正确、可靠的全部活动和措施，其目的是避免错误的监测数据造成环境保护的失误。环境监测质量保证的作用在于将监测数据的误差控制在允许范围内，其实施目的是取得正确与可靠的监测结果。环境监测质量保证的工作内容主要包括制定监测方案；根据需要和可能确定对监测数据的质量要求；规定相应的分析测量系统，如采样方法，样品处理和保存，仪器设备、器皿的选择和校准，试剂、标准物质的选用，分析测量方法，质量控制程序，数据的处理等。

环境监测质量控制是以满足环境监测质量要求而采取的操作技术和活动。它通过配套实施各种质量控制技术和管理规程，来达到保证环境监测各个环节的工作质量的目的。

环境监测质量控制实质上是环境监测实验室工作的质量控制，包括实验室内质量控制和实验室间质量控制。实验室内质量控制的工作内容较多，既包括对分析方法的选择、试剂和实验用水的纯化、容器和量器的校准、仪器设备和检定等实验室基础工作的质量控制，也包括空白试验、检出限的测量、校准曲线的绘制和检验、平行样和加标样的分析、绘制质量控制图等实验室专项工作的质量控制。实验室内质量控制目的在于提高分析测试的质量，保证基本数据的正确与可靠。实验室间质量控制是由常规监测之外的有经验的技术人员执行，对某些实验室的监测分析质量进行评价的工作，常实施于诸多部门或众多实验室之间的协作实验中。这项工作既可以通过分析统一样品来实现，也可以通过对分析测量系统的现场评价来实现。通过实验室间质量控制，可以提高分析结果的总体可信度，加强实验室间数据的可比性，使数据具有较高的一致性。

（二）环境监测质量保证与控制的要求

环境监测结果应能准确反映环境质量现状特征，预测污染发展趋势。这就需要通过环境监测质量保证和质量控制，取得满足质量要求的环境监测结果。环境监测结果质量的高低，主要视其是否满足以代表性、完整性、准确性、精密性和可比性为标准的“五性”质量要求。

监测数据的代表性表示在具有代表性的时间、地点，并按规定的采样要求采集的能够反映总体真实状况的有效样品。

监测数据的完整性表示取得的有效监测数据的总量满足预期要求的程度，或表示相关资料收集的完整性。

监测数据的准确性表示测量值与真值的符合程度。准确性常用准确度来定量表示其高低程度。准确度是用一个特定的分析程序所获得的分析结果（单次测定值或重复测定值的均值）与真值之间的符合程度。一个分析方法或分析系统的准确度是反映该方法或该测量系统存在的系统误差和随机误差的综合指标，它决定着这个分析结果的可靠性。准确度用

绝对误差或相对误差表示。

监测数据的精密性表示多次重复测定同一样品的分散程度。精密性的程度高低常用精密度来定量表示。精密度是使用特定的分析程序在受控条件下重复分析均一样品所得测定值之间的一致程度，它反映了分析方法或测量系统存在的随机误差的大小。精密度通常用平行性、重复性和再现性等概念来表示。平行性是在同一实验室中，当分析人员、分析设备和分析时间都相同时，用同一分析方法对同一样品进行双份或多份平行样测定结果之间的符合程度。重复性是在同一实验室内，当分析人员、分析设备及分析时间中的任一项不相同时，用同一分析方法对同一样品进行两次或多次独立测定所得结果之间的符合程度。再现性是在不同的实验室（分析人员、分析设备、分析时间都不相同）时，用同一分析方法对同一样品进行多次测定结果之间的符合程度。

监测数据的可比性表示在环境条件、检测方法、资料表达方式等可比条件下所获资料的一致程度。

在整个环境监测过程中，代表性、完整性主要体现在优化布点、样品采集、保存、运输和处理等方面，精密性和准确性主要体现在实验室分析测试方面，可比性则是精密性、准确性、代表性、完整性的综合体现，只有在前四者均已具备时才有可比性而言。

环境监测质量保证工作包含在布点、采样、样品储存、样品预处理、样品测定、数据处理、数据审核、数据应用等环境监测过程的各个环节，每个环节对环境监测数据的质量都有一个或多个方面的影响（表 9.3）。因此，环境监测质量保证与质量控制工作贯穿于环境监测工作的始终。

表 9.3　环境监测各环节对监测数据质量的影响目标

监测环节	主要控制因素	主要影响目标
布点系统	监测目标；监测点位、点数	代表性，可比性，完整性
采样系统	采样次数或采样频率；仪采样器、技术、方法	准确性，代表性，可比性，完整性
运贮系统	样品运输；样品保存	准确性
分析测试系统	样品预处理；分析方法准确度、精密度、检测范围控制；分析人员素质、实验室质量控制	精密性，准确性，可比性，完整性
数据处理系统	资料整理、处理及精度检验；资料分布、分类管理制度控制	准确性，可比性，完整性
综合评价系统	信息量控制；结果的表述及原因分析、对策	准确性，代表性，可比性，完整性

二、环境监测质量保证与控制的途径与措施

（一）环境监测质量保证与控制的途径

1. 科学制定环境监测计划

要保证环境监测数据的质量，就要有一个好的环境监测计划。要根据环境监测的目的，确定合理的环境监测数据质量要求和相应的分析测量系统，内容主要包括采样方法，样品处理和保存，实验室供应（如蒸馏水、实验用气、供电、通风等），仪器设备的选择和校准，器皿的选择、洗涤和校准，试剂的选择、提纯和检验，基准物的选择，标准溶液的配制和标定，分析方法的选定，分析测量程序，数据记录、处理和结果审查，数据质量控制，数

据保存，技术培训，实验室清洁度和安全等。

2. 科学制定环境监测标准

当前，环境监测的质量保证正引起一些世界性组织和一些国家环境保护机构的重视，环境标准物的研制也随之有了较大发展。美国国家标准局已颁布的环境标准物有 60 种左右。美国环境保护局于 1979 年规定，凡属该局资助和委托、数据为其使用的监测活动，都要执行全面的质量保证程序。中国于 1980 年编印了《环境监测标准分析方法（试行）》，同时开始组织实验室间验证试验和进行进一步的方法标准化工作。

3. 加强环境监测质量的内部控制和外部控制

环境质量控制有实验室内质量控制（内部控制）和实验室间质量控制（外部控制）之分。环境监测质量内部控制是环境监测机构为保证环境监测质量对环境监测各环节而采取的控制手段，其主要方法有空白试验、校准曲线核查、仪器设备定期标定、平行样分析和加标样分析等。环境监测质量外部控制是为保证环境监测质量而由外部人员对环境监测过程和监测结果所实施的控制手段，一般由环境监测机构之外的有经验人员来执行，以便对数据质量进行独立的评价。环境监测质量外部控制的手段主要有分析测量系统性能的现场评价、分发标准物样品进行实验室间比较、分析方法比较、分析人员之间的比较等。

（二）环境监测质量保证与控制的措施

环境监测工作的质量是监测过程中各个环节的综合反映，要提高环境监测质量，必须加强“人、机、料、法、环”五个基础环节的质量保证和质量控制，确保监测数据的完整性、准确性、精密性、代表性和可比性。

1. 环境监测基础的质量保证和质量控制

1）设施和环境条件控制

良好的实验室环境是保证环境监测数据正常的基本条件。实验室除保持清洁的环境，还应根据其功能和用途，配备必要的设施，保证工作区域的能源、照明、通风、制冷、消防、安全报警等能满足环境监测工作要求，保证温度、湿度、电磁干扰、振动等环境条件能满足仪器设备的运行、样品保存和分析方法的要求。

2）实验用品控制

环境监测分析所用的试剂和材料均应符合国家标准。不同检测项目及分析方法对试剂纯度要求也不同，因此要求实验室必须对采购的化学试剂进行验收，必要时进行技术验收。实验室用水一般为新制备的蒸馏水或去离子水，相关标准有规定时应按标准进行制备，例如，测定氨氮、总氮的用水为无氨水，测定挥发酚的用水为无酚水。一般标准方法对实验用水的保存期限无明确规定，为保证实验用水的质量，建议实验室在文件中做出相应规定，每次制备用水应标明制备时间与保质期。

分析使用的玻璃器皿和分析用品应专项专用，并保持清洁。采用浸酸的方法清洗玻璃器皿时，应注意对应的酸对分析项目是否有影响，例如，用硝酸溶液清洗的器皿用于测定氨氮，会使结果偏高。一般玻璃器皿的标准容量是指 20℃时的容量，当外界温度发生变化时，容量的规格也有可能发生变化。因此，容量瓶、滴定管、比色管等在使用前应进行校准，确保其准确性。

仪器设备是环境监测工作必备的重要工具，正常完好的仪器设备是获得可靠监测数据的保证。对监测结果有直接影响的仪器设备，应按规定的周期进行检定和校准，现场监测仪器设备运到现场后应进行性能状态检查和校准，确认正常后才能使用。对于精密仪器设备应严格控制存放环境的温湿度，例如，放置红外光谱测油仪的实验室要求保持室温 18～25℃，湿度<60%。做好仪器设备的维护保养，定期进行核查，并做好相应记录，确保仪器设备始终处于完好状态。

3）监测方法控制

监测方法是环境监测的依据和保证环境监测质量的根本，原则上应优先使用国家环境保护标准、其他国家标准和行业标准或者国际标准推荐使用的标准方法。此外，正确使用监测方法也是保证监测结果质量的基础。例如，测定水中 COD 时，不同浓度范围的样品应采用不同的测定方法，若用高浓度方法测定低浓度的样品，就会增加测定结果的误差。

2. 环境监测过程的质量保证和质量控制

1）现场监测质量控制

现场监测环节的质量控制就是从源头上确保所采集的样品具有时间和空间上的代表性，监测数据具有准确性和可比性。现场质控的方式是全面、客观、完整地记录现场监测情况，必要时可采用照相机等辅助设备证实现场监测情况，保证现场监测的可还原性和追溯性。

2）实验室检测分析质量控制

实验室检测分析质量控制的方法很多，主要有质量控制图法、空白实验法、平行双样法、留样复测法、加标回收率测定法、标准物质法、能力验证或实验室间比对能力验证法、人员比对和方法比对法等，其中质量控制图法简便易行，是实际工作中常被采用的方法。

3. 数据审核

数据审核是最有效的质量控制手段，也是整个质量保证工作的最后一个环节。在进行数据审核时应严格按照数据“五性”的要求，发现异常数据时，应从采样、分析、人员等各个环节查找原因。

4. 人员素质

环境监测的质量保证和质量控制是一项需要全员参与的工作，除保证监测人员持证上岗之外，还应加强监测人员质量意识教育，提高人员的质量素质、责任感和参与感，使所有人员在监测工作中的各个环节自觉、严格地执行质量保证和质量控制措施。质量监督员应全面熟悉监测工作，严格履行职责。

三、环境监测的规范化

（一）环境监测规范化的概念与要求

环境监测质量保证和质量控制的核心内容是监测工作规范化。所谓环境监测规范化，就是要求环境监测工作要做到如下几点。第一，监测工作要按照国家有关部门制定的统一技术规范、方法的要求，依照一定的程序，进行科学的组织与技术上的规范管理。为确保监测数据具备“五性”特征，检测技术规范、采样方法、分析方法、测试方法等均应首选国家方法标准，并以最新颁布版本为准。第二，监测过程中，要以国家现行污染源监测管理规范性文件和技术规范等为指导，以实施污染源监测全过程的质量保证和质量控制为基础，以加强现场采样的质量控制为重点，提高环境监测工作的质量。第三，监测技术规范和监测方法标准是正确实施各项监测活动的技术依据，也是监测质量控制的技术保障。

规范化监测工作的要求主要有以下几点。第一，样品的时空代表性和真实性。按规范布设监测点，取得最佳点位数和最佳点位，保证监测数据的代表性和可比性。第二，样品的采集、保管和运输。按规范要求，保证所采集样品的真实性和代表性，既能满足时空要求，又要样品在分析前不发生物理化学性质的变化。采样方法、采样器具、样品的保存、运输及有关的记录表格都要规范化。第三，样品的测试分析与数据处理。样品测试按规定方法进行。操作要规范化，测试结果有效位数的取舍、异常值的判断与剔除方法、误差的计算等要符合相应的标准规定。第四，测试工作的质量保证。样品登记、任务下达、原始记录及数据报表等，都应制定出规范化表格。其中对可能影响测试结果的有关因素（如仪器设备、样品情况、环境条件等）要有详细的记载要求。第五，测试结果的审核与发出。数据的规范管理与测试报告的审核程序：数据管理要规范，测试数据的记录、删改要按有关规定执行；报出的测试结果要经过三级审核（有关人员复核、质量保证负责人审核、单位技术负责人审核），各级审核负责人签字后方为有效，才能对外发出。各种原始记录与测试结果报告，一律要按国家规定使用法定计量单位。

环境监测质量控制是对于分析过程的控制方法，它是质量保证的一部分。质量控制包括实验室内部质量控制和外部质量控制。实验室内部质量控制包括空白试验、标准曲线的核查、仪器设备的定期标定、平行样分析、加标样分析、密码样品分析、编制质量控制图等，是实验室自我控制质量的常规程序。实验室外部质量控制一般由常规监测之外的有经验人员来执行，以便对数据质量进行独立的评价。常用的方法有分析测量系统的现场监测的现场评价和分析标准样品进行实验室间的评价，目的是协助各实验室发现问题，提高监测分析质量。

（二）实验室内部质量控制

实验室内部质量控制是保证实验室提供可靠分析结果的关键，也是保证外部控制顺利进行的基础。实验室内部质量控制主要指在实验室内对分析质量进行自我控制，其目的是取得准确可靠的监测数据。实验室质量控制的方法主要包括：对空白的控制、校准曲线的控制、精确度的控制和质量控制图。

实验室内的质量控制包括实验室的基础工作（方法的选择、试剂和实验用水的纯化、容器和量器的校准、仪器设备和检定等）、空白试验、检出限的测量、校准曲线的绘制和检验、平行样和加标样的分析、绘制质量控制图等。其目的在于提高分析测试的质量，保证基本数据的正确可靠。

实验室间质量控制是由常规监测之外的有经验的技术人员执行，对某些实验室的监测分析质量进行评价的工作，常实施于诸多部门或众多实验室之间的协作实验中。既可以通过分析统一样品来实现，也可以用对分析测量系统的现场评价方式进行。它可以提高分析结果的总体可信度，加强实验室间数据的可比性，使数据具有较高的一致性。

质量保证应贯穿于环境监测的全过程，保证监测数据和信息的代表性、准确性、精密性、可比性、完整性、科学性。

（三）标准分析方法和环境标准物质

1. 标准分析方法

一个项目的测定往往有多种可供选择的分析方法，这些方法的灵敏度不同，对仪器和操作的要求也不同。另外，由于方法的原理不同，干扰因素也不同。所以，测定同一指标时，采用不同的方法测定结果没有可比性，因此有必要进行分析方法的标准化。

标准分析方法又称分析方法标准，是技术标准中的一种，它是一项文件，是权威机构对某项分析所做的统一规定的技术准则和各方面共同遵守的技术依据，它必须满足以下条件。

（1）按照规定的程序编制。

（2）按照规定的格式编写。

（3）方法的成熟性得到公认。通过协作试验，确定了方法的误差范围。

（4）由权威机构审批和发布。

编制和推行标准分析方法的目的是保证分析结果的重复性、再现性和准确度，不但要求同一实验室的分析人员分析同一样品的结果要一致，而且要求不同实验室的分析人员分析同一样品的结果也要一致。

2. 分析方法标准化

标准是标准化工作的结果，标准化工作是一项具有高度政策性、经济性、技术性、严密性和连续性的工作，开展这项工作必须建立严密的组织机构。我国标准化工作的组织管理系统如图 9.3 所示。

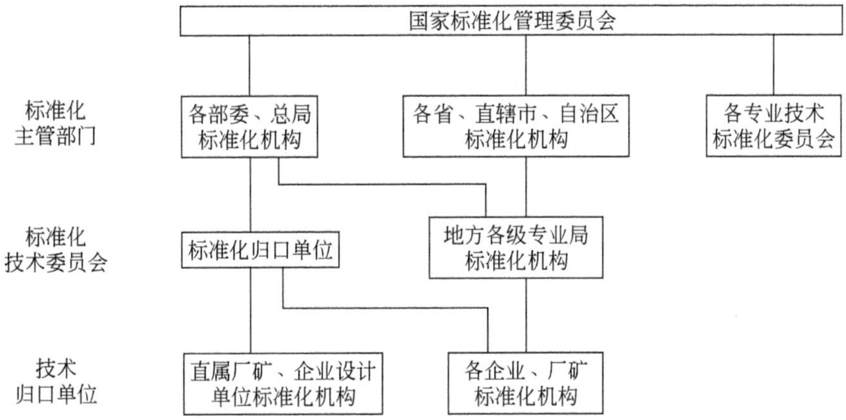

图 9.3 我国标准化工作的组织管理系统

国外标准化工作的一般程序如下：①由一个专家委员会根据需要选择方法，确定准确度、精密度和检出限指标。②专家委员会指定一个任务组（通常是有关的中心实验室负责）。任务组负责设计实验方案，编写详细的实验程序，制备和分发实验样品和标准物质。③任务组负责抽选 6～10 个参加协作实验的实验室。其任务是熟悉任务组提供的实验步骤和样品，并按任务要求进行测定，将测定结果写出报告，交给任务组。④任务组整理各实验室报告，如果各项指标均达到设计要求，则上报权威机构出版公布；如达不到预定指标，需修正实验方案，重做实验，直到达到预定指标为止。

3. 环境标准物质

1）环境标准物质的概念

环境标准物质是标准物质中的一类。不同国家、不同机构对标准物质有不同的名称，而且至今仍没有被普遍接受的定义。美国是最早研制环境标准物质的国家。1964 年首次制备成供环境样品和生物样品分析用的标准物质——甘蓝粉。在这一研究中，由 29 个实验室采用 11 种方法测定了甘蓝粉中的 40 余种元素的含量。1986 年年底，美国研制的环境、生物和临床的 SRM 已达百余种，包括各种气体、液体和固体。目前，世界许多国家及一些国际组织和机构（如国际原子能机构），也都开展了制备各种环境标准物质的工作。

我国环境标准物质的研制工作始于 20 世纪 70 年代末，目前已有气体、液体和固体的多种环境标准物质。我国的标准物质以 GBW 为代号，国家标准物质应具备以下条件：用绝对测量法或两种以上不同原理的准确、可靠的测量方法进行定值；定值的准确度应具有国内最高水平；应具有国家统一编号的标准物质证书；稳定时间应在一年以上；应保证其均匀度在定值的精密度范围内；应具有符合规定的合格的包装形式；由环境样品直接制备或是人工模拟环境样品制备的混合物；具有一定的环境基体代表性。

2）环境标准物质在环境监测中的应用

环境标准物质可以广泛地应用于环境监测，主要用于：评价监测分析方法的准确度和精密度，研究和验证标准方法，发展新的监测方法；校正并标定监测分析仪器，发展新的监测技术；在协作试验中用于评价实验室的管理效能和分析人员的技术水平，从而加强实验室提供准确、可靠数据的能力；把环境标准物质当作工作标准和监控标准使用；通过环境标准物质的准确度传递系统和追溯系统，可以实现国际同行间、国内同行间，以及实验室间数据的可比性和时间上的一致性；作为相对真值，环境标准物质可以用作环境监测的技术仲裁依据；以一级环境标准物质作为真值，控制二级环境标准物质和质量控制样品的制备和定值，也可以为新型的环境标准物质的研制与生产提供保证。

我国环境标准物质研制非常迅速，为提高环境监测质量提供技术支持，目前我国环境标准物质分为九类，共 700 多种（表 9.4）。

表 9.4　我国环境标准物质分类及数量　　（单位：种）

类别	标准物质产量数量	可提供产量数量
有机监测标准物质	120	110
土壤和植物标准物质	60	60
水质监测标准物质	300	298
模拟天然水标准物质	60	48
空气质量监测标准物质	20	20
海水质量监测标准物质	20	9
电子电气产品标准物质	20	1
沉积物标准物质	60	55
其他产品标准物质	100	92

复习思考题

1. 试述环境监测的概念与类型。
2. 环境监测的主要内容是什么？环境监测有哪些主要特征？
3. 试述环境监测方案制定的原则与程序。

4. 环境监测方案有哪些基本内容？
5. 怎样制定地面水监测方案？以河流为例，说明如何设置监测断面和采样点？
6. 如何制定大气污染监测方案？
7. 怎样制定土壤监测方案？并说明如何进行采样点的布设。
8. 进行大气监测时，怎样结合监测区域实际情况，选择和优化布点方法？
9. 试述样品的采集方法。
10. 样品的预处理方法有哪些？
11. 样品的测试方法有哪些？
12. 试述环境监测质量保证与质量控制的概念与要求。
13. 环境监测质量保证与控制的途径与措施是什么？
14. 试述环境监测规范化的概念与要求。
15. 试述实验室内部质量控制的内容。
16. 什么是环境标准物质？环境标准物质在环境监测中的应用主要体现在哪些方面？

第十章 环 境 评 价

由人类的社会和经济活动所引发的环境问题，对人类的生存和可持续发展提出了挑战。为了科学系统地认识人类与环境的相互作用关系、合理有序地规划人类的生产和生活活动，环境评价应运而生。环境评价是对环境系统状况的价值做出评定和判断并提出避免价值降低的对策。环境评价通过分析、预测和评判环境系统的性质、状态、结构、功能及其变化，为正确认识环境问题、展开环境污染预防和控制、进行环境管理和规划、制定环境对策和政策奠定了科学基础。

第一节 环境评价概述

一、环境评价的概念与特点

（一）环境评价的概念

环境评价是指根据国家和地方的有关标准及规定，对由人类活动所引发的一切环境变化进行系统的判断和评定。环境评价是环境质量评价和环境影响评价的简称。环境评价的主要内容包括环境质量及其变化的识别、分析和预测；环境质量及其变化与人类社会经济行为之间关系的分析评估；环境系统价值的判断评估；人类环境调控行为的预测和选择等。

人类的各种社会经济活动所导致的环境质量的变化不但对环境系统本身产生影响，而且对人类社会的生产、生活和生存也将产生反作用，因此，对环境变化的性质、大小、方向、原因和结果进行调查、分析、判断、预测和评价具有重要意义。环境评价的目的是科学认识人与环境之间的关系，并以此调整人类社会自身的行为，使环境变化朝着更有利于人类社会可持续发展的方向进行。通过环境评价，可以认识环境变化规律，分析和判断环境质量变化对人类社会的影响，为保护环境、建设环境提供科学的决策，为人类调整自身行为提供科学依据。

（二）环境评价的特点

1. 价值性

环境评价是人类主体对环境客体符合人类价值需要的满足程度进行判断。在环境评价中对环境影响进行损益分析时，需要对由环境质量变化所引起的价值改变进行评估，当环境损益不存在市场价格时，这种价值评估殊为不易。环境评价的价值性也决定了人类对环境的介入和改变是以其能更好地满足人类需要为出发点的。

2. 整体性

环境是一个整体，这明显体现在环境系统的结构和功能上。由于环境系统的各组成要素之间通过物质、能量和信息的交流而彼此关联，所以环境系统的功能并不是各组成要素的简单叠加，而是由它们通过一定的联系方式所形成的结构及由此所呈现出的状态所决定。因此环境评价要综合考虑环境系统变化对人类的影响，并整体考虑人类活动对环境系统的作用。这种整体性同时也决定了环境评价的复杂性。

3. 客观性

环境的变化发展规律是客观存在的，环境质量的变化对人类的环境需求的影响也是客观存在的。环境评价要遵循客观规律。

4. 动态性

环境系统无时无刻不在变化之中。环境评价要描述并分析这种变动对人类的影响。环境评价的理论研究、技术方法、评价标准和价值判断都会随着环境的变动及人类对环境认识的变化而变化。

二、环境评价的类型

环境评价的类型较多，可根据不同的研究目的对其进行不同的分类。

根据参加评价要素的数量多少，可将环境评价分为单要素环境评价和环境综合评价。单要素环境评价是为了某种目的对构成环境的某个要素的质量进行的评价。单要单要素评价主要有大气质量评价、水质评价、土壤质量评价等。环境保护和污染治理工作都是从各个环境要素着手进行的。因此，单要素评价是最基本、最有实用价值的。这种评价可以定量地、较直观地了解环境要素的质量。环境综合评价是按照一定的目的，对一个区域的环境质量进行总体的定性和定量的评定。这种评价工作通常是在各种单要素评价的基础上综合归纳的，所以称为环境质量综合评价。

根据评价的时间，环境评价可分为环境回顾评价、环境现状评价和环境影响评价。环境回顾评价是根据历史资料对某区域过去某一时期的环境质量进行的历史变化评价。通过回顾评价可以揭示区域环境质量的发展变化过程。环境现状评价是根据近期环境监测资料对某区域环境质量进行评定，反映出区域环境质量的现状。现状评价是影响评价的基础，也为区域环境的综合整治和区域环境规划的制订奠定了科学基础。环境影响评价是对拟议中的规划或开发活动所产生的环境影响进行系统的识别、预测和评估，并提出合理避免和削减不利环境影响的对策和措施。影响评价的评价结论是规划和建设项目决策的重要依据。

三、环境评价的方法

环境评价的方法很多，常用方法可为环境综合评价方法和环境专项评价方法两类。其中，环境综合评价方法有指数法、核查表法、矩阵法、网络法、图形叠置法、情景分析法等。此类方法主要用于综合地描述、识别、分析和评价开发活动对各种环境因子的影响或引起的总体环境质量的变化。环境专项评价方法有专家判断法、德尔菲法、费用效益分析法、模糊数学方法、统计分析方法等。此类方法常用于定性或定量地确定环境影响的程度、大小和重要性；对影响大小排序、分级；描述单项环境要素及各种评价因子质量的现状或变化；对不同性质的影响，按环境价值的判断进行归一化处理。

第二节 环境质量评价

在进行环境污染控制、环境规划和环境管理等工作时，一个必不可少的基础工作是环境质量的现状评价。通过环境质量的现状评价，明确评价区域的环境质量所处水平与状况，分析引起环境质量变化的原因，为污染治理和环境质量改善提供科学依据。

一、环境质量评价的概念与分类

（一）环境质量评价的概念

环境质量评价是指根据环境监测、环境调查及其他方式获取的环境数据资料，按照一定的评价标准，选取适宜的评价方法对一定区域内的当前环境质量所进行的描述、分析与评定。通过环境质量评价来研究环境各组成要素的性质及变化规律，分析环境污染的程度，给出环境要素的质量等级并判断其对人类健康和生态系统的影响。

环境质量评价的目的是研究、控制和保护环境质量，使之与人类的生存和发展相适应。环境质量评价不仅是进行环境污染控制和环境质量改善的基础，而且是环境规划和环境管理的依据。

（二）环境质量评价的分类

环境质量评价有多种，可以根据不同的指标对其进行不同的分类。不同类型的环境质量评价，评价的目的不同，选择的评价参数亦有区别。

按照环境要素，可将环境质量评价划分为大气环境质量评价、水环境质量评价、声环境质量评价和土壤环境质量评价等。

按照评价对象的特点，可将环境质量评价划分为自然环境质量评价、污染环境质量评价、农业环境质量评价和风景名胜区环境质量评价等。

按照评价的区域，可将环境质量评价划分为城市（镇）质量评价、流域环境质量评价和海域环境质量评价等。

按照选择的评价参数的类型，可将环境质量评价划分为环境化学评价、环境物理评价、环境生物学评价、环境生态学评价和环境卫生学评价等。

二、环境质量评价的程序和内容

不同目的和要求的环境质量评价的程序和内容有所差异，但基本步骤大致相同（图 10.1）。

1. 确定环境质量评价目的

确定评价范围和评价工作等级，制订评价工作大纲及实施计划。

2. 收集背景资料

由于评价目的和内容的差异，收集背景资料时需有所侧重。以环境污染评价为主的要特别注意污染源与污染现状的调查；以生态环境破坏评价为主的要特别进行人群健康状况的回顾性调查；以美学评价为主的要注重自然景观资料的收集。

3. 环境质量现状监测

在背景资料收集、整理、分析的基础上确定监测因子。

4. 确定环境背景值

环境背景值是指受人类活动影响较小的相对清洁区环境监测所得到的环境质量参数的统计平均值。环境背景值是环境特征的定量反映，它是评价环境质量、判断污染程度、制定污染防治措施、进行环境质量预测的基本依据。污染物进入环境的数量、分布、变迁都必须与环境背景值比较才能加以分析和判断。

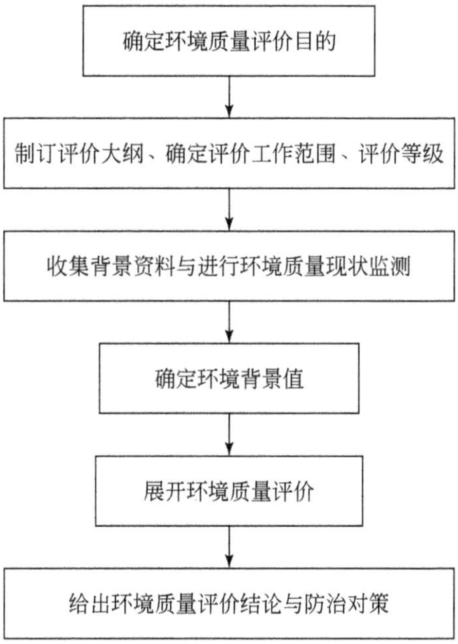

图 10.1　环境质量评价程序

5. 环境质量评价

采用适宜的评价方法进行环境质量的现状分析与评价，得出环境质量的定量和定性评价结果，指出主要的污染源、污染因子、污染程度及危害程度等。

6. 给出评价结论及对策

对环境质量现状给出总的结论，并对污染防治等问题提出建设性意见。

三、环境质量评价的方法

环境质量评价通过布点采样或资料收集得到环境质量的数据和相关信息，并采用适宜的评价方法得出环境质量的定量和定性结果。环境质量评价的方法有指数法、生态学评价法、美学评价法。其中指数法是最早且被普遍使用的一种环境评价方法。

指数法是将一个或多个环境要素的各种参数（或因子）的系列数据与环境标准值相比较，以描述环境状况。采用指数法可以评价环境质量好坏与影响大小的相对程度。采用同一指数，还可以对不同地区、不同方案作相互比较。它可分为单因子指数法和多因子指数法。

（一）单因子指数法

以国家或地方的有关标准为依据，将污染因子实测浓度值或预测浓度值与之进行比较评价，其表达式为

$$I_i = \frac{\rho_i}{S_i}$$

式中，ρ_i 为污染因子 i 的实测浓度或预测浓度；S_i 为污染物 i 的环境质量标准值。当 $I_i \leqslant 1$ 时，该环境因子达标；当 $I_i > 1$ 时，该环境因子超标。I_i 越小，表明环境质量越好。

（二）多因子指数法

多因子指数法是将各单因子评价指数经过数学关系运算而得到环境状况综合评价结果的一类方法，常用的多因子评价指数表达式如表 10.1 所示。

表 10.1　多因子评价指数表达式

类型	数学表达式	符号
直接叠加型	$I=\sum_{i=1}^{n}\frac{\rho_i}{S_i}=\sum_{i=1}^{n}I_i$	ρ_i 为第 i 种污染物在环境中的浓度； S_i 为选定的第 i 种污染物的环境标准
均值型	$I=\frac{1}{n}\sum_{i=1}^{n}\frac{\rho_i}{S_i}=\frac{1}{n}\sum_{i=1}^{n}I_i$	
加权型	$I=\sum_{i=1}^{n}W_iI_i$	W_i 为第 i 种污染物的权重
加权均值型	$I=\frac{1}{n}\sum_{i=1}^{n}W_iI_i$	
几何均值型	$I=\sqrt{XY}$ $Y=\frac{1}{n}\sum_{i=1}^{n}I_i$	X 为 I_i 中的最大值 Y 为 I_i 的均值
幂指数型	$I=\prod_{i=1}^{m}I_i^{w_i}$	$\left(\sum_{i=1}^{m}w_i=1\right)$
向量模型	$I=\left(\sum_{i=1}^{m}I_i^2\right)^{\frac{1}{2}}$	$I_j=\left[\frac{1}{m}\sum_{i=1}^{m}I_{ij}^2\right]^{1/2}$
均方根型	$I=\sqrt{\frac{1}{n}\sum_{i=1}^{n}I_i^2}$	
极值型	$I=\max\{I_1，I_2，\cdots，I_n\}$	

采用多因子评价指数表征环境质量的优劣，容易出现以偏概全的弊端。例如，如果有数种污染物的浓度很低，就有可能把某种污染物浓度较高的情况掩盖起来，反之亦然。

指数评价法可根据指数值 I 与健康、生态影响之间的关系进行分级，转化为健康、生态影响的综合评价，此类环境指数有格林空气污染指数、橡树岭空气质量指数和英哈巴尔水质指数等。

第三节　环境影响评价

一、环境影响评价的概念与类型

（一）环境影响评价的概念

环境影响评价的定义有多种，《中华人民共和国环境影响评价法》对环境影响评价的释义如下：环境影响评价是指对规划和建设项目实施后可能产生的环境影响进行分析、预测和评价，提出预防或者减轻不良环境影响的对策和措施，进行跟踪监测的方法和制度。

环境影响评价与环境质量评价有着密切的联系，但是它们在评价的目的、作用、方法及对象等方面，都有明显的区别（表 10.2）。

表 10.2　环境影响评价与环境质量评价比较

区别	环境影响评价	环境质量评价
工作目的	防患于未然，预防由规划和项目可能造成的不良环境影响，为项目合理布局提供决策依据	为综合防治提供科学依据
工作性质	环境影响预测	环境现状评定
工作对象	建设项目、规划、计划、政策等	区域性自然环境和社会环境
工作特点	工程性或战略性	区域性
工作方法	资料收集，类比分析或模拟实验，模式预测计算	环境调查与监测
评价作用	优化选址，制定防治对策，为决策和设计服务	摸清现状，为规划与治理服务

环境影响评价是一种预防环境问题的产生和强化环境管理的有效科学技术手段，具有法律上的强制性。按照《中华人民共和国环境影响评价法》的规定，专项规划与建设项目应当依法进行环境影响评价。通过预防人为活动所产生的不良环境影响，环境影响评价得以指导人们的经济社会活动，在保障经济建设的同时实现人与环境的和谐。环境影响评价的重要性表现在以下几个方面：

第一，保证建设项目选址和布局的合理性。不合理的布局是造成环境污染和破坏的重要原因。环境影响评价是从建设项目所在区域的整体出发，分析项目选址和布局对区域环境的不同影响，论证和比较不同的方案并择优而取，保证建设项目选址和布局的合理性。

第二，指导环境保护措施的设计，强化环境管理，贯彻预防为主的环境管理方针。一般而言，经济活动都需要消耗一定的资源，给环境带来一定的污染和破坏，因此必须采取相应的环境保护措施，消除或减缓不利影响。环境影响评价针对具体的开发或生产活动，综合考虑活动特征和环境特征，通过对污染治理设施的技术、经济和环境论证，可以得到相对最合理的环境保护对策和措施，把因人类活动而产生的环境污染和生态破坏限制在最低限度和最小范围内。

第三，为区域的社会经济发展提供导向，促进经济、社会和环境的协调发展。环境影响评价通过对区域的自然资源条件、社会条件和经济发展水平与状况等进行综合分析，确定该地区资源和环境承载力与社会经济活动相互适应的情况，从而可对该地区发展方向、发展规模、产业结构和产业布局等做出科学的规划和决策，以指导区域活动，实现可持续发展。

第四，促进相关环境科学技术的发展。环境影响评价涉及自然科学和社会科学的广泛领域，包括基础理论研究和应用技术开发。环境影响评价中遇到的问题，必然对相关环境科学技术带来挑战，进而推动相关环境科学技术的发展。

第五，促进公众参与，提高决策的民主性。公众参与是我国环境影响评价工作的法定环节。公众参与使环境影响评价制定的环境保护措施更具合理性、实用性和可操作性，提高了环境影响评价工作的质量。公众参与可以起到化解矛盾和解决纷争的作用，增加公众对项目的接受度，避免项目的延误或其他损失。公众参与也体现了环境影响评价工作对公众利益和权利的尊重，有利于提高公众的环境意识。

（二）环境影响评价的类型

环境影响评价的分类有许多，常见的类型划分有如下几种。

根据环境评价的要素，可将环境影响评价划分为大气环境影响评价、地表水环境影响评价、地下水环境影响评价、土壤环境影响评价、声环境影响评价、固体废弃物环境影响评价、生态环境影响评价、视觉影响评价和社会经济环境影响评价等。

根据评价层次，可将环境影响评价划分为建设项目环境影响评价、区域环境影响评价、规划环境影响评价和战略环境影响评价等。

根据评价时间，可将环境影响评价划分为环境质量回顾评价、环境质量现状评价、环境影响评价和环境影响后评价等。

二、环境影响评价程序

环境影响评价程序是指按照一定的顺序或步骤指导完成环境影响评价工作的过程。它分为两部分：管理程序和工作程序。管理程序是指由建设方、环评机构、环保管理部分及公众共同完成的行政审批（审查）环节，用于指导环境影响评价工作的监督和管理，落实执行环境影响评价制度，保证环境影响评价工作顺利进行，是管理部分的监督手段，需严格按照流程展开。工作程序是编制环境影响报告书的各技术环节，用于指导具备相应资质的环境影响评价机构，采用恰当的技术手段完成环境影响评价的工作内容和进程。

（一）环境影响评价的管理程序

建设项目环境影响评价管理程序如图 10.2 所示。

1. 建设项目环境影响评价的分类管理

根据国家环保总局 2002 年 10 月 13 日颁布的《建设项目环境保护分类管理名录》的规定，按照建设项目对环境可能造成的影响大小，对其实行分类管理。

（1）应当编制环境影响报告书的项目：可能造成重大环境影响的建设项目，对项目产生的环境影响进行全面评价。

（2）应当编制环境影响报告表的项目：可能造成轻度环境影响的建设项目，对项目产生的环境影响进行分析或专项评价。

（3）应当填报环境影响登记表的项目：对环境影响很小的建设项目，不需要进行环境影响评价，只需办理环境保护管理备案（填写登记表）手续。

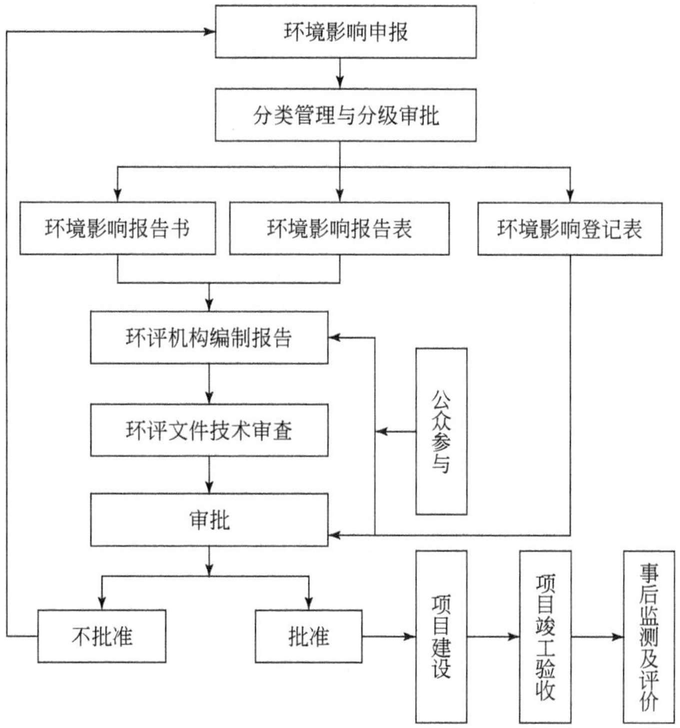

图 10.2　建设项目环境影响评价管理程序

如果需要进行环境影响评价，则由建设单位委托有相应环境影响评价资格证书的单位来承担评价工作。

2. 环境影响评价项目的监督管理

1）评价单位与人员的资质管理

评价单位要持有《建设项目环境影响评价证书》，证书分为甲、乙两个等级，评价单位须经国务院环境保护行政主管部门考核审查合格后，颁发资格证书，按照资格证书规定的等级和评价范围从事环境影响评价工作，并对评价结论负责。

对评价人员实行环评工程师职业资格制度，环评人员要持证上岗。

2）评价大纲的审查和环境影响报告书（表）的审批

评价大纲是环境影响报告书的总体设计，在开展评价之前编制。由建设单位向负责审批的环境保护部门申报，并抄送行业主管部门。环境保护部门根据情况确定评审方式，提出审查意见。

环境影响报告书（表）完成后上报拥有审批权的环境保护行政主管部门审批，环保主管部门组织环评专家进行技术评审。报告书（表）批复后环评单位完成本次环评任务。

（二）环境影响评价的工作程序

建设项目环境影响评价的工作主要分三个阶段（图 10.3）。

1. 准备阶段

主要工作为研究有关文件，进行初步的工程分析和环境现状调查，筛选出重点评价项目，确定各单项环境影响评价工作的等级，编制环境影响评价大纲。

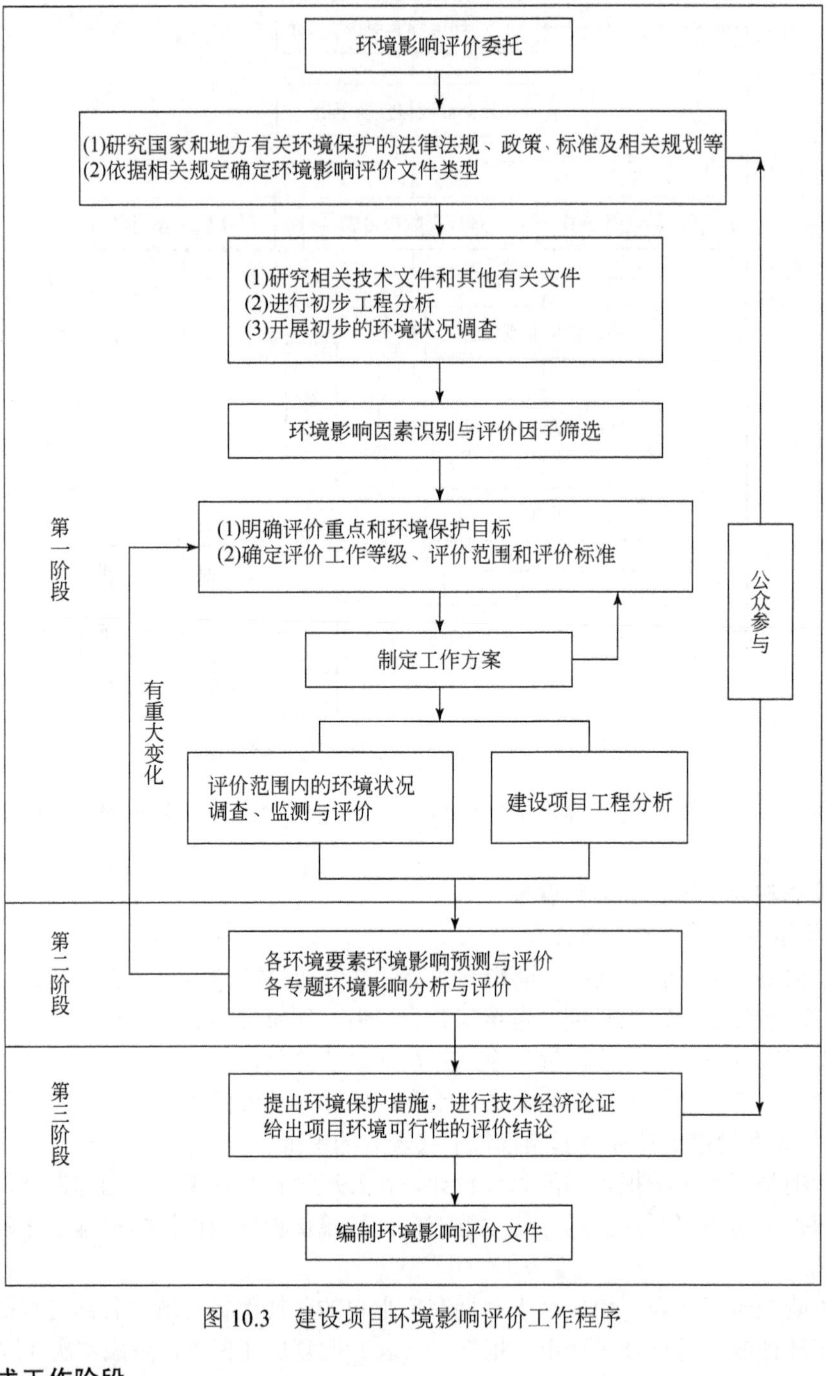

图 10.3 建设项目环境影响评价工作程序

2. 正式工作阶段

主要工作是详细的工程分析和环境现状调查，进行环境影响预测，评价环境影响。

3. 报告书编制阶段

主要工作是分析汇总各种资料和数据，得出环境影响评价结论，编制完成环境影响报告书。

建设项目环境影响评价要按照项目的特点和受影响的环境条件，确定环境影响评价等级，提出不同的评价工作要求。

环境影响评价工作的等级是指各个评价项目工作深度的级别划分。各单项环评划分为三级，一级最详细，二级次之，三级较为简略。环境影响评价工作等级的主要划分依据如下。①建设项目的工程特点（工程性质、工程规模、工程选址选线、能源及资源的使用量及类型、主要污染物种类、源强、排放方式与去向、污染物降解转化的难易程度、对生物的毒理作用等）。②项目所在地区的环境特征（自然环境特点、环境敏感程度、环境质量现状及社会经济情况等）。③国家和地方政府颁布的有关法规（包括环境质量标准和污染物排放标准）。

对于某一具体项目的评价，其工作等级可根据项目对环境的影响、所在区域的实际情况和特殊要求做适当的调整，但调整的幅度不超过一级，并且要说明调整的具体理由。

三、环境影响评价的主要内容

人类的开发活动和建设项目众多，对环境的影响多种多样，因此环境影响评价的工作内容不存在完全一致的情况。但是要对区域开发和建设项目所造成的环境影响做出准确的评价，必须全面分析开发活动和建设项目的特点、环境污染特征和可能导致的生态破坏因素；需要对评价区的污染源进行调查与评价，确定区域主要污染源和污染物；必须识别出受到影响的环境要素，筛选和确定出重要的环境影响因子作为预测和评价的对象，并进而展开环境影响的预测和评价。故工程分析、污染源的调查与评价、环境影响识别、环境影响预测是环境影响评价工作的主要内容。

（一）工程分析

工程分析是环境影响预测和评价的基础。工程分析是从有可能对环境产生影响的角度对工程项目的建设性质、生产规模、原料来源、工艺方法、土地利用、移民安置等进行系统分析。其目的是确定主要影响因子，查清其影响的过程及危害特征。工程分析的工作内容应根据工程项目的特征，包括项目的类型、性质、规模、开发建设方式与强度、能源与资源的使用量、污染物排放特征，以及项目所在地的环境条件来确定（图 10.4）。

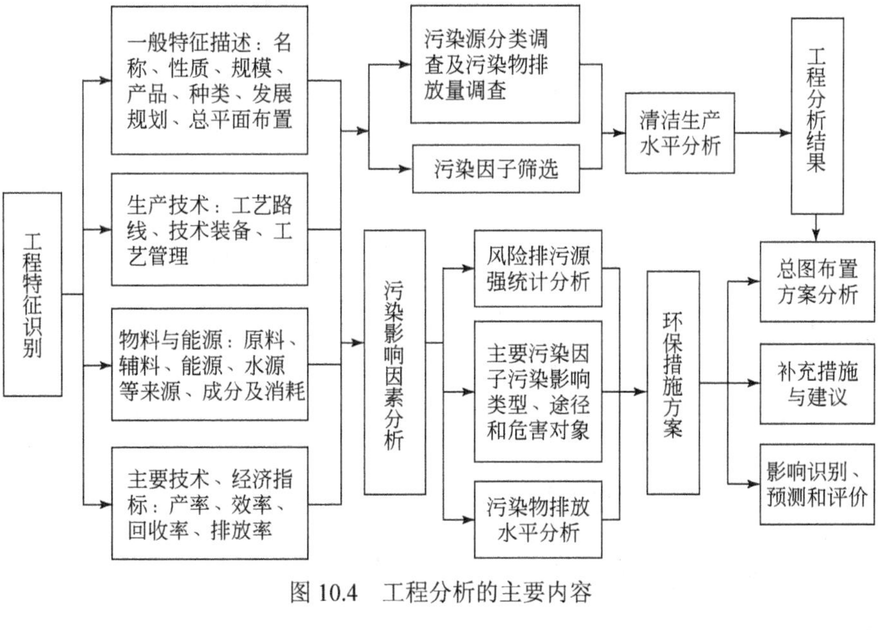

图 10.4 工程分析的主要内容

（二）污染源的调查与评价

通过污染源调查，掌握污染源的类型、数量、分布；各类污染源所排放污染物的种类、数量（排放量）、排放方式、排放途径和排放规律；污染源排放的污染物对人群及环境的可能影响和危害；已经采取的污染治理措施和效果等。污染源调查不仅是为污染综合防治提供依据，也是环境影响评价的基础工作。确定了主要污染源和污染物，也就抓住了主要环境问题，环境影响预测、污染防治措施确定和环境规划编制也就有了依据。

（三）环境影响识别

环境影响识别是指对受到拟开发活动或项目建设等人类活动所影响的环境因子的筛选与判断。开发活动和建设项目的类型繁多，它们对环境均可造成不同性质和不同程度的影响，其中工业工程类、能源工程类、水利工程类、交通工程类和农业工程类建设项目是目前对环境影响比较显著的人类开发活动。这些活动对环境的影响主要有以下几个方面。

1. 人类活动的环境污染影响

人类活动主要是工程项目对水、大气、土壤等环境要素造成影响。

（1）工程项目对水质的影响。工程项目的水质影响主要包括对地表水体和地下水体的功能、水资源供应和水质产生的影响。工程项目建设需要利用大量的水资源作为生产用水或冷却用水，并产生大量废水。这些废水的排放，会改变水质而形成水质影响。城镇化的发展，尤其是人口的增长，对水量和水质的需求迅速提高，将会影响水体的水文和水质状况。高浓度废水和固体废物处置不当，会导致地下水污染。因此，在以地下水为供水源的水源地地区，尤其要注意工程建设项目对地下水文、水质的影响。地表水与地下水之间可通过渗滤、蒸腾、回灌、排放等方式而形成相互影响，使地下水质发生变化，从而对水源地产生影响。

（2）工程项目对大气环境质量的影响。工程项目的大气环境质量影响主要是指排放的气体污染物对人类与动植物的健康和生产力产生的不利影响、对大气物理化学组成的影响等。大气环境质量影响研究的目的，在于对主要大气污染物及其发生源进行分析，掌握其排放数量及形式，弄清其对大气质量产生的影响及影响程度。在确定工程项目环境影响时，需要对风向、风速、气温及其垂向分布、云层、降水等气象条件进行调查和分析，弄清有利于和不利于大气扩散的时间和空间，掌握高浓度污染发生的条件。

（3）工程项目对土壤环境质量的影响。工程项目对土壤环境质量一般有三个方面的影响：一是大气悬浮物沉降、地表水的渗透、污水灌溉和固体废物的自然淋滤及机械风化对土壤的污染影响；二是开发和建设活动所引起的水土流失、土壤沙化、土壤酸化、土壤次生盐渍化及沼泽化等造成的土壤退化；三是工程项目造成的土壤和土地资源破坏及其程度。

（4）工程项目对环境噪声的影响。工程项目环境噪声影响分析的内容主要有噪声来源识别、噪声水平及其变化评估、噪声的性质和强度及对当地的干扰程度、噪声对附近居民或野生生物的影响等。

（5）工程项目对人体健康和环境安全的影响。主要是有毒、易燃、易爆等危险化学品对人群健康和安全的威胁。

2. 人类活动的生态价值影响

人类活动的生态价值影响是指由人类活动对植物和动物种类的分布、丰度和生物学生产力等造成的影响。物种多样性是衡量生态系统健康状况的重要指标之一，而某一区域内物种的多少是相互依赖的，因而其影响并不仅限于直接的影响，间接的影响可能也很重要。例如，动物常常由于其生活地区赖以生存的食物或植物遭到破坏而间接受到影响。一般地说，植被和野生生物有可能受开发活动和工程建设项目的不利影响，尤其是珍稀物种。维持陆生生物群落和水生生物群落的多样性，应是选择环境影响因子所必须考虑的。

3. 人类活动的环境美学影响

人类活动的美学影响是指开发活动和工程建设项目对与美感有关事物的影响作用。人类活动美学影响的因子可选择土地、空气、水、生物和人造景物等，其中前四种因子的美学影响主要是分析它们的美学价值与影响，如山脉、溪流、大气能见度、水的清洁度及气味、生态景观等的美学价值与影响；人造景物的美学影响主要是分析其对周围环境的破坏作用，如拟建项目的设计造型与现有景观是否协调等。此外，还需分析拟建项目对名胜古迹和历史文物及休闲娱乐的影响，例如，是否损害当地特有景物、是否改变当地美学质量、对名胜古迹和具有考古价值的地点或资源是否有重大影响、是否对休闲娱乐场地和其他具有重大景观和游览价值的地区产生重大影响等。

4. 人类活动的社会经济影响

人类活动的社会经济影响是指开发活动和工程建设项目对人类社会的影响，既包括工程建设项目对经济、社会、人类健康和福利产生的直接影响，也包括通过改变各种环境因子而造成的间接影响。人类活动社会经济影响分析通常从以下四个范畴中选择影响因子。第一，人类活动对人口的影响。由于从事工程项目建设工人的移入而引起人口大量增加，使人口的组成、分布等产生变化，以至于影响劳动力市场，影响本地居民就业。第二，人类活动对公共服务设施的影响。向就业者及其家属提供住房、交通、卫生、教育等社会服务是这一类影响的主要选择因子。第三，人类活动对经济的影响。人类活动经济影响方向的判别具有社会性，影响的后果不可能均匀分配于全社会或每个人，因此人类活动经济影响分析的关键，是了解经济利益的分配情况和社会的受益及受益程度。第四，人类活动对价值观的影响。主要是指人类活动对生活方式和生活质量的影响。受到工程建设等经济活动的影响，会使项目附近的居住、文化、精神水平及生活方式发生改变，生活质量发生变化。

（四）环境影响预测

1. 环境影响预测的概念

环境影响预测通常是在对现有的相应资料数据加以合理的研究和分析基础上，对受人类活动影响的未来环境状况做出预计或推测，其目的是运用现代科学方法和手段对环境的发展变化趋势做出科学的分析和判断，从方法论上探讨人类活动与环境变化之间的规律。环境影响预测是环境影响评价结论的重要依据之一，在环境影响评价中起着重要的作用。实际工作中，环境影响预测一般是判断环境质量的一个或多个因子的具体变化，对这类变化的分析是环境影响预测的核心内容。

环境影响预测的范围、时段、内容及方法应按相应评价工作等级、项目与环境的特性、当地的环境保护要求来确定。建设项目有建设阶段、生产运营阶段、服务期满或退役阶段三个阶段的环境影响，一年之内建设项目的环境影响有冬、夏两季或丰、枯水期两个时段的差异。因此，环境影响预测工作原则上应与此相对应。但是，对于污染物排放种类多、数量大的大中型项目，除预测正常排放情况下的影响外，还应预测各种不利条件下的影响，如事故排放的环境影响等。

环境影响预测的范围应等于或略小于环境现状调查的范围。为全面反映评价区内的环境影响，预测点的位置和数量除应覆盖现状监测点外，还应根据项目和环境特征以及环境功能要求而设定，预测的内容应根据评价工作等级、项目和环境特征及当地环境环保要求而定。

2. 环境影响的预测方法

环境影响预测是环境影响评价中重要的技术步骤，主要预测方法有数学模型法、物理模拟法、类比分析法、专家判断法等，其中常用的是数学模型法。

1）数学模型法

把环境要素或环境过程的规律用不同的数学形式表达，就得到反映这些规律的数学模型。数学模型是根据人们的实践经验或对客观系统的观测结果归纳出的反映系统内部状态变化和输入、输出之间数量关系的数学公式和具体算法。利用数学模型可以对环境要素和环境过程的变化进行定量的预测。根据对环境信息掌握的情况，常把数学模型分为白箱模型、灰箱模型和黑箱模型三类。白箱模型是以客观事物的变化规律为基础建立起来的。环境预测研究中，很多数学模型是根据质量平衡原理建立起来的微分方程模型，但每个模型可能包含一个或多个待定系数，这些系数很难根据环境变化过程的机理分析予以确定，因此很难获得一个完全的白箱模型。灰箱模型是环境影响评价工作中最常见的模型，它根据系统各变量之间的物理的、化学的、生物学的过程，建立起各种守恒或变化关系（白箱），而在某些了解还不清楚的方面设法参数化（黑箱），根据输入、输出数据的统计关系确定参数数值。灰箱模型能表示环境要素和环境过程变化机制，但其中反映各个参数之间关系的系数是不确定的，同时模型中状态变量和输出常随时间变化，是一种半经验、半理论的模型。灰箱模型多用于预测项目开发活动对环境的物理、化学和生物过程为主的影响。黑箱模型根据输入输出关系建立起各个变量之间的函数关系，对变化过程的机理不考虑，是一种纯经验模型，反映了项目开发活动的性质、强度与环境后果之间的因果关系。在无法了解环境变化过程但又可获得许多实测数据时，可使用黑箱模型进行预测。

2）物理模拟法

在实验室或现场通过物理、化学、生物过程测试直接模拟环境影响问题的方法统称为物理模拟方法。其最大的特点是采用实物模型（非抽象模型）来进行预测。其方法的关键在于原型与模型的相似（几何相似、运动相似、热力相似、动力相似）。

3）类比分析法

类比分析法有对比法和类比法两种，其中前者通过工程兴建前后某些环境因子状况的对比分析，预测工程项目的环境影响机制及变化过程；后者通过对比一个已知相似工程兴建前后的环境状况，并进行环境影响订正，预测未来工程（或拟建工程）的环境影响。

4）专家判断法

进行环境影响预测时，有时由于时间、经济等条件的限制，不能采用客观的预测方法，此时只能用主观预测方法，其中主要方法是专家判断法。

专家判断法亦称专家咨询法，通过组织专家召开会议来进行讨论，对一些疑难问题进行咨询，或者通过发放调查表来征求专家意见，依靠一定领域中具有专业知识的专家对环境影响做出识别和判断，在此基础上做出评价、预测和决策。专家会议法的成本高，并且易受权威专家的影响；专家调查表法的成本低，每位专家都能充分发表自己的意见，但是意见不容易达成一致，而且专家对意见的不同处理方式可能得到不同的处理结果。德尔菲法可在一定程度上避免上述问题。它将专家所做判断规范化，是在环境影响评价中比较常用的一种结构化的专家判断法。

德尔菲法的原理是利用专家的知识与经验，按照一些明确的要求（包括假设）来考虑一个结构化的（即系统的、组织好的）问题，通过对专家意见的多轮征询、统计、反馈，最终集中专家集体意见，从而取得一致结论的一种主观判断方法。

专家判断法的最大特点在于对某些难以用数学模型定量化的因素，如社会政治因素，可以考虑在内。另外，在缺乏足够统计数据和原始资料的情况下，专家判断法可以作出定量估计。如果某些情况下某些因果关系太复杂，找不到适当的预测模型，也可使用专家判断法。

四、环境影响评价的方法

环境影响评价方法是环境影响评价工作的技术手段，是关于环境影响资料的鉴别、收集、整理、判断和分析的方法及各种相关信息形象化的提出形式。这种形象化的形式便于向决策者和公众说明环境质量及价值的变化和人类活动与环境质量变化之间的关系，可为人类活动提供环境方面的决策依据。环境评价方法有多种，可依据不同的指标进行不同的类型划分。按照适用工作内容，可将环境影响评价方法划分为环境影响识别方法、环境影响预测方法和环境影响综合评价方法三类。常用的环境影响识别方法有核查表法、矩阵法、图形叠置法和网络法，其中后三者兼具环境影响综合评价的功能。此外，环境影响综合评价方法还有地理信息系统法和动态系统模拟法。环境影响预测方法、环境影响综合评价的指数法和专家判断法前已述及，此处简要介绍环境影响预测方法和环境影响综合评价方法中的核查表法、矩阵法、图形叠置法、网络法、地理信息系统法和动态系统模拟法。

1. 核查表法

核查表法是最常用的环境影响识别方法，它利用开列清单的方式，将受开发方案影响的环境因子和可能产生的环境影响在一张表单上一一列出，可以鉴别出开发行为可能会对哪一种环境因子产生影响。

2. 矩阵法

矩阵法将清单中所列内容，按其因果关系系统地加以排列，并把开发行为和受影响的环境要素组成一个矩阵，在开发行为和环境影响之间建立直接的因果关系，并定量或半定量地说明拟议工程行动对环境的影响。

3. 图形叠置法

图形叠置法将一套表示各环境要素一定特征的透明图片叠置起来，用以表示环境的综合特征，反映项目的影响范围及环境影响的性质和程度。此法包括手工叠图与计算机叠图，多用于公路、铁路、管道等线路选址和区域开发项目的环境影响综合评价。图形叠置法不仅能综合表达线路的环境影响，而且可以识别产生最小环境影响的线路，用以进行线路的环境影响优化分析。

4. 网络法

网络法的基本原理是采用原因-结果的分析网络来阐明环境影响的推广矩阵法。因果关系网络的表达形式往往为树枝状图形，故常被称为关系树或影响树。网络法既可以表示项目的原发性影响和继发性影响，也可以鉴别累积影响和间接影响。

5. 地理信息系统法

地理信息系统是在计算机硬件和软件系统的支持下对地理系统空间数据进行采集、储存、管理、运算、分析、显示和描述的技术系统。它可实时提供多种空间的、动态的、与地理位置相关的信息，对地理空间信息进行分析和处理，具有强大的空间分析和图形处理功能，已被成功应用于众多领域，亦适用于环境影响综合评价。

6. 动态系统模拟法

动态系统模拟法由罗马俱乐部于1972年在建立“世界模型”研究时所提出，是一种用于多要素系统预测的数学模拟模型，最初用于以动态观点综合预测分析世界范围内人口、工农业生产、资源和环境污染之间的复杂关系。由于该模型具有综合模拟的功能，提出后即被应用于诸多领域的模拟预测研究。应用动态结构模拟法进行系统模拟时，由于研究的范围大、条件复杂，往往需要对社会行为和技术发展作一系列严格的假定。

五、环境影响评价文件的编制

（一）环境影响评价大纲的编写

1. 环境影响评价大纲内容

环境影响评价大纲是环境影响评价报告书的总体设计和行动指南，是具体指导环境影响评价工作的技术文件，也是检查报告书内容和质量的主要判据。环境影响评价大纲应该在开展评价工作之前编制，编制之前应充分研究有关文件，并进行初步的工程分析和环境现状调查。环境影响评价大纲由评价单位编制，环境保护行政主管部门批准。

评价大纲一般应包括以下内容：

1）总则

包括评价任务的由来，编制依据，控制污染和保护环境的目标，采用的评价标准、评价项目及工作等级和重点等。

2）建设项目概况

包括建设项目名称、地点及建设性质；建设规模（扩建项目应说明原有规模）、占地面积、厂区平面布置；土地利用情况和发展规划；产品方案和主要工艺方法；职工人数、全员劳动生产率。如果是扩建项目，应同时介绍现有工程概况。

3）建设项目工程分析的内容与方法

根据当地环境特点、项目评价工作等级和重点因素，说明工程分析的内容、方法和重点。具体内容包括主要原料、燃料及其来源和储运、物料平衡、水的用量及平衡、水的回用情况；工艺过程（附工艺流程图）；废水、废气、废渣、放射性废物等的种类、排放量和排放方式，以及其中所含污染物种类、性质、排放浓度；产生的噪声特性及数值等；废弃物的回收利用、综合利用和处理、处置方案；交通运输情况及场地的开发利用。

4）环境现状调查

环境现状调查包括两类内容，一是自然环境和社会环境现状调查，包括地理位置（附位置图）；地质、地形、地貌和土壤情况，河流、湖泊（水库）、海湾的水文情况，气候与气象情况；大气、地面水、地下水和土壤的环境质量状况；矿藏、森林、草原、水产、野生动物、野生植物、农作物等；自然保护区、名胜古迹、温泉、疗养区及重要的政治文化设施等情况；社会经济情况，包括下游工矿企业和生活居住区的分布状况，人口密度，农业概况，交通运输情况和其他社会经济情况等。二是环境中与评价项目关系较密切部分的现状调查，即根据已确定的各评价项目工作等级、环境特点和影响预测的需要，尽量详细地说明调查参数、调查范围及调查的方法、时期、地点、次数等。

5）环境影响预测与评价建设项目的环境影响

包括预测方法、内容、范围、时段及有关参数的估值方法，对于环境影响的综合评价，应说明拟采用的评价方法。

6）评价工作成果清单

包括拟提出的结论和建议的内容。

7）评价工作组织、计划安排

8）评价工作经费概算

2. 环境影响评价工作的实施方案

在下列任意一种情况下，应编写环境影响评价工作的实施方案，以作为大纲的必要补充：第一，由于必需的资料暂时缺乏，所编大纲不够具体，对评价工作的指导作用不足；第二，建设项目特别重要或环境问题特别严重，如规模较大、工艺复杂、污染严重等；第三，环境状况十分敏感。

（二）环境影响评价报告书的编制

1. 环境影响评价报告书编制的原则与要求

环境影响报告书是环境影响评价工作的书面总结。它提供了评价工作中的有关信息和评价结论，包含评价工作每一步骤的方法、过程和结论，是环境保护主管部门进行环境可行性决策的技术支持文件，编制时应遵循以下原则：第一，应全面、客观、公正、概括地反映环境影响评价的全部工作。评价内容较多的报告书、重点评价项目可另编分项报告书，主要技术问题可另编专题报告书。第二，文字应简洁、准确，图表要清晰，论点要明确。大项目的环境影响评价可分为总报告和分报告（或附件）。总报告应简明扼要，分报告列入专题报告和计算依据。

环境影响报告书的编制，应满足以下基本要求：第一，环境报告书总体编排结构应符合相关法律法规条例的要求，内容全面，重点突出，实用性强；第二，基础数据可靠；第三，预测模式及参数选择合理；第四，结论观点明确、客观可信；第五，语句通顺、条理清楚、文字简练、篇幅不宜过长；第六，环境影响报告书中应有评价资格证书，参加环境影响评价的工作人员应该持有上岗证，并分别在报告书中署名。

2. 建设项目环境影响报告书的编制要点

环境影响评价报告书应根据国家和地方的环境保护要求、工程特点、环境特征和评价工作等级等决定具体的编制内容和形式。环境影响预测与评价是报告书编写重点。以污染影响为主的建设项目环境影响报告书一般应包括工程分析，周围地区的环境现状调查与评价，环境影响预测与评价，清洁生产分析，环境风险评价，环境保护措施及其经济技术论证，污染物排放总量控制，环境影响经济损益分析，环境管理与监测计划，公众参与，结论与建议等。以生态影响为主的建设项目还应设置施工期、环境敏感区、珍稀动植物、社会等影响专题评价。编制报告书时根据项目的实际情况选择但不限于下列全部或部分内容。建设项目环境影响报告书的编写提纲大致如下。

1）前言

简要说明建设项目的特点、环境影响评价的工作过程、关注的主要环境问题和环境影响报告书的主要结论。

2）总则

环境影响评价项目的由来。说明建设项目立项始末，批准单位及文件，评价项目的委托，完成评价工作概况。阐明环境影响报告书的编制目的、编制依据、评价标准、评价范围及环境敏感区、评价重点与环境保护目标、相关规划及环境功能区划等。

3）建设项目概况和工程分析

对建设项目的全部组成和施工期、运营期、服务期满后等各时段的全部行为过程的环境影响因素及其影响特征、程度、方式等进行分析与说明，突出重点；从保护周围环境、景观及环境保护目标要求出发，分析总图及规划布置方案的合理性。具体内容包括：第一，建设规模。包括建设项目的名称、建设性质、地理位置；产品、产量总投资、利税、资金回收年限；项目规模、占地面积、土地利用情况、建设项目平面布置（附图）；职工人数、全员劳动生产率。对扩建、改建项目，应说明原有规模。第二，生产工艺简介。按产品生产方案分别介绍生产工艺，并附生产工艺流程图和重要的化学反应方程式。说明原料的投入种类和数量、加工次数，加工性质、排放污染物种类和数量、最终产品等。应分析说明生产工艺的先进性。对扩建、改建项目，还应对原有的生产工艺、设备及污染防治措施进行分析。第三，原料、燃料及其来源和储运，用水量和水量平衡，水的回用情况。给出原料、燃料的组成成分及百分含量，列出原料、燃料及用水量的年、月、日、时的消耗量表，给出物料平衡图和水量平衡图。第四，污染物排放量清单。列出各污染源排放的污染物种类、数量、排放方式和排放去向。对扩建、技改项目，还应列出扩建、技改前后的污染物排放量清单。第五，建设项目采取的环保措施。说明建设项目拟采用的治污方案、工艺流程、主要设备、处理效果、排放是否达标，废弃物的综合利用与处理、处置方案，投资及运转费等。第六，工程影响环境因素分析。根据污染物排放情况及环境背景状况，分析污染物可能影响环境的各个方面，将其主要影响作为预测的重要内容。

4）环境现状调查

主要内容是自然环境调查、社会环境调查、环境质量现状（背景）调查和其他人类社会、经济活动污染与破坏环境的现状调查。自然环境调查的内容包括评价区的地理位置、地质、地貌、气象与气候、水文与水文地质、土壤及农作物、植被与生物等的基本情况。社会环境调查的内容包括评价区的行政区划、人口、现有工矿企业及分布、文化教育、人群健康及地方病、各类保护区及重要政治文化设施等的基本情况。环境质量现状调查的内容包括评价区的大气、地表水、地下水、土壤及农作物、环境噪声、人体健康及地方病等的环境质量现状调查。各种环境要素质量现状调查应说明调查的监测点及其位置、监测项目、采样方法与时间、监测分析仪器与方法、调查结果分析方法与结果等，人体健康及地方病调查应说明调查的区域、人数、性别、年龄、职业构成、体检项目、检查方法、调查结果数理统计方法、污染区与对照区比较分析结果等。

5）污染源调查与评价

重点是做出建设项目污染源预估和评价区内污染源调查与评价。

6）环境影响预测与评价

给出预测时段、预测内容、预测范围、预测方法及预测结果，并根据环境质量标准或评价指标对建设项目的环境影响进行评价。按照大气、水、噪声、土壤、振动及电磁波、人群健康等环境要素和周边地区地质、水文、气象等自然地理条件要素，分别作出环境影响预测与评价。

7）社会环境影响评价

明确建设项目可能产生的社会环境影响，定量预测或定性描述社会环境影响评价因子的变化情况，提出降低影响的对策与措施。

8）环境风险评估

给出环境风险评估后果、环境风险可接受程度，从环境风险角度论证建设项目的可行性，提出具体可行的风险防范措施和应急预案。

9）环保措施及其经济技术论证

明确建设项目拟采取的具体环境保护措施；结合环境影响评价结果，论证建设项目拟采取环境保护措施的可行性，并按照技术先进、适用、有效的原则，进行多方案比选，推荐最佳方案；按照工程实施的不同阶段，分别列出其环境保护投资额，并分析其合理性；给出各项措施及投资估算一览表。按照大气污染、废水、废渣、噪声、振动等要素，分别提出污染防治和治理措施的可行性分析与建议，并提出绿化措施的评价及建议、环境管理和环境监测制度建议。

10）清洁生产和循环经济分析

量化分析建设项目清洁生产水平，提高资源利用率，优化废物处置途径，提出节能降耗、提高清洁生产水平的改进措施与建议。

11）污染物排放总量控制

根据国家和地方总量控制要求、区域总量控制的实际情况及建设项目主要污染物排放指标分析情况，提出污染物排放总量控制指标建议和满足指标要求的环境保护措施。

12）环境影响经济损益分析

从经济效益、环境效益和社会效益统一的角度，论述项目的可行性。经济效益分析的内容包括建设项目的直接经济效益，如利税、资金回收年限、贷款偿还期等；建设项目产品可为社会其他部门带来的经济效益；环保投资及运转费。环境效益分析的内容包括建设项目建成后由于环境恶化给农、林、牧、渔业造成的经济损失及污染治理费用；环保副产品收益和环境改善效益。社会效益分析的内容包括建设项目的产品满足社会需要，促进生产和人民生活的提高，促进当地经济、文化的进步，增加就业机会等。此外，还应根据建设项目环境影响所造成的经济损失与效益分析结果，提出补偿措施与建议。

13）公众意见调查

给出采取的调查方式、调查对象、建设项目的环境影响信息、拟采取的环境保护措施、公众对环境保护的主要意见、公众意见的采纳情况等。

14）方案比选

建设项目的选址、选线和规模，应从是否与规划相协调、是否符合法规要求、是否满足环境功能区要求、是否影响环境敏感区或造成重大资源经济和社会文化损失等方面进行环境合理性论证。如要进行多个厂（场）址或选线方案的优选时，应对各个选址或选线方案的环境影响进行全面的比较分析，从环境保护角度提出选址或选线意见。

15）结论及建议

环境影响评价结论是全部评价工作的结论，应在概括全部评价工作的基础上，准确、客观、简明地总结建设项目实施各阶段的生产和生活活动与当地环境的关系，明确一般情况下和特定情况下的环境影响，规定采取的环境保护措施，从环境保护的角度给出项目是否可行的明确结论。结论及建议中一般应包括以下主要内容。建设项目的建设概况，评价区的环境质量现状与主要环境问题，项目的环境影响预测和评价结论，环保措施可行性分析的主要结论及建议，建设项目选址、规模、布局等的可行性。此外，还应给出清洁生产、总量控制和达标排放的分析结果。环境影响评价结论可有针对性地选择其中的全部或部分内容进行编写。环境可行性结论应从与相关政策、法规和规划的一致性、清洁生产水平、达标排放的稳定完成、环境保护措施的合理有效性和可行性、公众参与度与接受度等各方面情况分析得出。

16）附件、附图及参考文献

将建设项目依据文件、评价标准和污染物排放总量批复文件、引用文献资料、原料及燃料品质等必要的有关文件、资料附在环境影响报告书后。附件包括建设项目建议书及其批复、评价大纲及其批复等。附图、附表一般编排在报告书中相应位置；当附图、附表较多时，可集中编排在报告书之后，或另行设立附图、附表分册；如果不结合某些附图或附表对理解报告书内容有较大困难时，这些附图或附表应编入报告书中。报告之后应列举重要的参考文献，列举参考文献时应信息齐全，格式规范。

复习思考题

1. 什么是环境评价？如何理解环境评价？
2. 什么是环境质量评价？它有哪些类型？
3. 环境质量评价的程序是什么？
4. 什么是环境影响评价？环境影响评价的重要性体现在哪些方面？
5. 环境质量评价与环境影响评价的区别是什么？
6. 环境影响评价的类型有哪些？
7. 建设项目环境影响评价分类管理的类别有哪几种？
8. 环境影响评价工作程序分为几个阶段？各阶段的主要工作是什么？
9. 环境影响评价工作等级划为几级？其划分依据是什么？
10. 环境影响评价大纲的作用和内容是什么？
11. 环境影响评价报告书的编制原则和基本要求是什么？
12. 建设项目环境影响报告书包括哪些主要内容？

第十一章 环 境 规 划

环境是人类赖以生存和发展的基础，为了避免环境污染和生态破坏，必须协调经济发展、资源利用和环境保护三者的关系，走可持续发展之路。人类的社会活动具有目的性、依存性和继承性，只有通过有组织的规划，才能协调一致，实现既定目标。环境规划作为一种有预见的科学决策活动，所要解决的问题主要是规范人们的环境行为，避免人类经济社会活动和环境保护活动的盲目性和主观随意性所引起的环境污染和环境破坏，其科学理论和方法丰富而极具扩展性。

第一节 环境规划概述

一、环境规划的概念

环境规划是人们反思社会发展对环境造成的影响，为使环境与经济社会协调发展而对自身活动所做的时间和空间的合理安排，以便从源头上控制污染产生和环境破坏。环境规划是社会发展和国民经济的有机组成部分，是环境决策在时间、空间上的具体安排，是规划管理者对一定时期内环境保护目标和措施所做出的具体规定，是一种带有指令性的环境保护方案，其目的是在发展经济的同时保护环境，使经济与社会协调发展。

在环境规划发展的历程中，人们对环境规划的认识不尽相同。有的学者把环境规划看作是在一定时期、一定范围内整治和保护环境，达到预定的环境目标所做的总体布置和规定。亦有学者认为环境规划是对不同地域和不同空间尺度的未来环境保护行动进行规范、系统筹划，是为实现预期环境目标的一种综合性手段。总之，环境规划主要在于调控人类自身的活动，减少污染和资源浪费、破坏，保护人类生存、经济和社会持续稳定发展所依赖的环境。由此可见，环境规划是一种克服人类活动盲目性和主观随意性的科学决策活动，是一定时期内环境保护目标和措施所做的规定及环境保护战略和政策的体现。

关于环境规划的定义，一般表述如下：环境规划是指为使环境与社会、经济协调发展，把“社会-经济-环境”作为一个复合生态系统，依据社会经济规律、生态规律和地学原理，以环境发展变化趋势研究为基础，而对人类自身活动和环境所做的时间和空间的合理安排。从该定义可以看出，环境规划包含了环境规划的目的、内容和科学性的要求。环境规划的目的是按既定的目标和措施，合理分配排污削减量，约束排污者的行为，指导人们进行各项环境保护活动，改善生态环境，防止资源破坏，保障环境保护活动纳入国民经济和社会发展计划，以最小的投资获取最佳的环境效益，促进环境、经济和社会的可持续发展。环境规划担负着从整体上、战略上和统筹规划上来研究和解决环境问题的任务，对可持续发展战略的顺利实施起着十分重要的作用。

环境规划定义的内涵如下。①环境规划以“社会-经济-环境”这一复合生态系统为研究对象，具有开放性和复杂性，涉及某个特定区域，其范围可能是一个国家、一个区域（省级区域、城市、乡镇或流域)。②环境规划的目的在于改变传统的经济发展模式,使经济、社会发展遵循自然生态规律,减轻或避免发展对环境造成的破坏,使“社会-经济-环境”系统协调发展,维护生态系统良性循环,达到经济发展和环境保护双赢的目的。③环境规划依据系统学理论、环境承载力理论、空间结构和环境经济学理论等,体现了环境规划学科的交叉性和边缘性。④环境规划包括两个方面的主要内容:一是根据环境保护的需要,对人类经济社会活动提出约束要求;二是根据经济社会发展和人民生活水平提高对环境越来越高的需求,对环境保护和建设做出长远的安排和部署。这两个方面相互作用和促进,经济发展可增强环境保护的能力,消除导致环境破坏的贫穷根源;同时良好的环境也能促进经济的发展,改善人民的生存环境和生活质量,维持“社会-经济-环境”系统可持续发展。

二、环境规划的任务

环境规划是环境管理的科学依据,也是国家环境保护政策和战略的具体体现,可为控制环境污染、改善生产生活质量、经济与环境保护协调发展提供切实可行的最佳方案。作为国民经济和社会发展规划体系的重要组成部分,环境规划是协调人与环境、经济与环境关系的重要手段和措施。环境规划的主要任务是解决和协调国民经济发展和环境保护之间的矛盾,维护人类社会生态系统的良性循环,谋求人类社会最佳发展,主要表现在以下几个方面。

(一)合理编制各地区的发展规划纲要,制定环境保护技术政策

在全面掌握地区经济和发展资料的基础上,编制地区发展规划纲要。通过调研,搜集有关地区经济和社会发展的长期计划及各项基础技术资料,并对规划地区的自然资源、社会资源和经济资源等作全面的分析和评价,以便进一步确定地区经济和社会发展的性质,明确其任务和发展方向,确定地区工农业的专业化和综合发展的内容及途径,编制地区发展的规划纲要。环境保护技术政策关系到国民经济和社会发展的需要,能源、资源合理开发利用的程度,生态环境保护与人体健康,国家经济技术开发战略等多方面复合的关系,并且还与环境质量背景、现状和未来发展直接相关。因此,制定统一的环境保护技术政策,用于指导制订环境规划是十分必要的。制定环境技术政策时,既要与有关方面、有关行业的技术经济政策相协调,又要从环境保护战略全局的需要来统筹安排。

(二)合理布局区域内工农业生产力

做好区域内工农业生产力的合理布局,首先要对工业分布的现状进行调研并详细分析,发现其深层次的问题和矛盾,以便从根本上解决环境污染问题。然后根据地区发展的规划纲要,结合地区经济、社会、历史及地理条件,将各类工业合理地组合,布置在最适宜的地点。合理布局污染工业区位,使工业布局与资源、环境及城镇居民区、基础设施等建设布局相协调。对于农业,要结合农业区划的情况,因地制宜地安排好农、林、牧、渔等各项生产用地;加强城郊副食品基地的建设;妥善解决工农业之间及农业与各项建设之间在用地、用水和消耗能源方面的矛盾,做到资源利用配置合理,形成区域生产力布局。

(三)合理开发利用资源,提高资源利用效率

广义的资源包括自然资源、社会资源、经济资源和信息资源等。我国是一个资源总量

巨大的国家，同时也是一个人均资源占有量很少的国家。因此，节约资源、合理开发利用资源，对我国的经济、社会、环境可持续发展有着十分重要的意义。环境规划应当对全国及各地区的资源结构进行全面分析和评价，在对比中理清长处和短处及有利条件和限制因素，以便因地制宜、扬长避短，最大限度地合理利用资源，进而促进经济发展和减少环境污染。

（四）搞好环境保护，建立良性循环的生态系统

区域环境规划必须避免或减轻经济发展对自然造成的威胁，逐步恢复已遭受破坏的生态环境，恢复其平衡状态，使大自然的生态环境向良性循环发展，进一步改善和美化环境。对局部被人类活动改造的地表进行适当修复，搞好区域绿化和重点园林绿地规划，丰富文化体育设施，增加休憩和旅游活动的场所。目前我国的环境保护工作进入了新的发展时期，科学发展观的提出为环境规划提供了很好的发展机遇，同时也提出了更高的要求。人类改造环境的能力，如果明智地加以利用，就可以给人类带来开发的利益和提高生活质量的机会；如果使用不当或轻率地使用，这种能力就会给人类和人类环境造成无法估量的损害。在当前和未来一段时间内，我国环境规划的任务应集中在以下几个方面。①按照科学发展观的要求，改进思想，进一步落实我国环境保护的基本国策。②坚持污染防治和生态环境保护并重，实现经济社会又好又快地发展，构建社会主义和谐社会。③实施浓度控制和总量控制计划及跨世纪绿色工程规划。④建立和完善综合决策、监管和公关、环境投入、公众参与四项制度。

三、环境规划的类型和特点

（一）环境规划的类型

环境规划类型划分的研究成果较多，许多学者根据不同的研究对象和角度，对环境规划的类型做了不同的划分。

按照环境规划的范围和实施主体，可将环境规划划分为区域环境规划和部门环境规划两类。其中区域环境规划又可进一步划分为国家级环境规划、省（直辖市、自治区）级环境规划、地市级环境规划、县（市、区）环境规划、乡镇环境规划等；部门环境规划又可进一步划分为城市综合整治环境规划、行业环境规划、农村环境规划、自然保护区环境规划等。区域环境规划是针对某一区域而编制的，旨在为区域环境行为提供行动准则；部门环境规划是针对某一部门而编制的，旨在规范行业部门的环境行为。在上述各级区域环境规划中，国家级环境规划涉及的范围最大，起指导全局的作用。各级区域的环境规划应以上级规划为依据进行编制，要与上级规划相衔接和相协调，不能有矛盾和冲突。各级环境规划的关系是上级规划指导和约束下一级规划，是下一级规划的依据和综合；下级环境规划是上级环境规划的条件和分解，是上级规划的有机组成部分和实现基础。上、下级环境规划之间既有区别又有联系，因而制订规划时要上下联系，综合考虑各方面的因素，制订切实可行的规划目标，进行总体优化。部门环境规划虽然是针对某一行业而编制的，但是与区域环境规划有着密切的联系，二者也需要相互衔接、相互协调。总的来说，部门环境规划是区域环境规划的组成部分，是区域环境规划在各行业部门的分解，应服从区域环境规划，受到区域环境规划的指导和约束。

按照环境规划的层次，可将环境规划划分为宏观环境规划、专项环境规划和环境管理规划三类。宏观环境规划是一种战略层次的环境规划，主要包括环境保护战略规划、污染物总量宏观控制规划、区域生态建设与生态保护规划等。专项环境规划是根据区域生态环境特征和经济技术发展特征而制订的环境规划，主要包括大气污染综合防治规划、水环境污染综合防治规划、城市综合整治规划、乡镇环境综合整治规划、近岸海域环境保护规划等。区域环境管理规划是具有战略决策性质的环境规划，是落实区域环境规划工作的具体安排。

按照环境要素的类型，可将环境规划划分为大气污染控制规划、水污染控制规划、固体废物污染控制规划、噪声污染控制规划等类型。此类规划是关于所规划环境要素污染控制的总体行动方案，主要内容包括所规划环境要素污染控制的基本任务、规划目标和主要防治措施等。

按照规划期的时间长短，可将环境规划划分为三类，即规划期为 10 年以上的长远环境规划，规划期为 5～10 年的中期环境规划和规划期为 1 年的年度环境保护计划。

按照规划期的作用，可将环境规划划分为经济制约型环境规划、协调型环境规划和环境制约型环境规划。

（二）环境规划的特点

1. 整体性

环境是一个整体、系统的概念，环境规划具有的整体性首先反映在环境的要素和各个组成部分之间，构成一个整体。同时，亦反映在规划各技术环节之间关系紧密、关联度高，各环节相互影响和制约。单一从某一环境要素着手并进行的串联叠加难以获得有价值的系统结果。

2. 综合性

环境规划的综合性反映在它涉及领域广泛、影响因素众多、对策措施综合、部门配合协调，同时，也反映在其学科知识和方法学习需求方面。环境规划涉及环境调查、环境评价、功能区划、环境趋势预测、环境影响的技术经济模拟、方案对策制定、多目标方案的优化、风险决策与适应性反馈调整等多种工作，要用到水文学、地理学、数学、污染气象学、环境物理学、环境经济学和环境管理学等学科知识，亦需要各类学科相关技术方法，包括应用数学模型、计算机软件技术等来处理大量定量和定性信息。

3. 区域性

环境问题的地域性特征十分明显，主要表现在区域的环境系统结构、变化规律不同，社会经济背景条件不同。环境规划必须注重因地制宜，规划的原则、规律、程序和方法融入地方特征才是有效的。

4. 动态性

环境规划具有较强的时效性。环境规划的影响因素在不断变化，无论是环境问题（包括现存的和潜在的）还是社会经济条件等都在随时间发生着难以预料的变动，势必要求环境规划工作具有快速响应和更新的能力。其方法、工作程序、支撑工具和手段都应能适应环境规划更新调整、修订的需求。

5. 前瞻性

环境规划是依据环境管理目标，对未来一段时间内，特定区域范围内的人类活动与环境变化活动做出的预先规划；同时，规划方案的设计要充分考虑到规划时段内区域环境的可能变化。

6. 信息密集性

环境规划过程中，自始至终需要收集、消化、吸收、参考和处理各类相关的综合信息。规划的成功在很大程度上取决于搜集的信息是否完全、准确和可靠，是否能够被有效地组织和利用。

7. 政策性

环境规划从最初立题、总体设计至最后的决策分析，制定实施计划的每一个技术环节中，经常面临从各种可能性中进行选择的问题。完成选择的重要依据和准绳，是我国现行的有关环境政策、法规、制度、条例和标准。环境规划的过程也是环境政策分析和应用的过程。

四、环境规划的功能

（一）指导和协调环境管理的功能

广义的环境管理包括环境规划管理、环境质量管理和环境技术管理三个方面的工作内容，狭义的环境管理是指以“老三项”（环境影响评价制度、“三同时”制度和排污收费制度）、“新五项”（环境保护目标责任制、城市环境综合整治定量考核制度、排污许可证制度和污染源限期治理制度）为内容的“八项”环境管理制度。作为对人类环境保护活动合理安排和科学决策的环境管理制度，其制订需要环境规划作先导，其落实需要环境规划作协调。在环境保护内部，真正处于统筹兼顾、远近结合、目标与措施相统一的综合宏观调控地位的只能是环境规划。环境规划是实施环境政策、法规和制度的主要途径，它将分散的、彼此独立的管理制度统筹、协调起来，在整个环境管理系统中具有“首先的、关键的、牵头的”地位，发挥着“指挥、协调与统筹”的功能。

（二）促进环境、经济和社会可持续发展的功能

环境规划的重要作用之一，就在于协调环境与经济、社会发展之间的关系，预防经济、社会发展建设过程中环境问题的发生，促进环境、经济和社会的可持续发展。《中华人民共和国环境保护法》明确规定，把环境规划纳入国民经济与社会发展规划体系中，作为环境领域的专项规划。随着环境问题的复杂化和综合化，环境保护对国民经济和社会发展起到越来越重要的作用。环境问题的解决需要依靠部门间高效、充分的协作，这就要求不能仅仅把环境规划作为环境保护系统内部的规划，而要规划前置，将其上升到国家层面，以可持续发展为目标，以环境保护为核心，统筹和协调各项规划的制定。将环境规划所确定的目标、原则、约束、环保工程项目等融入其他规划编制中，同时在环境规划编制中邀请其他部门人员参与，既协调环境规划与其他规划的关系，通过其他规划落实环境规划，又可以保障环境规划的实施效果。

（三）约束排污者行为的功能

环境规划通过规定环境的纳污容量，为遵循“谁污染谁承担削减责任”的原则，在各排污者之间公平、合理地分配和规定指令性的允许排污量和应削减量提供科学依据，具有

约束排污者排污行为的功能。

（四）实现以最小投资获取最佳环境效益的功能

环境是人类赖以生存的基本要素、衡量生活质量的重要指标和经济发展的物质来源。在有限的资源和资金条件下，如何用最小的投资实现最佳的经济和环境效益，是社会各项事业发展所追求的理想目标。环境规划运用科学的方法制定环境、经济和社会协调发展的最佳方案，成为实现在保障经济发展的同时以最小的投资获取最佳环境效益这一目标的有效措施和重要保障。

第二节　环境规划的基本内容

与其他各类专项规划相似，环境规划的基本内容包括环境规划的原则和程序、环境规划目标和指标体系、环境评价和预测、环境功能区划、环境规划方案的设计和比较、环境规划的实施等。

一、环境规划的原则

环境规划的基本原则是以生态理论和经济发展规律为指导，以经济、社会与环境协调发展的战略思想为依据，正确处理资源开发与利用、经济活动与环境保护之间的辩证关系，明确制定环境规划目标、方案与措施，以实现环境效益、社会效益与经济效益的统一。在编制环境规划时应遵循以下具体原则。

（一）突出重点、兼顾一般的原则

环境规划应从区域环境发展的全局出发，统筹兼顾，同时要对重大环境问题给予重点考虑，做到全面规划、合理布局、突出重点、兼顾一般。应以环境综合整治和环境建设为重点，坚持可持续发展战略，实现环境与经济的协调发展。

（二）经济效益、社会效益与环境效益相统一的原则

环境规划应遵循生态规律和经济规律，坚持环境建设、经济建设、城镇建设同步规划、同步实施、同步发展的方针，合理利用环境资源，促进经济、社会和环境持续、协调发展，实现环境效益、经济效益和社会效益的统一。

（三）实事求是、因地制宜的原则

环境规划应针对地区所处的特殊地理位置、环境特征和功能定位，正确处理经济发展与人口、资源、环境的关系。在确定区域环境资源开发利用方案时，要从区域实际出发，确定合理的区域产业结构和发展规模，防止开发过度造成恶性循环，适度利用、因地制宜，使环境规划措施切实可行，具有可操作性。

（四）依靠科技进步的原则

环境规划应倡导发展清洁生产和循环经济，从源头上减少污染的产生与排放，积极采用适宜规模、先进技术、经济合理的治理技术，在发展经济的同时保护好环境。

（五）预防为主、防治结合的原则

环境规划是环境管理的前置性工作，“防患于未然”是其根本目标之一，因此预防为主、防治结合是环境规划的重要原则。环境规划应在环境污染和破坏发生之前，对将来可能发生的环境问题作出科学预断，并制定出相应的决策，防范环境问题发生。同时，环境规划还应针对业已产生的环境问题和预测可能发生的环境问题，制定出可行有效的治理措施，降低环境污染和破坏带来的危害和损失。针对我国的环境污染和破坏较为严重的现状，环境规划应对目前已遭受污染和破坏的环境，制定出科学合理的治理和修复措施；对尚未受污染和破坏的环境，应制定出有效的保护措施。

（六）系统性原则

环境是一个多要素组成的综合系统，这就要求应用系统论的理论和方法进行规划，将环境视为一个子系统，与高层次大系统建立广泛的联系，协调好各级系统之间的关系，对子系统进行有效调控，才能够达到保护和改善环境的目的。

（七）强化环境管理的原则

环境保护工作的核心是强化环境管理。只有综合运用法律的、经济的和行政的管理手段，才能使环境规划起到环境保护的先导作用，为环境管理服务，保证和促进环境保护事业的发展。

二、环境规划的目标

环境规划目标是指在一定条件下，决策者对环境质量期望达到的状况或标准，其作用是明确环境发展的方向和目的。环境规划目标是环境规划的核心与灵魂，规划的目的就是实现预定的环境目标。环境规划目标是环境战略的具体体现，是环境建设和管理的基本出发点和归宿。环境规划目标是通过环境指标体系表征的，环境指标体系是一定时空范围内所有环境因素构成的环境系统的整体反映。需要注意的是，环境规划确定的目标要恰当，不能过高或过低，要做到经济上合理、技术上可行、社会上满意。

（一）环境规划目标的基本要求

1. 具有一般发展规划目标的共性

环境规划目标必须有时间限定和空间约束，可以计量并反映客观实际，而不是规划人员和决策者的主观要求和愿望。

2. 要与经济社会发展相协调

环境保护的根本目的是实现人与自然的和谐，保障环境与经济社会协调发展。规划目标应与经济社会发展目标进行综合平衡。根据制定目标的侧重点的不同将会呈现出三种不同的情况。①目标适中，发展经济与环保投入目标都可以达到，这也是一种协调型的环境规划。②环保投入受经济力量限制，就要降低环境目标，而注重协调工作并解决经济发展带来的环境后果，也是一种经济制约性的环境规划。③要确保环境目标的实现，就要限制经济发展规模和速度，重新布局工业或调整产业结构，这属于环境制约性的发展规划。

3. 保证目标的可实施性

即目标的技术经济条件的可行性及目标本身的时空可分解性，并且要便于管理、监督、检查和实行，要与现行管理体制、政策、制度相配合，特别要与责任制挂钩。

4. 保证环境规划目标的与时俱进性

环境规划目标应该能够满足经济社会健康发展对环境的要求，保障人民正常生活所需的环境质量，同时，应该考虑技术进步的因素，以确保规划目标的实现。

（二）环境规划目标的层次

环境目标有总目标、单项目标和环境指标三个层次的目标。总目标是指规划区域环境质量所要达到的要求和状况。单项目标是指根据环境要素、环境功能和环境特征所确定的环境目标，如大气污染物总量控制目标、水环境质量目标等。环境指标是指体现环境目标对单一因子的要求。

（三）环境目标的类型

环境目标既体现了环境规划的战略意图，也为环境管理活动指明了方向，提供了管理依据。按照不同的标准，环境目标可以划分为不同的类型。

按照环境规划的内容，可将环境目标划分为环境质量目标和环境建设目标两类。环境质量目标是指表征自然环境要素质量状况的目标，主要包括大气环境质量目标、水环境质量目标、声环境质量目标、生态环境质量目标等。环境建设目标是指反映环境改善程度的目标。

按照环境管理层次，可将环境目标划分为环境宏观目标和环境详细目标两类。环境宏观目标是指对规划区在规划期内应达到的环境目标所做的总体规定。环境详细目标是指按照环境要素、功能区对规划区在规划期内应达到的环境目标所做的具体规定。

按照环境规划的目的，可将环境目标划分为污染控制目标、生态保护目标和环境管理目标三类。污染控制目标是指对规划区内主要污染物在一定时空范围内的允许排放量所做的限定。生态保护目标是指为保护森林、草原、野生生物、矿产、土地资源等生态资源和防治水土流失、土地沙漠化、荒漠化等灾害及建立自然保护区和风景区所制定的规划目标。环境管理目标是指为科学管理环境而制定的包括组织、协调、监督等的各项管理目标及实施环境规划的措施。

按照环境规划时间的长短，可将环境目标划分为短期计划目标（＜5 年）、中期规划目标（5～10 年）和远景规划目标（＞10 年），或者直接称为五年环境目标、十年环境目标和二十年环境目标。

按照规划的空间范围，可将环境目标划分为国家环境目标、省（自治区、直辖市）环境目标、市环境目标、县环境目标、经济开发区环境目标和产业园区环境目标等，或者分为区域环境目标、流域环境目标等。

三、环境规划的基本内容

环境规划的内容很多，在编制环境规划时，应根据规划对象和区域实际情况进行选取。总体上说，目前我国环境规划的主要内容包括以下几个方面。

（一）环境预测评估

环境预测评估是通过现代科学技术手段与方法，根据已经掌握的信息和资料，对前期环境工作进行评估，然后根据规划资金投入情况、计划指标完成情况等出现的各种问题，作为新规划的重要参考，以便对未来的环境状况与发展趋势进行定量或半定量的描述与预测分析。

（二）环境调查与评价

环境调查与评价是环境规划的重要支持系统之一。只有掌握了环境及其他相关要素的现状，才能为制定科学的环境规划方案提供依据。一方面，环境调查的数据来源于环境监测站的监测数据，以及相关统计数据；另一方面，需要相关规划编制人员根据实际需要实地调研和收集规划所用的各种数据信息。这些主要是通过环境调查与评价来获得。

（三）环境目标和指标的确定

环境规划的主要目的就是实现预定的环境目标，确定恰当的环境目标是制定环境规划的关键。倘若环境目标过高，规划指标过多，环保投资就过多，这样可能会导致在经济上难以承受，那么环境目标就难以实现。当环境目标过低时，会给统计工作带来困扰，很难保证环境规划的可行性和决策的科学性，同时也不能满足人们对环境质量的要求，这很大程度上会造成环境问题。因此，在制定环境规划时，要制定恰当的环境保护目标。

（四）环境区划

环境区划是从整体空间观点出发，根据自然环境特点和经济社会发展情况，把特定的空间划分为不同功能的环境单元，研究各个环境单元的环境承载力及环境质量的现状与发展变化的趋势，提出不同功能环境单元的环境目标和环境管理对策。

（五）环境规划方案的选择

环境规划方案主要是指实现环境目标应采取的措施及相应的环境投资。在制定环境规划时，一般要做多个不同的规划方案，经过对各方案的定性、定量比较，综合对比分析优缺点，得出一个经济上合理，技术上先进，满足环境目标要求的最佳方案。方案比较和优化是环境规划过程中比较重要的工作方法。在整个规划的各个阶段都存在方案的反复比较。环境规划方案的确立应该考虑以下问题：比较的项目不宜太多，方案要有鲜明的特点，要抓住关键作用的问题作比较，注意其可行性；确定的方案要结合实际，针对不同的方案的关键问题，提出不同的规划方案的实施措施；综合分析各方案的优缺点，取长补短，最后确定最佳的方案；对比分析各方案环保投资，目标是效果好、投资少，不应片面追求先进技术或过分强调投资。

（六）环境规划设计

环境规划设计的主要依据是环境问题、各有关政策和规定、污染物削减量、环境目标、投资能力及效益、措施可行。

（七）重点工程和融资渠道

环境保护长期存在投入不足的问题。因此，在环境规划中应该对规划期限内的环境保护投资项目所需资金进行估算，以及对资金来源进行分析。

（八）实施环境规划的支持与保障

实施环境规划的支持与保障包括制定投资预算、编制年度计划、确保技术支持和强化环境管理。为保证环境规划的顺利实施及规划目标的顺利实现，在规划编制的最后都要提出保障措施。环境规划保障主要集中在以下方面：完善法律法规体系、加强环境管理能力建设、加强环境科技研究、加强环境宣教、提高公民意识、落实环保责任、拓宽环保筹资渠道、增加环保投入等，并提出保障规划顺利实施的具体建议。

第三节　环境规划的工作步骤与编制程序

一、环境规划的工作步骤

环境规划编制的目的是解决区域的环境问题，改善生态环境，协调环境与经济、社会发展之间的关系。因此，环境规划编制过程实质上是一个协调区域环境资源利用与经济社会发展关系的决策过程，应遵循规定的步骤做出科学的决策（图 11.1）。

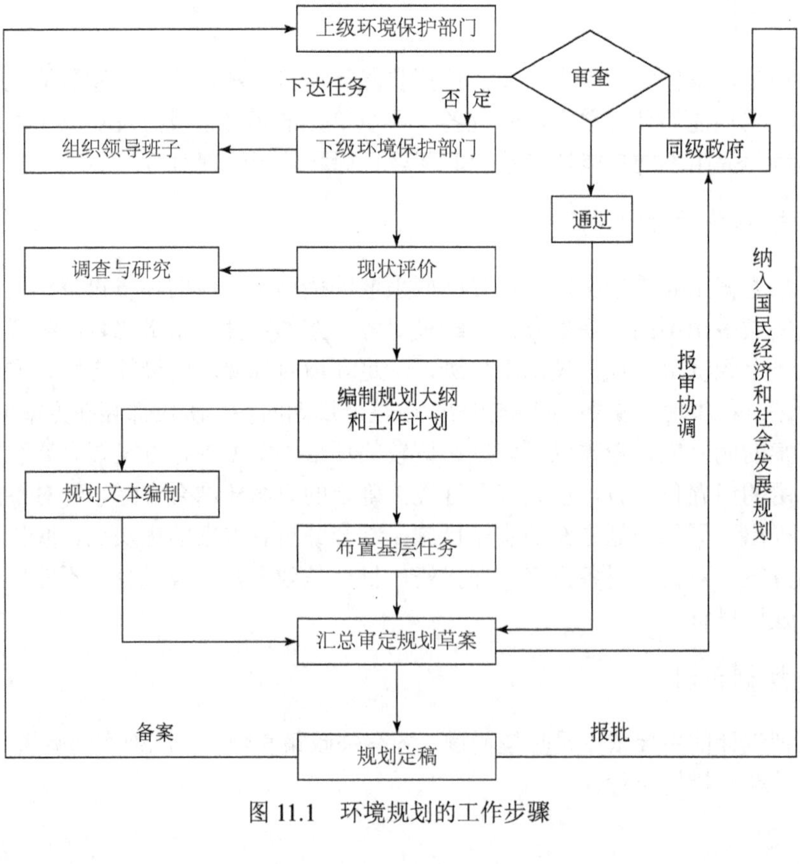

图 11.1　环境规划的工作步骤

（一）环境规划的编制

1. 接受任务与组织规划编制

上级环境保护部门代表同级政府下达编制规划的任务，明确规划任务、内容等主要要求和工作进度安排，下级环保部门代表同级政府进行具体组织，编制工作计划和规划大纲。

2. 完成规划文本的编制

规划的编制由专门组织的技术队伍（规划编制组）承担，这也是规划编制的主要阶段。

（二）规划的申报与审批

环境规划的申报与审批是整个规划工作的有机组成部分。规划的申报与审批过程是沟通上下级认识、协调环保部门与其他部门之间关系的过程，同时，也是环境规划管理工作的一项重要制度。环境规划工作可按如下工作步骤开展。

1. 规划初级申报与审核

编制单位在规划编制基本完成后，将文本报送到同级政府和上一级环保部门初审，同级政府在其职权范围内，对方案进行决策、批准、驳回或提出修改意见；上级环保部门收到申报文本后，进行初审并与有关部门取得协商意见，对申报文本进行批准或提出修改意见。规划的审批应在组织各行业专家进行评审和论证的基础上进行。

2. 规划终极申报与审核

下级环保部门在得到初审意见后，要根据审批意见，对规划进行修改、完善或重新编制。如果认为初审意见不合理，可提出申辩。对规划进行修改或者重新编制后，再次申报给同级政府审批和上一级环保部门备案。同级政府收到申报文件后，应予以迅速批准，并将批准后的环境规划付诸实施。

二、环境规划工作的编制程序

由于环境规划的目标、任务、对象、内容和范围等的不同，存在着各种类型的环境规划。但是无论哪种环境规划，都要遵循一定的程序和方法来编制。环境规划编制的基本程序如下。

（一）制定环境规划的工作计划

在开展规划工作之前，环境规划部门要根据环境规划的目的和要求，对整个规划工作进行组织与安排，提出规划编写提纲，明确任务，制定各项工作计划。

（二）环境、经济和社会现状调查与评价

包括环境质量现状、自然资源状况现状及相关的社会和经济现状调查，对于存在的主要环境问题，进行科学分析和评价。

（三）环境预测

环境预测分析是根据环境调查、分析与评价的结果，结合规划区域经济和社会发展情况、生态保护要求，对区域环境变化与发展趋势进行科学、系统的分析评价，预测未来环境可能出现的问题，并针对这些问题提出相应的技术措施与对策。

（四）确定环境规划目标

确定科学合理的环境规划目标，是环境规划的关键。环境规划目标可按内容、管理层次、目的、时间、空间范围等划分为不同的类型。环境目标的主要任务是针对规划区经济实力、社会发展对环境的要求，规划区的环境特征、性质和功能，环境分析和预测的结果，目前环境整治技术和管理能力来确定的。在此之后，还要保证其目标的科学、切实、可行。

（五）制定环境规划方案

规划方案是实现规划目标的具体途径。制定环境规划方案主要包括拟定环境规划草案、优选环境规划草案和形成环境规划方案。

（六）环境规划的申报与审批

环境的规划与审批包括对环境规划的初级、终极申报与审批。在得到初审意见后，要根据审批意见，对规划进行修改、完善或重新编制，重新编制后，要再次申报给同级政府审批和上一级环保部门备案，得到批准后可实施规划。

（七）环境规划方案的实施

在规划实施过程中，若出现新的重大问题，需要对环境规划指标或整个内容进行补充修改，必须要报请审批机关同意。

三、环境规划的文本类型与方案设计

（一）环境规划的文本类型

环境规划提交的成果有文本和图件两种类型，其中环境规划文本一般有三类，即技术档案文本、环境规划文本和环境规划报审文本。

技术档案文本是指将规划过程中所收集的各种背景资料、调查或检测所采集的信息、规划编制过程的技术档案或记录进行整理而成的背景材料文本。此类文本存放当地，供规划的核查、调整或下次编制规划时参考。

环境规划文本指环境规划的正式文本，由环境规划管理部门管理，作为进行规划实施与管理的蓝本。其内容通常包括自然环境和社会经济发展概况、环保工作情况概况、环境变化趋势分析、环境规划总目标、城市环境综合整治规划方案、环境要素污染控制规划、城市生态规划、环保系统自身建设规划、费用预算和资金来源、政策建议等。

环境规划报审文本是指环境规划正式文本的缩编文本或简编文本，主要用于申报、审批。简编文本内容应包括自然环境特点、经济和社会简况；前期环境规划（或计划）执行简况；规划要解决的主要环境问题；规划目标；主要措施；主要工程项目及说明；投资预算及预案；主要困难及要求提供的条件等。环境规划报审文件应简洁明了，突出主要内容，一般不罗列计算过程等繁杂内容。

（二）环境规划的方案设计

1. 环境规划方案设计的原则

环境方案设计是环境规划工作的中心和重点，其工作内容是在综合考虑国家或地区有关政策规定、环境问题和环境目标、污染状况和污染削减量、投资能力和效益的基础上，提出具体的污染防治和自然保护措施与对策。在进行环境方案设计时，应遵循以下原则。

1）善用信息，紧扣目标

在环境规划工作过程中，一定要加强目标意识，对所获取的信息加以利用，充分了解环境问题和污染状况，明确自身的治理和管理技术、现有设备及可能投入的资金，以及环境污染削减能力和承载能力，并对这些信息进行综合考虑和深入分析。同时在设计之中，提出的各种措施与对策一定要考虑是否抓住了问题的本质、能不能实现、是否对准目标等，因此有必要加强信息意识和目标意识。

2）以提高资源利用率为中心

环境污染的实质是资源和能源的浪费在环境中的过多累积。在规划方案的设计中，空气污染综合整治、生态保护、总量控制、生态结构与布局规划都要围绕资源利用这个中心。

3）遵守国家或地区的相关法律法规

要在相关政策法规允许的范围内进行规划方案的设计，提出对策和措施，绝不能与之相抵触。

2. 环境规划方案的设计过程

1）分析调查评价结果

包括环境质量、污染状况、主要污染物和污染源；现有环境承载力、污染削减量、现有资金和技术分析。由此可明确环境现状、治理能力与环境污染综合防治水平。

2）分析预测的结果

分析环境存在的主要问题，明确环境现有的承载能力、削减量及可能的投资、技术支持，从而综合考虑实际存在的问题和解决问题的能力。

3）详细列出环境规划总目标和各项分目标

通过列出环境规划的目标，明确环境现状与环境目标的差距。

4）制定环境发展战略和主要任务

从整体上提出环境保护的方向、重点、主要任务及步骤。

5）制定环境规划的措施和对策

制定措施与对策是环境规划的主体，在目标与现实之间要通过措施的采用才能解决。重要的是运用各种方法针对性强的措施和对策，如区域环境污染综合防治措施、生态环境保护措施、自然资源合理开发与利用措施、调整生产布局、土地规划措施、城乡建设规划措施和环境管理措施。

第四节 环境规划的实施

环境规划编制工作完成并通过审批后，即进入环境规划的实施阶段。环境规划实施是政府相关部门根据环境规划的要求，建立组织机构，分解规划目标，在有效地分配和利用人力、物力、财力及信息资源的条件下，采取宣传、审批、检查、监测和处罚等手段，使规划目标得以实现的动态过程。环境规划是针对一定的环境与社会问题而提出的，但环境规划的制订并不代表问题的解决。环境规划如果不能得到很好的实施，将对区域环境的建设和发展起不到应有的指导和约束作用。只有有效实施环境规划，才能保证环境规划目标的实现。因此，环境规划的实施在环境规划的整个生命周期中有着十分重要的地位。为发挥环境规划的指令性作用，实现经济、社会和环境的协调发展，应当着力组织落实环境规划所确定的环境目标和任务。环境规划的实施涉及政府的各个部门，其难度和复杂性很大。因此，需要社会各部门的通力协作，共同努力，齐心推进。环境规划的实施作为一种预测性、原则性的规定，应根据实际环境的变化而做相应的调整。

一、环境规划实施的目标

环境规划实施的目标分为总体目标和具体目标。环境规划实施的总体目标是指促进经济、社会与环境的协调发展。因此，环境规划应当纳入国民经济和社会发展规划，环境规划在实施中也要注意与国民经济及社会发展规划相协调。

环境规划实施的具体目标主要有以下三个。①达到环境规划本身的要求。一般而言，环境规划的目标分为环境污染控制目标、生态保护目标和环境管理目标。环境规划实施应达到规划目标中的定性或定量的要求。②提高环境规划实施的效果和效率。环境规划实施的效果要求环境规划的实施具有确定性。环境规划的实施受到资源条件的限制，因此需利用好有限的资源。③提高公众的满意度。环境规划实施要在满足以上两个具体目标的前提下，兼顾社会公平，满足大多数人的利益要求。

二、环境规划实施的条件

（一）纳入区域发展总体规划

环境规划是区域国民经济和社会发展总体规划的重要组成部分。以往的环境规划一般是在经济和社会发展目标已经确定、产业结构和布局已定局的前提下进行的规划，与城市经济社会发展规划具有较少的联系性。目前环境规划有着从经济制约型到经济环境协调型的转变趋势。把环境规划纳入区域发展总体规划，可以提高环境规划实施的效率。环境规划纳入区域发展总体规划需要注意环境规划指标的科学性，环境规划指标应秉承先成熟先纳入、逐步发展逐步纳入和积极创造条件促进纳入的原则。

（二）分解环境规划目标和任务

环境规划按时间跨度可以分为年度计划、五年计划和长远规划。按照编制顺序，一般是先编制长远规划，再编制五年计划，在此基础上最后编制年度计划。其中长远计划和五年计划一般对环境目标具有长远的要求，而年度计划是落实长远计划和五年计划的基础。环境规划需要各地区、各部门、各行业协作执行，因而年度环境计划需要在各级政府分解制定年度国民经济和社会发展计划的同时予以考虑。

（三）有效管理环境保护目标

环境规划目标的实现仅靠一般化的行政管理模式是不够的，一般化的行政管理模式已经不能适应目前环境规划工作的需要。把环境规划目标和任务与责任制紧密结合起来实行各级领导的环境规划目标责任制的管理制度，是顺利实行规划目标和任务的重要措施。环境规划目标责任制的实行，有利于将纳入国民经济和社会发展计划中的环境保护计划目标和任务具体化，调动各方力量共同保护和改善环境的积极性。

（四）落实环境保护资金

环境规划方案包含了改善环境质量所需的工程措施，工程措施的实施需要资金支持。一定比例的环境保护投资是环境保护工作的经济基础。环境保护投资比例问题是协调环境保护与经济和社会发展之间的重要问题，该比例的高低与规划目标息息相关，是实施规划目标全部措施中最根本的一环，同时也是制约规划目标的主要因素之一。

三、环境规划实施的措施

（一）采取协调和审议的措施

环境规划方案应有一个反复磋商、质疑和调整的过程，协调各方面的关系，突出中心问题和亟待解决的问题，满足各层次、多样化和复杂化的要求，使得各方面对环境规划方案达成一致。环境规划的协调与调整，主要在以下部门中进行。①规划部门内部的协调和调整。规划部门内部一般都设有各专项规划单位，因此，环境规划应首先在这些专项规划单位之间进行协调，达成共识。②环境保护部门与其他有关部门之间的协调与调整。环境规划涉及的部门很多，包括规划实施部门、政策法令制定部门及投资部门等，环境规划方案应充分征求相关部门的意见，并根据他们的需求对环境规划方案做出相应调整，形成取得共识的环境规划方案。③规划区域与周边区域之间的调整和协调。环境规划的地域性决定了其在实施过程中，必须对环境功能相近或不同的行政区划范围的规划内容进行协调，取得周边区域的认可。④规划区域环境保护部门与国家办事机构的协调和调整。

与这个层次的协调目的在于使区域环境规划和国家的环境规划及其他规划相统一，以便国家对该区域的资源分配、经济发展速度和环境质量目标的统筹安排。

（二）组织管理方面的措施

环境规划的组织管理包括以下措施。①制定资源利用开发标准。国家标准委员会同有关部委合作负责有关环境保护和资源利用的规划标准及名词解释工作，使资源利用有章可循，使资源管理规范化，提高资源综合利用率或减少排放量，以利于环境规划目标的实现。②制定统计报表制度。制定统一的表格和指标，既便于对环境规划有关成果的规范管理，又可为次年的环境规划提供依据和奠定基础，还可使得国家及时掌握资源和环境污染物治理的变动情况。③依法保证环境规划的实施。环境法规的实施可为环境规划的实施提供法制保证，使环境规划的实施得以顺利开展。

（三）科学研究方面的措施

环境规划方案的制定和完善都有赖于科学技术的发展水平，特别是协调发展机制和方法、生态工程工艺和措施等方面的研究水平。环境规划过程中采用计算机模拟技术，给规划方法提供了广阔的前景。为保证环境规划的有效实施，应采用综合集成技术把大规模系统优化理论应用于环境协调发展规划，使环境规划更切合实际。生态工程及工艺方面的研究是制定和实施环境协调发展规划的重要工具。

四、环境规划实施的形式

（一）综合型

综合型环境规划实施是综合地、系统地完成环境规划的实施政策，谋求实施政策相互之间适当的调整及有效的执行。这种类型的规划立足于综合的、长期的展望，指出推行实施政策的目标，同时进一步制定详细的中短期的实施规划，用以补充完善综合型的规划。环境保护主管部门要明确地推进实施政策，为其他专项规划适应环境规划的要求提供条件，为相关部门对环境规划的理解和落实提供充分的联系、建议和调整的体制。

（二）指导方针型

指导方针型环境规划实施适用于环境实施政策的进行，在指导人们进行与环境相关活动的规划中，将实施政策调整为指导方针型。指导方针型的环境规划以如何掌握人们的行动，适应管理环境的问题为提高指南。为此实施综合型政策时要重视诱导机能和调整机能，因而环境规划首先要明确环境的基本概念理论、目标及指导方针，为创造良好的环境起到铺设轨道的作用。

（三）公害防治规划型及特定项目实施规划型

此类环境规划是防治公害的项目，也是区域最重要的课题项目及区域环境特定项目实施的政策规划。此类环境规划应紧抓当前特定课题中要解决的重点环境问题，属于具有预见性的中长期规划，因而容易掌握规划实行中的情况，并不断对环境规划进行重新评价和调整。这个类型的环境规划限定的环境项目大部分是实施定量目标的政策，作为进行管理的方针政策，这种环境规划大体上是推行行政主导的规划，和前两种规划相比较是被限定的，主要确保综合机能和调整机能在较小的范围内能够容易实施。

复习思考题

1. 环境规划的概念与任务是什么？
2. 环境规划的类型有哪些？
3. 环境规划具有哪些特点？
4. 环境规划的主要功能是什么？
5. 试述环境规划的原则。
6. 环境规划目标的概念与基本要求是什么？
7. 试述环境规划的基本内容。
8. 试述环境规划的工作步骤与编制程序。
9. 试述环境规划方案设计的原则。
10. 试述环境规划方案设计的过程。
11. 环境规划实施的目标与条件是什么？

第十二章　环 境 管 理

第一节　环境管理概述

一、环境管理的概念

环境问题的产生并且日益严重的根源，在于人们自然观念上的错误及由此而形成的基本思想观念上的扭曲，进而导致人类社会行为的失当并最终造成自然环境受到干扰和破坏。20 世纪 70 年代初期以来，人类逐渐认识到环境问题的解决有赖于自身一系列基本思想观念的改变，开始对人类自身的行为进行宏观的和微观的管理。1974 年在墨西哥召开的“资源利用、环境与发展战略方针”专题研讨会上，首次正式提出“环境管理”一词。此次会议达成了三点共识：第一，全人类的一切基本需要应当得到满足；第二，要进行发展以满足基本需要，但不能超出生物圈的容许极限；第三，协调这两个目标的方法是环境管理。从此，环境管理开始形成并逐步发展成为环境学的一门新兴分支学科。

关于环境管理的概念，许多国内外学者对其进行了探讨，从不同角度提出了各自的观点。

1975 年休威尔（H.Sewell）在其《环境管理》一书中指出，环境管理是对损害人类自然环境质量的人为活动（特别是损害大气、水和陆地外貌质量的人为活动）施加影响。他特别说明，所谓“施加影响”是指多人协同的活动，以求创造一种美学上会令人愉快、经济上可以生存发展、身体上有益于健康的环境所作出的自觉的、系统的努力。穆斯塔法·托尔巴（M.K.Tolba）认为，环境管理是指依据人类活动（主要是经济活动）对环境影响的原理，制定和执行环境与发展规划，并且通过经济、法律等各种手段，影响人的行为，达到经济与环境协调发展的目的。

1987 年刘天齐提出，环境管理是指通过全面规划，协调发展与环境的关系，运用经济、法律、技术、行政、教育等手段，限制人类损害环境质量的行为，达到既满足人类的基本需要，又不超出环境的容许极限的目的。1989 年曲格平将环境管理定义为各级人民政府的环境管理部门按照国家颁布的政策法规、规划和标准要求而从事的督促监察活动。2000 年叶文虎将环境管理定义为环境管理是通过对人们自身思想观念和行为进行调整，以求达到人类社会发展与自然环境的承载能力相协调。也就是说，环境管理是人类有意识的自我约束，这种约束通过行政的、经济的、法律的、教育的、科技的等手段来进行，它是人类社会发展的根本保障和基本内容。

20 世纪 90 年代以来，国内外学者对环境管理基本理论和实践开展了深入的探讨，人们对环境管理的认识不断深化。目前人们对环境管理的含义有了比较一致的认识，认为环境管理至少应涵盖以下几个方面的含义。第一，协调发展与环境的关系。环境管理的根本目的是通过各种手段约束人类自身的行为，使人类活动在自然环境承载力范围内进行，最终实现可持续发展。第二，限制人类损害环境质量的行为。人既是环境管理的实施者又是被管理者，在环境管理活动中发挥着决定性的作用，环境管理的核心就是对人的行为的管理。第三，环境管理的动态性。环境管理并不是一成不变的，它需要根据社会、经济、技术的发展及时做出调整，使人类活动不超过资源的承载能力和环境的自净能力。

综上所述，环境管理是指国家采用法律、经济、行政、技术和教育等多种手段，对各种影响环境的人类行为进行规划、调整和监督，防治环境污染与生态破坏，协调经济、社会发展与环境保护的关系，维护区域正常的环境秩序和环境安全，最终实现区域社会可持续发展的总体行为。环境管理是国家实施可持续发展战略的主要保障，是国家管理职能的重要组成部分。

二、环境管理的目的与任务

环境问题的产生有两个层面的原因，一是思想观念层面上的，二是社会行为层面上的。20 世纪 70 年代以来，人类逐渐认识到环境问题的解决有赖于自身一系列基本思想观念的改变，对人类自身的行为进行宏观的和微观的管理，以尽可能快的速度逐步恢复被损害的环境，并减少甚至消除新的发展活动对环境结构、状态、功能造成新的损害，保证人类与环境能够持久地、和谐地协同发展下去，这就是环境管理的根本目的。具体而言，环境管理的目的就是通过对可持续发展思想的传播，使人类社会的组织形式、运行机制及管理部门和生产部门的决策、计划和个人的日常生活等各种活动，符合人与自然和谐相处的要求，并以法律法规、规章制度、社会体制和思想观念的形式体现出来。具体来说就是创建一种新的生产方式、新的消费方式、新的社会行为规则和新的发展方式，来保护和改善环境。

环境管理的目的决定了环境管理的基本任务是转变人类社会的一系列基本观念和调整人类社会的行为。观念的转变包括消费观、伦理观、价值观、科技观和发展观直至整个世界观的转变。这种观念的转变将是根本的、深刻的，它将带动整个人类文明的转变。要从根本上扭转人类既成的基本思想观念，不能单纯通过环境管理达到目的，但是环境管理却可以通过建设一种环境文化来为整个人类文明的转变服务。环境文化是以人与自然和谐为核心和信念的文化，环境管理的任务之一就是要指导和培育这样一种文化，以取代工业文明时代形成的以人为中心、以人的需求为中心、以自然环境为征服对象的文化，并将这种环境文化渗透到人们的思想意识中去，使人们在日常的生活和工作中能够自觉地调整自身的行为，以达到与自然环境和谐的境界。文化决定着人类行为，只有转变了过去那种视环境为征服对象的文化，才能从根本上去解决环境问题。从这个意义上来讲，环境文化建设是环境管理的一项长期的根本任务。

相对于思想观念的转变而言，行为的调整是较低层次上的调整，然而却是更具体、更直接的调整。人类的社会行为可以分为行为主体、行为对象和行为本身三大组成部分。从行为主体来说，还可以分为政府行为、市场行为和公众行为三种。政府行为是总的国家的管理行为，诸如制定政策、法律、法令、发展计划并组织实施等。市场行为是指各种市场主体包括企业和生产者个人在市场规律的支配下，进行商品生产和交换的行为。公众行为则是指公众在日常生活中诸如消费、居家休闲、旅游等方面的行为。这三种行为都可能会对环境产生不同程度的影响。在这三种行为中，政府行为特别是涉及资源开发利用或经济发展规划的行为，往往会对环境产生深刻而长远的影响，其负面影响一般很难或无法纠正。市场行为的主体一般是企业，而企业的生产活动一直是环境污染和生态破坏的直接制造者，也是环境问题中的重点内容。公众行为对环境的影响在过去并不是很明显，但随着人口的增长特别是消费水平的增长，公众行为对环境的影响在环境问题中所占的比重将会越来越大。由于消费方式的原因，大量的产品在未得到充分利用或仍可以作为资源回收利用的情况下，就被公众当成了废物而丢弃，这不仅加剧了固体废弃物对环境的污染，也对资源的可持续利用造成影响。

由此可见，环境管理的两项任务是相互补充，构成一体的。其中环境文化建设是根本性的，但是文化的建设是一项长期的任务，短期内对环境问题的解决效用不是很明显，而行为的调整则可以比较快地见效。同时，行为的调整也可以促进文化的建设。对于环境管理来讲，这两项任务不可偏废。

三、环境管理的特点

环境管理是国家管理的重要组成部分，这一结构特点决定了环境管理的性质是国家意志的体现，属于政府行为。作为各级地方政府的组成机构，各级环境保护行政主管部门应当在同级人民政府的领导下，依据国家的环境政策、法律法规和标准，代表国家行使政府职能，对人们的自然行为、社会行为进行综合管理，以维护区域正常的环境秩序。概括而言，环境管理具有以下五个特点。

（一）双重性

环境管理是一项社会活动，它既有与生产力、社会化大生产相联系的自然属性，又有与生产关系、社会制度相联系的社会属性，即具有双重属性特点。管理的自然属性要求具有一定的“社会属性”的组织形式和生产关系与其适应，同时，管理的社会属性也必然对其科学技术生产力方面发生影响和制约作用。当前中国环境污染与生态破坏的总趋势尚未从根本上得到控制，究其原因，一方面是资金短缺和技术落后等生产力范畴的自然属性因素的影响结果，另一方面是相应的经济和政策体制尚不完善等生产关系范畴的社会属性因素的影响结果。目前我国还在沿袭高消耗、追求经济数量增长和“先污染后治理”的传统发展模式，因此环境管理应从基本国情出发，坚持改革和完善现有的政策、法律、制度和机构等体系，使之适应可持续发展的要求。同时，还应加强与国际社会的经济、科学和技术的交流与合作，吸取适合中国国情的先进技术和经验，提高环境保护水平。

（二）综合性

现代环境管理是环境科学、管理科学和管理工程等领域相互交叉与渗透的产物，具有高度的综合性。环境管理的这一特性主要表现在两个方面。第一，对象和内容的综合性。环境管理涉及人类环境质量管理和自然环境质量管理两类内容，其途径和措施由社会、科学技术、管理、政治、法律、经济等组成，它们共同构成了综合性十分突出的环境管理系统。第二，环境管理手段的综合性。环境管理主要是限制或鼓励人们的环境行为，这要通过综合应用经济、法律、技术、行政、教育等多种手段来实现，管理手段的综合性特点明显。

（三）区域性

受到自然背景、人类活动方式、经济发展水平和环境质量标准差异的影响，环境问题存在着明显的区域性。因此，环境管理亦应根据区域环境特征，因地制宜地采取不同措施，以区域单元为主体进行环境管理。中国地域广阔，各地的自然地理条件和经济发展水平差异很大，这就要求环境管理充分考虑区域性特点，从具体的国情、省情、地情出发，确定具有针对性的环境保护目标和管理途径与措施。开展环境管理工作，既要强调全国的统一化管理，又要考虑区域发展的不平衡性，防止管理方式的单一化；既不能盲目照搬国外先进的管理经验，又不能盲目推广国内个别地区的管理方法。而应依据区域的具体情况，确定各区域适宜的环境保护策略与手段。

（四）社会性

人们的环境意识和与环境问题有关的社会行为，是经常地和普遍地对环境起作用的因素，环境管理的对象首先是人们的意识和行为，保护环境就是保护人的生存权和环境权。环境问题的这一社会属性，决定了环境管理的社会性。环境保护是全社会的共同责任和义务，涉及每个人的切身利益。环境管理除了要依靠专业人员和专门机构外，还需要社会公众的广泛参与。这意味着环境管理一方面要加强环境保护的宣传教育，提高公众的环境意识和参与能力，另一方面要建立、健全环境保护的公众参与和监督机制，这是强化环境管理的两个重要条件。虽然环境管理是国家意志的体现，但仍需要有广泛公众支持与参与的社会基础。只有公众的环境意识和管理参与意识得以加强，才能有效保证国家环境政策、法律法规和标准的贯彻实施，才能更好地发挥环境保护部门执法监督的职能。实践表明，来自于社会公众的“自而下上”的环境行为的监督力度，远大于来自于政府的“自上而下”的环境行为的监督力度。为了加强社会公众环境监督，提高社会公众的环境意识，建立、健全环境保护的公众参与和监督机制是非常重要的，也是推进国家环境保护事业的一项紧迫任务。

四、环境管理的内容

环境管理是一项涉及因素众多的工作，其不仅与环境立法、环境经济等有着密切的关系，而且也涉及社会、教育、科学技术等问题。按照不同的依据，可将环境管理的内容划分为不同的类型。

从工作范围的角度看，环境管理包括以下内容。第一，区域环境管理，是指针对某一特定区域而开展的环境管理工作，如城市环境管理、流域环境管理、农村环境管理、海域环境管理等。第二，部门环境管理，是指针对某种生产系统、生活系统而开展的环境管理工作，如工业环境管理、农业环境管理、交通环境管理、旅游环境管理、餐饮环境管理、建筑环境管理、人居环境管理等。

从工作对象的角度看，环境管理包括以下内容。第一，资源环境管理，是指依据国家资源政策，以资源的合理开发和持续利用为目的，以实现可再生资源的恢复与扩大再生产、不可再生资源的节约使用和替代资源的开发为内容的环境管理，如矿产资源管理、气候资源管理、土地资源管理、水资源管理、生物资源管理、能源环境管理、海洋资源管理等。第二，生态环境管理，是指运用经济、法律、行政、技术、教育等手段限制人类损害生态环境质量行为的环境管理，如地质环境管理、大气环境管理、水体环境管理、森林环境管理、草原环境管理、土壤环境管理等。

从工作内容的角度看，环境管理包括以下内容。第一，环境质量管理，是指为了保证人类生存与发展而对环境质量开展的管理工作，包括环境标准的制订、环境质量及污染源的监控、环境质量现状与变化趋势的分析与评价等。第二，环境技术管理，是指以“节能减排”生产技术、环境保护与治理技术等的研制、推广和应用为内容的环境管理工作。包括环境保护技术标准的制订与实施、环境保护技术规范和技术政策的制定与实施、损害环境质量生产工艺的限制、损害环境质量产品的生产和使用的限制、不合理的资源开发与使用的限制等。第三，环境计划管理，是指以环境保护计划的编制、执行、调整、考核等为内容的环境管理工作，其重点是把环境目标纳入区域社会与经济发展规划与计划，并用以指导各种环境规划与计划的制定和实施。

上述按不同的依据对环境管理的内容进行分类，仅是为了便于问题研究。实践中，各类环境管理的内容是相互交叉和相互渗透的。例如，区域环境管理工作既包括资源环境管理的内容，又包括部门环境管理的内容。所以，现代环境管理是一个涉及多种因素的综合管理系统。这个系统涉及的主要因素有社会、科学技术、管理、政治、法律和经济等因素，它们常被合称为 STAPLE 系统。在我国，则常把环境管理系统归纳为两个“三结合”子系统，即“经济-科学技术-社会”子系统和“人口-资源-环境”子系统，它们共同组成大环境管理系统。环境管理的目的，即在系统分析的基础上，实现环境系统的最优化管理。

五、环境管理的基本手段

环境管理是一个具有对象性、目的性的管理过程。为了实现管理目标，需要运用一定的手段对管理对象施加控制和管理。环境管理手段是指为了实现环境管理目标，管理主体针对客体所采取的必需的、有效的措施。环境管理手段按其所起的具体作用，可分为法律手段、经济手段、行政手段、技术手段和宣传教育手段等。

（一）法律手段

法律是一种行为规范，它告诉人们应当做什么或不应当做什么。与其他手段相比，法律手段最显著的特征是强制性，即通过国家机器的保障，强制执行。环境管理的法律手段包括立法和执法两个方面。前者是把国家对环境保护的要求和做法，全部以法律、法规或规章的形式固定下来，强制执行；后者是环境管理部门协助和配合司法部门对违反环境法律的犯罪行为或严重污染和破坏环境的行为进行斗争或提起公诉，直至追究法律责任。也可根据有关环境法规对危害公民的健康、污染和破坏环境的组织或个人直接给予各种形式的处罚。例如，实行排污收费、超标处罚等制度，甚至追究刑事责任等。

（二）经济手段

经济手段是指运用价格、税收、补贴、押金、补偿费及有关的金融手段，引导和激励社会经济活动的主体主动采取有利于保护环境的措施。一方面，在市场经济中，如果商品供不应求，价格就上涨；如果商品供过于求，价格就会下跌。因此，价格是反映一个物品稀缺程度的信号。另一方面，在市场经济中，虽然承认了环境和自然资源的价值，但一时还无法从价格上加以表示。为此，在环境管理中可以运用一些经济手段加以补救，以间接调整对环境与自然资源的利用。同时，在市场经济中，价值规律仍起作用，这成为经济手段的理论基础之一。所以，要积极建立相应的激励机制，以价格、税收、信贷、保险等经济杠杆，调节生产者和消费者在资源的开发利用中保护环境、消除污染的行为，以限制损害环境的社会经济活动，奖励积极消费治理污染、节约和合理利用资源的组织，促进绿色产品和清洁生产技术的推广和应用。

（三）行政手段

行政手段是指国家和地方各级政府机关，依据国家行政法规所赋予的组织和指挥权力，以命令、指示、规定等形式作用于直接管理对象，对环境和资源保护工作实施行政决策和管理。行政干预的方法大致有：根据有关法规，按一定程序组织制定并报请政府审批国家和地方的环境保护政策、工作计划和环境规划，使之具有行政法规效力；环境管理部门向同级政府机关报告本地区的环境情况和工作，对贯彻国家的有关环境方针、政策提出具体意见与建议，运用行政权力对某些区域采取特定措施，例如，将青海省三江（长江、黄河、澜沧江）源头地区划为自然保护区等；对某些污染严重的工业企业要求其限期治理，实行重点监督管理，实施环境审计，有的要勒令其关闭、停业、合并、转产、迁移；对易产生污染的工程设施和项目，采取审批建议项目的环境影响评价书，审批新、扩、改建项目的“三同时”设计方案等行政制约的办法。

（四）技术手段

技术手段是要求环境管理部门采用最科学的管理技术，排污单位采用最先进的治理技术，不断发现和解决环境污染问题，有效预防和控制环境污染。环境管理基础的许多环境政策、法律、法规的制定及它们的实施都涉及很多科学技术问题：运用安全可靠的科学技术手段，实现环境管理的科学化；组织开展环境影响评价工作和编撰环境质量报告；总结推广防治污染的先进的科学经验；开展国际环境科学和防治污染技术的广泛交流合作活动；注意吸取其他学科的新理论、新技术；制定环境质量标准，制定环境技术政策等，都需要从人文科学和全局视角（包括伦理学、经济学、技术经济学）去选择运用相关的技术手段，以减少盲目性和短视行为。

（五）宣传教育手段

宣传教育手段是通过广播、报纸、电视、电影、网络等各种媒体宣传环境保护的知识、内容和重要意义，激发广大群众保护环境的热情和积极性，对危害环境的各种行为实行舆论监督。通过环境宣传教育，不但要使全社会充分认识到环境保护的重要性，还应当使全社会意识到环境保护需要每一个社会成员的参与。只有全体社会成员共同参与，才能从根本上保证环境得到保护。因此，环境教育的目的不仅在于培养各种环境保护的专门人才，更应当将环境教育作为一种基础的素质教育，在全社会成员中培养环境保护意识，灌输人和自然和谐相处的哲学思想，培养一种以生态文化为背景的价值观，规范人类的自我行为，才能使人类社会和自然环境共同发展、长期共存。

第二节　环境标准

一、环境标准的基本概念

（一）环境标准的定义

亚洲开发银行环境办公室对环境标准所下的定义是为维持环境资源的价值对某种物质

或参数设置的最低（或最高）含量。《中华人民共和国环境保护标准管理办法》所做的环境标准定义为，环境标准是为了保护人群健康、社会物质财富和维持生态平衡，对大气、水、土壤等环境质量、对污染源的监测方法以及其他需要所制定的标准。由此可见，在我国环境标准除了各种指数和基准之外，还包括与环境监测、评价及制定标准和法制有关的基础和方法的统一规定。

环境标准量化地体现着环境保护的动态和目标，以经济条件为基础，依自然环境特征的变化和环境问题的出现而产生，并随科学技术的发展而发展。环境标准是监督管理的最重要的措施之一，是行使环境管理职能、环境执法、处理环境纠纷和进行环境质量评价的依据，是衡量排污状况和环境质量状况的主要尺度，是开展环境管理工作和环境现场执法最基本、最直接、最具体的法律依据。环境标准是环境管理目标和效果的表达，也是环境管理的工具之一。环境标准的制定与实施是环境管理工作由定性转入定量的标志，使得环境管理工作更加科学化。

（二）环境标准的特征

环境标准是具有法律性质的技术规范，是环境保护法体系的重要技术基础，是由特定的国家行政机关依照有关法定程序颁布和实施的、具有法律性质的一种技术标准，具有以下主要特征。

1. 环境标准是技术性法规

在环境法中环境标准的设定使其有别于其他传统的部门法律规范而极具独特性。环境标准没有规定具体的行为模式和法律后果，它以环境基准为依据，通过指定指标限值、技术规范和一些相关数据作为人们行为准则的边界，从而更好地对人们的行为做出规范，这不同于一般的环境保护法律法规。

2. 环境标准具有法律约束力

环境标准是指导环保法律工作和评价环境状况的根据，在环境管理中具有法律效力，对企业等的环境行为具有强制性的约束作用。例如，环境质量标准是环境污染与破坏状况的判断依据，排放标准是企业排污行为合法性的判断依据，环境基础标准和环境监测方法标准是环境纠纷当事方所出示证据合法性的判断依据。

3. 环境标准具有时效性

每个国家的环境标准都是在不断变化与发展的。它不仅根据地区环境特征的变化而不断变化，也因当前的环境污染控制技术的改善和经济发展水平的提升而不断完善发展。

（三）环境标准的功能

环境标准是一种法规性的技术指标和准则，是环境保护法制系统的重要组成部分。因此，环境标准是国家进行科学的环境管理所遵循的技术基础和准则，是环境保护工作的核心和目标。环境标准与环境法相结合，在环境管理中起着重要作用。从环境标准的发展历史来看，它是和环境法相结合同时发展起来的。最初，是在工业密集、人口集中、污染严重的地区，在制定污染控制的单行法中，规定主要污染物的排放标准。20 世纪 50 年代以后，工业发达国家环境污染发展成为全国性公害，在加强环境立法的同时，开始制定全国性的环境标准，并且逐渐发展成为具有多层次、多形式、多用途的完整的环境标准体系，成为环境法体系中不可缺少的部分。具体而言，环境标准在国家环境管理中起着如下作用。

（1）环境标准是编制环境计划和环境规划的主要依据。环境标准能够反映一定时期内的环境保护目标，国家在制定环境保护计划和规划时，必须有一个明确的环境目标和一系列环境指标，这些目标和指标都必须以环境标准为依据。它需要在综合考虑国家的经济、技术水平的基础上，使环境质量控制在一个适宜的水平上，也就是说要符合环境标准的要求。环境标准便成为制定环境计划与规划的主要依据。我国环境质量标准就是将环境规划总目标，根据环境组成要素和控制项目在时间上和空间内予以分解并定量化的产物。

（2）环境标准是环境法规制定与实施的重要基础与依据。在各种单行环境法规中，通常只规定污染物的排放必须符合排放标准，环境污染者应承担何种法律责任等。对于怎样才算造成污染、排放污染物的具体标准是什么此类问题，则需要通过制定环境标准来判断确定。环境法的实施，尤其是确定合法与违法的界限，确定具体的法律责任，往往需要依据环境标准作出判断。如果没有环境标准，环境监管只能是形同虚设。因此，环境标准是环境法制定与实施的重要依据。

（3）环境标准是科学管理环境，提高环境质量的必要依据。环境标准是对排放污染物和保护环境质量所做的强制规定，环境标准的完善程度可以反映一个国家环境管理的水平和效率。环境标准的制定和实施，可以促进排污者开展资源、能源的综合、合理利用，并结合相关技术防治工业污染，降低污染物的生产量和排放量，从而达到提高环境质量的目的。

（4）环境标准是推动环境科学技术进步的动力，起着促进环保技术水平提高，引导环保产业发展的作用。环境标准依据环境基准制定，以科学技术和生产实践综合成果为依据，具有科学性和先进性。实施环境标准必然要淘汰落后的技术和设备；反映时限要求的环境标准的制定需要与最佳实用技术相匹配。这样，就使环境标准在某种程度上成为判断污染防治技术、生产工艺与设备是否先进可行的依据，成为筛选、评价环境保护科学技术成果的一个重要尺度，以此推动环境保护科学技术的进步。环保技术和产品都是服务于环境污染治理的，只有这种技术和产品能满足环境标准的要求，才具有较强的市场竞争力。否则，这种技术或产品就会被市场淘汰。不同时期的环境标准，会对环保技术和产品提出不同的要求。因此，环保技术的开发者和产品的生产者，必须按照环境标准的要求来开发与之相符合的环保技术和产品。

二、环境标准制定的原则与基础

（一）环境标准制定的原则

为了保证环境标准的科学性和符合经济与技术发展水平，在制定环境标准时，应遵循以下基本原则。第一，保障人体健康的原则。在制定环境标准时，首先需要研究污染物浓度对人体、生物、建筑等的影响，制定出环境基准，并以其为确定环境标准值的依据。第二，社会、经济、环境综合效益统一的原则。在制定环境标准时，要全面考虑污染治理可能产生的投入、减少的经济损失、环境承载能力和社会承受能力。第三，与区域经济发展规划和环境规划相一致的原则。制定环境标准时，要综合考虑各种类型环境管理的要求，保持与区域经济发展规划目标和环境规划目标的一致性，贯彻高功能区用高标准保护，低功能区用低标准保护的原则。第四，与区域其他规定和标准相一致的原则。制定环境标准时，应充分考虑区域内其他事业发展的要求，保持与其他规定和标准相一致，同时还要与国际上的有关协定和规定相协调。

（二）制定环境标准的基础

为了保证环境标准的科学性和可行性，在制定环境标准时，应以以下成果为基础：第一，与生态环境和人体健康有关的各种学科基准值；第二，环境质量的目前状况、污染物的背景值和长期的环境规划目标；第三，当前国内外各种污染物处理技术水平；第四，国家的财力水平和社会承受能力，污染物处理成本和污染造成的资源经济损失等；第五，国际上有关环境的协定和规定、其他国家的基准/标准值、国内其他部门的环境标准。

三、我国的环境标准制度

（一）我国环境标准的历史沿革与现状

我国的环境标准是与环境保护事业同步发展起来的。作为发展中国家，我国经济发展较为缓慢，环境保护工作开展较晚，有关环境标准的制定也起步较晚，具体时间主要是从20世纪50年代后期开始，大致可分为以下五个阶段。

第一阶段（1949～1973年），单一性环境标准建立阶段。这一阶段的环境标准主要是国家针对环境问题或人体健康而制定的较为单一的标准。1956年，由卫生部和国家建设委员会联合颁布的《工业企业设计暂行卫生标准》，是中国第一个具有环境标准性质的设计标准；1959年国家卫生部和国家建筑工程部以保护人体健康为目的，颁布了《生活饮用水卫生规程》；1960年国家卫生部为保障特殊行业从业人员的卫生安全，颁布了《放射性工作卫生防护暂行规定》；1962年对1956年颁布的《工业企业设计暂行卫生标准》进行修订，正式颁布了《工业企业设计卫生标准》；1961年颁布了《污水灌溉农田卫生管理试行办法》等一系列环境标准。这些环境标准对解决具体的环境问题起着重要作用，有效地促进了环境卫生监督管理工作的顺利进行。

第二阶段（1973～1979年），综合性环境标准建立阶段。1973年8月全国第一次环境保护工作会议以后，国家进一步重视环境保护工作，加强了环境立法和环境标准的制定。此次会议审查通过了我国首个综合性的环境标准——《工业“三废”排放试行标准》，奠定了我国环境标准的基础，促进了我国环境标准制度从单一性向系统性发展。总体来说，我国的环境标准在这一时期得到了充分的补充，在原有标准的基础上进行了扩充、修订，并且制定颁布了新的环境标准。1976年，由国家卫生部和建筑工程部负责对1959年颁布的《生活饮用水卫生规程》进行修订，重新颁布了《生活饮用水卫生标准》；1979年，国家卫生部、国家建设委员会、国家计划委员会等多个部门共同对《工业企业设计卫生标准》进行了第三次修订。除此之外，国家为了解决日益严重的环境污染问题，有效地控制环境污染，将必要的技术规范纳入立法范围，制定了全国性的环境标准，并且不断地更新扩充使之形成完整的标准体系。

第三阶段（1979～1989年），环境标准体系起步阶段。1979年3月，第二次全国环境保护工作会议召开，决定进一步加强环境标准工作。同时国家颁布了《中华人民共和国环境保护法（试行）》，明确规定了环境标准的制（修）订、审批和实施权限，使环境标准工作有了法律依据。1981年国家环保局成立、1983年颁布《中华人民共和国环境保护标准管理办法》以后，我国的环境标准化工作走上了法制轨道，逐步形成了我国的环境标准体系。同时开始制定大气、水质和噪声等环境质量标准及钢铁、化工、轻工等工业污染物排放标准。1988 年，国家环保局重新修订、颁布了《地面水环境质量标准》（GB 3838—1988）替代原有的 GB 3838—1983；同时制定了《污水综合排放标准》，替代了《工业“三废”排放试行标准》中的废水部分。这两项标准的突出特点是体现了环境标准的分级分类管理制度。此外，我国在建立国内环境标准的同时，在国际的环境标准化活动中给予积极的响应，并于 1980 年正式加入了国际标准化组织，这为推进环境标准国际化奠定了重要基础。

第四阶段（1990～2000 年），环境标准体系完善阶段。1990 年国家环保局对已颁布的标准进行清理整顿。1991 年 12 月在广州召开的环境标准工作座谈会上，提出了新的环境标准体系。此后，针对排放标准的时限问题和重点污染源控制问题，进一步明确了排放标准的时间段的确定依据，综合排放标准及行业排放标准的关系。着手修订综合排放标准和重点行业的排放标准，进一步理顺和解决了在实施中的一些问题。到 1996 年，在国家环境标准清理整顿中，制定和颁布了一批水、气污染物排放标准，进一步贯彻执行了广州会议的精神。2000 年 4 月 29 日第九届全国人大第十五次常委会议上，通过新修订的《中华人民共和国大气污染防治法》，阐明了“超标即违法”的思想，使环境标准在环境管理中的地位进一步明确。

我国在建立国内环境标准的同时，还积极参加了国际上的环境标准化活动。从 1980 年起，我国陆续加入了国际标准化组织的水质、空气质量、土壤等三个技术委员会。建立了日常工作制度，做了大量的国际标准草案投票验证的工作，派出多个代表团参加国际会议。1996 年随着 ISO14000（环境管理体系）系列标准的陆续发布，国家环境保护局在跟踪研究国际标准的基础上，积极开展试点工作，并于 1997 年成立了中国环境管理体系认证指导委员会，为我国顺利推进这项国际标准及环境管理服务奠定了有力的组织保障。

同时清洁生产和环境标志工作也在我国蓬勃开展。1993 年世界银行的技术援助项目“推进中国清洁生产”加快了我国的清洁生产工作，并开始与国际接轨。1997 年 4 月，国家环保局制定并发布了一个政策性文件《关于推行清洁生产的若干意见的通知》，该文件要求地方环境保护行政主管部门将清洁生产纳入已有的环境管理制度中，深入推进清洁生产；该文件结合现有的环境管理法规，对清洁生产意识、宣传和培训、工作重点及国际合作等几个方面提出了要求；为进一步推进清洁生产工作制定了基本框架和工作准则。

环境标志计划起始于 1993 年国家环保局发布的文件《关于在我国开展环境标志工作的通知》。1994 年 5 月成立中国环境标志产品认证委员会。截止到 1999 年年底，我国已经在 39 类产品中开展环境标志认证工作，并颁布实施了相应的环境标志产品技术要求。已有 166 家企业的 450 种产品通过认证获得环境标志。

第五阶段（2001 年至今），环境标准体系成熟阶段。2002 年，我国提出了树立、落实“科学发展观”的指导思想，指出构建和谐的社会主义社会、创建资源节约型社会及环境友好型社会的必要性，将改善环境质量作为目标导向，明确了环境问题作为重大的民生问题，应探索解决环境问题的新出路，有力推动了我国环境保护事业的发展。经过之后十余年的不懈努力，我国的环境保护实践工作有了很大转变。在环境标准工作方面，由过去的数量增长型开始向质量管理型转变，不再仅局限于发展国家环境标准，而是开始转向国家与地方标准共同平衡发展，环境标准的制修订模式也由单一化转向多元化。近些年来，我国北方各地雾霾现象频繁出现，全国地方性水污染、噪声污染等环境问题也较为严重。因此，国家的环境标准建设工作将重点放在了环境质量标准和污染排放标准的建设之上，而地方的环境标准建设工作则主要是根据当地的实际情况制定相应的环境标准。

截至“十一五”末，我国共发布环境保护标准 1494 项，现行环境保护标准 1312 项。现行环境保护标准中，包括国家环境保护标准 502 项，地方环境标准 810 项；涵盖 14 项国家环境质量标准、138 项国家污染物排放标准、705 项环境监测规范，437 项管理规范类标准、18 项环境基础类标准。至此，我国的环境标准体系基本建立，其主要内容已基本健全。按照我国《国家环境保护标准“十二五”发展规划》提出的目标，“十二五”期间我国进一步对已制定和修订的环境标准进行了优化和整合，完成了约 600 项各类环境标准的制定和修订任务，基本完成了对国家环境标准体系的构建。

随着我国环境保护工作的不断发展，现有的法律、法规已不能全面覆盖环境标准的具体内容，对我国的环境标准法律体系的改革迫在眉睫。修改《环境保护法》，提升《环境标准管理办法》的法律地位，尽快开展环境标准法律立法工作，已是当前一项十分必要而又紧迫的任务。

（二）中国环境标准体系的内容

根据环境标准的作用、性质、内在关联性进行分级和分类，形成的有机统一整体称为环境标准体系。我国的环境标准体系以我国国情为前提，结合多年环境标准工作实践，并借鉴国外先进经验技术而制定，一般分为两级五类。我国环境标准体系构成如图 12.1 所示。

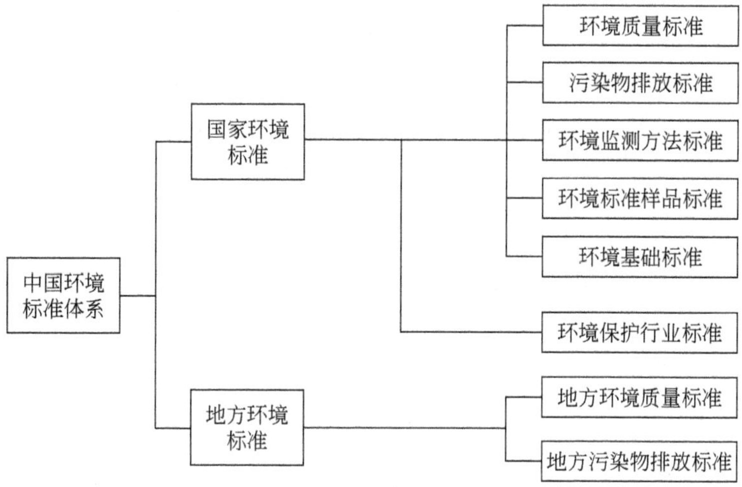

图 12.1　中国环境标准体系构成

1. 环境标准的分级

我国环境标准依据其适用范围和管理权限主要分为国家环境标准和地方环境标准两级，国家环境标准中还包括一类环境保护行业标准，此标准在内容上不与国家环境标准相重叠。

1）国家环境标准

国家环境标准主要针对的是全国范围内具有普遍影响的一般环境问题或者特定区域内的环境问题，由国务院环保行政主管部门与质量技术监督部门联合或单独组织并制订，主要包括环境质量标准、污染物排放标准、环境监测方法标准、环境标准样品标准和环境基础标准，覆盖了水、大气、噪声与振动、固体废物、放射性废物、土壤、生态保护等环境领域。它是按照全国的平均水平和要求或者是特定区域的特定需求确定控制指标和具体数值，例如，由国家环保部批准发布的《大气污染物综合排放标准》（GB 16297—1996）在全国范围内具有普遍的适用性，而由其批准并发布实行的《工业企业厂界环境噪声排放标准》（GB 12348—2008）则只适用于工厂及有可能造成噪声污染的相关企事业单位的边界。

2）地方环境标准

地方环境标准由地方各级行政主管部门，如各省、自治区、直辖市人民政府制定，并根据《地方环境质量标准和污染物排放标准备案管理办法》报国务院环保行政主管部门备案。它包括地方环境质量标准和地方污染物排放标准两类，只能在本行政辖区内使用。地方环境质量标准是在充分考虑当地环境特点的基础上，针对国家环境标准中未做规定的项目制定的地方标准；或是针对国家环境标准中已经做出规定的项目，制定的高于国家标准的地方标准。它能够有效地补充和完善相关国家环境标准。国家标准是依据全国平均水平和要求制定的适用于全国范围内环境问题的基本标准，而地方标准弥补了国家标准因环境差异造成实施效果难统一的缺陷，同时也为制定更为严格的国家标准提供了一定的参考。

3）环保行业标准

环保行业标准是一种特殊的国家标准，它是由环境保护部制定的，在全国环境保护行业范围内适用，是针对缺少相关的国家环境标准但又必须在行业内形成统一的技术规范而制定的标准，显然，它仅在本行业内部适用。包括执行各项环境管理制度、监测技术及环境区划、规划的技术规范与导则。因而，环保行业标准有效地对国家环境标准进行了补充和完善，一旦相关的国家环境标准制定发布，行业标准则自行废止。例如，1996 年发布实施的行业标准《小型焚烧炉》（HJ/T 18—1996）被 2001 年发布，2002 年实施的国家环境标准《生活垃圾焚烧污染控制标准》（GB 18485—2001）所替代，后又于 2014 年由实施的国家环境标准《生活垃圾焚烧污染控制标准》（GB 18485—2014）所替代。

2. 环境标准的分类

目前我国环境标准的分类方式主要有三种：按照环境标准的适用范围分类，即环境标准的分级，在前面一部分已有详细介绍；按照环境标准的用途分类和按照环境标准的性质分类。下面对后两种方式进行介绍。

1）按照用途的分类

按照标准的不同用途，一般分为环境质量标准、污染物排放标准、环境监测方法标准、环境标准样品标准和环境基础标准五类。国家环境标准中包含这五类标准，但地方环境标准只包括当地制定的环境质量标准和污染物排放标准两种，而环保行业标准主要有环境基础标准、标准制修订技术规范和环境影响评价技术规范。这五类标准中环境质量标准和污染物排放标准是环境标准的主体，监测方法标准、标准样品标准和基础标准是支持系统。

环境质量标准作为衡量某个特定时段内环境好坏程度的指标，并对一定时间和空间范围内环境中有害物质的容许浓度进行限定，体现了国家的环境保护政策，为制定污染物排放标准提供依据。它是以环境基准和环境功能为依据制定的，如《农田灌溉水质标准》（GB 5084—2005）、《渔业水质标准》（GB 11607—1989）等。我国的环境质量标准按照适用范围不同，可分为国家环境质量标准和地方环境质量标准；按照环境要素不同可分为水、大气、土壤、噪声、振动、辐射等各类质量标准。国家环境质量标准在全国范围内具有普遍适用性，是由国务院环保行政主管部门制定的。地方环境质量标准虽是对国家标准的有效完善，但只被允许对国家标准中未明确规定的项目进行补充，对国家标准中已经有规定的项目，不能再制定地方标准。

污染物排放标准是指国家对排入环境的污染物的浓度或总量所作的限量规定，即通过控制污染源排污量的方式方法来实现环境质量目标和环境标准。污染物排放标准不仅要满足相关环境标准，而且还必须整体地考虑其控制技术的适应性、控制区域的环境条件和经济条件及污染源的分布特点。我国目前主要有三种制定污染物排放标准的方法。第一，根据污染物的扩散规律和稀释模式推算污染源排放口的容许排放量。这种排放标准属于浓度控制排放标准，以控制污染源排放口排出废物的浓度作为最基本的标准。第二，依据环境质量标准得出该区域内废弃物的容许排放总量，确定分摊率，并得出各个污染源的容许排放量，这种标准属于总量控制排放标准。第三，按照本国生产技术水平及经济上的污染物控制能力来制定，即按照最佳可行技术来制定排放标准。我国的污染物排放标准有国家排放标准和地方排放标准二类，其中国家排放标准又有综合型排放标准和行业型排放标准二类，前者如《大气污染物综合排放标准》（GB 16297—1996），后者如《城镇污水处理厂污染物排放标准》（GB 18918—2002）。行业型排放标准是针对某些特定行业或产品污染源的制定，而综合型排放标准则是适用于行业型标准适用范围以外其他所有行业污染源的标准，二者不能交叉实施。一般来说，有行业型排放标准的优先执行行业排放标准，没有行业型排放标准的执行综合型排放标准。行业型排放标准只对本行业有约束力。地方排放标准是地方政府根据当地的实际情况，针对国家排放标准中未作规定的项目，制定的适用于本区域的地方标准；或者是针对国家排放标准中已作规定的项目制定严于国家标准的地方排放标准，并报国务院环境保护行政主管部门备案。在辖区内，地方标准优先于国家标准。我国的污染防治技术采用浓度控制和总量控制相结合的方法，因此在污染物排放标准中，也制定了相对应的浓度控制排放标准和总量控制排放标准。

环境监测方法标准是指在环保领域内以采样、分析、测定、实验、统计等方法为规范对象所制定的统一技术规定。我国的方法标准采用的是国际标准，因此我国运用方法标准获得的数据和资料具有国际可比性；如《环境空气颗粒物（$PM_{2.5}$）手工监测方法（重量法）技术规范》（HJ 656—2013）。环境监测方法标准是确保环保工作中所获得的数据和资料的可靠性、系统性和可比性的关键所在，也为环境质量标准进行环境评价和排放标准对污染物排放进行判断提供了准确的数据支撑。当环境监测方法标准被强制性标准引用后即具有强制性。

环境标准样品标准是对环保标准样品必须达到的要求所做的统一技术规定。标准样品是在环保工作中，用来验证测定方法、进行量值传递或质量控制、标定仪器的具有代表性的材料或物质。它最大特征是具有普遍的代表性和适应性。

环境基础标准是对于环境标准工作中需要标准化的相关术语、词汇、指南、图式、原则、量纲单位、导则所做的统一技术规定，主要有管理标准（技术规范与导则等）、环保名词术语、环保图形符号、环保信息分类和编码标准等。环境基础标准都是国家标准，如《饮用水水源保护区标志技术要求》（HJ/T 433—2008）。

2）按照环境标准的性质分类

按照环境标准是否有强制约束力可以将其分为强制性标准和推荐性标准。顾名思义，强制性环境标准是在标准的适用范围内任何个人和组织都必须执行和遵守，超标即违法，通常采用“GB”字样标明。强制性标准包括环境质量标准、污染物排放标准及法律法规规定必须执行的标准。除此以外的相关环境标准都是推荐性标准，它虽然只有指导意义，但是我国建议采用推荐性标准，这种标准一般采用“GB/T”字样来表示。但当它被强制性环境标准引用后，则具有强制性，应当强制执行。例如，被污染物排放标准或环境质量标准引用后环境监测方法标准就具有强制性。

第三节 环境经济

一、环境经济学的发展过程和趋势

（一）环境经济学的发展过程

环境经济学是在经济社会发展过程中环境问题日益突出的情况下，随着人类对经济与环境关系的认识逐步深入而逐渐形成的一门新兴学科。20 世纪 60 年代末 70 年代初期，一些经济学著作和有关人类发展的研究报告中开始出现对环境经济问题的论述，主要研究的是环境污染与经济活动的关系，即污染治理中的经济问题和经济活动中的污染破坏问题，被称为公害经济学或污染经济学，这是环境经济学的初始阶段。这一时期研究的主要内容包括四个部分：①污染防治技术的技术经济分析；②污染控制的费用效益分析；③经济意义上的污染控制最佳水平确定；④引入环境污染的投入产出分析技术。公害经济学研究的大部分内容都被环境经济学所吸收。

1972 年联合国环境规划署在斯德哥尔摩人类环境会议上提出了经济发展与环境问题；1974 年墨西哥会议认为必须从协调经济与环境的关系入手；1975 年联合国欧洲经济委员会在鹿特丹召开经济规划的生态对策讨论会，与会代表提出环境经济规划问题，在制定经济发展规划中考虑生态因素（环境影响）；1977 年联合国环境规划署专家认为，经济发展要合乎环境要求。1980 年联合国环境规划署在斯德哥尔摩召开关于“人口、资源、环境和发展”的讨论会，会议指出这四者之间是紧密联系、相互制约、相互促进的，新的发展战略要正确处理这四者之间的关系。通过对人类环境各种变化的观察分析，在总结了人类管理地球的经验之后，1981 年联合国环境规划署决定将“环境经济”列为《环境状况报告》中的第一主题。由此表明，作为环境科学的重要分支——环境经济学已成为一门独立的经济学的分支学科，正式从污染经济学或公害经济学及自然资源经济学中分离出来。此时环境经济学从较为单纯的工程技术经济分析转向经济和环境之间系统经济学分析，并逐渐建立了环境经济学的理论体系、分析研究方法和环境经济学手段的应用框架。20 世纪 70 年代以来，西方国家的一些大学和研究机构相继出版了许多环境经济学的专著或教材，同时积极开展了有关环境质量效益评估和污染控制经济手段方面的实例与应用研究。

需要指出的是，在环境经济学的产生过程中，还形成了资源经济学、生态经济学等分支学科，它们与环境经济学既有密切联系，又有明显区别。具体而言，它们的研究重点和区别主要表现在以下四个方面。①资源经济学主要研究可再生和不可再生资源的跨代分配、政策抉择和市场机制，社会制度结构对资源配置、资源分配影响和克服这些影响的政策方案，以及计划方案的社会费用和效益分析；②生态经济学是一门理论经济学，主要研究由生态系统和经济系统复合产生的生态经济系统结构及其变化规律，重点研究生态系统对经济系统的作用和影响；③环境经济学与它们的明显区别在于其理论基础和解决环境外部不经济性的手段应用，它是一门应用（或部门）经济学；④学科的发展成熟程度不同，较为成熟和应用性较强的是环境经济学和资源经济学。

（二）我国环境经济研究的发展过程

1. 起步阶段（20 世纪 80 年代中期以前）

1973 年，我国成立了国务院环境保护领导小组及其办公室和各省市环保机构，开始将环境保护纳入政府工作内容。1978 年，我国在太原召开了制定环境经济和环境保护技术经济八年发展规划（1978～1985 年）的会议，把环境经济、环境管理和环境工程等列入了规划。1978 年 10 月，我国发表了第一篇环境经济论文《应当迅速地开展环境经济学的研究》。1978 年年底在北京召开的全国经济科学发展规划会议上，国家提出了要建设和发展我国的社会主义环境经济学，并将其纳入了规划。1979 年 3 月在成都成立了中国环境科学学会，将建立和发展环境经济学列为一项重要任务。同年 9 月，我国颁布了《中华人民共和国环境保护法（试行）》，引进当时国际上的“环境影响评价”制度和“污染者付费”原则，规定了环境影响报告和排污收费制度。1980 年 2 月，中国环境管理、经济与法学学会在山西省太原市成立，1981 年 7 月在江苏镇江召开了全国环境经济学术讨论会，进一步推动了我国环境经济的研究。

2. 发展阶段（20 世纪 80 年代中期以后）

从 20 世纪 80 年代中期以后，环境经济学在中国得到继续发展并进入相对成熟的阶段。环境经济学作为环境科学和经济学的结合产物，它的理论基础是经济学基本理论。因此，环境经济学理论发展的实质是经济学基本理论与环境领域相结合的过程。80 年代初期，我国环境经济学的理论基础主要是传统的社会主义政治经济学。随着我国市场化改革过程中主流经济学理论的变迁，环境经济学进入了以现代经济学为基础建立理论框架的阶段。首先是微观经济学理论的全面介绍，从理性、最优化、均衡等基本假定出发，构筑环境资源的供求曲线和均衡价格。在这方面，福利经济学与微观经济相结合为环境经济学提供了理论来源。福利经济学最早提出的“外部性”概念成了环境经济学中最典型和最常用的理论工具。其次是宏观经济理论进入环境分析领域，使环境经济学范围扩展到总量关系上。这方面内容包括经济增长的环境指标（绿色 GNP 等），宏观经济结构的环境影响分析等。环境经济学中宏观经济分析的主要目标是把环境资本的消耗和增值定量地纳入国民收入均衡分析之中，这方面的理论分析已经取得了较为完善的成果。

在这一阶段，我国开展了大量环境经济学方面的研究工作。其中涉及环境保护与经济发展关系、环境费用效益方法、环境经济投入产出分析、环境管理经济手段、环境保护市场化、环境保护投资与效益、环境保护计划纳入国民经济和社会发展计划、环境资源核算纳入国民经济核算体系、环境污染与生态破坏损失方法及计算等诸多领域。同时，诸多学者翻译和编写了许多环境经济学方面的著作，一些高校和研究机构培养了大批多层次的环境经济学专业人才，对我国环境经济学的发展起到了积极的作用。

（三）环境经济研究的发展趋势

环境经济学是一门快速发展的新兴学科，数十年来得到了极大发展，主要表现为两个方面。第一，主流经济学的发展，为环境经济研究提供了丰富的可供借鉴理论和方法，促进了环境经济研究学科体系的不断完善与发展。第二，随着环境管理和各国可持续发展战略的制定和实施，现实需求中的政策问题为环境经济学的不断发展提供了持久的动力，使环境经济研究的内容得以不断丰富。关于环境经济研究的未来发展，Sterner 和 Bergh 提出了以下重点发展方向。

1. 环境价值评估

近年来，环境价值评估研究日益受到关注，其内容主要包括环境价值评估理论与方法研究。尽管环境价值评估研究在理论与实践上尚存争议，但其在环境决策中的重要作用越来越被认识。此外，将环境评估纳入国民核算体系的绿色账户研究也将是今后的研究重点之一。

2. 全球背景下的环境经济分析

与封闭经济模型不同，环境问题的国际维度分析主要涉及跨境与全球环境问题治理及对外贸易与环境的关系这两个方面。经济全球化趋势使全球环境问题开始备受关注，一些经济模型如博弈论模型已被用来解释合作与非合作情况下的全球环境决策行为。费用效益分析亦被应用于全球环境政策。在全球化进程中，贸易与环境的关系也日益密切，并对世界经济发展格局有着重要的影响，该方向的研究也将逐步增加。目前人们的兴趣主要在于构建能解释专业化模式、生产与市场关系、政策反馈效应等方面的模型。另外，人们普遍认为在研究环境-贸易相互影响时也应考虑地区差异、技术创新及发展中国家的特性等因素。

3. 空间维度的环境经济分析

近些年来，人们越来越重视环境问题的空间维度分析，特别是在跨学科背景下的研究，如环境经济学与自然科学、地理学、生态学等相结合的环境问题综合研究。在这些学科中，空间模型的应用十分普遍。与空间有关的环境问题，如非点源污染、土地使用、城市环境、交通运输与地理位置选择等研究领域，将会成为未来环境经济学的研究重点。

4. 生态税改革研究

征税是环境管理的重要政策工具之一。目前欧洲国家开始普遍推行所谓“生态税”改革的政策，就是将征税的基础逐步从劳动力转向能源利用和环境污染治理。这一转换过程被认为能产生环境改善与减少税收对经济扭曲的“双赢”的结果。因此，生态税改革有关理论问题研究已成为环境经济学的重要研究领域之一。

5. 一般均衡分析的应用研究

环境经济研究较多使用模型分析方法来描述、预测、分析环境问题的经济-环境特性。这些模型通常具有不同的技术结构，如线性模型与非线性模型、静态模型与动态模型之间的差异，模型的普遍性、精确性、现实性也各有侧重。各类环境问题之间往往是相互影响、相互关联的，因此在对环境问题进行全面综合考虑，以运用各种政策工具达到最优环境效果等方面，一般均衡分析方法将会发挥越来越重要的作用。

二、环境经济研究的对象与任务

（一）环境经济研究的对象

环境经济学是研究如何运用经济科学和环境科学的原理和方法，分析经济发展和环境保护的矛盾，以及经济再生产、人口再生产和自然再生产三者之间的关系，选择经济、合理的物质变换方式，以便用最小的劳动消耗为人类创造清洁、舒适、优美的生活和工作环境的新兴学科。环境经济学作为一门学科有其特定的研究对象，即环境经济系统。

环境经济系统是由环境系统和经济系统复合而成的。环境系统和经济系统之间存在着复杂的联系。在环境与经济共同发展的过程中，通过物质、能量和信息的流通和相互作用，两者逐步耦合成为一个整体，即环境经济系统。人类社会的经济再生产过程，首先要从自然环境中获取原料，通过劳动变成人们需要的产品。然后经过分配、流通和消费，满足人类生存和社会生产发展的需要。在这一过程中，一部分废物（包括生产和生活消费过程中产生的废物）又排入自然环境，参与自然界的物质循环。简言之，社会经济再生产的过程，就是不断地从自然界获取资源，同时又不断地把各种废弃物排入环境的过程。

人类经济活动和环境之间的物质交换，说明社会经济的再生产过程既要遵循客观经济规律又要遵循自然规律。环境经济就是研究如何合理调节人与自然之间的物质交换，使社会经济活动符合自然生态平衡和物质循环规律，不仅能取得近期的直接效益，又能取得远期的间接效益。

（二）环境经济研究的任务

（1）全面认识环境与经济之间的对立统一关系，研究实现经济发展与保护和改善环境互相促进、共同发展的途径。环境和经济既有相互对立的一面，又有相互统一的一面。环境经济研究的首要任务就是，在全面分析环境与经济对立统一关系的基础上，处理两者的矛盾，寻求实现经济再生产良性循环和环境再生产良性循环，促进环境与经济持续、协调发展的最佳方案。

（2）全面认识经济活动对环境的积极影响和消极作用，研究使经济活动符合自然规律（主要是生态规律）的要求，以最小的环境代价实现经济迅速增长的途径。系统内部各个子系统之间有着互相依存、相互制约的关系。只要把经济活动对环境的消极影响控制在一定范围以内，环境系统本身就有能力对这种影响进行补偿和缓冲，从而维持系统的稳定性。

（3）全面认识环境建设对经济建设的促进和制约作用，研究使环境建设符合经济规律要求，以最小的劳动消耗取得最佳环境效益与经济效益的途径。环境建设和经济建设都是社会主义建设的组成部分。环境建设对经济建设既有促进作用，又有制约作用。为了充分发挥环境建设活动对经济建设的促进作用，有效地限制环境建设对经济建设的制约作用，就要使环境建设不仅讲究环境效益，也要考虑经济效益，寻求以最小的劳动消耗取得最佳环境效益与经济效益的方案。

三、环境经济研究的内容

环境经济研究的任务决定了其研究内容。随着学科的发展，环境经济研究的内容在不断充实和完善。就目前来看，环境经济研究的内容可概括为以下几个方面。

（一）环境经济的基本理论

1. 环境问题与社会制度、经济发展、科技进步关系的理论

社会制度不同，生产目的也不同，因而环境模式也不同。我们要探讨不同社会制度下环境问题的共性与个性，揭示社会制度与环境问题之间存在的联系。经济发展和科学技术进步，既带来了环境问题，又不断地增强保护和改善环境的能力。要协调它们之间的关系，首先是改变传统的发展方式，要确立正确的发展战略及经济增长与环境问题间的内在运行机制，提出在保持经济增长的同时，保护和改善环境质量及环境与经济之间协调发展的衡量标准与方法，要把保护和改善环境作为社会经济发展和科学技术发展的一个重要内容和目标。

2. 外部性理论

外部性理论是环境经济研究的主要理论基础之一。环境问题外部性研究的目的主要是应用一般均衡分析法，分析环境问题产生的经济根源（确切地说是市场条件下环境外部不经济性），提出解决环境污染和破坏这个外部不经济性问题的各种可行方法。

3. 环境资源价值理论

环境资源价值理论是环境经济研究的又一主要理论基础，主要研究环境资源有无价值，科学的环境资源价值观的内涵，运用环境资源价值观指导人们的实践活动，对环境资源进行计量，实行有偿使用，使社会不经济性内在化，使经济活动的环境效应能以经济信息的形式反馈到国民经济计划和核算体系中，保证经济决策既考虑直接的近期效果，又考虑间接的长远效果，科学地开发和保护环境资源。

4. 环境公共物品经济理论

公共物品理论是环境经济研究的另一理论基础。研究环境公共物品与一般物品或商品的差异，确定环境这一特殊公共物品的供给与需求，同时提出使资源配置最佳或经济效率最高的环境公共物品提供方式或途径。

5. 环境政策公平与效率理论

这一方面的内容与经济制度有较大的关系，主要包括环境政策造成的收入分配影响及环境费用分担合理化研究。除此之外，该研究还要关注宏观经济政策和国际环境政策引起的国与国之间环境费用分担和补偿问题。

（二）环境保护的经济效果

环境保护的经济效果包括环境污染、生态失调的经济损失估价的理论和方法，各种生产生活废弃物最优治理和利用途径的经济选择，区域环境污染综合防治优化方案的经济选择，各种污染物排放标准确定的经济准则，各类环境经济数学模型的建立等。

（三）社会生产力的合理组织

环境污染和生态失调，很大程度上是由对自然资源的不合理开发和利用造成的。合理开发和利用自然资源，合理规划和组织社会生产力，是保护环境最根本、最有效的措施。为此必须改变单纯以 GDP 衡量经济发展成就的传统方法，把环境质量的改善作为经济发展成就的重要内容，使生产和消费的决策与生态学的要求协调一致；要研究把环境保护纳入经济发展计划的方法，以保证基本生产部门和消除污染部门按比例地协调发展；要研究生产布局和环境保护的关系，按照经济观点和生态观点相统一的原则，拟定各类资源开发利用方案，确定国家或地区的产业结构，以及社会生产力的合理布局。

（四）环境管理的经济手段

经济方法在环境管理中是与行政的、法律的、教育的方法相互配合使用的。它通过税收、财政、信贷等经济杠杆，调节经济活动与环境保护、污染者与受污染者之间的关系，促使和诱导经济单位和个人的生产和消费活动符合国家保护环境和维护生态平衡的要求。通常采用的方法有：征收资源税、排污收费、事故性排污罚款、实行废弃物综合利用的奖励、提供建造废弃物处理设施的财政补贴和优惠贷款等。

第四节 环 境 法 律

一、环境法的概念与作用

（一）环境法的概念

关于环境法律的称谓，世界各国不尽相同。美国广义上称之为环境立法或环境法，狭义上称之为环境保护法；西欧国家多称之为环境控制法，东欧一些国家称之为自然保护法，其内容包括了环境保护、名胜古迹保护和自然资源保护等；俄罗斯称之为生态法；日本称之为公害法；我国原称之为环境保护法，现在多称环境法，且趋向称环境与自然资源保护法或环境资源法。

关于环境法的概念，目前尚无公认的认识，不同学者对环境法概念的界定也各不相同。J. G. 阿巴克尔认为，环境法包括对环境整体的保护，起源于美国宪法、注入宪法，联邦和州的法规及地方性法规，联邦、州和地方管理机构颁发的规章，法院解释这些法律和法令的裁定和普通法。日本的法学者对环境法有着广义和狭义的解释，广义的环境法是指以公害、环境问题为对象而形成和发展起来的法律规范的总称，狭义的环境法是指直接以环境保护为目的的法律，即把以环境保护为主要内容的法律都称为环境法。布林丘克认为，生态法是根据生态法律思想创设的，调整在自然资源所有制方面，在保证合理利用自然资源和保护环境不受经济活动和其他活动中的有害化学、物理和生物影响的方面，以及保护自然人和法人的生态权利和合法利益方面所产生的具体社会关系的总和。

我国学者也对环境法的定义做了大量探讨。蔡守秋将环境保护法定义为社会主义国家类型的、工人阶级意识形态类型的、反映中国人民意志的环境法，提出环境保护法的定义有广义和狭义之分，其中广义的环境法为关于开发、利用、保护、治理、改善自然环境的法，狭义的环境法为保护自然环境的法。周训芳将环境法定义为是由国家制定或认可，以国家强制力保障实施，以保护当代人和未来人的环境权为出发点；以实现可持续发展为目的，调整人们在保护、合理利用环境资源、培育自然资源、构建人工环境因素、预防和治理环境污染过程中产生的环境权利医务关系的法律规范的总和。陈泉生认为，环境法作为人类社会可持续发展进程中重要组成部分的环境保护，概念中应包含“可持续发展”的最终目的，将环境法定义为国家为实现世代人类的可持续发展，全面协调人与环境的关系，按照生态规律对人们在开发、利用、保护、改善环境等活动中所产生的各种社会关系进行调整的法律规范的总称。戚道孟提出，环境法是指国家为了协调人与环境的关系，解决环境问题而制定或认可的并由国家强制保证执行的，调整因保护环境和自然资源、防治污染和其他公害而产生的各种社会关系的法律规范的总称。窦玉珍从环境法的目的和调整对象出发，认为环境法是以保护和改善环境为目的，调整人们在合理利用环境要素，防治环境污染和其他公害过程中形成的社会关系的法律规范的总称。并从环境法的目的、环境法的调整对象和环境法的宗旨三方面提出其内含。蔡先凤在书中将环境法总结提炼为，环境法是调整人类在开发、利用、保护和改善生态环境资源的活动中所产生的环境社会关系的法律规范的总和。其目的是通过调整人与人之间的关系来促进人与自然关系的和谐，保障人类健康和生态安全，实现人类经济社会的可持续发展。胡静认为将环境法定义为保护自然环境的法较为笼统且狭隘，并从环境法的目的、调整对象、实施方式和宗旨的角度，提出了环境法的定义，即环境法是指以保护当代人和未来人环境权和可持续发展为出发点，通过协调人类在开发、利用、改善和保护生态环境资源和自然资源关系，以达到保护和改善环境为目的，由国家制定或认可并强制实施，按照生态规律对人们在开发、利用、保护、改善环境等活动中所产生的各种社会关系进行调整的法律规范的总称。

虽然不同学者对环境法的概念有着不同的认识和表述，但是大多认为环境法的定义应包含以下三方面的含义。第一，环境法的出发点是可持续发展。环境是人类赖以生存和发展的必要条件，是生产生活的资料来源，污染和破坏环境对当代人和未来人的生存生产造成潜在的威胁。环境法的目的就是要保护环境免遭破坏，以达到可持续发展。第二，环境法面向的对象不仅是环境和环境保护本身，也是为了协调人类活动与生态环境保护之间的关系，也就是人类在合理地利用、保护、改善、开发环境要素的同时，与破坏环境的其他公害调整中所形成的社会关系。第三，环境法不是仅指某项法律法规，而是以保护和改善环境为目的的，具有共同宗旨、同一调整对象的全部法律法规的总称，是指一切以保护和改善环境为目的，以调整人们在合理利用环境要素，防治环境污染和其他公害过程中形成的社会关系的一系列的法律规范的集合体。它包括环境基本保护法和单行环境法律、法规，也包括宪法中的有关环境规范和其他传统法律部门中的环境规范。

（二）环境法的作用

环境立法的直接目标是协调人与环境的关系，保护和改善环境；最终目的是保护人类健康，保障经济和社会的可持续发展。环境法主要具有以下几个方面的作用。

1. 环境管理的法律依据

环境法明确了环境管理部门及其职权，确立了环境管理制度和措施。它把国家关于保护环境的方针、政策和要求制定为具有普遍约束力的行为准则，并以国家的强制力保证其实施执行，使国家的环境管理具有更大的权威性，各种环境保护活动在进行时可以做到有章可循、有法可依，建立起有利于国家和人民的环境保护法治秩序。

2. 提高民众环境保护意识的导向标

环境法基本要义的普及，有助于提高公民的环境意识和环境法制观念。环境法的颁布实施，从法律的角度向民众提出环境保护方面的要求，从而引导人们增强环境保护意识，自觉遵守环境管理规定，积极参加环境保护活动，履行保护环境义务，在营造“保护环境，人人有责”的社会风尚方面具有引领作用。环境法规定了各个部门、单位和社会团体保护和改善环境的职责、义务和权利，为人们判断环境行为是非提供了法律依据，同时也为人们向环境污染和破坏行为做斗争提供了有力武器。

3. 社会经济持续快速发展的法律保障

环境保护和经济建设的同步发展，不仅需要以行政、经济、技术和教育等措施为支持，还需要以相应的法律为保障。人类社会需要用环境法律来保证环境质量保持在不危害人群健康的应有水平，保证人民拥有一个良好的生活和生产环境。只有在良好的环境里，才能保证劳动力具有高水平的数量和质量，以利提高劳动生产率，促进社会经济持续快速的发展。

4. 维护环境权益的重要工具

许多环境污染的扩散范围相当广泛，大气污染、海洋污染等的影响范围常会跨越国界、行政区界，甚至扩展至全球。这种情况下，依据有关法律进行环境维权行为将成为必要。

环境法将有关的国际环境规范纳入国家的环境法律体系之中，并注意国际环境法律和规范与国内立法的协调，向国际社会明确宣示国家的基本环境政策，确定本国环境法的适用范围，有利于防止外部国家向本国转嫁污染和侵犯本国的环境权益。

二、环境法律体系

（一）环境法律体系的概念

环境法律体系是指环境法的内部层次和结构，是由有关保护环境、防止污染的各种规范性文件所组成的相互联系、协调一致的整体。换言之，环境法律体系是指由全部环境法律所组成的环境法律系统。环境法的调整对象和社会关系十分广泛，使其立法的数量远多于一般部门法，并且在国家法律体系之中形成了一个相当庞大的第二层次的部门法律体系。环境法律体系作为一种复杂的法律现象，具有一定的结构，这种结构具有一定的稳定性，不因环境法律制度和环境法律分支部门的增减而变化。

从不同的角度，可以将环境法体系分为立法体系和规范体系：环境法的立法体系，是从立法的角度对环境法体系的概括。环境法的规范体系，是构成环境法的各种法律规范的整体，是从学理角度对环境法体系的概括。在我国，经过数十年的努力，基本形成了以宪法为依据，以环境保护基本法为基础，以各环境单行法为主体，以相关部门法为补充的环境立法体系。综合我国现行环境立法，其立法体系主要由四个部分组成，即宪法、环境保护综合性立法、环境保护单行法律、法规和相关部门法中有关环境保护的规定。

（二）环境法律体系的内容

1. 宪法

宪法是国家的根本大法，具有至高无上的法律效力。宪法是规定国家制度和社会制度的基本原则、公民的基本权利和义务、国家机关的组织与活动原则的根本大法，任何法律都必须以宪法为依据，环境法自不例外。宪法关于环境法保护的规定，是环境法的基础，是各种环境法律、法规和规章的立法依据。从主要内容上来看，宪法中对环境保护的规定，一般是规定国家在环境保护方面所负的职责，国家应采取的保护自然环境、防治污染和其他公害的基本对策，环境立法权限划分及公民在环境保护方面的权利和义务等。其中《宪法》第 26 条第 1 款规定："国家保护和改善生活环境和生态环境，防治污染和其他公害。"这一规定把环境保护作为一项国家职责和基本国策在宪法中予以了确认。此外，我国《宪法》第 22 条第 2 款、第 9 条第 1、2 款和第 10 条第 1、2 款中还有关于自然资源权属及其保护和合理利用、名胜古迹等特殊环境要素保护等一系列与环境保护有关的规定。

此外，《宪法》第 51 条还规定："中华人民共和国公民在行使自由和权利的时候，不得损害国家的、社会的、集体的利益和其他公民的合法的自由和权利。"该规定是对公民行使个人权利不得损害公共利益的原则规定，其中当然也包括防止个人滥用权利而造成对环境的污染和破坏。

以上规定可以说是我国环境法的基础，是我国各种环境法律、法规和规章的立法依据，具有最高的法律效力。

2. 综合性环境基本法

这里所谓的"基本法"，是指国家制定的包含某方面综合性政策、目标规定的整体性综合性法律。理论上它应当处于国家基本法律的地位。环境保护综合性立法是在环境法发展到一定阶段出现的，对环境保护方面的重大问题进行全面、系统调整的综合性实体立法。它主要是对环境保护的目的、范围、管理体制、基本原则、主要制度、法律责任等方面作出规定，是包括环境保护基本法和有关环境保护整体性的内容的立法。

理论上讲，综合性环境基本法的地位和效力仅次于宪法，而且是环境与资源保护行政和环境与资源保护单行法的立法依据。而在中国，由于《环境保护法》是由全国人民代表大会常务委员会颁布实施的，所以中国《环境保护法》在环境法律体系中并不能算是一部基本法，其地位和效力与其他环境与资源保护单行法实际上还处于同一层次。在中国环境法学者中，一般将现行的《环境保护法》称为中国的综合性环境基本法，而在我国，属于综合性环境基本法这类的法律有《中华人民共和国环境保护法》、《中华人民共和国环境影响评价法》、《中华人民共和国清洁生产促进法》及2008年颁布的《中华人民共和国循环经济促进法》等。

3. 环境保护单行法律、法规

环境保护单行法律、法规，是指以宪法和环境保护基本法为依据，针对特定保护对象而进行的专门立法。这方面的立法是宪法和环境保护法的具体化。其保护对象可以是某种环境要素，也可以是某种特定的环境社会关系。所以，单行环境法规通常都比较具体、详细，在实践中便于操作，是环境管理、处理纠纷的直接依据。

单行环境法规分类有不同依据，不统一。有的按其调整的环境要素分类，有的按法律、法规和行政规章分类，还有的按其调整的社会关系分类。以其调整的社会关系来分类，大致可以划分为四大类：土地利用规划类单行法、环境污染防治类单行法、自然环境保护类单行法和环境管理行政法规类。

4. 其他部门法中有关环境保护的规定

环境问题具有广泛性和复杂性，因此环境保护涉及的公共利益使环境法的范围涉及社会关系的各个领域。环境法理念与原则向有关部门法的渗透，并与相关法律制度结合进而发展为新的制度，体现了环境法调整“人-自然-人”关系的基本内容及沟通与协调的方法。在具体实践中，如民事立法中相关相邻关系、自然资源权属、无过错责任制度的规定，刑事立法中有关破坏环境资源保护罪的规定，行政立法中有关国家环境管理的规定，诉讼法中有关环境诉讼的规定等都是大量存在的，这些规定也都是环境法体系的重要组成部分。

5. 环境管理行政法规

国家对环境的管理，通常表现为行政管理活动，并且通过制定法规的形式对环境管理机构的设置、职权、行政管理程序、行政管理制度，以及行政处罚程序等作出规定。这些法规属于环境管理行政法规，多数具有行政法规范的性质，并且在环境基本法、污染防治法、自然保护法中也有涉及环境行政管理的规定。

根据单行法规的主要内容进行分类，我国已颁布的较为重要的环境管理行政法规如下。

（1）为了加强对环境标准、环境监测、工业企业环境保护考核的管理，分别颁布了《全国环境监测管理条例》（1983）、《工业企业环境保护考核制度实施办法（试行）》（1985）、《环境标准管理办法》（1999）。

（2）为了加强对各种建设项目的环境管理，颁布了《建设项目环境保护管理办法》（1986），1998年修订为《建设项目环境保护环境管理条约》。这部法规对适用范围、环境影响评价、环境保护设施建设、法律责任等都做了更详细的规定。

（3）随着乡镇企业的迅速发展，环境污染出现从城市向农村蔓延的趋势，为了加强乡镇企业的环境管理，国务院颁布了《关于加强乡镇、街道企业环境管理的规定》（1984），对调整企业发展方向、合理安排企业的布局、严格控制新的污染源、制止污染转嫁、加强对乡镇企业的环境管理等作了规定。

（4）1986 年，经国务院批准，国家环保局颁布了《对外经济开放地区环境管理暂行规定》，对经济开放地区的范围、开放地区环境保护的方针和重要措施、环境影响评价制度、排放标准、项目建设和排污的申报、审批程序、法律责任等作了规定。

6. 地方性环境法规和规章

由于中国国家一级的环境立法是针对整个国家的环境与资源保护管理，它们的共同性是无法对每一个地区的具体事项作出规定。因此，就国家的环境法律体系而言，地方性环境立法也是环境法律体系中的重要组成部分。

按照地方环境立法的制定机关和效力，可以将其分为地方性环境法规（一般为省级地方人大制定颁布）和地方部门环境与资源保护规章（地方政府制定颁布），如《哈尔滨市防治大气污染暂行条例》《太湖水源保护条例》《海南省环境保护条例》《湖北省渔业管理实施办法》等。在民族区域自治地方，还可以直接根据宪法和地方组织法的规定，制定环境与资源保护自治条例和单行条例。

7. 我国参加和批准的环境保护方面的国际条约或公约

我国缔结或者加入的环境国际条约是我国环境法体系的一个组成部分。随着对保护环境、保障人类社会可持续发展已经成为全球范围内处理环境与发展之间的关系的普遍共识，环境方面的国际条约或者公约在环境法体系中的地位也日益提高。我国先后与蒙古、朝鲜、加拿大、约旦、韩国、日本、俄罗斯、德国、乌克兰、芬兰、挪威等国签订了环境保护双边合作协定或备忘录，并加入了《联合国海洋法公约》《濒危野生动植物种国际贸易公约》《南极条约》《世界文化和自然遗产保护公约》《保护臭氧层维也纳公约》《联合国气候变化框架公约》《联合国生物多样性公约》等。这些双边协定、国际公约或备忘录成为各国之间的环境关系的准则及我国参与国际环境保护的法律依据，成为我国环境法体系的重要组成部分。

三、环 境 权

（一）环境权的基本概念

环境权利是指环境法律关系主体依法享有的某种权能和利益，表现出环境法律关系主体依法享有可以做出一定的行为或者要求他人做出或不做出一定的行为权利。环境权作为一种基本而迟来的法律权利，主要是 20 世纪六七十年代世界性环境危机和环境保护运动的产物。从国际范围和历史角度看，环境权的理念和运动主要发端于美国、日本、欧洲等工业发达国家和地区，并在 20 世纪 70 年代和 90 年代形成了两次理论研究和立法的高潮。1972 年 6 月，在斯德哥尔摩召开的联合国人类环境会议通过的《人类环境宣言》最早宣告环境权。该宣言提出："人类环境的两个方面，即天然和人工的环境，对于人类的健康幸福和对于享受基本人权，甚至生存权利本身，都是必不可少的。"在 20 世纪 80 年代末，环境权在可持续发展思想的推动下再次成为人们关注的热点。自可持续发展观提出后，环境权也相继被一些国家写进宪法和环境保护基本法，其在国内法和国际法方面的发展及相互影响和相互融合也日益增强。

目前，我国的研究者对环境权的概念的理解可谓是见仁见智，反映出研究者不同的研究视角和不同的理论依据及制度依据。所有这些都对环境权理论的进一步发展具有推进作用，主要有以下几种观点。研究者们认为环境权是指公民个人有在适宜环境中生活的权利，并且认为环境权是一种环境法律权利和法律理念，是基本环境法律权利和基本环境法律义务的统一，并认为基本环境法律义务与基本环境法律权利具有不可分割性。认为环境权是指公民在良好环境中享受一定环境品质的基本权利，是指每一个人有在适宜于人类健康的环境中生活及合理开发利用环境资源的权利，是指环境法律关系主体享有适宜健康和良好生活的环境及合理利用环境资源的基本权利，以及认为环境权的一般定义是享受良好环境并进行支配的权利等观点。

（二）环境权的内容

环境权的研究和实践表明，从权利的表现形式角度来看，环境权至少应包括以下内容。

1. 环境资源利用权

环境权肯定了其主体对环境的利用权，实际上，各国的环境立法实践也是立足于环境资源利用权的规定。一方面，环境资源利用权的确立意味为着人类使用环境提供了合法性依据；另一方面，环境资源利用权的确立，意味着国家及其与权利主体相对应的个人和团体所必须承担的义务的确定，法律将为国民环境利用权提供强制性保障使其不受到不法侵害。现在各国中有关于环境资源利用权的规定具体有日照权、眺望权、景观权、静稳权、嫌烟权、亲水权、达滨权、清洁水权、清洁空气权、公园利用权、历史性环境权、享有自然权等。

由于环境的公共性特征而使得环境资源利用权往往具有多重结构，而又因为公益性是由无数个个人和私人利益的集合、累加而成，所以不管水质环境、大气环境等的公共性、公益性多么强，用它作为全盘否定其私益性、私权性都是不正确的。

2. 环境状况知情权

环境状况知情权又称信息权，是国民获得本国乃至全世界的环境状况、国家的环境管理状况及自身的环境状况等有关信息的权利。环境状况知情权主要是由法定程序加以保障的一项权利，有关获得环境信息的程序立法在此就尤为重要。同时，环境状况知情权是对政府环境行政机关权利的限制。现行立法除了少数国家对环境状况知情权有明确的程序性规定以外，专门对其程序的规定较为少见。

（三）环境事务参与权

环境事务参与权至关重要，人们通过参与决策、制定政策即控制各种活动包括本书讨论过的领域中的活动在内，自觉和民主地投入致力于发展的努力。各国在立法上对国民的参与权规定得较为充分。具体包括参与国家环境管理的预测和决策过程；参与开发利用的环境管理过程及环境保护制度实施过程；参与环境科学技术的研究、示范和推广等；组成环境保护团体，参与环境保护的宣传教育和实施公益性环境保护行为；参与环境纠纷的调解。环境事务参与权是联系集体环境权与个人环境权的纽带，实际上是通过国家立法建立一种沟通和协调不同利益集团的利益的谈判机制和协调机制。它是国际社会的所有环境保护文件都十分重视的一项权利。

（四）环境侵害请求权

环境侵害请求权是指公民的环境权益受到侵害以后向有关部门请求保护的权利。它既包括对国家环境行政机关主张权利，又包括向司法机关要求保护权利，集体表现为对行政行为的司法审查、行政复议和国家赔偿的请求权、对他人侵犯公民环境权的损害赔偿请求权和停止不法侵害的请求权等。环境侵害请求权的意义在于使环境权成为一项可以通过司法程序或准司法程序进行救济的权利，它将环境权的实施落到了实处，也是环境利益而不是反射性利益可以成为法律权利的实证。而在各国的法律中，对环境侵害权的承认还存在一定的程度差别。

此外，从环境权的主体角度来看，环境权的内容有公民环境权、法人及其他组织环境权、国家环境权、人类环境权等；从法律规范形式角度来看，环境权的内容有宪法权利、行政法权利、民法权利、诉讼法权利等。

复习思考题

1. 环境管理的概念及其含义是什么？
2. 试述环境管理的目的与任务。
3. 环境管理具有哪些主要特点和内容？
4. 环境管理的基本手段有哪些？
5. 试述环境标准的基本特点与特征。
6. 环境标准制定的基本原则与基础是什么？
7. 试述我国环境标准的发展阶段。
8. 试述环境经济学的发展过程。
9. 试述环境经济研究的发展趋势。
10. 试述环境经济研究的对象与主要内容。
11. 试述环境法的概念与作用。
12. 试述我国环境标准体系的构成。
13. 什么是环境法律关系？简述其构成要素。
14. 试述环境权的主要内容。

主要参考文献

蔡先凤. 2009. 环境法学. 北京：中国环境科学出版社.

蔡运龙，等. 2007. 自然资源学原理. 2 版. 北京：科学出版社.

陈慈阳. 2003. 环境法总论. 北京：中国政法大学出版社.

陈怀满. 2015. 环境土壤学. 北京：科学出版社.

陈泉生. 2004. 环境法基本理论. 北京：中国环境科学出版社.

陈万金，陈燕俐，蔡捷. 2005. 辐射及其安全防护技术. 北京：化学工业出版社.

成岳. 2012. 环境科学概论. 上海：华东理工大学出版社.

崔树军. 2014. 环境监测. 2 版. 北京：中国环境出版社.

但德忠. 2006. 环境监测. 北京：高等教育出版社.

丁忠浩. 2006. 环境规划与管理. 北京：机械工业出版社.

窦玉珍. 2008. 环境法. 北京：清华大学出版社.

杜翠凤，等. 2010. 物理污染控制工程. 北京：冶金工业出版社.

方淑荣. 2011. 环境科学概论. 北京：清华大学出版社.

高廷耀，顾国维. 2007. 水污染控制工程. 3 版. 北京：高等教育出版社.

管华，等. 2004. 自然资源学概论. 2 版. 西安：西安地图出版社.

郭怀成，尚金城，张天柱. 2009. 环境规划学. 2 版. 北京：高等教育出版社.

郭静，阮宜纶，马德刚. 2010. 大气污染控制工程. 2 版. 北京：化学工业出版社.

何德文，刘兴旺，秦普丰. 2013. 环境规划. 北京：科学出版社.

何强. 2004. 环境学导论. 3 版. 北京：清华大学出版社.

胡洪营，张旭. 2011. 环境工程原理. 3 版. 北京：清华大学出版社.

胡筱敏. 2010. 环境学概论. 武汉：华中科技大学出版社.

环境保护部环境工程评估中心. 2016. 环境影响评价技术导则与标准. 北京：中国环境科学出版社.

黄涛，彭道平. 2013. 环境规划与影响评价. 北京：科学出版社.

贾振邦，黄润华. 2004. 环境学基础教程. 2 版. 北京：高等教育出版社.

蒋展鹏. 1999. 环境工程学. 北京：高等教育出版社.

金腊华，徐峰俊. 2007. 环境评价与规划. 北京：化学工业出版社.

金瑞林. 1999. 环境法学. 北京：北京大学出版社.

鞠美庭，等. 2004. 环境学基础. 北京：化学工业出版社.

李弘. 2002. 环境监测技术. 北京：化学工业出版社.

李花粉，隋方功. 2011. 环境监测. 北京：中国农业大学出版社.

李天昕等. 2014. 环境规划与管理实务. 北京：冶金工业出版社.

郦桂芬. 1994. 环境质量评价. 北京：中国环境科学出版社.

林肇信，刘天齐，刘逸农. 2000. 环境保护概论（修订版）. 北京：高等教育出版社.

刘德生. 2008. 环境监测. 2 版. 北京：化学工业出版社.

刘宏，肖思思. 2014. 环境管理. 北京：中国石化出版社.
刘克锋，刘悦秋. 2010. 环境科学概论. 北京：气象出版社.
刘琨等. 2010. 环境规划与管理. 哈尔滨：哈尔滨工业大学出版社.
刘立忠. 2015. 环境规划与管理. 北京：中国建材工业出版社.
刘利等. 2013. 环境规划与管理. 2版. 北京：化学工业出版社.
刘培桐，薛纪渝，王华东. 1995. 环境学概论. 2版. 北京：高等教育出版社.
刘芃岩，等. 2011. 环境保护概论. 北京：化学工业出版社.
刘天齐，等. 1987. 环境技术与管理工程概论. 北京：化学工业出版社.
卢昌义. 2005. 现代环境科学概论. 厦门：厦门大学出版社.
陆书玉，等. 2001. 环境影响评价. 北京：高等教育出版社.
陆雍森. 1999. 环境评价. 2版. 上海：同济大学出版社.
吕忠梅. 2008. 环境法学. 北京：法律出版社.
马光，等. 2006. 环境与可持续发展. 2版. 北京：科学出版社.
马同森，等. 环境科学引论. 北京：文史出版社.
牛文元. 1994. 持续发展导论. 北京：科学出版社.
戚孟道. 2001. 环境法. 天津：南开大学出版社.
钱金平，等. 2011. 环境学概论. 北京：中国环境科学出版社.
钱瑜. 2012. 环境影响评价. 南京：南京大学出版社.
曲格平. 1989. 中国的环境管理. 北京：中国环境管理科学出版社.
曲向荣. 2013. 环境规划与管理. 北京：清华大学出版社.
曲向荣. 2015. 环境科学概论. 2版. 北京：科学出版社.
任连海，等. 2008. 物理污染控制工程. 北京：化学工业出版社.
尚金城. 2009. 环境规划与管理. 2版. 北京：科学出版社.
盛美萍，等. 2011. 噪声与振动控制技术基础. 2版. 北京：科学出版社
孙强. 2010. 环境科学概论. 北京：化学工业出版社.
覃成林，管华，等. 2004. 环境经济学. 北京：科学出版社.
田良. 2014. 环境规划与管理教程. 合肥：中国科学技术大学出版社.
仝川等. 2010. 环境科学概论. 北京：科学出版社.
汪劲. 2000. 中国环境法原理. 北京：北京大学出版社.
王海芳. 2014. 环境监测. 北京：国防工业出版社.
王宁，孙世军. 2013. 环境影响评价. 北京：北京大学出版社.
王鹏. 2011. 环境监测. 北京：中国建筑工业出版社.
王郁. 2008. 水污染控制工程. 北京：化学工业出版社.
吴彩斌，等. 2014. 环境学概论. 2版. 北京：中国环境科学出版社.
吴忠标. 2006. 环境监测. 北京：化学工业出版社.
奚旦立，等. 2010. 环境监测. 4版. 北京：高等教育出版社.
杨志峰. 2010. 环境科学概论. 2版. 北京：高等教育出版社.
叶文虎. 2000. 环境管理学. 北京：高等教育出版社.
张宝莉，徐玉新. 2004. 环境管理与规划. 北京：中国环境科学出版社.
张景环，等. 2016. 环境科学. 北京：化学工业出版社.

张俊秀. 2010. 环境监测. 北京：中国轻工业出版社.
张乃名. 2012. 环境土壤学. 北京：中国农业大学出版社.
张义生. 1996. 环境管理学. 长春：吉林大学出版社.
张征. 2004. 环境评价学. 北京：高等教育出版社.
赵景联, 史小妹. 2016. 环境科学导论. 2 版. 北京：机械工业出版社.
郑有飞, 等. 2011. 环境科学概论. 北京：气象出版社.
中国科学院. 2016. 中国学科发展战略（环境科学）. 北京：科学出版社.
周敬宣. 2010. 环境规划新编教程. 武汉：华中科技大学出版社.
周训芳. 2000. 环境法学. 北京：中国林业出版社.
朱鲁生. 2005. 环境科学概论. 北京：中国农业出版社.
左玉辉, 等. 环境学. 2 版. 北京：高等教育出版社.